como

Por Que o COMO Fazer Algo
Significa Tudo . . .
nos Negócios (*e na Vida*)

DOV SEIDMAN

2ª EDIÇÃO
REVISADA E AMPLIADA

www.dvseditora.com.br
São Paulo, 2011

HOW: Why How We Do Anything Means Everything... in Business (and in Life)
Copyright © 2007 by Dov Seidman. All rights reserved. This translation published under license.
Publicado por John Wiley & Sons, Inc., Hoboken, Nova Jersey.

COMO: Por Que o COMO Fazer Algo Significa Tudo... nos Negócios (e na Vida)
DVS Editora 2009 - Todos os direitos para a território brasileiro reservados pela editora.

Nenhuma parte deste livro poderá ser reproduzida, armazenada em sistema de recuperação, ou transmitida por qualquer meio, seja na forma eletrônica, mecânica, fotocopiada, gravada ou qualquer outra, sem a autorização por escrito do autor.

Tradução: Suely Cuccio
Diagramação: Konsept Design & Projetos

Limite de Responsabilidade/Repúdio de Garantia: tendo o editor e o autor empenhado o máximo esforço na preparação do presente livro, eles se eximem da responsabilidade ou garantia quanto à acurácia ou inteireza do conteúdo deste livro e rejeitam especificamente qualquer garantia implícita de comerciabilidade ou adaptação visando algum propósito específico. Nenhuma garantia pode ser criada ou estendida por representantes de vendas ou materiais impressos de vendas. As recomendações e estratégias aqui contidas podem não ser adequadas a situações específicas. Deve-se consultar um profissional especializado quando apropriado. Nem o editor nem o autor podem ser responsabilizados por qualquer perda de lucro ou qualquer outro dano comercial, incluindo, mas não se restringindo a, danos especiais, incidentais, consequentes ou outros.

```
Dados   Internacionais   de   Catalogação   na   Publicação   (CIP)
        (Câmara   Brasileira   do   Livro,   SP,   Brasil)

    Seidman, Dov
        Como : por que o COMO fazer algo significa
    tudo -- nos negócios (e na vida) / Dov Seidman ;
    [tradução Suely Cuccio]. -- 2. ed. rev. e ampl. --
    São Paulo : DVS Editora, 2011.

        Título original: How : why how do we anything
    means everything -- in business (and in life).
        Bibliografia.
        ISBN 978-85-88329-69-0

        1. Eficiência organizacional 2. Ética
    empresarial 3. Inovações tecnológicas 4. Sucesso
    em negócios 5. Valores I. Título.


11-11942                                    CDD-650.1
```

Índices para catálogo sistemático:

1. Sucesso profissional : Negócios : Administração
   650.1

*À minha mãe, Sydelle, pela minha primeira
e eterna compreensão da importância do COMO*

*À minha esposa, Maria, pelo COMO
mais importante para mim*

Sumário

Prefácio ... ix

Introdução ... xi

Prólogo: Criar 'Olas' ... 1

Parte **I**

Como Éramos, Como Mudamos ... 13
Introdução: Os Espaços Entre Nós

CAPÍTULO 1
Da Terra À Informação ... 17
Linhas de Comunicação • Nivelamento

CAPÍTULO 2
Invasão Tecnológica ... 27
Elos Que Nos Vinculam • A Distância nos Une • Você Está Me Ouvindo Agora? • A Era da Transparência • A Persistência da Memória • O Gênio da Informação Está Fora da Lâmpada

CAPÍTULO 3
A Jornada Até o COMO ... 43
Simplesmente Faça • A Lacuna da Certeza • As Limitações das Regras • Superar o Comportamento da Concorrência • Como Avançar

Parte **II**

Como Pensamos ... 59
Introdução: O Paradoxo da Jornada

SUMÁRIO

CAPÍTULO 4
Aproveitar as Potencialidades
65

Ajudar • Julgar Pela Aparência • Preocupar-se Com o Outro • A Evolução do Que É Valioso • Acreditar

CAPÍTULO 5
Do *Pode* ao *Deve*
83

Regras Como Representantes • Dançar Conforme a Música • Na Ponta da Língua • Descobrir o *Deve* • Risco e Recompensa

CAPÍTULO 6
Permanecer Concentrado no Jogo
107

Perturbação • Pequenos Deslizes, Altos Custos • Dissonância • Criar Consonância • Atrito • Acertar a Tacada

Parte III
Como Nos Comportamos
129

Introdução: Como Fazer o Que Fazemos

CAPÍTULO 7
Ser Transparente
133

Além de Representantes e Substitutos • Vejo Vc, Vc Me Vê • O Mercado É Que Define • Pedir Desculpas • Transparência Interpessoal • Sigue, Não Zague

CAPÍTULO 8
Confiança
163

A Sutileza Gerando Solidez • Qual É o Limite? • Embarcar em Uma Viagem • Continuar a Viagem • Gerar Confiança • Confiança É o Remédio • Confiar, Mas Conferir

CAPÍTULO 9
Reputação, Reputação, Reputação
189

Reputação em um Mundo Conectado Virtualmente • Capital Reputacional • Má Gestão da Reputação • Segunda Chance

Sumário

vii

Parte IV

Como Governamos

219

Introdução: Inovação no Como

CAPÍTULO 10

Criar Cultura

225

A Soma de Todos os Comos • Espectro Cultural
• Os Quatro Tipos de Cultura • Os Cinco COMOS da Cultura

CAPÍTULO 11

Caso de Cultura da Autogovernança

253

Autogovernança no Nível Operacional • Liberdade é Apenas Mais uma Palavra
• Fazer um Test-Drive da Cultura • Fechar as Lacunas • Valores em Ação
• Jornada Cultural • Por Que a Autogovernança é o Futuro dos Negócios

CAPÍTULO 12

A Estrutura de Liderança

281

Liderança • Discurso Coerente • Os Cinco Primeiros COMOS da Liderança
• Círculos em Círculos (Um Pensamento) • A Estrutura de Liderança (Continuação)

Epílogo

315

Os COMOS Importam

321

Agradecimentos

323

Notas

331

Bibliografia Selecionada

349

Índice

355

Prefácio

Quando estive à frente do governo dos Estados Unidos, duas questões eram constantemente debatidas: "O que faremos?" e "Quanto iremos gastar ao fazê-lo?" Depois que deixei a presidência do meu país, decidi trabalhar no sentido de reunir as pessoas e fazer com que elas se concentrassem em uma pergunta ainda mais importante: independentemente do que quisermos fazer e do quanto tivermos para investir nesses planos, **como** poderemos maximizar nossos esforços e expandir nosso impacto de modo que nossas boas intenções se transformem em mudanças reais?

Meu amigo Dov Seidman dedicou toda sua vida a estudar **como** as pessoas conduzem seus negócios e suas vidas. Conforme avançamos pelo século XXI, com todos os desafios específicos que isso implica, parece óbvio que já não podemos considerar o sucesso como um jogo em que apenas um dos lados saia vencedor, ou seja, no qual o lucro de uns signifique necessariamente o prejuízo de outros. Nesse novo século, todas as pessoas do mundo vencerão ou fracassarão juntas! Nossa missão é criar uma comunidade global em que as responsabilidades, os benefícios e os valores sejam compartilhados. Esse novo foco exigirá que todos nós nos concentremos no **como**, e em encontrar novas maneiras de agir no sentido de solucionar problemas globais que, de maneira isolada, seríamos incapazes de enfrentar.

Em 2005, inaugurei a Clinton Global Initiative (CGI). O objetivo era reunir líderes dos setores público e privado que, juntos, pudessem conceber e implementar soluções inovadoras para alguns dos maiores desafios mundiais. Durante os eventos que ocorrem ao longo de todo o ano, a CGI cria oportunidades para que líderes globais colaborarem uns com os outros, compartilhem ideias e forjem parcerias que facilitem seu trabalho. Encorajamos todos os membros a desenvolver projetos específicos – aos quais denominamos "compromissos de ação." Em geral, tais compromissos surgem na forma de parcerias multisetoriais entre organizações dedicadas a implementar mudanças duradouras. Neste caso, médicos unem esforços com agências de navegação e ONGs para transportar estoques de remédios não utilizados – que, de outro modo, seriam jogados no lixo – para locais onde são extremamente necessários. Jovens desempregados de Nova York são temporariamente contratados para pintar de branco a cobertura das construções e, desse modo, reduzir as despesas de resfriamento no verão e aprimorar a eficiência desses imóveis. Com isso, o nível de emprego na região é elevado. Nosso trabalho demonstra que a colaboração em torno de valores compartilhados maximiza o impacto positivo de nossos esforços.

Fico muito feliz que Dov tenha escrito esta obra absolutamente fundamental. Nela encontra-se articulada toda sua filosofia sobre o **como**, incluindo não apenas os valores compartilhados para o século XXI, mas, também, as ideias acionáveis para que tais valores possam ser estabelecidos de maneira sólida em nossas relações comerciais, públicas e pessoais. As pessoas, organizações e empreendimentos que compreenderem que o modo **como** decidimos agir importa mais do que nunca, alcançarão o sucesso. Quando indivíduos de diferentes origens e histórias, regiões e setores se unirem no espírito da verdadeira colaboração, desafiando-se mutuamente a fazer cada vez mais e melhor, encontraremos respostas para as questões que giram em torno do **como**; respostas que tornarão o mundo ao nosso redor bem melhor e o futuro de nossas crianças mais promissor.

Este importante livro ajudará a todos nós que estamos comprometidos a construir um novo mundo e a criar um maravilhoso futuro para as próximas gerações.

PRESIDENTE BILL CLINTON
Fundador da William J. Clinton Foundation e
42º presidente dos Estados Unidos

Introdução

Este é um livro sobre COMO, não sobre "como fazer". Em que ambos diferem? Em absolutamente tudo.

No século XXI, o que fazemos ou o que sabemos já não é o mais importante. Isso não se aplica somente aos negócios, mas às organizações, sejam elas com ou sem fins lucrativos, aos governos e até mesmo às nações. Também é válido em relação ao modo como os seres humanos progridem e alcançam seus objetivos.

Nessa entrelaçada economia global, tem se mostrado cada vez mais difícil para empresas e indivíduos se tornarem bem-sucedidos com base apenas naquilo que produzem e nos serviços que disponibilizam. Na verdade, se reunirmos todas as pessoas que já conseguiram vencer na vida, ficará claro que poucos alcançaram êxito por meio daquilo que conseguiram fabricar ou fazer. Se você é capaz de oferecer algo novo (melhor, mais rápido ou mais barato), logo a concorrência surgirá com um produto ainda melhor, custando o mesmo preço ou até menos. Os clientes, por sua vez, instantaneamente comparam a qualidade, as características, os preços praticados e o próprio serviço, transformando cada atributo em *commodity*.

Ao mesmo tempo, em nosso mundo hiperconectado e hipertransparente, já não existe o que costumávamos chamar de comportamento privado. Seja para o bem ou para o mal, tudo que acontece ao nosso redor pode ser encaminhado pelo e-mail, *twittado* e/ou blogado. Todos nós possuímos agora o poder inaudito de enxergar além dos muros, através das paredes, passando pelos departamentos de Relações Públicas até as engrenagens mais profundas das organizações. Somos capazes de enxergar até mesmo suas salas de reuniões e o caráter dos indivíduos que as comandam. Podemos agora avaliá-los, não somente naquilo que fazem, mas no modo **como** o fazem.

Mesmo assim, nosso ímpeto pela diferenciação – seja de ordem pessoal, profissional, organizacional e até nacional – permanece no âmago de todos os nossos esforços. Todos nós desejamos nos destacar em relação àqueles que nos rodeiam; queremos demonstrar que somos mais ousados, especiais e capazes de fazer coisas que simplesmente não podem ser copiadas. Queremos ser únicos e valiosos; promover realizações significativas e alcançar importantes legados. Sempre será assim. Todavia, nesse mundo cada vez mais comoditizado e transparente, estamos ficando sem espaço para atingir nossos objetivos.

Existe, contudo, uma área em que gigantescas variações e a variabilidade ainda existem. Uma que ainda não analisamos, quantificamos, sistematizamos ou comoditizamos; trata-se de um campo que, em vários diferentes aspectos, não pode ser transformado em mercadoria nem reproduzido: o comportamento humano – o modo **como** fazemos as coisas. Quando o assunto é a maneira como fazemos algo, as variações são infinitas e onde existe um amplo espectro de alternativas, existe oportunidade. A trama que compõe o comportamento humano é tão diversa, rica e global que apresenta uma raríssima oportunidade: de **superarmos a concorrência por meio de um comportamento diferenciado** (ou simplesmente *outbehave* em inglês) criando assim valores duradouros.

É claro que a maneira como agimos sempre foi importante. Entretanto, o modo como nos comportamos, criamos confiança nos relacionamos com os outros e até mesmo consumimos é agora mais importante do que nunca, e de maneiras totalmente inesperadas. O mundo em que vivemos atualmente, impulsionado por vastas redes de informação, nos conecta e nos revela de formas que estamos apenas começando a compreender. Uma nuvem global de conhecimento nos colocou em contato íntimo com colegas, consumidores e pessoas das mais diferentes culturas e origens. Em geral, os avanços tecnológicos aos quais somos expostos nos têm conectado ainda mais rapidamente do que conseguimos desenvolver sistemas humanos capazes de entender uns aos outros. Como resultado dessa nova realidade, muitos dos métodos testados e aprovados de se trabalhar de modo conjunto e seguir adiante já não se aplicam mais.

Como podemos observar todos os dias – e certamente você terá a oportunidade de ler sobre isso nesta obra – as mais valiosas inovações do século XXI estão surgindo não apenas na forma de produtos, serviços, habilidades, modelos de negócio e políticas públicas, mas de novas maneiras de se criar valor e diferenciação por meio do comportamento individual e organizacional, ou seja, das inovações que surgiram no **como**. Homens e empresas incapazes de enfrentar tal desafio já estão sendo deixados para trás. Em contrapartida, aqueles que estão seguindo em frente compreendem perfeitamente que, diante dessas novas e dramáticas condições, o melhor caminho rumo ao sucesso e ao valor, além do mais correto e duradouro, está no comportamento – em adequar a maneira **como** agimos ao longo de nossa existência. Este livro ressalta o poder e as possibilidades por trás desta simples ideia.

A Era do Comportamento

Quando o livro *Como* surgiu em 2007, alertei que estávamos adentrando o que denominei como a Era do Comportamento.

Eu estava muito enganado.

Ao longo dos últimos quatro anos, tornou-se evidente que não apenas havíamos ingressado na Era do Comportamento, mas que já havíamos avançado bastante dentro dela. Nosso comportamento é hoje mais fundamental do que eu sequer imaginara quando escrevi esta obra, e em aspectos que eu jamais considerara possível. Por exemplo, quando escrevi a respeito de Ralph, o vendedor de *donuts* da cidade de Nova York, que aumentou suas vendas ao confiar em seus clientes para providenciarem seu próprio troco, não fazia ideia de que "distribuir" confiança se tornaria uma estratégia global de negócios, utilizada para forjar profundos laços em um mundo conectado, nem que até mesmo países como a Indonésia se valeriam dessa tática para combater a corrupção. (A Indonésia já inaugurou mais de dez mil "Cafés da Honestidade" em todo o arquipélago e inúmeras "Cantinas da Honestidade" em escolas locais. As cantinas da honestidade não possuem atendentes. Os alunos simplesmente escolhem o que desejam diretamente nas prateleiras, depositam o dinheiro em uma caixa e retiram o troco exato de outra. Em teoria, a cantina da honestidade ensinará os jovens indonésios a agirem com probidade e, ao mesmo tempo, os desencorajará de se envolverem em práticas corruptivas.)[1]

Quando avaliei o maior esquema Ponzi[2] que ocorrera até então como sendo essencialmente um exemplo de abuso da confiança alheia, jamais poderia prever a possibilidade de um abuso de proporções épicas que repercutiria globalmente e atingiria indivíduos bem distantes do círculo de investidores que foram traídos diretamente por Bernard Madoff. Quando escrevi sobre o golfista profissional que desqualificara a si mesmo durante um campeonato oficial, não porque se sentira obrigado a fazê-lo, mas por considerar aquela a atitude certa a tomar, jamais poderia imaginar que um dos maiores profissionais desse esporte em todos os tempos cairia em desgraça simplesmente por conduzir sua vida pessoal e profissional de maneiras extremamente distintas em um mundo em que os comportamentos público e privado se tornaram virtualmente indistinguíveis. E quando evoquei um mundo impulsionado por vastas redes de informação que exporiam a todos nós de maneiras inesperadas, nunca poderia sonhar que seria necessária uma crise financeira mundial para revelar a verdadeira natureza e as profundas implicações de toda essa conectividade.

Quando descrevi o nosso mundo se tornando amplamente interligado por conta das novas tecnologias de comunicação que encolheram as distâncias entre pessoas, países e culturas, não percebi a extensão pela qual nos tornávamos interdependentes, até mesmo em aspectos morais. Tal interdependência moral é inevitável em um mundo em que transações imobiliárias na Califórnia podem simplesmente aniquilar fundos de pensão na zona rural da Noruega, e no qual o consumo global demanda por telefones celulares e consoles de videogame servem de combustível para os genocídios ocorridos na África central.

Percebo agora que nos sentimos demasiadamente confortáveis em descrever nosso planeta com termos amorais, como: plano, transparente, complexo, incerto e (bastante) arriscado. É claro que o mundo pode ser descrito com todos esses adjetivos – além de muitos outros. Há cerca de dois séculos, o filósofo escocês David Hume observou que nosso conceito de moral diminui com a distância. A verdade é que, em função da globalização das informações e do capital, essa moral deveria aumentar na mesma proporção em que o mundo se torna cada vez menor. E o mundo está menor. Já não estamos longe uns dos outros, portanto, é preciso que despertemos nossa moral.

Introdução

Para emoldurar todas essas tendências, permita-me oferecer-lhes uma fórmula para um mundo interconectado e interdependente:

$$\text{Tecnologia} + \frac{\text{paixão}}{\text{humana}} \times \left(\frac{\text{ideias}}{\text{falsas}} + \frac{\text{valores}}{\text{perversos}} \right) = \frac{\text{extremismo e}}{\text{disfunção global}}$$

$$\text{Tecnologia} + \frac{\text{paixão}}{\text{humana}} \times \left(\frac{\text{ideias}}{\text{genuínas}} + \frac{\text{bons}}{\text{valores}} \right) = \frac{\text{estabilidade global e}}{\text{prosperidade sustentável}}$$

Esta fórmula possui duas constantes e duas variáveis. Vejamos a primeira constante: O mundo está tecnologicamente conectado. Jamais nos veremos menos interligados ou menos expostos. A privacidade, como a conhecemos, acabou. Conforme a tecnologia avança, somente nos tornaremos mais conectados e vulneráveis. A segunda constante é a paixão humana universal pelo progresso e por uma vida melhor. Quando as forças da tecnologia e da paixão humana se combinam, como ocorre com cada vez mais frequência em nosso mundo interconectado, seus impactos se multiplicam de maneira exponencial.

Agora consideremos as duas variáveis: nossas ideias sobre o mundo e nossos valores. Se multiplicarmos a tecnologia e a paixão humana por ideias falsas e valores perversos, obteremos apenas disfunção e extremismo. Enfrentaremos crises intermináveis e cada vez mais frequentes. Entretanto, se multiplicarmos essas mesmas constantes pelas variáveis corretas – ideias genuínas e bons valores – alcançaremos a estabilidade global e a prosperidade sustentável. Em resumo, teremos exatamente aquilo o que desejamos.

A importância de aplicarmos a fórmula correta nas nossas vidas e nos nossos empreendimentos é maior do que nunca. Em um mundo hiperconectado, problemas locais podem rapidamente tornar-se globais. Não importa se estamos nos referindo a desastres financeiros, à fusão nuclear, ao degelo da calota glacial, a pandemias ou ao terrorismo impulsionado pela Internet, o fato é que o ritmo frenético em que vivemos e a escala global de nossos problemas fazem com que tenhamos a sensação de que, a cada minuto, estamos diante da ruína. Somos exatamente como aqueles agentes federais do filme *Homens de*

Preto, que todos os dias chegam ao trabalho prontos para enfrentar uma nova ameaça de aniquilação da raça humana pelas mãos de invasores do espaço. Contudo, embora nossos problemas possam se parecer com crises do "fim da vida", elas são, na verdade, crises do nosso "estilo de vida," e são causadas pela natureza das relações que nos conectam aos demais seres humanos e ao nosso planeta.

Em minha jornada de conexão com as pessoas, e em minhas tentativas de explicar-lhes a razão pela qual as coisas acontecem dessa maneira, considero útil distinguir entre as crises do "fim da vida" e do "estilo de vida." Um exemplo clássico de crise do "fim da vida" em nosso planeta poderia ser causado pelo impacto de um cometa. Em uma situação desse tipo, seria perfeitamente racional que nos escondêssemos debaixo da cama e que rezássemos para que o tal cometa não atingisse a Terra, mas Vênus, por exemplo. Em outras palavras a crise do "fim da vida" seria um cataclismo, algo sobre o qual nada poderíamos fazer. Mas isso não se aplica aos nossos maiores problemas sociais, políticos e ambientais. Estes são causados por comportamentos humanos equivocados e somente poderão ser solucionados por meio de mudanças comportamentais.

Durante as crises financeiras, por exemplo, muitos especialistas genuinamente acreditavam que a economia global estava prestes a enfrentar uma aniquilação total (a frase "encarando o abismo" tornou-se bastante popular na época.). Como resultado disso, todos eles se entrincheiraram, evitaram se expor e esperaram até que a tormenta passasse. Ao longo do caminho escutamos inúmeras vozes bradando pela necessidade de o sistema ser "reinicializado", "restaurado" e/ou "reformado." Mas o que realmente precisávamos na época era repensar as relações humanas que sustentavam esse sistema – e ainda precisamos. Como disse certa vez Albert Einstein, não podemos tentar resolver nossos problemas empregando o mesmo tipo de raciocínio que os gerou em primeiro lugar. Somente seremos capazes de solucionar crises causadas pelo nosso estilo de vida se mudarmos nosso modo de vida.

Em todos os lugares que visito, tenho reparado em um desejo quase universal pela compreensão do nosso mundo à luz daquilo que denomino "valores sustentáveis." Desde o surgimento de **Como**, tenho sido frequentemente convocado para aplicar minhas ideias sobre o comportamento humano a um desastre econômico global causado por transações financeiras absurdamente complexas. Para mim, a questão é bem simples. Todo e qualquer comportamento é guiado por valores. Existem apenas dois tipos de valores: os situacionais e os sustentáveis. Frequentemente nos vemos conectados pelos situacionais. Dentro do sistema imobiliário, por exemplo, os bancos adquiriram o péssimo hábito de emprestar dinheiro para pessoas que desejavam comprar imóveis pelos quais não tinham condições de pagar. Isso tudo soa bastante insustentável atualmente, certo? Entretanto, na época tudo parecia fazer sentido. Os consumidores não se preocuparam, pois partiam do pressuposto de que seus imóveis continuariam a se valorizar, o que lhes permitiria refinanciar o restante da dívida ou até vender o imóvel com um bom lucro. Os bancos, por sua vez, também não se mostravam preocupados, pois já haviam transformado os tais empréstimos em títulos e os negociado com investidores. Estes também não ficaram apreensivos com a situação, pois acreditaram que somente algumas das hipotecas que haviam comprado seriam executadas.

Praticamente todos assumiram, de maneira equivocada, que o mercado imobiliário somente se valorizaria, jamais o contrário. Porém, também cometemos outro erro crítico, ao assumirmos que não precisávamos de relações autênticas e sustentáveis entre os envolvidos nos mercados financeiros, uma vez que as inovações financeiras haviam nos isolado em relação a riscos. Agora, contudo, compreendemos que essas "inovações" na verdade apenas multiplicaram esses riscos, pois encorajaram a todos a se concentrarem em ganhos situacionais de curto prazo, não nos valores sustentáveis de longo prazo.

Existe aqui uma distinção crucial. Os relacionamentos propelidos por valores situacionais envolvem cálculos sobre aquilo que está disponível aqui e agora. Eles visam explorar oportunidades de curto prazo, não empregar de maneira consistente os princípios que criam o sucesso de longo prazo. Eles enfatizam o que **podemos** ou **não podemos** fazer em qualquer situação. Em contrapartida, os valores sustentáveis dizem respeito àquilo que **deveríamos** ou **não deveríamos** fazer em toda e qualquer conjuntura. Eles literalmente sustentam as relações em longo prazo. Os valores sustentáveis são aqueles que nos conectam profundamente como seres humanos. Eles incluem transparência, integridade, honestidade, verdade, compartilhamento de responsabilidades e esperança, e estão relacionados ao **como**, não ao **"quanto"**.

O que torna uma instituição sustentável não é o tamanho e/ou a escala que ela alcança, como demonstrado pelo colapso de grandes instituições financeiras, mas o modo **como** ela faz seus negócios e a maneira **como** ela se relaciona com seus empregados, acionistas, clientes, fornecedores, com o ambiente, a sociedade e as futuras gerações.

O Como se torna global

Ao longo dos últimos anos tenho apresentado o conceito do **como** para líderes empreendedores e públicos em todas as partes do mundo. Certa manhã, tive a oportunidade de participar do programa Good Morning America [Bom dia América], onde, diante de milhões de norte-americanos sonolentos, fiquei surpreso em conversar com o apresentador Robin Roberts sobre os **comos** inerentes à criação dos filhos. Cuidar de uma criança é uma longa jornada similar à construção de uma carreira ou de uma empresa. No passado, éramos capazes de controlar nossos filhos sempre que necessário, simplesmente desligando a TV e mandando-os para seus quartos. Hoje é praticamente impossível desconectar as crianças de todos os dispositivos que lhes garantem acesso a um mundo socialmente interligado. Antigamente esperávamos que o comportamento das crianças fosse inspirado naquele de seus pais. Hoje, o modelo de comportamento está na nuvem. Pouco tempo depois da publicação de *Como* nos Estados Unidos, me tornei pai. Meu filho tem hoje três anos. Conforme ele cresce, praticamente tudo o que ele diz e faz pode alcançar a internet e lá permanecer para sempre. Isto significa que, onde quer que ele vá, sua reputação o precederá, o que torna ainda mais importante que eu lhe ensine os valores sustentáveis que o ajudarão a manter os pés no chão e que o guiarão por um caminho adequado nesse mundo estranho e excitante.

Pouco tempo depois, sentei-me em um escuro estúdio de TV em Nova York, ao lado de Charlie Rose, que me perguntou de que maneira as ideias neste livro eram diferentes da Regra de Ouro. Esta é uma pergunta justa, e a resposta é simples: tratar os outros como gostaríamos de ser tratados sempre foi importante. Contudo, o modo *como* o fazemos atualmente importa bem mais do que no passado. Hoje, o número de pessoas que observam seu comportamento e que podem ser impactadas por ele é muito maior. Expliquei então que nossos valores devem ser dimensionados de modo a atender a um mundo onde milhões de indivíduos conseguem "fazer amizades", "desfazê-las" e "indicar amigos" uns para os outros em apenas um clique, e garantir novos "seguidores" com 140 caracteres, ou até menos. Não é uma coincidência o fato de que as novas gerações estejam literalmente se abstendo de reforçar seu *status* social por meio do consumo extravagante de bens e produtos, em favor de ganhar aceitação expressando-se e comportando-se de uma maneira típica.[3]

Quanto mais eu viajo, mais percebo que as ideias contidas neste livro são universais. Nos últimos anos esta obra foi traduzida no Brasil, na Coreia, na Alemanha, na Índia e na China. Durante uma palestra em um sábado pela manhã em Pequim, cometi o erro de dizer a uma plateia repleta de estudantes universitários chineses que permaneceria no local até que todas as suas perguntas fossem respondidas. Quatro horas mais tarde ainda estávamos debatendo o modo como a teoria do comportamento sustentável está relacionada com a clássica filosofia chinesa. (A resposta: de maneira bem próxima. Por exemplo, um princípio central do Confucionismo é de que as leis controlam o homem inferior, mas a conduta correta controla o homem superior (se substituirmos a palavra "homem" por "companhia", Confúcio se torna imediatamente um teórico contemporâneo na área de gerenciamento organizacional).

Na Europa, em uma sala repleta de CEOs de empresas globais, pedi a todos que levantassem a mão se fossem capazes de listar, de maneira confiante, os nomes de seus dez melhores funcionários. Todos levantaram a mão. Então lhes pedi que mantivessem a mão para cima se, com o meu grau de confiança, pudessem listar os nomes dos dez funcionários da companhia que ostentassem mais princípios – aqueles que mais personificassem os valores essenciais da empresa e melhor exemplificassem o alcance dos resultados esperados por meios corretos. Todos abaixaram a mão. Dando continuidade à nossa aula de aeróbica, perguntei-lhes se consideravam que estariam conduzindo empresas melhores e mais sustentáveis se pudessem responder à segunda pergunta com a mesma segurança com a qual responderam a primeira. Todas as mãos foram novamente erguidas. Finalmente, solicitei que os participantes mantivessem as mãos para o alto se concordassem com o fato de que a dinâmica global atual exigia que todos encontrassem a resposta para aquela segunda pergunta e que a tornassem parte de suas operações. Dessa vez as mãos não se moveram.

Em 2008, durante o Aspen Ideas Festival [Festival de Ideias de Aspen], introduzi a ideia de ***outbehave***. A data era, apropriadamente, 4 de julho, quando os norte-americanos celebram o nascimento de uma nação fundada a partir de uma ideia. Reparei então que, diferentemente do que ocorre com palavras como **outperform** [superar em desempenho], **outfox** [aproveitar o máximo], **outsmart** [ser mais esperto que alguém], **outmaneuver** [superar estrategicamente] e **outproduce** [superar a produção], o termo *outbehave* não constava do dicionário. A linguagem é fundamental por que dá forma aos nossos pensamentos. Os termos que acabo de mencionar estão dicionarizados pelo simples fato de exprimirem hábitos mentais e comportamentais bastante comuns. Já as ideias de que podemos nos esmerar em nosso comportamento e de que atitudes lastreadas em princípios morais podem se mostrar uma fonte de vantagens **ainda** não têm um palavras que as representem. Somos como fisiculturistas que trabalham arduamente para fortalecer os braços e o torso, mas ignoram as próprias pernas. Tornamo-nos excessivamente corpulentos. Sabemos perfeitamente como gastar mais (*outspend*) e como ser mais esperto (*outsmart*) que nossos rivais, mas não sabemos quase nada em relação a superarmos a concorrência por meio de um comportamento diferenciado (*outbehave*). Falando de maneira figurativa, é hora de nos matricularmos em uma academia de ginástica e de trabalharmos as nossas pernas (comportamentais), pois são elas que nos manterão de pé e nos ajudarão a seguir em frente rumo a uma vida mais significativa e sustentável.

Ao longo do caminho, tenho reparado que pensadores proeminentes e líderes vêm adotando o conceito deste livro como uma nova ética para os esforços humanos e como uma plataforma para se estabelecer valores duradouros. Neste sentido, eles adotaram meu próprio uso da palavra **Como**, enquanto substantivo (i.e. "é o **como** que faz a diferença"). Senti-me encorajado e humilde ao perceber que minhas ideias ressoavam entre os pensadores cujo intelecto tanto respeito e os líderes que admiro pela diferença que estão tentando fazer em nosso mundo. Esse grupo inclui o presidente Bill Clinton, que já anunciou que pretende dedicar o resto de sua vida ao "conceito do **como**", "deixando o **o quê** para os outros". Somos dois, então.

O colunista do jornal *New York Times*, Tom Friedman, fez do conceito do **como** uma "regra" do mundo plano na nova edição de sua obra seminal *O Mundo é Plano* (Objetiva, 2005). Já em seu outro livro, *Quente, Plano e Lotado* (Objetiva, 2010), ele abraçou a abordagem de "valores sustentáveis" como a pedra fundamental para um mundo sustentável. No ano de 2010, abrimos juntos a nova edição do Festival de Ideias de Aspen e discorremos sobre valores sustentáveis e liderança inspiradora como chaves para a inovação e para o sucesso em um mundo marcado por mudanças e revoltas políticas, econômicas e ambientais cada vez mais frequentes.

Os crescentes valores do Como

Ganho a vida comandando uma empresa com fins lucrativos que opera no mercado aberto global. Ao longo dos últimos anos, ocasionalmente me percebi debatendo os méritos do sistema capitalista com críticos que acreditam que a recessão tenha sido causada por banqueiros ambiciosos, agências regulatórias ingênuas e fabricantes de automóveis incompetentes, entre outros do gênero. Nessas ocasiões, invariavelmente iniciava meu discurso dizendo que o comportamento econômico sempre teve uma dimensão moral. Na verdade, Adam Smith, autor de *A Riqueza das Nações*, era um filósofo moral, não um economista. Então eu argumentava que em uma sociedade capitalista, naturalmente tendemos a assumir que o crescimento econômico é bom para todos. Mais crescimento equivale a mais trabalhos, mais dinheiro e mais segurança tanto para os negócios quanto para os cidadãos.

Ao longo de todo o século XX, testemunhamos um padrão em que as indústrias se consolidaram em um número cada vez menor de enormes companhias. A assunção neste caso era de que o crescimento era bom porque as grandes empresas eram naturalmente mais fortes que as pequenas. Todos os empreendimentos aspiravam tornar-se "grandes demais para quebrar", apenas para utilizar um termo que acabaria adquirindo um significado bastante diferente durante a crise imobiliária. Um completo ecossistema de faculdades de administração, investidores, mercados de capital, meios de negócios e empresas cresceram e ainda medem seu sucesso com base nesse "princípio." Capitalistas de risco ainda perguntam a jovens empreendedores como estes planejam "expandir" suas empresas iniciantes e estabelecer um crescimento vertiginoso. Os mercados ainda recompensam companhias que crescem rapidamente e punem aquelas que não conseguem fazê-lo. Nos negócios, todavia, o tamanho não consegue sozinho garantir uma longa sobrevivência. Ao contrário, a busca contínua pelo crescimento – seja ele na forma de mais fontes de receita, mais lucros, mais clientes, mais lojas ou uma maior capitalização de mercado – induz as companhias a perderem de vista os valores que criam a verdadeira sustentabilidade. Mostre-me uma empresa que seja "sustentável demais para quebrar" e certamente estarei interessado em adquirir ações.

Se você não se recordar de nada que está neste livro, peço que atente para o seguinte: no século XXI, um comportamento com base em princípios será o caminho mais correto para o sucesso e para a significância nos negócios e na vida. Se isso lhe parece contraintuitivo, é porque costumamos pensar que o trabalho e a vida estão em diferentes esferas e são governados por regras distintas. De acordo com tal lógica, as responsabilidades sociais e ambientais são, no máximo, periféricas ao propósito central dos negócios, que é o de maximizar o lucro econômico. A cultura popular reforça totalmente esta mensagem. Vivi em Los Angeles no início de minha carreira. Eu adoro cinema e costumo retirar dos filmes várias lições sociais. Pense nos personagens mafiosos de *O Poderoso Chefão*, que justificam seus atos estarrecedores de traição e violência simplesmente definindo seu negócio de maneira impessoal: "Foram apenas negócios. Diga ao Michael que sempre gostei dele."

Ou então considere o *slogan* "a ganância é algo positivo," que se tornou famoso na boca do especulador vivido por Michael Douglas no filme *Wall Street*. O diretor, Oliver Stone, não queria que concluíssemos que a ganância é de fato positiva. Esta película foi na verdade parcialmente inspirada em seu próprio pai, um corretor da bolsa da velha escola que acreditava em servir seus clientes de maneira honrada. Não é irônico o fato de várias gerações de jovens capitalistas terem interpretado o admoestatório conto de Stone como um clamor para que se tornassem justamente ambiciosos? O fato é que *slogans* do tipo "a ganância é algo positivo" e "apenas negócios" fazem pleno sentido em um mundo desconectado onde as pessoas conseguem criar esferas separadas – primeiramente em suas próprias mentes e, então, em seu comportamento – nas quais se relacionam umas com as outras de maneira situacional. O mundo dos negócios, por exemplo, tornou-se tal esfera. Todos aqueles empréstimos *subprime*[4] – eram "apenas negócios". Era como se houvesse um espaço amoral em que, desde que não se estivesse infringindo as leis, a única responsabilidade das pessoas era "com seus acionistas e com a busca de lucros." De modo triste e doloroso, muitos de nós fomos incapazes de perceber que a tecnologia não apenas nos interconectava, mas nos tornava moralmente interdependentes. "A ganância é algo positivo" e "grande demais para quebrar" são estratégias racionais para um mundo em que negócios e pessoas estão separados. Entretanto, estas são as piores estratégias para serem implementadas em um mundo interconectado onde tudo é absolutamente pessoal, já que o comportamento de cada um de nós afeta a vida de todos.

Acredito que esta seja a razão pela qual a visão mundial do *Como* esteja ressoando em fóruns tradicionalmente dominados por perspectivas econômicas. Por exemplo, o Fórum Econômico Mundial, que ocorre anualmente em Davos, historicamente reunia líderes comerciais e políticos de todo o mundo para avaliar a situação da economia mundial e gerar ideias para impulsionar o crescimento econômico global e melhorar as condições em que todos vivem. Contudo, o título da conferência ocorrida em 2011 foi "Normas Compartilhadas para uma Nova Realidade" – referindo-se ao que **deveria** ser feito. O folheto da conferência apresentava de maneira explícita que a reunião se concentraria no **como**. A revista *Fortune* que, por intermédio do seu *ranking* anual *500 maiores empresas norte-americanas*, contribuiu para criar o etos de "grande demais para quebrar," deu uma trégua em sua abordagem do tipo **quanto** e concentrou-se na filosofia do **como**, em um artigo intitulado *Por que fazer o Bem é Bom para os Negócios*.

A lógica do "grande demais para quebrar" sempre foi prevalente nas questões internacionais, onde os países competem para ampliar seus arsenais e elevar suas reservas monetárias na crença de que o tamanho de ambos equivale a poderio e segurança. Será? Mais uma vez, e de maneiras que eu jamais poderia antecipar, este livro demonstrou que observava o futuro com certa prevenção. O prólogo começa discorrendo sobre a "ola," uma manifestação que as torcidas realizam durante grandes eventos esportivos para encorajar seu time e/ou esportistas favoritos. Para mim, a ola é uma excelente metáfora para o tipo de energia e comportamento que irão prosperar no século XXI, e não apenas em jogos de futebol. Durante os primeiros meses de 2011, o Oriente Médio experimentou uma série de dramáticos movimentos que foram amplamente transmitidos pela TV em caráter global, durante os quais revoluções populares confrontaram governos despóticos que comandavam vários países árabes. Assim como ocorre em Wall Street, a política dessas regiões fora governada ao longo de muitos anos pelo etos do "grande demais para quebrar". Partimos do pressuposto que os regimes autocráticos do mundo árabe durariam para sempre porque eles tinham dinheiro e poder a seu favor. Muitos desses líderes contaram com o apoio dos Estados Unidos, não pelo fato de os norte-americanos compartilharem os mesmos valores, mas por acreditarem que somente ditadores fortes seriam capazes de combater os terroristas e manter o fornecimento do petróleo.

Então algo inacreditável aconteceu. Assim como milhões de outras pessoas em todo o mundo, eu também estava grudado diante da tela de minha TV no primeiro trimestre de 2011. Na Tunísia e no Egito, manifestantes armados apenas com a câmera de seus próprios telefones celulares se levantaram contra o Estado. Utilizando-se de mídias sociais como o Facebook e o Twitter organizaram protestos e transmitiram suas histórias para todo o mundo. Eles queriam exatamente o que todos nós desejamos: justiça, dignidade e liberdade. E embora eles não tivessem tanques de guerra ou câmaras de tortura do seu lado, eles rapidamente foram bem-sucedidos em forçar a retirada dos antigos regimes do poder. Em outras palavras, essas pessoas criaram uma liberdade situacional, ou **liberdade da tirania**. O caminho adiante pode parecer incerto, pois ninguém sabe se tal liberdade se transformará em uma condição sustentável, ou seja, que lhes garanta a oportunidade de viver de acordo com seus valores. Mas, pelo menos, sabemos agora que até mesmo no mundo árabe, os movimentos populares inspirados por valores sustentáveis são capazes de triunfar contra as forças da violência e da repressão. Nenhum ditador é grande demais para quebrar.

Conforme assistia a milhares de egípcios comuns exigindo seus direitos na Praça Tahrir, senti como se naquele momento recebêssemos uma confirmação final de que o conceito de "grande demais para quebrar" é apenas um mito. Seja em Wall Street ou no Cairo, tal estratégia certamente demonstrou-se equivocada. Em vez disso, precisamos de líderes, de empresas e governos que sejam "sustentáveis demais para quebrar," "donas de princípios fortes demais para falir" e "boas demais para fracassar."

Por quê? Porque em um mundo hiperconectado, mais indivíduos e grupos pequenos podem se transformar em grandes forças em defesa do bem contra o mal. Uma só pessoa pode roubar milhões de identidades e uma única criatura é capaz de produzir revoluções em prol da liberdade em todo o mundo árabe. Essencialmente, democratizamos o bem e o mal. Quanto mais estivermos conectados, maior a frequência com a qual deveremos esperar pelo inesperado. Em um mundo de constantes mudanças radicais, todos nós precisamos de um baluarte que nos sirva simultaneamente como propulsor e guia. Temos de nos enraizar firmemente naquilo que consideramos imutável – nossos valores. É por isso que agora, mais do que nunca, necessitamos de pessoas e organizações que estejam lastreadas em valores sustentáveis. Estes realizam uma "dupla função": eles (1) nos impedem de saltar de uma crise para a outra – da ganância para o medo; e (2) nos guiam por um caminho contínuo rumo ao progresso.

O surgimento de uma liderança inspiradora

Se a estratégia de "grande demais para fracassar" é incorreta em um mundo hiperconectado, então como deveríamos estruturar nossas vidas e organizações para transformá-las em sustentáveis demais para fracassar? A resposta mais simples é de que precisamos repensar a natureza da própria liderança. Veja a razão para isso: Na atual economia do conhecimento, as fontes de poder – informações e ideias – são infinitas. O Google as oferece gratuitamente. Uma vez que não podemos conter a informação, ou tê-la em maior quantidade que os outros ao nosso lado, os hábitos de liderança baseados em "comando e controle", típicos da Era Industrial, são cada vez menos eficientes. Quando observamos o mundo pelas lentes do **Como**, vemos líderes mudarem e outros até mesmo transformarem seus hábitos de liderança, substituindo a velha receita de "comando e controle" por algo denominado "conexão e colaboração." Trata-se de uma mudança entre exercer o poder **sobre** as pessoas e gerar ondas de movimentação **por intermédio** delas.

Esses inspirados líderes finalmente compreenderam que conforme as fontes de poder mudam, o modo como provocam e guiam o comportamento de seu povo também precisa mudar. Isso também é algo bastante simples, uma vez que existem apenas três maneiras de se gerar conexão e ação entre os seres humanos: a coerção, a motivação ou a inspiração.

A coerção diz: "Traga-me o memorando até as 17:00 hs. Não quero saber como, apenas termine-o e entregue-o até o horário, ou estará demitido." A motivação diz: "Se conseguir entregá-lo terá um bônus maior." Os líderes coercivos e motivacionais utilizam-se de ameaças de punição (cassetete) e sistemas de recompensa externos (cenouras) para obter desempenho **das** pessoas, gerar conexão entre elas e fazer com que sigam regras estabelecidas. Porém, nesse mundo interconectado e em geral comandado pela força, estamos descobrindo rapidamente as limitações do poder exercido pelos cassetetes e pelas cenouras; estamos percebendo que é impossível delinear regras suficientes para extrair os comportamentos adequados à cada situação que conseguirmos imaginar, menos ainda para aquelas que estiverem além de nossa imaginação. Também estamos percebendo as limitações dos cassetetes e das cenouras enquanto fontes de conexões firmes em um mundo que rapidamente expõe tais ligações como realmente são. Se a única razão pela qual alguém trabalha em uma empresa é o cheque no final do mês, este indivíduo a deixará assim que receber uma oferta melhor. Se o único motivo para um cliente comprar de uma determinada companhia for o preço, certamente esta pessoa se tornará leal a qualquer concorrente que lhe ofereça preço mais baixo. A motivação acaba, portanto, se tornando um método bem caro para estimular comportamento e gerar conexões, particularmente nos tempos difíceis em que a disponibilidade de "cenouras" é pequena.

Como líderes, precisamos mais do que nunca abandonar práticas coercivas e motivacionais e contar com nossa capacidade de inspirar nossos colaboradores, principalmente considerando o fato de estarmos exigindo cada vez mais deles. Afinal, queremos que eles se relacionem bem com os colegas oriundos de qualquer parte do globo, cujas culturas e línguas são distintas. Desejamos que eles não apenas atendam seus clientes, mas que criem experiências genuínas e prazerosas com eles. Pedimos que esses indivíduos atuem como representantes das empresas em que trabalham e que cultivem essas marcas não apenas quando estiverem dentro das companhias, mas sempre que enviarem seus *tweets*, postarem suas mensagens em blogs, enviarem seus e-mails e interagirem com as pessoas. Queremos que eles se mostrem engenhosos e astutos mesmo diante de pouquíssimos recursos; que sejam absolutamente flexíveis e resilientes mesmo em face das maiores incertezas. Cada vez mais pedimos a nossos funcionários que ultrapassem seus próprios limites e apresentem aprimoramentos e inovações contínuas que possibilitarão que nossas empresas se mantenham globalmente competitivas. Essas solicitações não são apenas difíceis, mas também numerosas. Se as observarmos de perto veremos que estamos de fato exigindo das pessoas qualidades e comportamentos bastante diversificados. Cassetetes e cenouras são simplesmente incapazes de obter os resultados de que tanto precisamos.

Mas então que tipo de liderança nos oferece a tão almejada solução para tais necessidades? A do tipo "conexão e colaboração", que inspira o melhor que existe **dentro** de cada um! Ironicamente, nenhum setor ilustra tal realidade de maneira mais apropriada que o esporte profissional, um âmbito em que o conceito de "grande demais para quebrar" reinou supremo ao longo de muitos e muitos anos. Nos esportes, tentamos ser sempre maiores, mais fortes e mais rápidos que nossos adversários e, desse modo, superá-los. Tudo gira em torno do desempenho máximo; de vencer ano após ano até que uma dinastia seja criada. Como se poderia esperar, os treinadores mais bem-sucedidos sempre foram os mais exigentes, que costumavam obter resultados gritando com seus jogadores. Pense em nomes como Vince Lombardi, Bobby Knight, Tom Coughlin[5] e uma série de outros profissionais disciplinadores que foram vitoriosos no passado. Agora imagine a seleção espanhola de futebol, que ressurgiu fortalecida depois de uma crise interna deflagrada pela surpreendente derrota para a Suíça na primeira fase da Copa de 2010. O treinador espanhol, Vicente Del Bosque , mostrando-se o oposto de um general furioso, não impôs castigos ou treinos extras a seus jogadores nem se colocou diante deles como seu "comandante supremo e todo-poderoso". Ele simplesmente agendou uma série de pequenas reuniões com a equipe e fez com que cada jogador se lembrasse do que os havia levado até aquela importante competição: abnegação e trabalho em equipe. A liderança tranquila de Del Bosque aparentemente uniu o grupo que, revigorado, conquistou a Copa do Mundo.[6]

Se você for um fã de futebol americano, certamente saberá que Del Bosque não é um caso isolado. Embora este esporte seja provavelmente o último bastião do "poder", muitos dos treinadores mais bem-sucedidos no futebol americano estão abraçando estilos de liderança colaborativos. Um deles, Coughlin, levou os New York Giants a conseguir uma vitória um tanto improvável no Super Bowl de 2007 graças, em grande parte, à transformação de seu próprio estilo de liderança. A despeito de seu impressionante currículo ao longo dos 12 anos em que trabalhou como técnico, os críticos esportivos sempre o atacaram por sua inabilidade de se conectar aos jogadores. Eles se referiam a ele como um "tirano autocrático" e como uma "figura distante e ditatorial." Depois de quase ser demitido, ele acabou mudando seus hábitos de liderança. Em vez de berrar com seus jogadores, ele tentou estabelecer laços significativos com a equipe. Ele passou a se reunir com os rapazes, a discutir suas preocupações e a aprender mais sobre a vida pessoal e a família de cada um deles. Seu objetivo de ganhar o campeonato se manteve o mesmo, mas seus métodos mudaram de maneira dramática. Coughlin conseguiu compartilhar com seus jogadores a crença de que seriam campeões, assim como todos os valores que guiariam o modo **como** trabalhariam em grupo. Como um velho cão, ele não apenas aprendeu um novo truque, mas teve a coragem de transformar a si mesmo e, com isso, foi capaz de transformar todo o time.[7]

Estaria eu dizendo que Coughlin e Del Bosque são santos? De modo algum. Assim como os CEOs mais progressistas da atualidade, eles se mostraram líderes inteligentes que descobriram novas maneiras de conseguir o desempenho máximo de seus colaboradores em um mundo onde formas tradicionais de poder estão rapidamente perdendo espaço. Tudo gira em torno de se repensar o significado estratégico do comportamento, movendo-o da defesa para o ataque.

Já apresentei a filosofia do **Como** a mais líderes corporativos do que consigo me lembrar. No passado, muitos escutavam minhas palavras com bastante atenção e então me apresentavam a seus "goleiros" – o conselho geral da empresa, o diretor de ética da companhia, o diretor de riscos ou até o diretor de assuntos externos. Os CEOs sempre tentaram empregar os melhores "goleiros" do planeta, ou seja, aqueles que sofrem o menor número possível de gols, ao evitar condutas contestáveis e prevenir falhas de conformidade nas ações da empresa. Contudo, historicamente, a maioria dos líderes sempre se mostrou mais interessada em marcar gols do que em se defender deles. Em geral eles observavam o bom comportamento como uma tática defensiva, usada para impedir que coisas ruins ocorressem ou até para demonstrar arrependimento depois que tivessem agido de maneira "condenável."

Esse raciocínio é até compreensível. O termo "comportamento", da maneira como nos foi apresentado na infância, possivelmente nos fará lembrar os sermões que recebíamos de nossos pais. Diante de nossas atitudes um tanto censuráveis, éramos constantemente admoestados para que nos "comportássemos bem!" Desde aquela época, é provável que a maioria de nós tenha desenvolvido uma percepção equivocada, como se "comportar-se bem" fosse algo que somente precisássemos fazer depois de termos agido de maneira incorreta. Vejamos um exemplo: se alguém é condenado por um crime, talvez tenha de ir para a prisão por longos anos. Como então esse indivíduo conseguirá reduzir sua pena? Comportando-se bem.

Nos últimos anos, entretanto, tenho percebido com alegria que muitos CEOs pararam de me apresentar aos seus "goleiros." Por quê? Pelo fato de esses líderes do **Como** terem finalmente percebido que o comportamento sustentável é uma estratégia ofensiva que precisa ser utilizada por eles em relação à equipe como um todo. Esses líderes também estão escutando mais atentamente quando seus diretores jurídicos e de riscos lhes dizem que o número de chutes contra suas "traves" cresceu demais para que sejam capazes de defender suas metas de todos os ataques, e que, portanto, a melhor estratégia é manter a bola no ataque. O comportamento se transformou em uma poderosa fonte de excelência e também em uma vantagem competitiva. No passado, os chefes conseguiam se safar apenas dizendo a seus subordinados que "cumprissem o que lhes foi pedido, independentemente de como o fizessem." Os mais progressistas implorariam que suas equipes "pensassem de maneira criativa." Na mente daqueles homens isso era um belo cumprimento, mas na minha era, e continua sendo, um insulto. Afinal, se você realmente confiasse em seus colaboradores jamais os teria colocado em uma situação em que não pudessem agir com criatividade. Em nosso mundo radicalmente interconectado, os líderes precisam substituir os empregos que se baseiam na simples execução de tarefas (que dizem respeito **àquilo** que as pessoas têm de fazer) por outros cuja base reúna os valores da companhia (ou seja, que estejam relacionados ao **como** as atividades deverão ser realizadas).

Pense nisso como uma mudança de perspectiva, em que diferentemente de se valorizar tamanhos, passamos a dar mais importância ao significado. Conversas sobre "quanto" sempre ecoam nos negócios, na política e em nossa vida pessoal: Quanto nós conseguimos acumular nesse trimestre? Quanto nós podemos tolerar em termos de dívidas? Quanto crescimento nós poderemos gerar? O quão grande deve ser o governo? Porém, "quanto" e "quão" não são as palavras corretas. Em vez disso deveríamos nos perguntar **como** podemos criar organizações e sociedades que espelhem nossos mais profundos valores. Consideremos por um instante o reino do Butão, nos Himalaias, que ao longo de muitos anos mede seu progresso social e econômico não pelo Produto Interno Bruto (PIB), mas pela "Felicidade Interna Bruta". Atualmente, políticos da Grã-Bretanha, da França e até de Somerville, em Massachusetts (onde os agentes do censo agora perguntam aos cidadãos "Quão feliz você se sente neste momento?" para ajudar a direcionar as decisões na política pública)[8], já estão debatendo como índices similares poderiam medir a felicidade e o bem--estar de seus povos. O fato de que os governos cada vez mais tentam medir o grau de felicidade assim como de prosperidade em seus países nos diz algo importante sobre o modo como o mundo está se transformando. Estamos indo da era do **quanto** para a do **como**.

Isso me leva diretamente à terceira e, acredito eu, mais poderosa forma de influência humana: a inspiração. Veja que esta palavra começa com "in", o que significa que a conduta é interna e intrínseca. Ou seja, enquanto a coerção e a motivação ocorrem **a** você, a inspiração acontece **em** você. Indivíduos inspirados possuem um propósito mais profundo e maior do que eles próprios. Eles são guiados por princípios que consideram fundamentais – valores que sustentam suas relações com as outras pessoas em busca de visões compartilhadas que justifiquem sua dedicação e compromisso. Em outras palavras, o comportamento inspirador começa e termina com os seres humanos.

Não estamos apenas na Era do Comportamento, mas na era dos comportamentos que só podem ser inspirados. Portanto, estamos também na Era da Inspiração. Vale ressaltar que a inspiração é a mais importante fonte de energia sustentável existente. Hoje, a liderança inspiradora é, ao mesmo tempo, a fonte de conexão humana e o guia comportamental mais poderoso, abundante, eficiente, acessível e compartilhável do universo. Esse tipo de liderança consegue inspirar – e reinspirar – várias vezes, sem qualquer custo e oferecendo dividendos que jamais se esgotarão. É óbvio que precisamos de mais líderes capazes de inspirar comportamentos positivos que sejam adequados ao mundo que habitamos.

Ainda temos um longo caminho a percorrer. As taxas de engajamento entre os trabalhadores nos Estados Unidos e em vários mercados globais caíram bastante nos últimos anos. Acredito que isso tenha ocorrido pelo fato de termos investido tempo demais tentando estimulá-los com o uso de "cassetetes" e "cenouras", e pouco tempo inspirando-os com valores e missões que valham seu compromisso. Líderes e empresas precisam urgentemente repensar o conceito de "engajamento", e passar a vê-lo como um subproduto da inspiração. Alguns já têm feito isso. Recentemente tive a oportunidade de testemunhar uma comissária de bordo de um dos voos da Southwest Airlines inspirar todos os passageiros que viajavam para Las Vegas. Enquanto nos preparávamos para desembarcar, a funcionária pegou o intercomunicador e disse: "Todos já devem ter ouvido falar sobre o fato de que se cada um de vocês dobrar o cinto de segurança sobre o assento que ocupava, sua sorte no cassino aumentará bastante." Todos riram, mas aqui está a parte interessante: o regulamento da FAA (Agência Federal de Aviação dos Estados Unidos) exige que todos os cintos estejam devidamente dobrados sobre as poltronas antes que novos passageiros possam embarcar. Ao inspirar os passageiros daquele voo, a funcionária ajudou sua empresa a seguir as normas, a ganhar uma vantagem operacional (pois certamente demoraria quase dez minutos para que ela dobrasse pessoalmente todos os cintos) e a cumprir a promessa da companhia de nos levar até onde desejássemos "sem melindres, com divertimento e segurança, e dentro do horário."

Esse tipo de comportamento criativo não pode simplesmente ser comandado por um superior ou ser incluído em um código de conduta escrito; ele precisa ser inspirado. É possível que você consiga se recordar de inúmeros líderes inspiradores ao longo de sua vida pessoal e profissional, mas, para mim aquela comissária foi capaz de resumir tudo em uma atitude bem simples. Ela transmitiu exatamente o que desejava que fosse feito apenas se conectando com os passageiros, sem jamais ordenar que fizéssemos absolutamente nada. Ela utilizou-se do comportamento de maneira estratégica, não defensiva. Ela não era uma CEO ou uma executiva, tampouco uma gerente de nível médio, mas demonstrou liderança inspiradora. Para que consigam prosperar, nossas empresas precisam demonstrar diariamente esse tipo de liderança por meio de seus empregados, independentemente da posição que eles ocupem.

Exemplos como este nos ajudam até mesmo a repensar o conceito de liderança. Qualidades humanas como criatividade, prestabilidade e esperança não podem ser comandadas, somente inspiradas **nas** pessoas. Não se pode ordenar que alguém tenha uma ideia brilhante nem comandar colaborações valiosas e criativas. Não é possível impor que um médico ou uma enfermeira se mostrem mais humanos e demonstrem compaixão ao postar-se ao lado do leito de um paciente. Não é viável motivar ou coagir um professor para que este seja mais esperançoso em relação aos seus alunos, criando um ambiente de possibilidades na sala de aula. Não há como fazer com que um representante comercial engendre mais confiança em cada um de seus contatos. Os mais sortudos encontrarão um meio de fazê-lo por si próprios, enquanto outros precisarão de inspiração para que consigam revelar tais qualidades.

O sistema operacional humano

Uma vez que a liderança agora está mais ligada à inspiração que à coerção ou à motivação, precisamos repensar os conceitos tradicionais de governança e organização corporativas. Nos últimos anos, muitas empresas bem-sucedidas e inovadoras têm começado a desconstruir hierarquias tradicionais e a eliminar regras e a necessidade de aprovações dentro do ambiente profissional. Esses líderes acreditam que em um mundo de "código aberto," já não é prático comandar empresas como se estas fossem fortalezas ou prisões. Contudo, a desconstrução de hierarquias e a planificação das empresas são apenas os passos iniciais do processo – e, aliás, os mais simples. Uma vez que as estruturas obsoletas sejam removidas, as organizações precisarão promover culturas corporativas que facilitem comportamentos inspirativos. Trata-se de uma transição entre a **liberdade em relação ao** microgerenciamento e às aprovações desnecessárias para a **liberdade de** contribuir com a própria personalidade e criatividade na maneira **como** a organização realiza sua missão.

Embora não considere os seres humanos parecidos com computadores, percebo uma forte similaridade entre o sistemas operacionais (SO) de uma máquina e de um ser vivente, em especial daquele de que precisamos como indivíduos para prosperar nas condições comerciais que se apresentam no século XXI. Em ambos os cenários necessitamos de aplicativos formidáveis para que novos sistemas sejam adotados. Assim como o processador de textos e o e-mail foram os grandes aplicativos do sistema operacional dos PCs no final do século XX, o comportamento (enquanto ataque) representa o grande aplicativo do sistema operacional humano. Para que seja possível implementar este sistema operacional humano (costumo pensar nele como um "**Como SO**", ou algo do tipo), as organizações precisarão primeiramente construir culturas que, em seu âmago, valorizem seres humanos e comportamentos. Em segundo lugar, será necessário que elas reduzam sua dependência em relação a sistemas tradicionais de governança que se baseiam em "comando e controle." Por último será preciso que elas harmonizem os dois modelos, de modo que a humanidade volte a residir no centro dos negócios, não apenas dentro de cada empresa, mas também nos ecossistemas que conectam as companhias aos seus clientes, aos fornecedores, aos parceiros e à sociedade.

Hoje não precisamos apenas de inovadores na área de tecnologia. Necessitamos de pioneiros comportamentais que introduzam inovações no **Como**. Um dia, que não deve estar longe, todos nesse planeta estarão conectados pela tecnologia. Quanto mais isso ocorrer, mais o único diferencial entre nós e a concorrência será a profundidade de nossa humanidade – o modo **como** nos ligamos a outros seres humanos e os inspiramos. É por isso que cada vez um número maior de organizações declara sua própria humanidade. A Chevron transformou-se na empresa de "Energia Humana;" a Dow possui o "Elemento Humano;" a Cisco ostenta a "Rede Humana." O *slogan* do Ally Bank[9] "Falamos a linguagem humana." Para não correr riscos, algumas companhias reverenciam sua própria humanidade, outras confiam essa tarefa ao departamento de *marketing*; mas existem ainda aquelas que estão apenas começando o árduo trabalho de traduzir suas regras em práticas corporativas e em comportamentos individuais e de liderança que consigam ganhar vantagem e forjar relações valiosas no mercado. Não basta proclamar sua humanidade, é preciso vivenciá-la. As organizações vencedoras são aquelas que compreendem isso claramente e colocam sua humanidade no centro de seus sistemas operacional, de liderança e gerenciamento, em vez de considerá-la apenas como um ponto focal para campanhas de *marketing*. Em resumo, as empresas precisam ser boas para se tornarem grandiosas.

Minha jornada

Mas quem sou eu para lhes dizer tudo isso? Sou o fundador e CEO da LRN, uma empresa que ajuda companhias globais de todos os tamanhos a atingir seus objetivos aprimorando o modo **como** fazem o que quer que façam. Minha jornada como empreendedor começou de maneira modesta, assim como ocorre na maioria dos casos.

Terminei o colegial com dois conceitos A: o primeiro em Educação Física; o segundo em Peças Automotivas. Na primeira vez que prestei o SAT[10], obtive 970[11] pontos. Tentei novamente no ano seguinte e devo dizer que minha nota subiu significativamente para 980 pontos. Enquanto crescia, tive de lutar contra a dislexia, mas, de algum modo, consegui entrar na Universidade da Califórnia em Los Angeles (UCLA). Fui aceito tardiamente, quando todos os cursos opcionais já estavam lotados, por isso, tive de fazer aulas de recuperação em Inglês e Filosofia.

Acabei me apaixonando por Filosofia, uma matéria que, fundamentalmente, ensina o aluno a repensar o mundo utilizando-se de lógica e de sua capacidade de observação. Senti-me particularmente atraído pela área de filosofia moral, que aborda algumas das questões mais profundas da vida humana, tais como a natureza da felicidade, a diferença entre o bem e o mal, e a organização de uma sociedade justa. Com o estímulo de meus professores, a filosofia ajudou-me a superar a dislexia. Outras disciplinas acadêmicas recompensavam a habilidade de avançar, mesmo com dificuldades, na leitura de textos longos e densos. Eu não era capaz de fazê-lo, mas a filosofia me premiou por minhas ideias e, como resultado, minha dificuldade transformou-se em uma força.

A filosofia também está no coração de minha empresa, a LRN. Desde muitos anos a.E. – antes da Enron –, e certamente antes de as histórias sobre atividades ilegais corporativas se tornarem manchetes diárias, temos aplicado a filosofia ao turbulento mundo dos negócios. Já ensinamos centenas de líderes empreendedores a inspirar em suas organizações um desempenho com base em princípios. Já mostramos a milhões de empregados como "fazer a coisa certa". Portanto, meu negócio é uma extensão da própria filosofia. Gosto de pensar em mim mesmo como um filósofo que usa terno.

Veja como a LRN surgiu. Depois de me formar e obter a pós-graduação em filosofia, decidi cursar Direito. Após a graduação, consegui um emprego em um escritório de advocacia. Certo dia, enquanto pesquisava na biblioteca legal, de repente me dei conta de que alguém em algum lugar certamente já havia pesquisado sobre aquele mesmo assunto e, portanto, sabia mais do que eu sobre o tópico (ou seja, mais que absolutamente nada). Naquele momento, percebi uma grande oportunidade de tornar o conhecimento legal acessível a um número maior de profissionais e por um preço baixo. Foi então que criei uma rede que reunia grandes mentes do âmbito legal, capazes de compartilhar conhecimentos importantes de um modo eficiente e democrático. O negócio floresceu, e, de repente, estávamos ajudando algumas das maiores empresas do mundo a enfrentar desafios legais e a gerenciar seus riscos.

Entretanto, logo percebi que o ponto focal de nossos esforços era ajudar nossos parceiros a apagar incêndios, ou seja, a responder aos desafios legais que já haviam se instalado. Foi então que conclui que seríamos mais úteis se ajudássemos essas empresas a projetar e construir sistemas que as tornassem "imunes a incêndios", desenvolvendo novas abordagens, ajeitando seus métodos, ou seja, o modo **como** agiam, e prevenindo o surgimento de problemas legais. Foi assim que nos transformamos em uma empresa que ajudava organizações a construir uma cultura sustentável em todos os níveis hierárquicos.

Por algum tempo, parecia que estávamos vendendo vitaminas para empresas que jamais adoeceriam, ou pelo menos assim pensavam seus líderes. Foi então que vários escândalos surgiram na mídia e, repentinamente, nos percebemos em meio a um debate sobre valores. A UCLA, minha mãe criadora, convidou-me para ministrar uma palestra durante uma cerimônia de colação de grau, convencido de que o poder do **Como** era a mensagem mais prática que seus formandos poderiam escutar. A U.S. Federal Sentencing Commission [Comissão Federal de Sentenciamento dos Estados Unidos] pediu-me que discorresse sobre novos métodos para se alcançar padrões mais elevados de conduta e responsabilidade nos negócios, uma vez que seus integrantes consideravam a possibilidade de fazer uma revisão no Federal Sentencing Guidelines [Código de Sentenciamento Federal]. O telefone começou a tocar e os e-mails a entupir minha caixa de entrada. Eles vinham de companhias que, percebendo o espalhamento de uma epidemia, temiam ser infectadas. De repente, eu estava na TV, viajava por todo o país e falava diante de líderes corporativos e grupos de empregados de algumas das maiores e mais respeitadas empresas do mundo. A LRN quadruplicou em tamanho.

De uma hora para outra, ter princípios tornou-se prático – e até entrou na moda. Contudo, eu encarava aquela situação como uma faca de dois gumes. É óbvio que mais pessoas agindo de acordo com princípios, mesmo que pelas razões erradas (para evitar processos, minimizar riscos ou construir um bom relacionamento com seu público-alvo), ainda era algo positivo. Porém, considerava que as pessoas, em geral, pareciam não entender profundamente a razão pela qual deveriam ter princípios e dedicar nova energia e ênfase no modo como perseguiam seus objetivos e interesses. A partir dessa noção básica, a LRN continuou a mudar e a expandir sua visão com o intuito de ajudar empresas de todos os tipos e tamanhos, de qualquer parte do mundo, a se tornarem bem-sucedidas agindo de acordo com princípios morais e, portanto, de maneira diferenciada em relação aos concorrentes.

Um jeito bastante interessante de superar seus competidores é simplesmente "tornando-se mais sustentável do que eles." Tal percepção inspirou a LRN a comprar a GreenOrder durante os piores momentos da Grande Recessão, quando a maioria das companhias estava enxugando seus quadros, não buscando o crescimento. A GreenOrder era uma pequena e bem-sucedida empresa de consultoria que ajudava grandes organizações como a GE a desenvolver práticas e produtos ambientalmente corretos e inovadores. Assim como a LRN, a equipe da GreenOrder entendia que a sustentabilidade ia além da troca de lâmpadas ou de fontes de combustível; ela diz respeito a mudanças culturais e no modo de pensar. Trata-se fundamentalmente de um modo de liderança e de comportamento que objetiva criar valores duradouros no lugar de inúmeras e pequenas vitórias transacionais. Não está tão relacionado a turbinas eólicas, a painéis solares ou a prédios "verdes", mas à razão pela qual desejamos tudo isso: fazer com que nossas empresas e nosso mundo estejam melhores amanhã do que estão hoje.

Atualmente, a LRN opera globalmente, com escritórios em Nova York, Los Angeles, Londres e Mumbai. Temos colegas em vários outros estados e países. Alcançamos, trabalhamos lado a lado e ajudamos centenas de empresas com mais de 20 milhões de pessoas espalhadas em mais de cem países a criar culturas organizacionais vencedoras inspiradas em valores sustentáveis.

Muitos dos conceitos e estratégias identificados neste livro já foram testados de maneira consciente dentro da LRN, o que dá à empresa um caráter laboratorial. Aspiramos ser a mudança que desejamos para o mundo. Chamamos a isso de "Vivenciar o **Como**." Dentro desse espírito, destruímos o organograma verticalizado da companhia e desenhamos um modelo plano de autogerenciamento. Dependemos agora de nossa Estrutura de Liderança para guiar nossas decisões e interações, nossas equipes na realização de esforços e na implementação de iniciativas compartilhadas, e nossos conselhos eletivos. Esforçamo-nos para vivenciar nossa filosofia de confiança e, para isso, buscamos estendê-la a todos que estão à nossa volta. Um meio pelo qual expandimos o conceito de confiança se traduz no modo como nossos colegas gastam o dinheiro da empresa. Por exemplo, queremos que nossos funcionários nos entreguem relatórios de despesas honestos. Afinal, quem não quer? Porém, em vez de fiscalizarmos atentamente, simplesmente os erradicamos: não há necessidade de aprovações para gastos dentro da LRN. Ainda realizamos a verificação eventual de relatórios e de números consolidados. Isso nos ajuda a chegar a políticas mais eficientes na reserva de passagens, por exemplo. De modo similar, nossa política de férias é "tire o tempo que considerar necessário, desde que tenha consideração pelos colegas." Ninguém em nossa empresa se reporta a um "chefe" para avaliar seu desempenho. Em vez disso, nossas avaliações são conduzidas por um grupo de colegas selecionado por cada indivíduo, para que eles o ajudem em seu desenvolvimento. A única "chefe" dentro da LRN é nossa missão.

Como filósofo moral, sou plenamente versado na arte da argumentação lógica. Porém, conforme a LRN crescia, eu continuava a encontrar executivos em empresas clientes que somente se mostravam confortáveis comandando aquilo que conseguiam medir. Senti-me inclinado a testar meus argumentos e buscar confirmação estatística e quantificação para minhas observações – a métrica do **Como**, se preferir –, lançando uma série de grandes pesquisas sobre sistemas de gerenciamento, cultura e liderança em empresas em todo o mundo. Estas pesquisas testaram cuidadosamente a estrutura do **Como** – o que, aliás, poderá ser visto ao longo deste livro. Os resultados indicam claramente que culturas organizacionais que se baseiam em valores (aquelas que possuem um sistema operacional humano e líderes inspiradores) adotam novas ideias de maneira bem mais rápida, são mais inovadoras e demonstram um desempenho financeiro melhor; elas também oferecem melhores experiências a seus clientes, aprimoram seu sistema de recrutamento e testemunham menos atritos entre empregados – elementos básicos bem-estabelecidos para uma sustentabilidade duradoura e sucesso.

A busca pelo significado

Como disse anteriormente, este é um livro sobre COMO, não sobre "como fazer". Em geral, estes últimos nos oferecem *5 regras para isso, 10 práticas para aquilo, 7 maneiras de se conseguir o que quer que estejamos buscando.* Siga todas as instruções corretamente, prometem esses livros, e seu objetivo – seja ele o sucesso na carreira, a perda de peso ou se tornar um milionário – será atingido. Particularmente acredito que qualquer livro verdadeiramente útil tenha de oferecer algo mais – mais duradouro, mais essencial e mais aplicável à vida como um todo. Em vez de regras, passos ou instruções, este livro oferece uma abordagem – uma estrutura e um modo de ver as coisas – que irá ajudá-lo a navegar por esse mundo interconectado e interdependente em que vivemos e trabalhamos. Ele oferece a você, leitor, uma visão mais positiva e esperançosa que o guiará para além das recompensas passageiras, rumo ao sucesso duradouro.

Uma nova visão do **Como** exigirá uma nova maneira de abraçar o motivo pelo qual acordamos e seguimos para o trabalho todos os dias. Acredito que a inspiração para fazê-lo reside no pensamento de que há uma grande diferença entre fazer algo **com o intuito de** alcançar sucesso e fazer alguma coisa **e** ser bem-sucedido. Os líderes inspiradores compreendem perfeitamente tal distinção. Eles são bastante cuidadosos em relação ao Paradoxo do Hedonismo (também discutido neste livro), a ideia filosófica de que se perseguirmos a felicidade diretamente ela nos iludirá; contudo, se buscarmos um objetivo maior e mais significativo, alcançaremos a felicidade. Por meio do meu trabalho, aprendi que existe um corolário para o Paradoxo do Hedonismo. Eu o denomino Paradoxo do Sucesso – não é possível atingir o sucesso perseguindo-o diretamente. Líderes inspiradores compreendem que o valor real e sustentável somente pode ser atingido quando buscam algo maior que eles próprios e que faça diferença na vida de terceiros. A palavra que uso é significância.

O modo como gerenciamos a relação entre o sucesso e a significância determinará nossa habilidade não apenas para sobreviver, mas para prosperar diante das novas condições do mundo de hoje. Este livro tentará ajudá-lo a descobrir esta ideia em tudo o que fizer. Ao longo das páginas que se seguem, exploramos novas lentes através das quais podermos ver o mundo, os negócios e os esforços humanos. Aprendi esse modo de ver as coisas a partir de diálogos com as mais diferentes pessoas – de líderes de pensamentos, acadêmicos, CEOs e gerentes corporativos até animadoras de torcida, estrelas do esporte e vendedores de rua. Todas essas conversas foram devidamente filtradas levando-se em consideração os desafios que enfrento diariamente à frente de uma empresa em crescimento que precisa competir com outras companhias que também querem seguir adiante. Lido com todas as pressões inerentes ao processo: melhorar sempre, alcançar bons números, cuidar de cada cliente e, acima de tudo, fazer a diferença. Enquanto isso, tento encorajar a mim mesmo a fazer sempre a coisa certa, mesmo quando isso me parece inconveniente, impopular e, até mesmo, pouco lucrativo.

Por meio de histórias, estudo de casos, pesquisas inovadoras em vários campos, experiências pessoais e entrevistas com um grupo diversificado de líderes, especialistas e pessoas comuns – algumas conhecidas, outras não – exploraremos nesta obra **como** pensamos, **como** lideramos, **como** nos comportamos e **como** governamos a nós mesmos para descobrir os novos **Como** que libertarão e criarão valores no século XXI e nos demais. Organizações e indivíduos que souberem **como** agir corretamente alcançarão o sucesso e permanecerão no topo. Eles serão recompensados, promovidos e celebrados. O mundo mudou para tornar esse conceito mais relevante do que nunca, e acredito sinceramente que hoje ele represente o meio mais poderoso para se estabelecer um curso firme rumo às conquistas pessoais e organizacionais.

Não tenho dúvidas de que você já ouviu falar do seguinte clichê: a esperança não é uma estratégia. Trata-se apenas de uma expressão usada para menosprezar gerentes que não fazem seu dever de casa antes de embarcarem em um determinado curso de ação. Contudo, os líderes inspiradores acreditam que a esperança seja, de fato, uma estratégia. Franklin Delano Roosevelt compreendeu isso perfeitamente durante os piores momentos da Grande Depressão, quando eletrizou uma nação completamente desanimada dizendo ao seu povo que eles não tinham nada a temer, exceto o próprio medo. Roosevelt disse: "Não percam a esperança." Ela representa um valor sustentável que nos inspira a ver o mundo como uma fonte de significado, e a nos conectar às pessoas de maneiras valiosas. A esperança é um grande catalisador. Quando a perdemos, nos escondemos dentro de nós mesmos, nos afastamos dos outros e entramos em desespero. Mas quando a possuímos, nos apoiamos no mundo e imediatamente um senso de possibilidade ganha vida e permite que nos conectemos aos outros, e que colaboremos com eles no sentido de fazer as coisas acontecerem. Assim como a confiança, a esperança também é fundamental para o modo como nos entrelaçamos em um mundo já conectado. Sem esperança não pode haver progresso, inovação ou prosperidade duradoura. A esperança impele as pessoas a se levantarem e as inspira a enfrentar desafios com os quais jamais haviam sonhado deparar – e a se manter firmes independentemente das dificuldades.

É claro que isoladamente a esperança não é uma estratégia, mas é sem dúvida o ponto de partida essencial para qualquer estratégia sustentável. Desse modo, a esperança inspira a busca pela significância. E este é o **Como** fundamental.

Dov Seidman
Fundador e CEO da LRN
Julho de 2011

PRÓLOGO

Criar 'Olas'

Em 15 de outubro de 1981, nas arquibancadas lotadas do Oakland Coliseum, Krazy George Henderson teve uma visão. Era a terceira partida da série de *play-offs* da Liga Norte-Americana de Beisebol entre as equipes do Oakland Athletics e New York Yankees, e os A's (forma simplificada de chamar os Oakland Athletics) haviam perdido duas. Krazy George era torcedor profissional, contratado pelos A's há três anos ou mais. Sem a típica gritaria estridente de universitárias chacoalhando pompons, George perambulava sozinho, subindo e descendo pelos corredores das arquibancadas do estádio vestindo bermuda *jeans* e blusa de moletom, em estilo frenético *a la* Robin Williams com a cabeleira do Albert Einstein, esmurrando à vontade um pequeno tambor, atraindo a multidão, e animando a torcida com tal intensidade contagiosa que lhe rendia a admiração dos torcedores de toda a Bay Area. A maioria das palavras de ordem era conhecida, como *"Vamos lá, Oakland, vamos lá!"* Mas nesse dia foi diferente. Nesse dia, Krazy George imaginou um gesto que começaria no seu setor da arquibancada e percorreria sucessivamente pela multidão em uma onda contínua e gigantesca de entusiasmo conectado, um fato transformador que, mais tarde, mostrou-se histórico. Era 15 de outubro de 1981, dia em que Krazy George Henderson inventava a **"ola"**.[1]

PRÓLOGO

Tudo tem de começar em algum lugar.

Há muito tempo sou fascinado pela "ola", assim queria conhecer Krazy George e perguntar-lhe sobre a história da primeira "ola". "No dia em que comecei, já sabia o que queria", ele disse. "Sabia o que ia acontecer, mas ninguém no estádio sabia.

A primeira coisa que fiz foi bater meu tambor. Assim chamo a atenção de todos a três ou quatro setores de mim. É o segredo do meu sucesso. Veja, o tambor propaga energia e emoção; demonstra meu envolvimento pessoal com os torcedores. Eu me movimento por toda parte do estádio (fico andando o tempo todo), esmurrando o tambor. Eles me vêem suando, vêem a energia, vêem meu amor pelo jogo e meu amor pelo time. Eu ajo como o torcedor quer agir e, assim, desperto algo neles.

Então nesse dia, eu tinha de dizer a eles o que havia imaginado. É tão importante levantar o astral. Se todos não se animam, não funciona. Para funcionar, é preciso a participação de praticamente todos, e aí está o segredo. Bati com força o tambor e comecei a gritar: *'Vamos fazer o seguinte. Vamos levantar e jogar as mãos para o alto. Quero começar com este setor, e vamos passar para aquele setor'*, e gritei para o outro setor. *'Eu vou começar e o movimento vai continuar'*.

Sabia que pararia. Não sabia até onde iria antes de parar, mas sabia que pararia. Ninguém **jamais** havia visto isso antes. Portanto, eu os preparei. Disse que quando o movimento fosse interrompido, queria que todos os três setores soltassem uma vaia bem sonora. Sozinho, não conseguiria alcançar todo o estádio, mas achava que como grupo conseguiríamos. Então eu disse: *'Vamos começar no três, este setor primeiro; depois vocês continuam e, ei, vocês aí, fiquem preparados'*. Gritei o máximo que pude e sabia o que iria acontecer, e comecei, e os torcedores do primeiro setor se levantaram e jogaram as mãos para o alto . . . depois do segundo setor . . . do terceiro . . . do quarto; seguiu mais ou menos cinco setores e simplesmente foi diminuindo até acabar. As pessoas estavam vendo o jogo e não sabiam o que estava acontecendo. Por isso parou.

Dito e feito!, três setores simplesmente vaiaram *'Buuu!'*, e esmurrei meu tambor. Estava gritando e agitando meus braços. Eles não conseguem me ouvir do outro lado do campo, mas conseguem ouvir meu tambor. Eles me viram agitando os braços e balançando a baqueta na direção deles, e captaram a ideia. Assim, comecei mais uma vez e, dessa vez, foram

Prólogo

11 setores – cerca e um terço da volta do estádio –, e parou atrás da base do rebatedor. De repente, o mais estrondoso *'Buuuuu!'* que se podia ouvir ecoou, talvez por seis, oito setores. Mas isso concentrou a atenção de todos, e eles perceberam o que eu queria fazer. Então eu disse, 'Vamos tentar novamente'. Eu não disse 'tentar'; disse, 'Vamos **fazer** novamente', e comecei pela terceira vez.

No momento em que olhei ao redor, todos nos três anéis do estádio estavam repetindo o gesto, todos ao mesmo tempo, jogando as mãos para o alto, uma onda gigantesca de energia humana percorrendo a volta do estádio. Ela passou pela base do rebatedor. Continuou passando e ficando cada vez mais intensa. As pessoas estavam gritando e berrando. Ela deu a volta, passou atrás da base do rebatedor e, depois, percorreu todo o campo externo, as gerais e retornou ao nosso setor, e simplesmente continuou seguindo. Ela retornou imediatamente e ficou ainda mais intensa. Todos ficaram doidos. Ninguém jamais havia visto isso antes.

O grande defensor esquerdo externo dos A's, Rickey Henderson, conhecido como '**o homem de aço**' pelo seu talento na corrida entre as bases, estava se aproximando da base na sua vez de rebatida. Ele olhou para cima e viu essa coisa circulando em torno do estádio, e saiu da área de rebatida e ajustou as luvas por cerca de dois minutos, olhando aquilo. Ele simplesmente ficou ali parado em pé, olhando aquilo, ajustando as luvas para rebater. Nem sei quantas vezes ela circulou – quatro, cinco, seis vezes – foi assim forte.

Depois da 'ola', a multidão ficou nitidamente diferente, entusiasmada e envolvida no jogo. Eles sabiam que estavam ajudando. Sentiram a energia. Quando soltei o grito seguinte de incentivo, a saudação pela defesa ou o aplauso, foi **muito** mais estrondoso. Foi isso que vi naquele dia, e ainda vejo hoje depois de quase 25 anos conduzindo a 'ola', a energia vigorosa que ela produz no estádio ou na arena ou em qualquer outro ponto de encontro em que eu esteja. Os torcedores começam a sentir que fazem parte do jogo e que estão colaborando".

A "ola" é um movimento extraordinário. Todas aquelas pessoas, espalhadas por um vasto estádio, com capacidade limitada de estabelecerem contato ou de se comunicarem, de algum modo, unem-se em um **ato gigantesco de cooperação**, inspiradas por uma meta em comum: ajudar o time da casa a vencer. Ela despreza língua e cultura, ocorrendo com regularidade no mundo todo em eventos tão diversos como Torre de Babel quanto a Olimpíada e as partidas internacionais de futebol (na realidade, muitas vezes é chamada de "Onda Mexicana" ou La Olá por ter aparecido pela primeira vez no cenário internacional nas finais da Copa do Mundo de Futebol na Cidade do México em 1986).[2] Ela atravessa gênero, renda e classe social. É pura expressão da paixão coletiva liberada.

Quando criei a LRN Corporation em 1994, achei que seria extraordinário se conseguisse capturar no ambiente de trabalho algo do espírito da "ola" – essa complexa diversidade rica e desarmônica de seres humanos unindo-se para criar aquela vantagem do jogo em casa. Será que haveria alguma forma de fomentar aquele tipo de energia criativa concentrada nas metas dos nossos negócios? **O que seria preciso para começar uma 'ola'?**

Se a "ola" for vista como um processo do esforço humano, percebe-se imediatamente que qualquer pessoa pode começar uma – a mãe fanática de um jogador de futebol, quatro sujeitos bêbados com uma enorme pança e Oakland pintado em verde no peito nu, ou oito adolescentes fãs de carteirinha da estrela do time. Não precisa ser dono do estádio, a pessoa mais rica ou poderosa, nem um profissional pago como Krazy George. Ninguém mostra o cartão de visitas e diz, "Meu cargo é mais importante; deixe que eu começo a 'ola'". Qualquer um pode começar a "ola"; é um ato verdadeiramente democrático.

Então, como fazer? Vamos nos divertir um pouco e analisar. Digamos, por exemplo, que você esteja na arquibancada em um jogo de futebol americano e o time da casa esteja perdendo por um *touchdown*. Você vê seu time bufando e bafejando e está decepcionado com a aparente letargia e complacência dos demais parceiros torcedores. De repente, você tem uma visão, uma visão para ajudar seu time a vencer, para fazer os jogadores sentirem como se tivessem a vantagem do jogo em casa. Imagina um certo espírito de corpo, uma onda gigantesca de energia. Mas você é honesto consigo mesmo. Percebe que não é dono do estádio. As pessoas ali não lhe devem nada – são agentes independentes; elas têm outras prioridades. Estão mastigando pipoca, comendo cachorro-quente, engolindo a bebida aos goles ou torcendo pelo adversário. Elas podem ficar extremamente incomodadas com sua visão. O sujeito ao lado pode se indispor a levantar; talvez esteja pensando, "Estou muito fulo por que a 'princesinha' do nosso receptor quer ser negociado". Portanto, o que pode acontecer?

Primeiro, você precisa da atenção das pessoas. Começar uma "ola" requer ato de liderança, portanto é necessário disposição para levantar e liderar. É preciso ficar de pé, transmitir sua ideia, e inspirar os demais a ajudar a concretizá-la. Mas como? Krazy George usa o tambor, mas o guarda de segurança dos detectores de metais o obrigou a deixá-lo no carro. Talvez possa virar para o cara ao lado e dizer, "Ei, toma aqui 20 paus – vamos levantar". Ele até pode colaborar, mas, realmente, a menos que você seja o Bill Gates, provavelmente acabará sem dinheiro antes de conseguir convencer todos os 60 mil torcedores a aderir a seu plano, e certamente você não tem dinheiro suficiente para motivá-los a levantar mais de uma vez. Logo irá esgotar qualquer que seja a lealdade obtida, e eles irão sentar ou começar a negociar para receber mais. Dinheiro como fator motivacional tem seus limites.

Você poderia virar para o pessoal ao seu redor e dizer: "Vejam, sou bem maior que vocês, e se não se levantarem quando eu mandar vou enchê-los de pancada." Sua impressionante exibição de força bruta pode fazer algumas pessoas obedecerem. A coação pelo medo, no entanto, tem alcance limitado. Talvez consiga alguma adesão local, mas as pessoas, três setores acima ou do outro lado do estádio, à distância, provavelmente se sentirão seguras de suas ameaças, e provavelmente continuarão a agir como quiserem, talvez inclusive indo embora. O bíceps definido e o tom ameaçador inspiram pouco mais que o desejo de fugir. O aspecto mais importante para sua visão é este: se as pessoas concordarem, com que entusiasmo irão se levantar? Para criar uma "ola" forte e poderosa, que faça a diferença para o seu time, é preciso participação entusiasmada. Ameaçadas, será que elas irão levantar entusiasmadas ou, em estado de submissão relutante à superioridade da sua musculatura, irão levantar devagar? Será uma "ola" gloriosa ou uma "ola" mais ou menos?

Tendo eliminado o dinheiro como fator de motivação e a força como fator de coação, a melhor opção para transmitir a visão aos estranhos ao seu redor seria provavelmente por comunicação verbal (embora vocês sejam basicamente estranhos, estão unidos na atividade comum de assistir ao jogo, portanto você parte de um ponto de interesse em comum). Então, o que você diz e, acima de tudo, **como** diz? Novamente, existem algumas opções. Você pode pensar: "Informação é poder. Quanto mais informação eu controlo, maior é minha vantagem em relação aos demais torcedores." A visão é sua e você não quer que ninguém a roube, assim vira para o cara ao lado e diz: "Vou pedir para você fazer uma coisa, mas não posso dizer por quê; é na base do sigilo. Acredite em mim." Quando se joga escondendo bem as cartas, naturalmente, você está pedindo para um bando de pessoas se arriscar a fazer papel de bobo – ou pior, a se engajar em uma atividade de criar uma onda e gritar que não faz sentido para elas – com base na palavra de alguém que praticamente não conhecem. Talvez Krazy George tenha acumulado vantagem pessoal suficiente dos três anos esmurrando aquele tambor nos jogos do Oakland Athletics para ter sucesso, mas outros poucos no estádio conseguiram o mesmo, e até George corre o risco de encontrar um bando de novatos de fora da cidade que o vêem apenas como outro profissional maluco do norte da Califórnia com um tambor. Se **você** tentar, as pessoas provavelmente irão pensar: "Como sabe se isso irá funcionar? Por que devo acreditar nele?" Sua abordagem operacional do estilo CIA servirá pouco para amainar as suspeitas sobre suas motivações.

Então você pensa que talvez funcione melhor **compartilhar** sua visão com os demais torcedores. Talvez uma apresentação em *PowerPoint* no telão explicando a complexa e fascinante física da interação humana que forma uma "ola" lhe rendesse adesões:

Pesquisa Húngara[3] Mostra Que a "Ola":

- Geralmente segue no sentido horário.
- Mede de seis a 12 metros de largura (em média – 15 assentos).
- Movimenta-se a cerca de 12 metros (20 assentos) por segundo.
- É gerada por não mais que uma dezena de pessoas.
- Adquire formato estável, quase linear, conforme vai se expandindo pela multidão.

Crédito: Vladimir Rys/Staff, Alemannia Aachen X Borussia Monchengladbach, 2006.

Slide 13

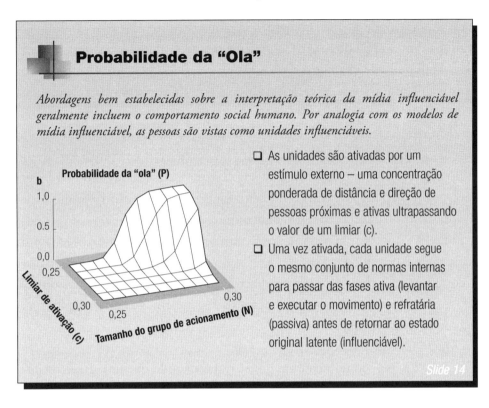

Nitidamente, a apresentação em *PowerPoint* pode parecer uma comprovação das suas boas habilidades em pesquisa e apresentações informatizadas ao mesmo tempo em que carece de algo na capacidade de inspirar 60 mil pessoas. Mesmo sendo em um jogo de beisebol, que, convenhamos, pode ser tão lento quanto uma tartaruga, uma apresentação bem elaborada de *PowerPoint* sempre é menos interessante que o vendedor de amendoins.

Nitidamente, **como** você comunica sua visão – como se relaciona com as pessoas à sua volta – afeta diretamente o resultado, assim, todas essas abordagens não tratam do essencial. A essência de uma "ola", o que a torna expressão poderosa do desejo humano, está no fato de ser movida por uma paixão em comum de ajudar o time da casa a vencer. Esse valor perdura muito mais do que qualquer ação individual e une todos os torcedores do estádio. Ninguém acompanhou a ideia de Krazy George por causa do *George*; a "ola" envolve liderança, mas seu principal aspecto está no fato de não nos lembrarmos de onde ela começou – no setor 32? 64? 132? Os torcedores acompanharam porque ele conseguiu convencer e atrair todos, e quando se consegue atrair todos, não importa onde a "ola" começa. Ela simplesmente acontece. E ninguém acompanhou a ideia de Krazy George por causa das vaias (essa é uma maneira bem-humorada de chamar a atenção em um grande estádio). Os torcedores acompanharam porque gostaram daquilo a que ele se propunha e da maneira como esmurrava o tambor para isso.

Para começar uma "ola", então, é necessário **estabelecer contato** com as pessoas à sua volta, **compartilhar** sua visão com elas, **convencê-las** de um propósito em comum. É preciso liderar essa 'ola' sem exercer autoridade formal, poder de punição ou ameaçar com um pequeno dispositivo termonuclear sob as arquibancadas, mas sim com um toque de carisma. Para convencê-las a juntar-se a você, é necessário ser determinado e transparente, não omitir nada e ganhar a onfiança delas. **"Ei!"** você pode gritar, carregado de paixão e compromisso, cheio da emoção desenfreada que deseja liberar nos outros. "Tive uma ideia! Se todos nos levantarmos, balançarmos as mãos e gritarmos, acho que podemos ajudar a vencer!"

Quem não quer vencer?

Gosto da "ola" como metáfora por se tratar daquilo que um grupo diversificado de pessoas é capaz de realizar quando unidas por uma visão em comum. Ela ilustra a força que se desloca por um grupo de pessoas quando elas desempenham ao máximo, de forma desenfreada e apaixonada. As pessoas muitas vezes não percebem a existência de uma forma poderosa de realizar algo – um **Como** – que incorpora ser transparente, ser claro, declarando suas intenções e sendo bem sincero sobre o significado de tudo para você; e esse **Como** afeta a "ola" que você cria. Os melhores **Comos** fazem a "ola" continuar muito além do seu alcance. Descobri que qualquer um disposto a isso consegue entender, concentrar e desencadear essa força nos negócios (talvez em todos os aspectos da vida), independentemente da posição, da classe social ou da autoridade. Esse é o primeiro aspecto abordado no livro.

As pessoas começam "olas", atuando com força e eficácia sobre as demais ao seu redor. Para a "ola" decolar e avançar, no entanto, as condições do estádio devem ser tais que a energia gerada por poucos consiga fluir facilmente entre muitos. Estudos mostram que a "ola" começa mais facilmente e avança mais em estádios circulares ou ovais do que em lineares. A torcida em um jogo de futebol colegial, onde torcedores adversários de todos os cantos da cidade sentam-se em lados opostos do campo conforme a lealdade de cada um, tende a cooperar menos, embora todos morem na mesma cidade. Isso não ocorre em estádios ovais, apesar dos sentimentos de apoio igualmente intensos. As organizações podem construir estádios que permitam a ocorrência da "ola". As equipes podem criar ambientes que permitam a ocorrência da "ola". Esse é o segundo aspecto tratado no livro.

Recentemente, encomendei uma pulseira para minha esposa de uma joalheria de Nova York por causa do aniversário de casamento dali a alguns dias. O joalheiro enviou a encomenda para mim em Los Angeles via entrega em 24 horas da UPS para que eu recebesse com certeza no dia (passar em branco o aniversário de casamento, como todos sabem, pode ser muito pior do que falhar com o cliente na cadeia de abastecimento *just-in-time*). Na manhã seguinte, ansioso pelo pacote, encontrei o entregador da UPS, Angel Zamora, na recepção do meu escritório, mas minha encomenda não estava entre as demais. Angel percebeu de pronto minha decepção, e disse para aguentar firme. Embora o turno dele terminasse quando esvaziasse o carrinho de encomendas no meu prédio, uma hora depois ele ainda estava ao telefone falando com o depósito central no centro de Los Angeles. Finalmente, ele conseguiu localizar o pacote e identificar um problema do depósito, e providenciou uma remessa especial para a entrega naquela mesma noite. Ele, então, passou o número do seu celular pessoal e do celular do supervisor, e colocou-se à disposição até tudo estar resolvido. Por volta das 17 horas daquela tarde, o pacote estava em minhas mãos.

Quando encontrei Angel novamente, alguns dias depois em seu turno normal, disse-lhe o quão impressionado e grato havia ficado com a maneira como ele havia conduzido a situação e feito o necessário para manter o compromisso da UPS. Ele não titubeou, dando uma resposta direta: **"É o que faço"**. Isso me fez lembrar da velha história dos dois pedreiros trabalhando em um prédio. O primeiro, quando perguntado o que estava fazendo, diz: "Assentando tijolos." O segundo responde, "Construindo uma catedral." Algumas pessoas se enxergam como assentadores de tijolos. Angel constrói catedrais. Ele não se define com limitações, como um simples entregador de pacotes. Ele se enxerga como instrumento por meio do qual a UPS cumpre suas promessas. Ele cria "olas" que fazem da UPS líder no setor. Pensando em si em termos mais amplos e mais movido por propósitos, ele distingue não apenas a companhia em que trabalha, mas também ele próprio, não por **o que** ele fez – fez o pacote chegar a mim –, mas por **como** ele fez, com franqueza, preocupação, paixão, iniciativa e uma sensação de fazer parte de algo maior que ele próprio. Esses **comos**, a qualidade do empenho dele e a maneira como conseguiu influenciar os outros, permite a Angel criar "olas", convencer os colegas do centro a encontrar meu pacote e mandá-lo em uma perua especial de entrega até meu escritório.

A UPS, por sua vez, cria uma cultura que permite a ocorrência dessas "olas". Angel não precisou passar por uma cadeia de aprovações e assinaturas para que sua hora extra fosse autorizada ou que seu trabalho adicional fosse validado. A UPS entende e institucionaliza os **comos** que possibilitam ao seu pessoal de campo realizar o trabalho corretamente e cumprir os compromissos com os clientes com o mínimo de resistência do sistema. A UPS e Angel estavam alinhados com os valores e comportamentos em comum que inspiraram Angel a fazer o que fez.

No mundo dos negócios de hoje, tais companhias que constroem sucesso duradouro, aquelas que parecem ter sucesso direto em mercados altamente competitivos, possuem algo acontecendo em si, uma certa energia, bem parecida com a "ola". A "ola" resulta de **como** fazer o que fazemos. Se, sentado na arquibancada de alguma companhia, capturado por uma visão do modo como algo deve ser, alguém na multidão sente-se bem à vontade, bem inspirado e bem capaz de estabelecer contato e associar-se com força àqueles ao seu redor, algo grandioso pode acontecer. Para construir e sustentar sucesso duradouro no novo cenário socioeconômico que define o nosso mundo, é preciso adotar uma nova força, a força da conduta humana, a força do **como**.

Construir sucesso baseado em como as pessoas interagem? Você pode pensar, *Fala sério! O mundo dos negócios é uma luta de foice. A concorrência é feroz, a pressão por resultados é intensa, e o ambiente, ardiloso e repleto de potenciais quedas. Evidentemente, seria fantástico imaginar um mundo ideal onde todos sejam transparentes, guiados por valores, inspirados por metas comuns, onde o tratamento entre todos seja bom e justo, e onde todos se unam por trás de um bem comum; mas não funciona bem assim.*

Seria um insulto se eu não reconhecesse que todos carregamos um conjunto de experiências pessoais que faz parecer algumas das ideias apresentadas ao longo do livro sonho de um idealista de um mundo que jamais virá a existir. Mas, nas próximas páginas, espero mostrar que o mundo que formou e informou grande parte dessas experiências prévias – o mundo capitalista de atiradores de elite em que **negociar** é **sinônimo de guerrear**, a informação é poder; ao vencedor, o prisioneiro – não existe mais. Os avanços na tecnologia, comunicação, integração e conectividade convergiram em ciclos históricos previsíveis para criar uma mudança extraordinária no modo como são feitos os negócios, e no modo como se vive a vida. As mudanças foram mais rápidas do que o desenvolvimento de novas estruturas para entendê-las, e espero mostrar em grandes detalhes exatamente quão radicais – e permanentes – são essas mudanças. Para prosperar no mundo hipertransparente e hiperconectado do século XXI, precisamos mudar também.

No decorrer do texto, mostro como as qualidades que a maioria das pessoas considera sutis – confiança, respeito, transparência, propósito, reputação – tornaram-se moeda forte da realização no mundo conectado – propulsoras da eficácia, produtividade e lucratividade. Será possível compreender que os **comos** da conduta humana será fator determinante no sucesso duradouro. À primeira vista, essas ideias talvez pareçam contradizer muitas das suas crenças ou pareçam ser irracionais. Ao final do livro, talvez você se sinta diferente.

As "olas" são divertidas; essa é a maior vantagem delas. Ficar de pé, balançar os braços, berrar para o time da casa e, acima de tudo, **ao fazer isso, relacionar-se com todos os demais torcedores do estádio**, isso é divertido. Mas Krazy George me disse que o aspecto mais importante da sua primeira "ola", e de todas as demais desde então, são todas as mudanças decorrentes. No restante da partida, a torcida torce com mais vibração. Os torcedores ficam mais entusiasmados e envolvidos com o resultado. Sentem-se mais parte da experiência. A "ola" não é apenas poderosa em si; ela, consequentemente, desencadeia uma força duradoura e permanente. Essa é uma propriedade essencial da força; uma vez completado o circuito, a corrente continua a fluir.

Existe uma "ola" ribombando, tendo como instrumento as pessoas que trabalham em companhias como a UPS e muitas outras em que todos a perpetuam com entusiasmo. Ela representa uma grande mudança, uma abordagem de como fazer o que fazemos, geradora de valor duradouro e quantificável. Acredito nela como uma força que cada indivíduo e grupo de pessoas consegue entender, dominar e aprender a aplicar, e este livro tenta ajudar o leitor nisso. Este livro trata da força influente do **como**.

Parte I

COMO ÉRAMOS, COMO MUDAMOS

INTRODUÇÃO: OS ESPAÇOS ENTRE NÓS

Pense, rapidamente, no cérebro humano. As unidades individuais em funcionamento no cérebro são denominadas neurônios. Alguns neurônios são altamente especializados para executar certas funções cognitivas. Outros são organizados em grupos de vários tamanhos para realizar tarefas mais complicadas. Alguns são responsáveis pelo armazenamento de dados, e outros, apenas pela transmissão de informações. Os neurônios possuem **membranas sensíveis**, característica celular única que lhes permite gerar e propagar sinais elétricos. Quando em ação, o neurônio envia um pequeno sinal, semelhante a uma mensagem eletrônica, às partes do cérebro com os quais irá se conectar. Esse sinal, para chegar ao local destinado, precisa saltar uma série de pequenas lacunas, cada uma denominada sinapse, que separam um neurônio do outro. O cérebro de uma criança chega a ter um quatrilhão de sinapses, mas, na idade adulta, com o envelhecimento e o declínio, esse número diminui significativamente chegando a entre 100 e 500 trilhões. O que ocorre na sinapse – em outras palavras, **no espaço entre** – é fator determinante do bom funcionamento cerebral. As denominadas **sinapses fortes** transmitem mensa-

13

gens – chamadas de **potenciais ações** – facilmente para os neurônios ao seu redor. Quando as sinapses são fortes, possibilitam o livre fluxo de transmissão de energia de um neurônio a outro, ativando a ampla gama de capacidades humanas. Quando as sinapses são fracas, no entanto, as mensagens não fluem. Uma sinapse fraca, diríamos, deixa a peteca cair.[1]

Agora, imagine um estádio de futebol, lotado de torcedores. Funciona nitidamente de forma semelhante. Cada torcedor é como um neurônio. Cada um possui uma membrana sensível, capaz, se o torcedor quiser, de estabelecer um contato e relacionar-se com os outros. O espaço entre eles, onde termina a pele de um e começa a do outro, é como uma sinapse. A conexão ocorre no espaço **entre**. Há partes do estádio em que as conexões entre as pessoas são fortes – elas conhecem umas as outras, têm ingressos comprados de toda a temporada, ou compartilham de entusiasmo semelhante pela equipe da casa – e partes em que as conexões são fracas. Quando o espaço entre as pessoas permite fortes conexões entre elas, a animação não necessita de muito estímulo para começar, o lanche comprado dos ambulantes é passado rapidamente de mão em mão, e a harmonia é estabelecida facilmente entre estranhos sentados próximos; em suma, as conexões prosperam. Quando esses vínculos são fracos, no entanto, as potenciais ações morrem. Cada um torce sozinho e precisa descer pelo corredor empurrando os outros para pegar seu próprio amendoim.

Uma única sinapse cerebral, assim como o espaço entre os torcedores no estádio, conecta-se com muitos neurônios diferentes, como se fosse um cruzamento de várias vias convergentes. Isso lhe permite receber potenciais ações de diversas origens simultaneamente. Sujeita a esses vários estímulos simultâneos, até uma sinapse fraca pode ser atraída para transmitir mensagens. Em um estádio, a experiência é semelhante. A estimulação combinada de muitos torcedores fazendo a "ola" muitas vezes contagia e envolve os menos interessados ou menos ligados na vibração. De fato, a popularmente denominada "onda cerebral" consiste na impressão eletroencefalográfica de um grupo de neurônios acionados todos juntos, enviando suas potenciais ações pelas sinapses, fracas ou fortes, para manter o movimento, – essencialmente, o cérebro fazendo "ola".

Por analogia, na área do comportamento humano, tudo que afeta o espaço entre as pessoas afeta a capacidade de realização delas. Coloque 60 mil pessoas em um estádio, de olhos vendados e protetores auriculares, assim fica extremamente difícil fazer "ola". Peça às pessoas para cochichar algo de uma para a outra enquanto o organista toca no volume máximo, e a mensagem fica irreconhecível antes mesmo de ultrapassar um setor. Insira uma emoção delicada entre duas pessoas e tudo que disserem uma a outra pode ser mal interpretado. Então, para fazer "olas", para começar a gerar os tipos de interação pessoal que permitam concretizar iniciativas por toda uma entidade organizacional (assim como o cérebro, um estádio lotado, uma equipe ou uma empresa), é preciso não apenas entender a força necessária para começá-las, mas também entender os fatores que afetam os espaços entre nós, que fortalecem ou enfraquecem a sinapse interpessoal.

Em 13 de outubro de 1994, a Netscape Communications lançou o primeiro navegador da rede mundial, anunciando o surgimento da Internet popular e efetivamente criando a era da informação.[2] Naquele momento, o livre fluxo de informações começou a modificar radicalmente o modo como preenchemos o espaço entre nós, provocando mudanças tão significativas a ponto de remodelar quase completamente como o mundo funciona. A nossa compreensão dessas mudanças, no entanto, não acompanhou sua rapidez. Para nos adaptarmos e termos êxito nessas novas condições, portanto, precisamos de uma nova estrutura, de um novo entendimento de como éramos e como tudo mudou.

Nesta primeira parte, exploramos o passado recente (e não tão recente) para unir os espaços entre uma série de acontecimentos discrepantes que moldaram e caracterizaram o nosso mundo presente. Começamos com o surgimento da era da informação e a transformação provocada por ela, com a mudança do modelo de negócios baseado em comando e controle para o de colaboração e compartilhamento. Depois, analisamos como a tecnologia invade as sinapses das nossas relações, tanto ajudando como atrapalhando. Por fim, tratamos das transformações mundiais que intensificaram a importância de como fazer o que fazemos.

Nos próximos três capítulos, será traçada a geografia de um mundo bem diferente, um mundo do **como**, que requer novas forças e novas habilidades para ser atravessado. No final desta parte, espero que o leitor consiga entender melhor as mudanças radicais ocorridas no nosso cenário, a necessidade crítica de uma nova lente para poder enxergar o caminho a trilhar, e a forma como o **como** pode nos guiar pela nossa jornada.

CAPÍTULO 1

Da Terra À Informação

*Onde está a sabedoria que
perdemos no conhecimento? Onde está o
conhecimento que perdemos na informação?*
– T. S. Eliot

À s vezes, para enxergarmos à frente, precisamos olhar para trás, neste caso, bem para trás, para a Europa feudal, mais ou menos em 1335 a.C. Na década de 1330, a Inglaterra precisava de vinho. Precisava de vinho porque no século anterior o estilo normando tornara-se última moda e o nobre inglês comum trocara sua caneca diária de cerveja por uma taça de vinho tinto. Precisava de vinho porque a bebida provia vitaminas, fermento e calorias para ajudar os ingleses a suportar os longos invernos. E precisava de vinho porque, bem, **vinho é prazer**. Como a Inglaterra era fria demais para cultivar parreiras decentes, os ingleses precisavam de um sistema de intercâmbio internacional para adquirir as bebidas da França. Ela vendia lá inglesa na região de Flandres para o tecido flamengo (na época, mercadoria de primeira linha), depois a trouxe para a região sul da França para negociá-la pela fruta do vinho. Por sorte, naquela época, os ingleses controlavam tanto a região de Flandres como da Gasconha (na costa oeste da França). Conseguindo, assim,

COMO ÉRAMOS, COMO MUDAMOS

comercializar livremente, transportar com segurança e beber até se saciarem. Por essas razões, e um milhão de outros detalhes feudais, os franceses odiavam os britânicos. Em 1337, eles atacaram Flandres para reassumir o controle do continente, começando a Guerra dos Cem Anos, que na verdade durou 116 anos até 1453, quando os britânicos foram finalmente expulsos da Europa continental e voltaram a beber cerveja, hábito amplamente cultivado até hoje.[1]

O que tudo isso tem a ver conosco, que fazemos negócios na era da informação altamente tecnológica? Bom, cerveja não é o único hábito que vem persistindo desde a Idade Média. Voltando a essa época, pertencíamos a um mundo baseado na terra, e as pessoas que controlavam as terras mais valiosas mandavam. Terra é um empreendimento de soma zero: quanto mais eu tenho, menos o outro tem; e quanto mais tenho, mais poder tenho em relação ao outro. Terra significava plantações, e terra significava aluguel dos servos – comerciantes, agricultores e artesãos –, produtores das mercadorias e dos bens de consumo que moviam a economia. Havia uma correlação de um para um entre as pessoas mais poderosas e as proprietárias de mais terras. Até hoje, a rainha Elizabeth continua sendo uma das pessoas mais ricas do Reino Unido por causa das propriedades de terras da família.[2] Em uma época de recursos esgotáveis, a nobreza feudal aprendeu que, para prosperar e obter mais poder, precisava proteger e acumular bens. Construía castelos com fossos ao redor para proteger os feudos, conquistava tudo que pudesse e acumulava a fortuna pouco a pouco, hábitos que serviram bem durante séculos.

Vamos avançar rápido alguns séculos até o início da revolução industrial. A invenção das máquinas, movidas basicamente por motor a vapor, trouxe muitas formas inovadoras de produção. O ritmo e a escala de produção aumentaram de forma exponencial. Um empreendedor experiente conseguia de repente produzir, com eficácia, mercadorias em massa e colocá-las no mercado a preços inferiores aos do primo artesão. As máquinas criaram uma maneira sistemática de enriquecer com relativa rapidez. O indivíduo não levava mais a vida inteira para acumular riqueza ou não tinha de se arriscar em viagens perigosas na busca de tesouro. Qualquer um com dinheiro para investir podia identificar invenções de ponta, construir uma fábrica eficiente para produzi-las (ou produzir com elas), e tomar fatias de mercado dos rivais do velho mundo. Iniciativa e inovação passaram a ser riqueza, e o antigo deu lugar ao novo, tudo movido por uma nova classe investidora capaz de fazer dinheiro com o dinheiro. Em 1776, Adam Smith escreve *A Riqueza das Nações*, e nasce o capitalismo.[3] A palavra **capital**, falando nisso, vem da palavra latina *capitalis*, que significa cabeça. No capitalismo, usava-se a cabeça para chegar uma cabeça à frente do adversário.

Mesmo transferindo o motor da riqueza da terra para o capital, a mentalidade da soma zero da época feudal permanecia. O capital também era esgotável, e quanto mais capital eu tinha, menos o outro tinha. Com mais, era possível inovar, expandir e produzir itens antes impossíveis. Os capitalistas desenvolveram hábitos de poder, certos princípios práticos de como prosperar na nova economia. Quando possuíam bens, acumulavam; não compartilhavam. Não doavam; distribuíam somente em troca de altos retornos. Extraíam vantagens. Durante séculos, ativos significavam poder, e, para prosperar, controlavam com parcimônia. Geralmente, construíam fortalezas em torno das propriedades e as defendiam contra os invasores. Dominavam mercados, protegiam os segredos comerciais, e certificavam-se de registrar a patente e os direitos autorais de tudo o que produziam. Conseguiam também controlar o fluxo de informações no mercado, e assim desenvolveram muitos hábitos de comunicação unidirecional para controlar como o mercado os enxergava. Inventaram a assessoria de imprensa, aperfeiçoaram as artes da **mensagem** e do **giro**, e aprenderam a dividir e conquistar, dizendo ao cliente A de um mercado algo diferente do dito ao cliente B de outro mercado. As estruturas das companhias espelhadas nesses impulsos consistiam em modelos de comando e controle e hierarquias verticais descendentes. Os hábitos do capitalismo protecionista logo permeavam cada faceta da empresa.

LINHAS DE COMUNICAÇÃO

Vamos dar uma pausa no nosso rápido panorama histórico para observar alguns fatos específicos da era industrial, cujo significado para nossa discussão ficará rapidamente nítido. Com a chegada do telégrafo aos Estados Unidos da América (EUA) em meados da década de 1850, alguns empreendedores espertos tentaram extrair riqueza dele, instalando milhares de quilômetros de cabos de cobre, ligando a região leste, de centros comerciais estabelecidos, ao centro-oeste, em franco desenvolvimento. Com a pressa na busca de riqueza, o empreendimento produziu capacidade excessiva de transmissão, sem mercado para sustentar os custos da infra-estrutura de instalação. Os preços despencaram, assim como as fortunas dos seus investidores. Denominemos o evento de explosão "ponto-traço". De repente, o custo da transmissão de uma palavra de texto caiu a um patamar jamais visto. Esse salto na conectividade e na economia trouxe algumas consequências inesperadas, assim como relata Daniel Gross na revista *Wired*: "Jornalistas conseguiam registrar longas histórias dos campos de batalha da Guerra Civil, alimentando os grandes impérios jornalísticos de William Randolph Hearst e Joseph Pulitzer. Do mesmo modo, a possibilidade disseminada de enviar telégrafos baratos impulsionou o mercado nacional de ações e produtos básicos e facilitou demasiadamente a gestão dos negócios internacionais".[4] Esses acontecimentos modificaram o mundo. Meio século depois, a American Telephone and Telegraph (AT&T) ampliou substancialmente aquela rede quando introduziu o telefone, contudo seus diretores eram bem experientes para se precaver, solicitando a proteção do monopólio do governo norte-americano em 1913, assegurando, assim, a lucratividade. O telefone era o telégrafo "turbinado", e seu impacto nos negócios foi igualmente potente.

Vamos avançar rapidamente até 1994, e refletir a respeito do nascimento da era da informação. A tecnologia mais uma vez possibilitou muitos saltos no modo como tudo é feito. As oportunidades estavam por toda parte, e, embora poucos tivessem uma clara visão de até onde elas levariam, invenções, produtos e processos possibilitaram realizações antes inimagináveis. Mais uma vez, empreendedores surgiram de todas as partes. Um grande número de empreendedores (aparentemente ignorando as lições da era "ponto-traço") investiu pesado, instalando cabos de fibra ótica no mundo todo. Os cabos de fibra ótica produziram um salto quântico na capacidade de transmissão comparado ao cabo de cobre originalmente instalado pela antiga Bell System e seu irmão telégrafo. Um único par de fibras óticas tem capacidade de transmitir mais de 30 mil ligações telefônicas por centenas de quilômetros de distância, enquanto um par de fios de cobre de dobro de espessura transmite 24 ligações por cerca de cinco quilômetros. Quando se aplicam as novas tecnologias, como a multiplexação por divisão de comprimento de onda (WDM), a capacidade da fibra aumenta em até 64 vezes. Com as novas tecnologias no horizonte, os cientistas acreditam na infinita capacidade teórica de transmissão dos cabos de fibra ótica. A instalação dos cabos de fibra ótica foi como substituir cada torneira de banheiro por algo do tamanho de um silo de míssil. De repente, toda a comunicação eletrônica global consumia apenas 5% da capacidade de transmissão. Os preços da transmissão mais uma vez despencaram (juntamente com inúmeras companhias nascidas com a ideia de enriquecimento rápido em cima dessa nova tecnologia), e nos vimos em um mundo em que a informação propagava por todos os cantos de forma instantânea e barata como a luz em um quarto escuro.

NIVELAMENTO

Isso mudou tudo. A informação, ao contrário da terra e do capital, não é uma equação de soma zero; ela é **infinita**. Quanto mais eu tenho, mais o outro pode ter também. E, ao contrário do dinheiro, ela é flexível; um dólar vale um dólar independentemente do quanto se quer. O conhecimento, em contrapartida, fica mais valorizado na proporção direta da necessidade ou do desejo de possuí-lo. Se lhe dissessem que tem uma doença, por exemplo, você pagaria muito mais pela informação da cura do que se estivesse saudável.

Nos dias do capitalismo protecionista, uma classe profissional especializada de advogados, médicos, contadores e outros guardiões do conhecimento aproveitou a vantagem da elasticidade da informação e lucrou com ela de duas formas significativas: acumulando conhecimento (assim como qualquer outro item básico) e distribuindo em pequenas doses em troca de altos valores (normalmente, para pessoas que realmente necessitavam dele porque tinham problemas, doenças ou suas casas metafóricas estavam, de algum modo, incendiando). Ao mesmo tempo, criou linguagens especializadas indecifráveis e códigos complexos – como o jargão jurídico, o código tributário e outros "pormenores impressos em letras miúdas" – como barreira para evitar o fácil acesso das pessoas ao conhecimento do grupo. Isso fez com que o valor desse grupo aumentasse. Quanto mais alguém precisava de certa informação, mais se dispunha a pagar um especialista para explicá-la.

O mundo conectado por transmissão rápida e barata de informações, em contrapartida, removeu as camadas entre as pessoas e o conhecimento, tornando o profissional especializado, de algum modo, **menos valioso**, e a informação em si, **mais valiosa.** O custo unitário da informação caiu drasticamente, dos US$ 300 que se chegava a pagar a um investigador particular para localizar um pai em débito com a pensão do filho, por exemplo, até US$ 50 ou pouco mais ou menos para a própria interessada pesquisar ao vivo nos registros do país inteiro. O poder e a riqueza passaram daqueles que acumulavam a informação para aqueles que conseguiam disponibilizar e torná-la acessível à maioria das pessoas.

Com esse fato simples, os hábitos do capitalismo protecionista ficaram obsoletos. Com a ascensão da informação como mecanismo de comércio, o poder passou para aqueles que a tornam acessível, que a compartilham gratuitamente. Os jovens gigantes da economia da informação – Yahoo!, Google, Amazon, eBay – sabem que não se trata mais de acumular, não se trata mais de criar segredos, não se trata mais de manter confidencial; trata-se de chegar às pessoas. O Google, hoje uma companhia com uma das maiores capitalizações do mercado mundial, apregoa sua missão corporativa como nada menos que "organizar a informação mundial e torná-la universalmente acessível e útil".[5] Pense no seguinte: uma empresa valendo muitos bilhões de dólares organizada para distribuir. A Amazon.com também distribui: não seus produtos – ela vende livros e outros itens, assim como milhares de outros o fazem–, mas seu conhecimento. Seu sucesso está na maneira inovadora e original criada para compartilhar informações. Os recursos Wish Lists, Search Inside! e Listmania Lists usam informações para criar uma conexão forte entre os clientes da Amazon em comunidades de interesse comum. O eBay leva essa ideia um passo adiante, organizando todo o seu mercado em comunidade auto-governante baseada no livre fluxo de informação dos seus usuários. A nova economia baseada na informação afeta a todos, não apenas àqueles que atuam na indústria da informação. Toda empresa, em quase todos os setores, passou por uma grande transformação em como atingir as metas. Os fabricantes não empregam mais operários de linha de montagem; empregam trabalhadores treinados em conhecimento, capazes de manter funcionando os sistemas automatizados de produção.

O jornalista vencedor do prêmio Pulitzer, Thomas L. Friedman, do *The New York Times*, em seu livro influente *The World is Flat* (traduzido no Brasil como *O Mundo é Plano*), detalha de forma abrangente os efeitos globais desse recém-liberado fluxo de informações. Ele descreve algumas das possibilidades inéditas disponibilizadas de repente a todos, muitas das quais estão sendo exploradas pelo mundo dos negócios: novos paradigmas de colaboração, especialização, abastecimento e distribuição, e expansão das competências básicas.[6] É possível formar parcerias, simplesmente conectar e usar, e trabalhar juntos de forma totalmente inovadora porque as informações podem ser compartilhadas como nunca. A colaboração em si – nossa capacidade aumentada de **conectar** – serve como mecanismo de crescimento e inovação. O compartilhamento não apenas impulsiona os relacionamentos entre companhias e clientes, como também impulsiona a própria companhia. Friedman detalha muitas companhias de visão futura buscando novos paradigmas empresariais para explorar essa nova realidade: a UPS utiliza a eficácia do seu sistema de remessa para operar o centro de reparos da Toshiba a um custo inferior ao da própria Toshiba; centrais de atendimento em Bangalore permanentemente fornecem aos clientes de computadores da Dell Inc. suporte vital de produtos; donas-de-casa do conforto do seu lar em Salt Lake City estabelecem contato direto com os computadores da central de reserva da JetBlue Airways para fazer e processar reservas. Nitidamente, o trem-bala elétrico da informação codificada em sistema binário partiu da estação e ninguém sabe onde irá parar!!

A análise social e macroeconômica de Friedman do nosso recém-"nivelado" e interconectado mundo apresenta uma visão das forças remodelando os negócios globais do século XXI. O livre fluxo de informações muda significativamente a forma de comando e desempenho das unidades internas de negócios e o modo de trabalho conjunto diário das pessoas. Está desaparecendo a época do modelo de silo vertical, quando os departamentos e os programas corporativos internos operavam feudos independentes organizados em hierarquias verticais descendentes de comando e controle no espírito dos sistemas feudais. Cada vez mais, um dia típico de trabalho envolve o relacionamento com pessoas de nível relativamente equivalente dentro de um conjunto em evolução permanente de equipes e parcerias entre unidades globais. Visto que o conhecimento viabiliza a ação das pessoas, as companhias que conseguem fornecer instantaneamente a informação mais importante a seus trabalhadores viabilizam a ação de mais deles.

As empresas estão ficando niveladas, assim como o mundo, tal que muitas das atividades outrora atribuídas a um departamento hoje são consideradas trabalho de todos. Em 2005, por exemplo, a Computer Associates International

Inc., companhia lutando para se reabilitar depois de manchada por escândalos, defeitos nos produtos e problemas de gestão, eliminou todas as 300 posições de defesa do consumidor no mundo todo.[7] John Swainson, CEO da companhia, explicou que a meta seria tornar os vendedores da companhia "mais responsáveis", mas a mensagem implícita era clara: defender o cliente não é mais responsabilidade específica do departamento de defesa do consumidor; agora é parte da descrição de emprego de todos.[8] Em uma companhia atrás da outra, os gestores estão eliminando os chamados "Centros de Excelência" e "Centros de Inovação", tornando essas tarefas responsabilidade de todos os trabalhadores. Agora todos devem aumentar a excelência da companhia e todos devem inovar. Como é possível fazer uma "ola" de inovação se apenas 20 ou mais pessoas de uma equipe de projetos especiais conseguem se sobressair?

Com o colapso e a horizontalização dos tradicionais silos de emprego, as hierarquias de comando e controle começam a perder relevância. Surge um modelo novo: **conectar** e **colaborar**. Para prosperar nesse novo modelo, os trabalhadores e as companhias afins precisam desenvolver novas aptidões e aproveitar as novas forças dentro de si. As organizações – e as pessoas que as compõem – precisam contextualizar novamente o modo como fazem negócios. As pessoas devem desenvolver novas abordagens da esfera das relações humanas. Empresas e trabalhadores devem aprender a compartilhar de modo totalmente inovador.

O mundo ficou ainda mais parecido com um jogo de xadrez. Cada peça do tabuleiro é altamente especializada, com virtudes e vícios, qualidades e defeitos, direitos e responsabilidades. Algumas se movem no sentido diagonal e algumas em linha reta; algumas passeiam livres e sem restrição, enquanto outras são estritamente dominadas. Mas, com poucas exceções, normalmente não se chega ao cheque-mate com menos de três peças. A maioria das conquistas no xadrez é baseada na equipe; somente quando as peças são posicionadas adequadamente – e com comunicação entre si – elas efetivamente começam a vencer. Duas torres, quando se comunicam, são muito poderosas, mesmo estando bem distantes uma da outra; sem uma boa comunicação, as torres são muito menos poderosas. Hoje os negócios se assemelham muito ao jogo de xadrez. O sucesso depende de como as pessoas de origens e aptidões diversas se comunicam e complementam entre si. Em um mundo conectado, o poder passa aos mais capazes de estabelecer uma conexão.

Há 600 anos, as pessoas prosperavam com arranjos de permuta nas esquinas das ruas. Hoje, a maioria dos negócios ocorre em organizações formais; uma corporação, em grande parte, nada mais é que uma sociedade de indivíduos que compartilham de um interesse em comum para realizar algo. A corporação em si é, em grande parte, uma alegoria jurídica. Muitas delas são fundadas em Delaware, mas poucos de nós nos deslocamos todas as manhãs até Delaware para trabalhar, não é mesmo? Enquanto nem todos trabalham em uma companhia – alguns são trabalhadores independentes: contadores, empreiteiros, corretores, consultores, empreendedores e outros – todos trabalhando no mundo do intercâmbio e do comércio precisam estabelecer conexão com os outros, sejam clientes, consumidores, vendedores, fornecedores, membros de equipe dentro das companhias, ou empreiteiros. Nenhum homem, nenhuma mulher, segundo as célebres palavras do poeta John Donne, "é uma ilha, plena de si"; todos fazemos parte de um cenário maior de pessoas, porque grande parte do que fazemos não pode ser feita sozinho.

Não consigo realizar algo sozinho. Sou membro de uma organização. Estou em um mercado, competindo, tentando realizar algo que depende de outras pessoas. Esse é o lugar certo para você se encontrar. Isso faz pensar que, em um mundo desse tipo, seu sucesso depende da sua capacidade de criar fortes relações com os outros. A economia da informação coloca nova ênfase em como preenchemos os espaços entre nós. Como estabelecemos contato? Como criamos sinapses fortes capazes de concretizar nossas potenciais ações? Com a mudança básica da moeda de negociação da terra para o capital para o conhecimento e para a informação, o poder das hierarquias de comando e controle tem-se transferido simultaneamente para o poder da colaboração, do esforço horizontal. A necessidade de trabalhar junto como peças de um tabuleiro de xadrez oferece uma nova premiação a nossa capacidade de nos conduzir bem na esfera dos assuntos humanos.

Mais profundas do que apenas a realização, as fortes conexões com os outros representam um valor em si. O relacionamento está na nossa essência como seres humanos; ele proporciona significado e importância para a vida. Quando alguém morre, raramente se lê na lápide SYLVIA JONES, 1960-2042, VP de PLANEJAMENTO ESTRATÉGICO E IMPLEMENTAÇÃO. ATINGIU METAS DE 16 TRIMESTRES DE UMA VEZ. Em vez disso, lê-se STAN SMITH, AMADO MARIDO, PAI, IRMÃO, TIO.

SEU SORRISO DEIXOU O MUNDO MAIS CALOROSO. Embora nosso emprego possa nos tornar ricos, nossos relacionamentos proporcionam valor permanente e importância duradoura. A construção de relacionamentos sólidos, assim, pode proporcionar mais que sucesso: pode nos propiciar uma espécie de significado.

CAPÍTULO 2

Invasão Tecnológica

"Computadores são inúteis. Eles só dão respostas."
– Pablo Picasso

Relacionamentos. Comunicação. Conexão. Colaboração. É desse modo que preenchemos os espaços entre nós. A palavra **comunicar** vem do latim *communicare*, que significa "compartilhar". Desse modo, ocorre que, assim como a essência da nossa forma de comunicação muda, a essência dos nossos relacionamentos também muda. Ao longo da década passada, a intermediação da tecnologia nas sinapses interpessoais alterou radicalmente o que ocorre nos espaços entre nós, alterou o modo como fazemos negócios e proporcionou-nos livre acesso à informação, criando uma faca de dois gumes que funciona tanto a favor como contra.

ELOS QUE NOS VINCULAM

Voltando à época do capitalismo feudal, a proposta de gestão de uma empresa como a IBM era muito mais simples do que é hoje. Lembra-se dos ternos azuis? A fama da IBM costumava ser creditada à sua forte cultura corporativa, tão arraigada em todos que trabalhavam na empresa, que o terno azul transformou-se de fato em uniforme da força de trabalho. Todos percebiam quando o Big Blue entrava na sala. O terno azul logo se destacava com a mesma força de um brasão pregado nas costas da brigada de arqueiros de um lorde medieval. O indivíduo que trabalhava na IBM sabia qual armadura vestir todos os dias. O ponto de vista geral da companhia era mais facilmente imposto quando a mentalidade protecionista ainda influenciava. Políticas, valores, regras, metas e perspectivas eram transmitidas à força de trabalho pelos canais verticais. Notícias eram divulgadas, reuniões e retiro de gestores eram realizados, e a mensagem – seja explícita, seja implícita – atravessava os canais, chegando à força de trabalho. A roupagem das estratégias mudava com tal rigidez inflexível, e os funcionários vestiam as cores da empresa. Tanto a corporação quanto os funcionários se beneficiavam desse modo operacional; ordens eram dadas e todos sabiam em que direção marchar.

Hoje, poucas empresas são protegidas por fortalezas que abrigam sua força de trabalho, principalmente as de grande porte. A tecnologia da comunicação substituiu o conceito de força de trabalho por um conjunto de trabalhadores unidos em incontáveis relacionamentos abertos. Trabalhadores fixos atuam com membros de empreendimentos conjuntos, colegas de subsidiárias geridas independentemente, empreiteiros autônomos locais, representantes remotos de companhias terceirizadas, consultores trabalhando de casa e quantas mais inter-relações criativas imagináveis. Acrescente-se uma cadeia global de abastecimento e distribuição e se obtém um emaranhado orgânico de relacionamentos humanos difícil de controlar facilmente.

Em lugar de uma bela companhia organizada como um Estado, a população das corporações mais parece uma floresta tropical da América Central. Árvores centenárias enormes definem a macrogeografia, enquanto trepadeiras enroscadas ligam uma árvore à outra, a um galho, ao solo. Porções de limo e musgo crescem por toda a parte, muitas vezes umas sobre as outras. Galhos, fungos, brotos e parasitas abundam. Flores brotam, muitas vezes em locais inusitados, e infinitas espécies de pássaros, insetos e animais encontram lar em esconderijos escuros e férteis. A floresta agrupou a fortaleza de pedra das empresas, colocando em seu lugar um ecossistema orgânico cheio de possibilidades. Os colegas de trabalho não apenas não trabalham vestidos de terno azul, mas alguns, que trabalham da privacidade de casa, vestem pijamas. A forma tradicional de categorizar as pessoas não existe mais, bem como a maneira tradicional de estabelecer contato com elas e comunicar-lhes as metas e os valores organizacionais. Poucos dão ou recebem ordens inflexíveis para marchar; muitos mais de nós temos de navegar dia a dia por conta própria. A força de trabalho transformou-se em **ecossistema** composto de agentes independentes reforçando-se mutuamente. Um ecossistema, por definição, interage ou não sobrevive. Para sobreviver em um ecossistema empresarial, é preciso, como nunca, capacidade de estabelecer um relacionamento com os que nele habitam – de uma forma ou outra.

Retomando a metáfora da organização na forma de estádio, a "ola" precisa funcionar com todos do estádio. Os funcionários fixos são como torcedores com ingressos da temporada inteira, que investem significativamente no sucesso do time, e esse risco deve ser motivação suficiente para participarem da "ola". Os demais – consultores ou empreiteiros locais, digamos, – podem depender totalmente do quanto lhes é pago, e eles, também, talvez levantem quando você pedir. Mas existem muitas pessoas, cinco fileiras abaixo, que não fazem e não farão o que pedir. Eles dependem de outros fatores. Alguns vieram assistir apenas a esse jogo. Talvez tenham menos em risco, ou interesses conflitantes. Alguns talvez torçam pelo time visitante. Todos eles podem interromper sua "ola". Se todos eles se recusarem a levantar para acompanhar sua "ola", talvez você acabe ficando de pé sozinho, abanando as mãos.

As organizações sempre foram constituídas de inter-relações complicadas de interesse mútuo. Hoje, no entanto, os vínculos com vários acionistas, interessados na empresa e parceiros são tanto mais tênues como mais densos. São mais tênues porque os diversos tipos de relacionamentos e elos estabelecidos com fornecedores, autônomos, trabalhadores de expediente parcial, terceirizados, agentes independentes e parceiros de cooperativa não são mais por si só suficientemente sólidos para estimular a cooperação total. São mais densos no sentido de que hoje talvez dependamos desses vínculos para atingir as metas críticas. Apesar dos relacionamentos de hoje, complicados e de rápida evolução, ainda precisamos nos comunicar e conectar com as comunidades relacionadas de forma a poder nos unir em torno de uma meta em comum, visando criar uma "ola" bem forte para nos contagiar e juntar os vários interesses concorrentes em jogo.

A DISTÂNCIA NOS UNE

Os negócios, na era da informação, são complicados não apenas pelas inúmeras novas formas de relacionamento nos quais se baseiam, mas também pelo crescente distanciamento daqueles com os quais nos relacionamos. O filósofo David Hume afirmou certa vez que o conceito de moral diminui com a distância.[1] Com isso, quis dizer que não se mantém com alguém quase do outro lado do planeta a mesma sensação de ligação ou obrigação mantida com alguém quase do outro lado da sala, quase do outro lado da cidade ou mesmo quase do outro lado do país. De fato, o sistema de sobrevivência pessoal **depende** de não se sentir comprometido com fatos bem distantes. Médicos, por exemplo, não saem por aí aleatoriamente de um município a outro tratando das pessoas. Eles dizem: "Minha responsabilidade restringe-se a este hospital, e ali estão as responsabilidades de outro médico." Uma pessoa do Senegal mora tão distante da maioria de nós que pensamos nele no sentido abstrato e acreditamos não termos de nos sentir responsáveis por uma abstração. Essa é a lógica, se assim se pode considerar, por trás da horrível formulação de Joseph Stalin, **"Uma morte é uma tragédia; um milhão de mortes é uma estatística"**.

Durante séculos, a proximidade local determinou a maioria das funções sociais, confinando-nos em ambientes relativamente homogêneos. Lidávamos rotineiramente com pessoas com as quais geralmente compartilhávamos uma cultura em comum e, portanto, ficava fácil entender o comportamento e os sinais existentes nos espaços entre nós. Toda essa ideia é definida de forma inusitada por causa da conectividade global. Hoje vivemos em um mundo onde somos pressionados conjuntamente em todos os aspectos da vida, sem fronteiras e sem as pressões homogeneizantes da localidade. Os fios de fibra ótica que nos emaranham penetram as membranas da cultura local como agulhas furando bolhas de sabão. Eles criam todo um novo conjunto de desafios inter-relacionais. Da compra de itens de um vendedor do eBay ao encontro virtual em salas de bate-papo com membros de equipe localizados quase do outro do lado do planeta, a qualquer momento se consegue interagir com pessoas com as quais jamais se comungou nada, que não necessariamente falam a mesma língua, que não obrigatoriamente reconhecem os padrões de comportamento umas das outras. Lembra daquele cidadão senegalês? A companhia em que você trabalha acaba de adquirir a empresa virtual recém-criada na qual ele trabalha, e ele foi incorporado à sua unidade de negócios. Agora, você irá gerir ele e a equipe dele em Dacar, à distância.

Antes do evento da representação binária de toda a informação, a vida seguia em ritmo mais lento. Todos tínhamos tempo para nos conhecer uns aos outros e o luxo de valorizar o contato pessoal em praticamente todas as tratativas. Hoje, as companhias multinacionais comumente formam equipes de funcionários escolhidos de várias divisões, vários países e várias culturas. Cadeias de abastecimento globais e bases de clientes internacionais se multiplicam e produzem mutações mais rapidamente que o vírus da gripe. Fusões e aquisições alimentam o crescimento e a criação de valores pouco se levando em conta como os indivíduos envolvidos irão se relacionar entre si no dia-a-dia. Muitas vezes, as relações comerciais são estabelecidas, no estilo construções de colagem, em reuniões de passagem em hotéis, videoconferências, conversas por celular, trocas de mensagem eletrônica e *fax*. Enquanto editava este capítulo, recebi uma mensagem instantânea de uma das pesquisadoras trabalhando do outro lado da cidade sobre um arquivo que ela estava procurando, e pude selecionar, copiar, colar e enviar o arquivo mais rápido do que se estivesse trabalhando em uma sala ao lado. Reagimos naturalmente a episódios desse tipo.

A oportunidade nos une tão rápido que nem conseguimos desenvolver estruturas de trabalho para nos entendermos e trabalharmos bem. A distância não mais nos separa; os novos mecanismos de comunicação tornam a distância irrelevante, conectando-nos instantaneamente. Neste mundo de tamanha proximidade, as chances de desentendimentos abundam. Como redigir uma mensagem eletrônica a alguém se não se consegue saber pelo endereço se se trata de uma mulher ou um homem, de que país é, como foi sua educação ou se considera a vaca um animal sagrado ou apenas alimento? Nos EUA, se dois gestores de idades distintas entrassem em conflito provavelmente abordariam um ao outro diretamente e conversariam com fraqueza para tentar resolver a questão. Na Indonésia, a abordagem direta apenas pioraria a situação. Em Jacarta, o conceito de *asal bapak senang*, contentar o chefe, entraria em ação.[2] Subordinados indonésios normalmente se sentem pessoalmente responsáveis por resolver os problemas sem notificar seus superiores, mesmo isso significando mentir a respeito de alguma situação em lugar de abordá-la diretamente.

Dr. Fons Trompenaars e Charles Hampden-Turner, autores de *Building Cross-Cultural Competence (Adquirindo Competência Inter-Cultural*, em tradução livre), realizaram um estudo mundial a respeito das atitudes, que revelou diferenças espantosas entre os países hoje comumente unidos em empreendimentos globais. Eles apresentaram o seguinte problema a trabalhadores de dezenas de países para entender melhor a propensão cultural com relação a lealdade e regras:

Você está de carona com um amigo. Ele atropela um pedestre. Você sabe que ele estava dirigindo a pelo menos 56 km/h em uma área urbana onde a velocidade máxima permitida era de 30 km/h. Você é a única testemunha. O advogado dele diz que, se você afirmar em juízo que ele estava dirigindo a apenas 30 km/h, ele escapará de graves consequências.
Que direito seu amigo tem de esperar que você o defenda? O que você acha que faria diante das obrigações de um testemunho em juízo e as obrigações para com o amigo? [3]

Antes de ler os resultados, pense um pouco em como você reagiria.

Em países com forte tradição protestante e democracias estáveis, como os EUA, a Suíça, a Suécia e a Austrália, quase 80% acreditam que o amigo **"não"** tem ou tem **"algum"** direito de esperar ajuda, e optariam por dizer a verdade no tribunal. Na Coreia do Sul e na Iugoslávia, menos de 20% têm a mesma posição; 80% acreditam ser correto ajudar o amigo. "Ao apresentarmos essa questão no Japão", contou Hampden-Turner quando conversamos, "os japoneses disseram que se tratava de um problema complicado, e queriam sair da sala. Achei aquilo uma forma inusitada de responderem a questão, mas os deixei sair da sala para discutir. Eles voltaram em 25 minutos e disseram que o correto seria dizer ao amigo, 'Estou contigo nessa; darei qualquer versão dos fatos que você me pedir, mas peço que encontre na nossa amizade a coragem que nos permita dizer a verdade." **Considerei a solução maravilhosa!!** Eles quiseram ser universalistas – dizer a verdade absoluta, característica do universo oriental –, mas a cultura deles é particularista e valoriza o amor e a lealdade para com um amigo particular. Eles passaram de um lado ao outro, mas trataram do problema no sentido contrário ao que adotaria o protestante branco anglo-saxônico.[4]

Complicando essas diferenças de percepção existe a tendência conflitante de cada cultura enxergar negativamente os valores da outra. O suíço talvez tenda a desconfiar do sul-coreano porque, na visão dele, o sul-coreano não respeita a autoridade, e, por sua vez, o sul-coreano talvez não respeite o suíço acreditando que este não valorize suficientemente a amizade e a lealdade. Como isso pode orientar sua capacidade de se comunicar com a ampla diversidade de pessoas da cadeia global de abastecimento ou da lista de distribuição de mensagem eletrônica? O que dizer da companhia tentando disseminar e aculturar um código unificado de conduta na sua organização global inteira? Como convencer as pessoas a fazer 'ola' se, fundamentalmente, elas desconfiam dos seus valores ou não os entendem?

Quando a empresa de desenvolvimento de *software* Lotus procurou expandir seus famosos produtos de colaboração corporativa – *Notes* e *Domino* – para sustentar uma base global de usuários, mergulhou de cabeça nessas questões. Visando ampliar seu "sistema virtual global de refrigeração à água" para estabelecer uma boa interface de negócios com o Japão, por exemplo, a empresa projetou um espaço dentro do programa para os usuários compartilharem as diversas amenidades sociais exigidas pela cultura japonesa antes de realizar negócios.[5] Unir essas lacunas pode ser uma tarefa encantadora. Imagine as inúmeras opções diferentes que seriam necessárias para acomodar os requisitos de união entre cada par de culturas possível e ainda lembrar que uma única reunião de grupo sobre algum projeto pode envolver representantes de quatro ou cinco culturas diferentes.

VOCÊ ESTÁ ME OUVINDO AGORA?

A empresa é um ecossistema, a distância não nos separa mais, os elos que nos unem estão mais frouxos que nunca, e existe um novo **nós** com componentes que mudam todos os dias; e tudo isso ocorre porque a comunicação eletrônica preenche as sinapses entre nós. A comunicação eletrônica é tanto uma benção quanto uma maldição. Ela possibilita essas novas e poderosas redes de colaboração, mas o faz em linguagem estranha e fragmentada.

O que distingue o homem de outras criaturas é a capacidade complexa e peculiar de criar símbolos. Os símbolos permitem entender o universo, e são meios primários usados para criar as relações sociais e psicológicas. A interação humana é uma sinfonia de gestos simbólicos da qual a linguagem é apenas uma pequena parte. O aspecto físico, a entonação, a expressão facial, o volume e a linguagem corporal exercem papel importante na capacidade humana de inter-relacionamento e entendimento da intenção por trás das palavras usadas. Nos dias que antecederam a comunicação elétrica (telégrafo e telefone), a maioria da comunicação ocorria cara-a-cara. Geralmente conseguíamos olhar nos olhos do interlocutor e interpretar o que ele dizia. Nos últimos 75 anos ou mais, a tecnologia sistematicamente removeu muitos desses sinais do comportamento interpessoal das formas dominantes de interação. Primeiro o telégrafo e, depois, o telefone facilitaram a conexão – mas apenas parcialmente, já que faltavam muitos sinais sociais simbólicos. A lentidão das mudanças característica da era industrial, no entanto, deu-nos tempo para nos adaptarmos a essas novas formas de comunicação e desenvolver uma nova capacidade de decodificação dos símbolos que elas exigiam de nós. Mesmo assim, jamais chegamos a confiar nessas formas de comunicação. A regra informal estabelecia a possibilidade de realizar grande parte por telefone, mas quando se tratava de alguma comunicação realmente importante, nada superava olhar alguém nos olhos e apertar sua mão.

Pare um pouquinho e pense nas inúmeras e fantásticas maneiras de comunicação entre as empresas no século XXI: correio eletrônico, mensagem instantânea, celular, computador de mão, mensagem de texto. Cada uma mediando a mensagem de forma sutilmente diferente, distorcendo algumas partes, ampliando e reduzindo outras. Cada tecnologia funciona como um filtro permitindo a transmissão de alguns símbolos e ignorando outros. Agora pense na rapidez da chegada dessas mudanças até nós. O correio eletrônico, tão estranho em si quanto pensar nele hoje, existe para a maioria das pessoas há quase uma década. Em meados da década de 1990, alguns de nós carregavam *pagers* numéricos, e se chegássemos a ter um celular, muitas vezes seria maior que este livro.

A comunicação eletrônica é menos dinâmica e nela há menos troca de informações. Ela tende a ser unidirecional e sequencial. Quando ocorre alguma sobreposição, como em um bate-papo, muitas vezes passa despercebida:

Mark (CEO) [11:16 hs]: Oi, Cindy.
Cindy (Assistente CEO) [11:16 hs]: Olá, Mark.

Mark (CEO) [11:16 hs]: Vc tá preparada pra reunião c/ conselho?
Cindy (Assistente CEO) [11:16 hs]: Acho q sim.

Mark (CEO) [11:17 hs]: Acha q sim? Espero q sim. Pode me dar um resumo da situação do cliente?

Cindy (Assistente CEO) [11:19 hs]: Está duvidando q eu trabalhei nisso?

Mark (CEO) [11:20 hs]: Vou reunir c/ eles em cinco minutos.

Cindy (Assistente CEO) [11:20 hs]: Eles quebraram o contrato em muitos níveis, mas tão alegando q nós inviabilizamos o cumprimento do contrato.

Mark (CEO) [11:20 hs]: Claro q acredito em vc.

Cindy (Assistente CEO) [11:20 hs]: Bem, não nós. Não eu e vc, mas vc e a diretoria.

Cindy (Assistente CEO) [11:20 hs]: É a sua rescisão.

Mark (CEO) [11:20 hs]: Desculpe.

Mark (CEO) [11:21 hs]: Então, vamos processar por quebra de contrato.

Cindy (Assistente CEO) [11:21 hs]: Tudo bem. Vou preparar a sala de reuniões.

Mark (CEO) [11:21 hs]: Rescisão?

Resposta automática de Cindy (Assistente CEO) [11:21 hs]: CINDY está ao vivo, mas não está disponível agora.

Mark(CEO) [11:21 hs]: Não sei se entendi. Q rescisão?

Mark(CEO) [11:22 hs]: Oi? Vc ainda tá aí? A videoconferência é daqui a três minutos!

Embora havendo mais cooperação no trabalho hoje, como no tabuleiro de xadrez, a comunicação eletrônica entre as pessoas é um jogo de informações incompletas, mais semelhante ao pôquer do que ao xadrez. No xadrez, ambos os jogadores veem a informação completa do jogo. No pôquer, somente as cartas viradas para cima podem ser vistas. Mas, diferentemente do pôquer, a meta de grande parte da comunicação não é confundir o adversário, mas, ao contrário, efetivamente ser claro com o parceiro; deseja-se, em vários níveis, colocar as cartas na mesa. É o paradoxo da era da informação: a tecnologia conecta as pessoas como nunca, mas essas conexões são mais fragmentadas e incompletas do que de costume. Faltam muitos dos sinais necessários para decodificar totalmente as intenções uns dos outros.

Outra pressão da comunicação instantânea pode ser chamada de **fator de expectativa de resposta**. Na era industrial, escrevíamos cartas deliberadamente, sabendo que, mesmo escrevendo um rápido bilhete partindo do ponto A, ele levaria o tempo próprio peculiar de postagem para chegar até o ponto B. O destinatário, por sua vez, podia levar um tempo proporcional elaborando a resposta. O ritmo do fluxo de informação dava tempo suficiente até para uma redação às pressas receber uma pitada de consideração antes de ser enviada. O que não ocorre quando se usam as várias engenhocas e dispositivos hoje pendurados na cintura ou fincados na mesa de trabalho. As mensagens aparecem instantaneamente, pressionando implicitamente por uma resposta rápida. O fator de expectativa de resposta exerce influência na qualidade da comunicação, muitas vezes forçando respostas não tão atenciosas. Na mídia, cuja natureza permite transmitir, na melhor hipótese, apenas partes dos símbolos pretendidos, o tiquetaque virtual do relógio eletrônico nos rouba no tempo necessário para uma expressão cuidadosa e significativa.

A ERA DA TRANSPARÊNCIA

Nos tempos de outrora (mais ou menos antes de 1995), quando as pessoas queriam comprar, digamos, uma torradeira, escolhiam uma loja local conhecida pela variedade de mercadorias ou pelo bom preço dos pequenos eletrodomésticos e compravam a que parecesse a melhor para suas necessidades. Se fossem pessoalmente ativas, econômicas ou apaixonadas pelo processo de pesquisa, talvez contatassem ou visitassem duas ou três lojas antes de comprar, pesquisassem edições antigas de revistas de teste de consumidores ou consultassem um catálogo ou dois para comparar preços e características. Com o crescimento do comércio virtual, as pessoas de repente têm a possibilidade de comprar não apenas dentro do seu perímetro local, mas praticamente de qualquer local. Lojas virtuais de grande porte e confiáveis foram acrescentadas às opções de compras, oferecendo ao cliente mais algumas alternativas caso queira consultá-las. Entre junho de 2004 e março de 2005, no entanto, com o comércio eletrônico começando a explodir no mundo todo, pessoas que compravam nas lojas virtuais de repente passaram a visitar dez ou mais páginas eletrônicas antes de retornar ao local preferido horas ou dias depois para realizar a compra.[6]

Dizem que a informação é como uma criança pequena: circula por toda a parte, entra em tudo quanto é canto e nem sempre é possível controlá-la.[7] Alguém deveria ter dito isso a David Edmondson, ex-CEO da RadioShack. Para o cliente, o fácil acesso à informação dos fornecedores tornava-se uma vantagem; para aqueles, como Edmondson, que tinham algo a esconder, significava a devastação. Quando foi para a RadioShack em 1994, Edmondson inseriu no seu currículo informações inventadas de graduação jamais obtida, em Teologia e Psicologia, na Pacific Coast Baptist College, na Califórnia. Em fevereiro de 2006, depois de apenas oito meses ao auge da profissão, foi forçado a pedir demissão. Embora a faculdade tenha sido transferida para Oklahoma com outro nome, uma jornalista do *Fort Worth Star-Telegram* investigou e descobriu as discrepâncias. A carreira de Edmondson, construída com base nessas mentiras, ruiu.[8]

Ele não é o único, naturalmente. O noticiário está repleto de exemplos do poderoso que se deparou com a queda. Kenneth Lonchar, ex-diretor financeiro e vice-presidente executivo da empresa Veritas (palavra latina que significa *verdade*) de armazenamento de *software* do Vale do Silício, foi pego em 2002, acusado de falso MBA em Stanford.[9] O diretor técnico de futebol norte-americano George O'Leary da Universidade de Notre Dame pediu demissão quando foi revelado que ele havia não apenas mentido no seu currículo de haver jogado futebol na universidade que cursou, mas também mentido de haver concluído o mestrado.[10] Até Jeff Taylor, fundador da agência virtual de empregos Monster.com, divulgou na sua própria página eletrônica uma biografia de executivo vangloriando-se de um falso MBA em Harvard.[11]

Vivemos na era da transparência. Em 1994, teria sido fácil escapar de tais manobras, mas com a transformação em massa dos registros e perfis pessoais em bancos de dados facilmente acessáveis pela rede mundial, praticamente tudo a respeito das pessoas pode ser descoberto com muita facilidade. O fato de o *The New Oxford American Dictionary* incluir "Google" como verbo deixa isso bem claro, assim como a frase de exemplo usada para explicar seu significado: "Você conhece alguém, trocam números de telefone, marcam um encontro e, então, vai 'googlar' as informações nas 1.346.966.000 páginas da rede mundial".[12] O *Pittsburgh Post-Gazette* recentemente divulgou uma pesquisa de opinião pública realizada pela Harris Interactive mostrando que 23% das pessoas rotineiramente pesquisam nomes de parceiros ou colegas de empresa na Internet antes de encontrá-las pessoalmente.[13] A página eletrônica DontDateHimGirl.com permite às mulheres divulgar nome e fotografia de homens acusados de as haver enganado. Como a fundadora do *site*, Tasha C. Joseph, afirmou ao *The New York Times*, "É como um relatório de crédito de encontros" para as mulheres.[14] Qualquer um com câmera de vídeo pode compartilhar com o mundo seus piores momentos, divulgando cenas no YouTube. com, revolução que em apenas alguns anos do seu lançamento teve efeito devastador no mundo da política, do entretenimento, da legislação, da música e na vida privada de incontáveis pessoas. As agências de pesquisas políticas comparam idade, renda, filiação partidária, tipo de automóvel das pessoas, entidades filantrópicas para as quais contribuem e uma abundância de outras informações pessoais prontamente disponíveis para prever com alto índice de acerto como elas irão votar.[15]

Esses fatos exercem profunda influência nas empresas. Antes de a transparência permitir espiar através das árvores frondosas, os observadores externos conseguiam distinguir o contorno de uma floresta, mas pouco pensavam no que estaria crescendo por trás. As companhias, por exemplo, podiam formar um empreendimento conjunto para se protegerem dos desdobramentos de alguma empreitada suspeita, acreditando que, se a unidade apresentasse problemas, a reputação da matriz não seria prejudicada. Em um mundo transparente, no entanto, quando o empreendimento conjunto transgride as leis, todos sabem quem são os donos. No passado, bastava treinar os gestores na conduta adequada para proteger a reputação da companhia porque os funcionários de linha tinham pouco contato com o ambiente externo e raramente criavam problemas para a companhia. Hoje, qualquer trabalhador pode dizer algo sobre a companhia em uma sala de bate-papo ou no *blog*, que no dia seguinte pode aparecer nos sites *DrudgeReport* ou *The Smoking Gun*. Existe até uma nova palavra para isso – *whistleblogging* (denúncia no blog) – quando funcionários criam diários eletrônicos pessoais para relatar práticas indevidas da companhia. A nova transparência não permite a ninguém se esconder no escuro entre os arbustos, ter um empreendimento conjunto aqui, ou contratar um corretor ali. Os observadores conseguem facilmente identificar cada árvore, olhando a floresta.

A sociedade da informação também alimenta a sociedade da sobrevivência. As pessoas estão mais curiosas e **olham** muito mais. Elas olham porque, de repente, é fácil olhar; olhar custa pouco, requer até menos esforço, e compensa em tudo, dos melhores preços das mercadorias e serviços até a divulgação do repugnante. No mundo inteiro, espectadores ficam grudados na televisão por causa da "TV realidade", programação que se propõe a oferecer relances verdadeiros da vida privada (hoje nos EUA existe uma rede inteira dedicada a isso, e a versão britânica do *Big Brother Celebridades* desencadeou um incidente internacional[16]). Sempre nos interessamos sobre o que acontece com o vizinho, mas agora podemos **realmente olhar**. É como examinar uma gota de água com um microscópio. Quando colocamos primeiro a gota na lâmina, ela parece clara e pura. Mas as lentes do microscópio revelam um universo oculto. A cada ajuste de ampliação consegue-se enxergar organismos e objetos cujo os quais antes se conseguia apenas imaginar; o que, a princípio, parecia claro e despoluído, de repente, parece confuso e complexo. A tecnologia do microscópio muda a maneira de olhar a água, e com a curiosidade assim provocada, é inevitável imaginar os universos possivelmente existentes dentro de outros objetos conhecidos.

As pessoas olham mais porque está mais fácil olhar e há muito a ser descoberto. Imagine a satisfação de Heather Landy, colunista do *Fort Worth Star-Telegram*, ao descobrir o currículo caprichado de David Edmondson da RadioShack. Ela começou a investigar "as credenciais de Edmondson depois de descobrir que o executivo, fundador de duas igrejas antes de passar à carreira de empresário em tempo integral, estava convocado para comparecer ao tribunal... para se defender da sua terceira acusação por dirigir embriagado".[17] Escândalos corporativos, rompimento de relacionamentos de celebridades, corrupção política: as notícias diárias – transmitidas instantaneamente por televisão, rádio, página eletrônica, celular, *feeds* RSS e BlackBerry – expõem as transgressões dos ícones dessa era. Ou a mídia está viciada por existir tanta largura de banda/tempo no ar/espaço de coluna para preencher ou fomos apanhados pelo recém descoberto acesso; na era da informação, uma vez experimentado o sabor do escândalo, parece não haver o suficiente para nos saciar.

A PERSISTÊNCIA DA MEMÓRIA

Quando Paul Chung apertou a tecla para enviar a mensagem eletrônica aos amigos, mandou para o espaço uma carreira promissora no setor de investimento bancário. O Carlyle Group havia contratado recentemente o jovem de 24 anos formado em Princeton – Paul Chung – e o transferido para a filial da Coreia, em Seul. Três dias depois, ele utilizou a rede da companhia para se vangloriar diante dos amigos de Nova York de seu novo estilo de vida luxuoso. "Sei que eu era garanhão em Nova York", escreveu, "mas consigo, em média, quase cinco a oito telefones por noite e, pelo menos, três potrancas dizem que querem ir comigo para casa toda noite que saio." Depois, gabou-se de usar um dos quartos do apartamento oferecido pelo empregador como seu "harém" e o outro para as atividades sexuais. Destinatários perplexos repassaram a mensagem a milhares de pessoas de Wall Street, até finalmente acabar na caixa de entrada do chefe dele. Chung perdeu o emprego – e sua reputação junto.[18] Isso foi em 2001. Cinco anos depois, as pessoas ainda falavam do assunto. Pesquisei no Google "Paul Chung Carlyle", assim como farão, sem dúvida, futuros empregadores e colegas, e encontrei a história mencionada cinco vezes na primeira página retornada. Ela o acompanhará pelo resto da vida.

O cérebro forma e armazena lembranças, criando redes neurais. Cada rede registra e armazena as milhões de impressões detalhadas que compõem a memória. A rede mundial funciona exatamente assim. Seu vasto banco de dados interconectado possui uma persistência de memória que superará de longe nossa vida. Mesmo as páginas removidas ou excluídas persistem para sempre em um endereço eletrônico chamado Wayback Machine, que arquiva 55 bilhões de páginas eletrônicas desde 1996.[19] A persistência da memória na forma eletrônica dificulta a ocorrência de uma segunda chance. Antes da revolução da informação, um médico charlatão podia se mudar para outra cidade e pendurar sua placa sem medo da repercussão. Hoje, os Estados mantêm bancos de dados acessáveis instantaneamente, detalhando cada acusação e investigação impetrada contra ele. O mesmo vale para companhias, lojas e vendedores do eBay. Na era da informação, a vida não vem em capítulos nem ficam em armários embutidos; não se pode deixar nada para trás e não existe lugar para esconder restos mortais. Seu **passado** é seu **presente**, e ele o acompanha como um caminhão que volta para recolher o que deixou cair para trás.

Não são só mensagens eletrônicas irrefutáveis como a de Chung que criam problemas para as pessoas na era da informação. Com a democratização da informação, qualquer um pode publicar qualquer opinião quando quiser, seja verdadeira, seja falsa?! O nível de verificação da informação tem caído. Na era da mídia de massa das décadas de 1980 e 1990, as grandes companhias de mídia ainda agiam como guardiões e cães de guarda da informação pública. Uma classe profissional especializada de jornalistas e editores verificava a veracidade da maioria das acusações e denúncias antes de divulgá-las, aplicando um padrão de corroboração e prova independente, ou pagava o preço pela negligência, ao deixar de agir dessa forma. A tecnologia da informação tirou essa responsabilidade das mãos de profissionais treinados e colocou nas mãos de qualquer pessoa munida de teclado. Qualquer funcionário decepcionado pode se vingar. Um acusador desonesto com uma falsa acusação pode obter trunfo instantâneo. Assim como foi dito profeticamente em uma época antes da comunicação eletrônica (atribuída por alguns a Mark Twain): "A mentira pode dar quase uma volta ao mundo, enquanto a verdade ainda está calçando os sapatos."[20] Hoje, ela pode dar várias voltas ao mundo no mesmo tempo que se leva simplesmente para pensar em "sapato". A reputação antes esculpida em pedra hoje parece facilmente denegrida por qualquer um ao alcance de um teclado. Acusações ainda não investigadas ganham tanta importância quanto a verdade comprovada, e, mesmo quando falsas, recursos significativos são consumidos para se defender delas. A tecnologia oferece a praticamente todos a possibilidade de comparar e contrastar, rápido e barato, a reputação antes de decidir. Conforme a reputação vai ficando mais perecível, seu valor aumenta. Conforme vai ficando mais acessível, torna-se um ativo – e uma responsabilidade maior.

O GÊNIO DA INFORMAÇÃO ESTÁ FORA DA LÂMPADA

O livre fluxo de informações mudou irrevogavelmente o modo como nos relacionamos, tanto no sentido positivo como no negativo. De acordo com um recente estudo da Pew, por exemplo, 40% de 11 milhões de usuários de mensagem instantânea no trabalho sentem que ela melhora o trabalho em equipe, mas 32% afirmam que incentiva a fofoca, 29% dizem que atrapalha, e 11% alegam que aumentou o estresse.[21] Sem dúvida, a tecnologia da comunicação subverteu séculos de prática tradicional, enfraquecendo a eficácia de muitos hábitos que costumavam nos fortalecer. Ela mudou a estrutura de como se operam as empresas e como as pessoas nas empresas operam entre si.

E não há volta.

Jamais ficaremos **menos** conectados. Jamais ficaremos **menos** transparentes. O **gênio da informação** está fora da lâmpada e não está prestando atenção nos desejos de ninguém. Cansado de viver nos retiros escuros de um ornamento de cobre manchado, construiu para si uma casa nova, com paredes transparentes e permeáveis, moldada pelas novas realidades discutidas nesses dois capítulos: a destruição da fortaleza, o nivelamento do mundo, o surgimento do ecossistema empresarial, a natureza fragmentada do discurso virtual, a transparência incontrolável, o poder destrutivo da acusação e a importância da reputação. Com todas essas mudanças no modo como vivemos, conectamos e conduzimos a vida pessoal e profissional, os questionamentos são:

Como prosperar hoje?

Como transformar esses desafios em vantagens?

Responderemos a essas perguntas nos próximos capítulos, mas primeiro existem algumas outras questões mais importantes a serem consideradas: a troca de valores, crenças e dependências sociais por estabilidade em tempos de incerteza.

CAPÍTULO **3**

A Jornada Até o COMO

"Não é o que você faz, mas é como você faz."
– John Wooden, técnico de basquete do *Hall* da Fama

A informação reina, a hiperconectividade coloca essa informação nas mãos de muitos, e a transparência revela tudo: essa é a nova realidade. Até hoje, observamos algumas das forças externas atuando sobre nós conforme lutamos para nos adaptar às mudanças dos tempos. No entanto, existem outras forças atuando, fortes mudanças internas que afetam nossos sentimentos como indivíduos, companhias e qualquer grupo do qual fazemos parte. As novas necessidades e percepções alimentadas por essas mudanças também exercem forte influência no futuro sucesso empresarial. Portanto, para levar totalmente em conta as rápidas mudanças na geografia dos negócios, precisamos também abrir a mente e considerar que essas forças poderosas criaram um novo campo de jogo para o sucesso.

SIMPLESMENTE FAÇA

No final do século XX, as novas circunstâncias deixavam poucas dúvidas de que estávamos a apenas um clique do *mouse* de ter tudo a respeito de nós – seja bom, ruim ou indiferente – revelado. Desde nossos passatempos prediletos até as informações da nossa conta bancária, números de identificação pessoal até detalhes dos nossos gastos ou das dívidas, muitos fatos sobre os quais não nos sentiríamos bem em discutir com os amigos, rotineiramente chegavam aos olhos do público sem sermos capazes de impedir. A maior exposição trouxe mais inquietação, vulnerabilidade que nos afeta de tal modo que muitos de nós ainda não tivemos tempo de avaliar totalmente. Com todo o **olhar** que se tornou possível, começamos a olhar mais, e a olhar aspectos diferentes. Começamos a questionar se o mundo em que vivemos seria compatível com os valores mais prezados. É aí que as coisas começaram a mudar.

Em 1996, o escritor/diretor Cameron Crowe fez um filme, capturando intuitivamente o valor da agressividade da década de 1990, *Jerry Maguire*. No filme, Tom Cruise interpreta um empresário dos esportes amoral que acorda no meio da noite com uma visão divina sobre a base corrupta das suas práticas empresariais. Ele fica acordado a noite inteira escrevendo uma declaração de manifesto com uma missão, "As coisas em que pensamos, mas não falamos". Nela, argumenta que o futuro do sucesso nos negócios estaria em ter menos clientes e tratá-los de forma mais humana e mais significativa, em retomar o contato com os valores eternos do relacionamento humano. Distribui cópias no meio da noite pelo escritório todo. Na manhã seguinte, quando chega ao trabalho, todos na empresa ficam de pé e o aplaudem, sensibilizados pela paixão das convicções dele. No meio do alvoroço da ovação, um colega vira para outro e, cochichando, pergunta: "Quanto tempo você dá a ele?" O segundo colega responde, "Hummm. Uma semana". Foi o suficiente, uma semana depois, ele havia perdido o emprego, tido seus clientes roubados e sua carreira arruinada.[1]

Jerry Maguire conta a história de um homem lutando contra as forças desumanizantes da época. Depois do lançamento, o filme se tornou uma das maiores bilheterias de todos os tempos porque as pessoas cansadas da racionalização se identificaram com ele.[2] Era a década do simplesmente faça. O mundo acelerava rapidamente, e "*Just Do It*" (*Simplesmente Faça*), o *slogan* publicitário da marca esportiva Nike, capturou o espírito de época de auto-suficiência da década. O mercado se expandia rapidamente, e uma nova e enorme classe de investidores desfrutava da sensação especial do dinheiro fácil, típico das bolhas especulativas. Muitos mergulhavam o mais rápido possível, temendo perder o trem da história. Milhões de pessoas jogavam no mercado, e mais milhões viam sua conta previdenciária 401(k) e as economias de aposentadoria crescerem de uma hora para outra. As pessoas aproveitavam as oportunidades, amparadas pela segurança decorrente da crescente prosperidade. Todos pareciam estar ali por interesse próprio.

Com as possibilidades aparentemente infinitas da **era pontocom**, o espírito da época contaminava os negócios. Os gestores, para atender as demandas imediatas de um mercado de capital cada vez mais insistente, procuravam atalhos e soluções fáceis, administrando o aqui e agora, muitas vezes negligenciando as metas de longo prazo. Os hábitos e as tendências da era industrial – eficácia, velocidade e foco nos resultados financeiros – tornavam-se prioridades totais e absolutas. A mensagem aos subordinados era clara: **simplesmente faça**. Os gestores não se importavam como. Desde que ficasse dentro da legalidade, simplesmente faça. Muitas vezes, ignoravam os métodos empregados. Do mesmo modo como a era do capitalismo industrial recompensava e incentivava certos hábitos mentais, como do acúmulo, a década de 1990 parecia trazer à tona outras qualidades. Na década de 1990, chegava-se na frente desenvolvendo os hábitos da ingenuidade e da inteligência, formas de contornar os obstáculos em épocas de rápidas mudanças. Os vencedores contornavam com elegância; os demais apenas contornavam o mais rápido possível. As empresas, em geral, concentravam-se na gestão de iniciativas e tarefas e acabavam obcecadas pelos diagramas de Gantt e PERT (*Program Evaluation and Review Technique*). O tratamento em relação às pessoas era o mesmo. A palavra de ordem do dia era **desempenho**, e os departamentos de recursos humanos em qualquer lugar se concentravam na **gestão do desempenho**. Ficou importante sempre atender ao telefone no terceiro toque, sempre ter um sorriso no rosto, e sempre executar qualquer número de comportamentos recomendados, percebidos pelos gestores como favoráveis às metas.

Ao longo do percurso, no entanto, perdeu-se o valor da liderança. Os bens materiais são geridos; as pessoas são lideradas. E percebemos isso. Não bastava mais o simplesmente faça. Assim como *Jerry Maguire* parecia nos mostrar, no final da década, as pessoas começavam a se importar com **como** tudo era feito – como as pessoas eram tratadas e como as metas eram atingidas. A direção dos ventos da opinião pública mudava, e, acima de tudo nos negócios, a mudança começava a afetar os resultados financeiros. Já em 1997, uma campanha global de conscientização pública golpeava o *Just Do It* da Nike, expondo as condições precárias de produção das suas fábricas no mundo todo.[3] Ficava cada vez mais fácil obter e compartilhar informações a respeito do **como** das empresas. Mudanças pairavam no ar, mas seu aroma muitas vezes era dominado pela inebriante pressa dos tempos. Foi somente depois da virada do século que os ciclos naturais da prosperidade e depressão começaram a expor as novas realidades, e houve uma agitação geral.

A LACUNA DA CERTEZA

Todos carregam dentro de si uma visão do ideal de estabilidade e segurança, a noção e o sentimento de como seria viver uma vida perfeitamente segura. Jamais atingimos esse estado ideal porque a qualquer momento as circunstâncias da vida ou o mundo a nossa volta cria vários níveis de incerteza e desequilíbrio. Isso cria uma lacuna entre o estado ideal e a realidade da vida. Chamo isso de **lacuna da certeza** e acredito que ela exerça profunda influência na nossa capacidade de sucesso. A **lacuna da certeza** jamais desaparece completamente; aumenta ou diminui com as mudanças nas circunstâncias. Quando é pequena, dificilmente é percebida; sentimos intuitivamente que conseguimos assimilar qualquer golpe que venha a nos atingir. À medida que ela vai aumentando, no entanto, diminuímos os espaços e nos protegemos das ameaças que nos rondam. Quanto mais ela aumenta, de mais ajuda precisamos para tentar realizar nossos desejos de vida (porque mesmo quando a situação fica instável e nos sentimos em risco pessoal e profissionalmente, ainda precisamos continuar a vida, conduzir os negócios e buscar as metas).

Sempre considerei três pilares dando integridade à vida: **segurança física**, **prosperidade material** e **bem-estar emocional**. Assim como as três pernas de um tripé, quando firmes no chão, a vida fica autêntica e significativa; o tripé está íntegro. Quando algo danifica qualquer perna, no entanto, o tripé fica bambo; a vida torna-se insegura e instável. No início deste século, junto com o crescimento da era da informação e a súbita tecnologia da transparência e conexidade trazida às pessoas no mundo todo, o mundo ocidental sofreu uma série de choques, atingindo coletivamente o tripé.

Primeiro, caiu a ponto-bomba, explodindo a bolha da economia e deflagrando uma grave recessão econômica que exerceu efeitos prejudiciais persistentes no emprego e na estabilidade financeira. Embora se soubesse que os ciclos de expansão e contração fossem normais na economia, havia uma nova sensação de que as fábricas que estavam fechando jamais voltariam a abrir. A realidade econômica de uma nova economia global exportou empregos das maiores economias para locais em que se conseguia executar os trabalhos a custos inferiores. Esses países em desenvolvimento, por sua vez, tiveram um rápido crescimento e um aumento da riqueza, muitas vezes desafiando os valores tradicionais que há muito lhes proporcionavam estabilidade e continuidade. Os pressupostos básicos da economia de grande parte do mundo mudaram, e, de alguma forma, percebeu-se que, ao contrário dos antigos ciclos dos negócios, o pêndulo praticamente não voltaria ao mesmo lugar de antes.

Depois, em rápida sequência, uma série de escândalos corporativos veio à tona, atingindo os negócios globais, abusos tão flagrantes que a simples menção dos nomes resgata a história inteira: Enron, WorldCom, Parmalat, Hollinger International. As corporações ficaram entre os órgãos sociais menos confiáveis, de acordo com um estudo realizado pelo Harris Interactive e o New York Institute for Reputation.[4] Começou-se a prestar mais atenção a tudo que as empresas faziam, e a transparência emergente possibilitou enxergar melhor o funcionamento delas. Em outro estudo, realizado pela LRN/ Wirthlin Worldwide em 2003, 71% dos norte-americanos pesquisados afirmaram que "nenhuma", "muito poucas" ou "apenas algumas" corporações atuavam de forma justa e honesta, apesar de relativamente poucas haverem atuado ilicitamente.[5]

As decepções decorriam não apenas dos lapsos no mundo dos negócios e dos fracassos na economia; começou-se a perceber o poder revelador da tecnologia em toda a cultura. Cada faceta da sociedade parecia de repente desnudada, as fraudes expostas para todos verem. Escândalos da igreja católica, fraudes cometidas por técnicos de futebol universitário, atletas profissionais usando esteróides, jornalistas do *The New York Times* inventando histórias; ícones de todos os níveis da sociedade pareciam de repente vulneráveis. Essas eram as pessoas e instituições respeitadas e consideradas ideais de vida significativa. Pessoas normalmente confiáveis decepcionavam. Com a revelação das bases do sucesso delas, viram-se muitos sucessos construídos com base nos mesmos hábitos do simplesmente faça da conveniência e dos valores efêmeros. Os instrumentos da sociedade que proporcionavam o equilíbrio emocional começaram a desmoronar à nossa volta, enchendo-nos de dúvidas sobre as estruturas das nossas crenças. Vai contra a natureza humana admitir que o sucesso permanente seja construído em bases corruptas, mas em um mundo desse tipo, em quem podemos confiar?

E, na sequência, as Torres Gêmeas caíram, conduzindo uma série de ataques globais contra civis – Madri, Londres, Bali e outros – que, aliada à desestabilização das guerras regionais, deixou grande parte do mundo incomodada. As necessidades e os procedimentos da segurança física de repente invadiram a vida cotidiana de muitos que há tempos viviam seguros.

Essa foi, sem dúvida, a primeira vez que uma convergência de fatos atingiu as três pernas do tripé. A Segunda Guerra Mundial, a Guerra do Vietnã, o escândalo Watergate, e os conflitos do Oriente Médio e a crise do petróleo da década de 1970, para citar alguns só da metade do século passado, todos esses eventos provocando instabilidade e rupturas semelhantes. Os tempos de rápido crescimento, os tempos de dificuldades, a corrupção e a fraude foram sem dúvida novidades para nós, mas a profunda diferença desconcertante em torno desta época está na nova possibilidade impressionante de ver tudo em tempo real. Grande parte do que acontece ao redor do mundo agora está presente na vida diária. Essa enxurrada de informação não digerida e não processada nos bombardeia minuto a minuto, dando-nos pouco tempo para recuperar. Quando o tripé fica bambo, a lacuna da certeza aumenta, e quando isso acontece, saímos em busca da reafirmação, dos itens que possam nos estabilizar e nos dar confiança para continuar. Procuramos algo para preencher a lacuna.

AS LIMITAÇÕES DAS REGRAS

Para realizar feitos e atingir o sucesso desejado, precisamos da certeza, consistência e previsibilidade, um piso firme do qual saltar. Os jogadores de basquete conseguem saltar mais alto do que os de vôlei de praia porque jogam em piso de madeira mais firme. É muito mais difícil saltar alto com o movimento da areia sob os pés. A lacuna da certeza descreve não apenas nossa relação interna com a certeza, mas também a relação com as sociedades nas quais vivemos. Nas sociedades democráticas, consultamos as regras – na forma de leis – na busca da necessária certeza, consistência e previsibilidade. Na época do capitalismo protecionista, demo-nos muito bem criando **regras**, mas chegando ao final do século, começamos a nos decepcionar com elas.

Existem boas razões para isso. Por um lado, o modo como criamos as regras muitas vezes as tornam ineficazes quando regidas pela conduta humana. As regras, naturalmente, não surgem do nada. O legislativo e as organizações as adotam geralmente para proibir comportamentos indesejados, mas tipicamente como reação diante de fatos. Elas estabelecem a redução nos limites de velocidade depois de acidentes automobilísticos demasiadamente frequentes, proíbem a criação de *pit bulls* depois de uma série de ataques de cães dessa raça, ou instituem novos procedimentos de controle de gastos depois de alguém ser pego tentando um reembolso pela compra de um novo *iPod*. As regras são estabelecidas por uma razão, mas a maioria das pessoas desconhece o raciocínio e o espírito da motivação. Elas não lêem a história do legislativo e assim mantêm uma relação fraca e superficial com as regras. Isso, dado o conjunto adequado de circunstâncias, faz as pessoas explorarem formas de escapar delas, encontrarem brechas. Steve Adams, por exemplo, funcionário do correio e nativo do Alasca, queria expressar sua individualidade, aparecendo para trabalhar usando uma gravata com a imagem dos Três Patetas e de personagens do Looney Tunes. Essa atitude não repercutia bem diante dos chefes, que durante meses brigou com ele até finalmente obrigá-lo a seguir as regras especificando o tipo de gravata permitido. Ele obedeceu. Depois, ele examinou todas as regras e descobriu que não havia proibição específica sobre o uso de suspensórios. Agora, ele veste com orgulho suspensórios com desenho do *Taz*, o diabo da Tasmânia.[6]

As regras são falhas porque é impossível elaborá-las contendo todo comportamento possível do vasto espectro da conduta humana. Sempre existirão áreas nebulosas, e, assim, dadas as circunstâncias, oportunidades ou pressões externas corretas, algumas pessoas podem ser motivadas a burlá-las. Quando elas agem assim, a reação típica é simplesmente criar mais regras. As regras, assim, acabam virando parte do problema.

Existe uma reação e correlação das regras diante da vulnerabilidade e fragilidade. As empresas não adotam regras para dizer aos funcionários que eles precisam se lembrar o tempo todo de respirar; a organização não fica vulnerável por causa da respiração; as pessoas simplesmente respiram naturalmente. As companhias **efetivamente** adotam regras para dizer aos funcionários quando vir trabalhar, porque sem essa regra, eles viriam trabalhar quando quisessem, e as tarefas seriam mais dificilmente completadas. As regras atingem bons patamares, padrões mínimos de comportamento, e evitam a ocorrência de fatos desagradáveis – se as pessoas as cumprirem. Mas as pessoas as transgridem, portanto regras são elaboradas para evitar mais transgressões, no entanto, com a limitação inerente das regras, as pessoas conseguem encontrar maneiras de transgredir novamente. Os indivíduos excessivamente controlados por regras, por sua vez, sentem-se desprestigiados. Deixam de obedecer fielmente às regras (e àqueles que as elaboram) e procuram formas de escapar da sua opressão, assim como fez Steve Adams. Isso forma uma espiral descendente de criação de regras que causa danos permanentes na confiança necessária para sustentar a sociedade. Com cada fracasso sucessivo das regras, a fé total na capacidade das regras de governar a conduta humana diminui. As regras, principal braço do modo como nos governamos, perdem o poder, destruindo a confiança tanto daqueles que as criam como das instituições governadas por elas.

Existe algo na essência das regras e das leis que reduz sua eficácia em certas áreas do comportamento humano.

Como legislar a igualdade?

Que linguagem impositiva usar para preservar em lei um valor tão forte como esse?

É possível elaborar (e efetivamente elaboramos) longas listas proibindo inúmeros comportamentos considerados injustos, mas é impossível elaborá-las todas sem criar contradições sem sentido, desigualdades e brechas.

Nos negócios, por exemplo, como elaborar um contrato que obrigue alguém a **agradar** um cliente?

A superar as expectativas, ou até surpreender o cliente?

É impossível. É possível estabelecer itens mínimos de entrega, programação ideal e indenização básica, mas é impossível construir uma linguagem impondo uma medida exata de desempenho para estabelecer relacionamentos prósperos e duradouros. Ao definir limites mínimos de comportamento, as regras involuntariamente também definem limites máximos.

Quando se vivia no mundo do simplesmente faça, não importava como tudo era feito se no geral se atuava regido por regras. Desde que não ficasse abaixo do limite mínimo estabelecido pelas regras, tudo passava em branco. A sociedade se satisfazia com o julgamento das pessoas pela capacidade de atingir os resultados – em outras palavras, por **O que** atingiam, e não **Como** atingiam. Conforme o mundo foi ficando mais transparente, no entanto, começou a haver uma distinção entre conformidade e comportamento; ou, em outras palavras, já que todos podiam ver os métodos, **Como** algo era feito ficou tão importante quanto **O que** era feito. De repente, não bastava **seguir** as regras, porque agora se conseguia ver e entender a **relação** das pessoas com as regras. Em um mundo hiperconectado e hipertransparente, não se pode mais **simplesmente fazer**; é necessário **simplesmente fazer o certo!!**

SUPERAR O COMPORTAMENTO DA CONCORRÊNCIA

Não importa o quanto o mundo muda ou quanto a lacuna da certeza aumenta ou diminui, certos traços pessoais não mudam: todos gostamos de ser peculiares, gostamos de ser valorizados, gostamos de ser elogiados e gostamos de realizar feitos, por nós mesmos, pela família, pela comunidade e pela sociedade. Ainda precisamos encontrar uma maneira de atingir as metas e os desejos, de saltar o mais alto possível. As empresas, como expressão da aspiração e realização humana, espelham essas mesmas metas. É uma questão de ser grande, de realizar algo e, algumas vezes, até de mudar o mundo. Pesquisas do Gallup de fato mostram que a felicidade das pessoas no trabalho está totalmente vinculada não à remuneração, mas ao reconhecimento, ao elogio e à oportunidade de executar o que fazem de melhor todos os dias.[7] E, se analisarmos as empresas que compõem a lista das 100 Melhores Empresas para Trabalhar da revista *Fortune*, quase todas se distinguem aos olhos dos funcionários pelo valor do empenho delas.

Com o mundo ficando cada vez mais conectado, no entanto, o desafio do sucesso aumenta. Um bacharelado de uma boa faculdade era o que bastava para segurar a carreira. Hoje, a Starbucks emprega baristas com mestrado e doutorado. A demanda de engenheiros era grande, mas com as universidades da Índia e da China formando profissionais em demasia, a formação em engenharia não garante mais a passagem para o sucesso.[8] Como organização, a proximidade com os clientes costumava servir de vantagem competitiva, possibilitando a entrega de mercadorias e a prestação de serviços mais barato do que os concorrentes mais distantes. Hoje, a concorrência é contra fornecedores do mundo todo, e a equação muitas vezes é invertida. Para prosperar em um mercado global apinhado de empresas e pessoas, é preciso encontrar uma forma de se diferenciar da concorrência de modo duradouro. Com o mercado ficando mais abarrotado, no entanto, as possíveis áreas de diferenciação estão ficando escassas, levantando novos questionamentos sobre as qualidades pessoais exigidas para prosperar no novo mundo.

Os líderes dos empreendimentos capitalistas do século XX historicamente se diferenciavam por **o que** faziam. Costumavam ser bem **inventivos**; aqueles que conseguiam inventar algo e patenteá-lo venciam, e aqueles que não, catavam os grãos aos poucos para sobreviver. Chamo isso de inovação do **o quê**. O mercado oferecia grandes incentivos e proteções para inovar o **o quê**. É aí que entrava a pilhagem, é aí que entrava a publicidade, é aí que se concentrava a proteção governamental, e aqueles inventores apareciam na capa das revistas *Forbes* e *Fortune*. Costumava-se consagrá-los, as pessoas que faziam os melhores **o quês** – como Chester F. Carlson, que no final da década de 1930 estava zanzando de um lado a outro no laboratório improvisado nos fundos de um salão de beleza da sogra, no Astoria, de Nova York, quando pegou alguns pedaços de fungos para transferir de uma chapa metálica eletrostaticamente carregada para uma folha de papel de cera. Depois de patentear o processo, tentou vendê-lo a 20 das maiores corporações do país. Todas elas recusaram. Em 1947, uma pequena companhia fabricante de produtos fotográficos de Rochester, Nova York, chamada Haloid apostou um quarto do lucro anual da empresa (lucro de US$ 101 mil em US$ 6,7 milhões de receita) no desenvolvimento da ideia. Em 1959, a Haloid introduziu a primeira aplicação prática da invenção de Carlson, que a Haloid chamou de Xerox 914. Dois anos depois, a receita chegou a US$ 60 milhões. Quatro anos depois, a Xerox era uma corporação de meio bilhão de dólares.[9]

Ou pessoas como Noah e Joseph McVicker, que em 1956 inventaram uma composição plástica maleável que esperavam servisse para limpar papéis de parede. Quando a irmã deles, professora da pré-escola, apanhou esse material para substituir a argila de modelagem que os alunos achavam difícil demais para brincar, eles fundaram a Rainbow Crafts Company para produzir esse material como brinquedo. Até hoje, a Hasbro, corporação que acabou comprando a Rainbow Crafts, vendeu mais de dois bilhões de potes de *Play-Doh*. Seu cheiro foi considerado um dos cinco odores mais identificáveis do mundo, e ele é um dos itens de brinquedo mais bem-sucedidos de todos os tempos.[10]

A Inovação do **o quê** alimentou o capitalismo do século XX, mas isso faz parte do passado. Se os McVickers apresentassem o *Play-Doh* hoje, alguém levaria para a China, aplicaria engenharia reversa em uma semana, e o distribuiria no mundo inteiro por uma fração do preço. Uma máquina da Xerox sofreria o mesmo destino em apenas alguns meses. É difícil inventar um produto melhor no universo de produtos de consumo, e é aí que nos encontramos. A Starbucks coloca em ação o recém-descoberto gosto por bebidas a base de café, e agora qualquer boteco e restaurante barato servem leite com café expresso. A Dell produz computador pessoal barato, e a Hewlett-Packard estará logo fazendo o mesmo. A Johnson & Johnson encontra uma maneira de proteger a integridade do Tylenol, e quase imediatamente todo vidro de analgésico possui o mesmo lacre inviolável.[11]

Hoje é mais difícil inovar o **o quê**. São necessários muita sorte e muito dinheiro para ser pioneiro, e mesmo conseguindo, a possibilidade de alguém aplicar engenharia reversa em seis meses e não em seis anos elimina grande parte do incentivo para tal. Em 1999, duas companhias, a ReplayTV e TiVo, simultaneamente lançaram as primeiras versões para o usuário do gravador de vídeo digital (DVR), invenção revolucionária totalmente radical na experiência de assistir TV e com poder de minar fundamentalmente o modelo de negócios de toda a indústria de transmissão televisiva. Sete anos depois, a ReplayTV acabou e a TiVo ainda luta para ser lucrativa com uma fatia média de um mercado pequeno. O DVR transformou-se em produto de consumo genérico, produzido por inúmeras companhias no mundo todo, e a TiVo luta para se redefinir com menos ênfase no seu equipamento (o **o quê**) e mais na experiência proporcionada (**como** usar) pelo software.[12]

Muitas empresas não querem inovar o **o quê**; simplesmente é muito caro. Os executivos afirmam, "Vou esperar até **ele** inventar e, depois, copio". Jack Welch, ex-CEO da General Electric (GE), gostava de ressaltar que o jogo não estava estruturado para recompensar o inovador.[13] É difícil estabelecer um esquema de proteção para os seus **o quês**. No mundo todo, muitas pessoas e empresas frequentemente violam os direitos autorais, e inúmeros países não dão a devida atenção para os direitos de propriedade ou o conceito de propriedade intelectual. Em muitas culturas, inexistem palavras para traduzir "propriedade intelectual"; elas não conseguem abordar o conceito de que alguém seja dono de uma ideia. Welch era tão convicto da sua ideia de que é inútil tentar proteger os **o quês** que continuamente revelava muitos detalhes das estratégias e dos modelos de negócios da GE no relatório anual da companhia – basicamente tornando públicos os **o quês** da empresa. "Fomos perguntar a Jack por que ele revelava o segredo do tempero, divulgando nosso modelo de negócios", contou meu amigo Steve Kerr, ex-diretor executivo de aprendizado da GE e vice-presidente de desenvolvimento de liderança, em um almoço em Wall Street perto da sede da Goldman Sachs. Steve Kerr também foi diretor executivo de aprendizado da Goldman Sachs e co-autor de *The GE Work-Out* (McGraw-Hill, 2002), abordagem de liderança que ele desenvolveu como chefe do famoso centro de desenvolvimento de liderança da GE de Croton-ville, Nova York. Há tempos ele é reconhecido como um líder instigador no mundo da gestão corporativa. Steve Kerr lembrou-se de Jack Welch, "Ele nos disse: 'Não existe segredo no **o quê**; o segredo está no **como**. Eles podem conhecer o nosso modelo, mas não podem executá-lo. Eles não podem copiar nossos **comos**".[14]

Welch estava certo. Iniciando na década de 1980, as empresas norte-americanas começaram a inovar o **como**. Concentravam-se intensamente na gestão do processo, que chamo de os **comos** do **o quê**. Hoje vivemos em uma época na qual vencer é uma questão geralmente de **como**. Gestão da Qualidade Total (GQT), seis sigmas, estoque *just-in-time, kaizen,* Planejamento de Recursos Empresariais (ERP), gestão de relacionamentos com clientes (CRM), sistema de informação de recursos humanos (HRIS), reengenharia de processos, zero defeito, gestão da cadeia de abastecimento, serviço de atendimento ao cliente, gestão da segurança, terceirização de processos de negócios (BPO) – hoje a cultura do processo domina as práticas empresariais, visando aumentar a lucratividade, reduzindo a ineficácia em cada estágio do processo de desenvolvimento do produto.

As empresas reconhecem aquilo que Welch declarou tão claramente: haverá um gênio, no meio de 100, tão inteligente que inventará a cura do câncer; os demais 99 vão vencer com os **como**. A jornada é tão importante para a lucratividade quanto para a meta, e o processo é o caminho.

Mas algo inusitado aconteceu rumo ao caminho. Todos ficaram bons nisso. Quando as empresas atingiram os limites do aperfeiçoamento do processo, nivelaram o campo de atuação. Hoje, quase todos conseguem reduzir os defeitos de qualidade a níveis infinitesimais, quase ninguém morre no trabalho quando evitável, todos atendem ao telefone no segundo toque, todos usamos o mesmo lacre inviolável, e todos bebemos leite com café expresso. Todos popularizamos o processo e o desempenho do mesmo modo como fizemos com muito outros itens, possivelmente a ponto de diminuir o retorno. (Professora Mary J. Benner de Wharton argumenta de forma convincente que os resultados do seu estudo de 20 anos mostram que a gestão do processo, promovida ao *status* de coqueluche, pode até estar estrangulando a inovação. Benner argumenta que ela incentiva o raciocínio explorador e imediatista que sufoca a invenção arrojada.[15])

No entanto, existe uma área em que ainda existe uma variabilidade tremenda, uma área ainda não analisada e mercantilizada, e que, de fato, **não pode** ser mercantilizada: o campo do comportamento humano – **como** fazer **o que** fazemos. Reflita um pouco. O comportamento você consegue controlar. Se mantiver contatos e inspirar mais pessoas por meio da sua rede global, conseguirá vencer. Se colaborar mais intensamente com os colegas, conseguirá vencer. Se cumprir 99% do tempo o prometido e o concorrente apenas oito de cada dez promessas, oferecerá uma experiência melhor ao cliente, e conseguirá vencer. Em se tratando da conduta humana existe uma tremenda variação, e quando existe um amplo espectro de variação, existe oportunidade. A complexidade do comportamento humano é tão variada, tão rica e tão global que proporciona uma rara oportunidade, **a oportunidade de superar o comportamento da concorrência.**

Veja os tipos de comportamento empresarial que temos testemunhado recentemente.

Quem poderia imaginar que o fundador da agência virtual de empregos Monster floreasse o próprio currículo?

Que o ex-executivo da Tyco pudesse transformar uma corporação de capital aberto no seu cofrinho particular para pagar, entre outras coisas, um querubim esculpido em gelo jorrando vodca das suas partes íntimas?[16]

Do outro lado da moeda, veja Angel Zamora, o entregador da UPS que conheci e que correu uma jarda a mais para entregar não apenas um pacote importante, mas também uma extraordinária experiência. Ou os pilotos da Southwest Airlines. Recentemente viajei a Phoenix para visitar um cliente e observei que na hora do embarque, o piloto apareceu no portão para ajudar o pessoal de solo a receber os bilhetes. Mais tarde, quando estava saindo da aeronave, depois do pouso, o copiloto apareceu na rampa carregando um carrinho de bebê para uma mãe e seu filho desembarcando do avião à minha frente. Que extraordinário, pensei. Certamente não constava da descrição do cargo de piloto ajudar no embarque do avião. Não consigo imaginar o representante sindical da Associação de Pilotos da Região Sudoeste negociando alguma cláusula exigindo que o copiloto carregue carrinhos de bebê. Não existe regra explícita para isso, "Para permanecer no emprego você deve ajudar no embarque e carregar carrinhos de bebê." Parecia haver algo maior que uma descrição de cargo ou uma regra guiando aqueles funcionários da Southwest.

Naturalmente, ainda serão necessários grandes produtos e grandes modelos de negócios. Ainda não se pode ter sucesso, prosperar ou tornar-se o número um sem ter bons **o quês**. Mas aqueles **o quês** costumavam ser suficientes para exceder; hoje eles são necessários apenas para permanecer no jogo. Para prosperar, é necessário algo mais. "Qualquer coisa multiplicada por zero é zero", disse Steve Kerr. "Se você fizer algo inútil de maneira realmente elegante, não será mais lucrativo do que se fizer algo importante de forma ineficiente. A razão de enfatizar os **comos hoje** é que eles são uma parte não observada da equação. Eles podem conduzi-lo a um local diferente". Não que o **como** seja necessariamente mais importante do que o **o quê**, Steve Kerr me dizia; a questão é que vivemos em um mundo de A multiplicado por B, e **como** é o fator X. Quanto maior o seu comando do **como**, maiores serão os resultados dos seus esforços.[17]

O mundo hoje, movimentado por vastas redes de informação, une e revela as pessoas de um modo que apenas começamos a compreender. Por tudo isso, um aspecto fica bem claro: não é mais **o que** você faz que faz a diferença; é **como** você faz. Nem todo time ganha. Nem todo funcionário torna-se um executivo. Muitos nem chegam a sobreviver. Alguns persistem, alguns acabam, alguns superam o desempenho dos outros.

A tendência emergente entre as empresas na margem de liderança hoje envolve oferecer nem tanto um produto melhor, mas uma experiência melhor aos clientes. A oportunidade de diferenciar, superando o comportamento da concorrência é a razão da existência deste livro e do trabalho da minha vida. Este conceito, aplicado amplamente em relacionamentos entre empresa/cliente/fornecedor e relacionamentos entre trabalhador/chefe/equipe, é o que quero dizer quando falo de inovar e vencer com o **como**.

COMO AVANÇAR

O comportamento humano sempre foi importante na forma de condução dos assuntos e de busca da realização pessoal, mas, indubitavelmente, hoje ele é importante de outra forma. Em 2005, o Merriam-Webster divulgou que a palavra mais procurada no dicionário eletrônico mundialmente renomado era **integridade**.[18] As novas redes de conexão possibilitam enorme inovação, mas apenas para aqueles que entendem como enviar a corrente por essas redes e como fazer "olas" com as outras pessoas. As estruturas de trabalho mudam; os paradigmas mudam. Os negócios, assim como a vida, muitas vezes parecem existir em uma tigela toda trincada; o movimento em um lugar tem efeito profundo em dezenas de outros. Algumas vezes, as forças tectônicas produzem novos alinhamentos do planeta. Algumas vezes, é simplesmente a nossa capacidade de enxergar algo conhecido de maneira diferente que revela uma nova ordem mundial se escondendo não muito distante da superfície do que pensávamos conhecer tão bem. Se o mundo mudou, o modo como nos conduzir dentro dele deve mudar também.

Nesta parte do livro, exploramos a conspiração das forças que definem os parâmetros de uma nova estrutura, uma nova realidade nos negócios do século XXI. Vimos a transferência da terra para o capital para a informação, e os antigos hábitos, como o acúmulo, a divisão e a conquista, e o sistema de comando e controle que aderiram a nós apesar das profundas mudanças; a tendência dos negócios voltada aos vínculos horizontais que nos coloca cada vez mais em contato com pessoas de nível relativamente equivalente trabalhando em equipes espalhadas pelo mundo, o modo como fomos agrupados no decorrer do tempo e por culturas mais rápido do que conseguimos desenvolver estruturas para entender e operar de forma produtiva uns com os outros, e como a tecnologia da informação e da comunicação invade os espaços entre nós e altera o modo como os preenchemos.

Falamos dos muitos desdobramentos da transparência, como ela inflaciona o valor da reputação e como combina com o livre fluxo de informação para tornar a reputação mais vulnerável ao incorreto ou às acusações injustas. Traçamos o final da era do simplesmente faça, concentrada nos resultados financeiros e nos comportamentos transacionais, e nas limitações das regras para governar a conduta humana. E consideramos a maneira profunda como essas mudanças desviaram o nosso foco do **o quê** para o **como**.

A imagem do mundo revelada pelos traços dessas forças e dessa dinâmica é de uma mudança gigantesca, e não do balanço de um pêndulo, de como fazer o que fazemos, e enfoca como nunca a conduta humana como um processo repleto de valor. Não há como retroceder. Ela continua repetindo que jamais seremos **menos** transparentes, jamais teremos **menos** informação e jamais ficaremos **menos** conectados do que estamos hoje. Qualquer que seja a nossa especialização vertical – vendas, *marketing*, produção, finanças, administração, gestão, prestação de serviços e assim por diante – a realização no século XXI depende profundamente da nossa capacidade de prosperar em um sistema de conexões mais vasto, mais variado e mais exposto que nunca na história da humanidade. Não vivemos em casa de vidro (casas de vidro têm paredes); vivemos em lâminas de vidro de microscópio, tão planas quanto possível, visíveis e expostos a tudo.

O sucesso hoje requer novas aptidões e novos hábitos, novas lentes para olhar, e nova consciência para nos relacionar. Em nosso mundo transparente, existe abundância excessiva de informação, e ela flui com tanta facilidade para qualquer um controlar e manipular todo mundo. Não se pode mais brincar com o sistema e esperar que ninguém irá descobrir. É preciso parar de dançar contornando as pessoas e começar a conduzir uma dança que todos possam acompanhar. O sucesso sustentado e duradouro é diretamente proporcional à sua capacidade – como empresa ou indivíduo – de fazer "olas" por todas as redes efêmeras de associação, de estabelecer contato com os outros e engajá-los em realizações maiores do que você mesmo, e fazê-lo enquanto todos o observam. Nos próximos capítulos, vamos explorar **como**.

Parte II
COMO PENSAMOS

"Aquele que tiver de caminhar cem quilômetros deve computar noventa como metade da jornada."
– Provérbio japonês

INTRODUÇÃO: O PARADOXO DA JORNADA

Como estudante de Direito, fui professor-assistente de um curso ministrado por Alan Dershowitz, Stephen J. Gould e Robert Nozick intitulado *Thinking about Thinking* (*Pensando no Pensar*, em tradução livre) para estudantes de graduação de Harvard. Era um curso interdisciplinar altamente conceitual, combinando Ciências, Filosofia e Direito visando encarar os grandes problemas da época: drogas, aborto, eutanásia, direito ao porte de armas e outros. Ao final do semestre, comecei a perceber uma tendência interessante no padrão de notas da turma, algo surpreendente dos alunos que tiraram notas B e B+, que tiraram A e, o mais interessante, daqueles que tiraram C. Discuti essa tendência com meus colegas professores e na discussão deparei-me com um paradoxo interessante no processo de aprendizado e na trajetória até o conhecimento profundo.

Os alunos nota B/B+ da minha turma demonstraram bom domínio do material. Começaram a jornada intelectual no início do semestre e escalaram a colina do entendimento. Realizaram todas as leituras, empenharam-se e conseguiram demonstrar tudo isso nitidamente no exame final. Esforçaram-se na escalada, como qualquer um faz em qualquer jornada, sempre subindo rumo ao conhecimento. Ao final do semestre, demonstraram entendimento e conhecimento básico, não cometeram grandes erros, mostraram-se pouco confusos e reproduziram todo o material com clareza. O conhecimento básico merecia nota B.

Os que receberam nota A dominaram, sintetizaram e incorporaram o material na própria vida. Refletiram profundamente, criaram contra-argumentos que não faziam parte das leituras, internalizaram o material e adotaram-no na prática. Deram conta do que tinham aprendido, foram além, desafiaram e criaram ideias inovadoras: reflexão fora da sala de aula, por assim dizer. Em suma, desenvolveram um poder – o poder do conhecimento adquirido com o que haviam lido e ouvido, ampliado pela maneira como viram em funcionamento na prática. Eles não estiveram apenas **assistindo** às aulas; estiveram em certo sentido **ensinando**, e os achei inspiradores. Eles mereciam nota A.

Os que tiraram nota C, no entanto, realmente chamaram minha atenção. Assim como seria natural se supor, alguns foram preguiçosos e fizeram o mínimo necessário para passar. Mas fiquei surpreso ao perceber que vários deles se esforçaram tanto quanto os que tiraram A. Eles, também, fizeram todas as leituras e entenderam bem o material. E, assim como os que tiraram A, exibiram claramente momentos de genialidade, muitas vezes tentando avançar um patamar a mais no entendimento. Mas no momento de aglutinar tudo no entendimento e na expressão das ideias, ficaram presos nas profundezas do **vale da confusão**, lutando para sair. Deram o passo a mais e procuraram o conhecimento profundo, mas faltou um degrau ou dois, ou ficaram derrapando e não conseguiram expressar suas ideias de forma clara ou convincente.

Ao representar graficamente essa tendência, criei um gráfico semelhante ao apresentado na Figura II.1.

O paradoxo estava no fato de os alunos nota C estarem realmente bem mais à frente dos nota B. Eles haviam caminhado mais e superado o primeiro pico do entendimento básico atingido pelos alunos nota B. Não eram capazes de dominar o poder dos alunos nota A, evidentemente, mas estavam mais próxi-

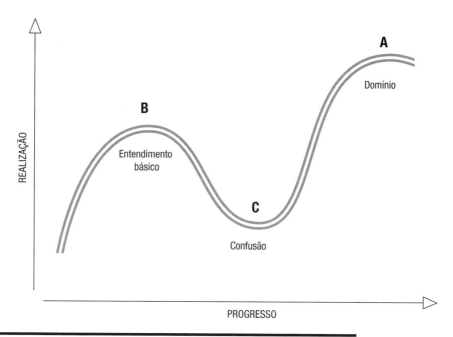

FIGURA II.1 O Paradoxo das Colinas do Conhecimento

mos dos nota A do que os B, mais à frente na jornada intelectual do que os B. A boa e má notícia para os alunos nota C foi que, no final do semestre, tive de dar C pela **confusão**. Mas eles revelaram uma analogia convincente para a trajetória do conhecimento. É fácil parar na colina da nota B; é como se você tivesse feito uma escalada, conseguisse enxergar a situação do terreno abaixo e achasse que talvez merecesse descansar um pouco. Ali, você se sente seguro, também; nessa primeira colina, tudo parece claro. Você demonstrou um razoável esforço e realização, e se expôs a um risco relativamente pequeno.

B, no entanto, não é uma nota vencedora. Se você permanecer na nota B enquanto os demais aceitam o desafio de continuar até chegar à nota A, ficará para trás. B é um estado de inatividade e, como se sabe, o sucesso está no progresso constante. Para atingir o real entendimento é necessário empenho nas profundezas do vale da nota C. Se você não se esforçar ali, jamais atingirá o segundo pico, muito mais alto. Você pode dar uma lida rápida neste livro, por exemplo (assim como muitos fazem com livros de negócios), e entender superficialmente que a inovação do **como** é um bom negócio, que **como** fazer o que fazemos é o segredo do sucesso sustentado e duradouro, e que os vencedores do século XXI superarão o comportamento da concorrência, mas atingirá no máximo um conhecimento **básico**. São conceitos superficiais. Apesar do antigo chavão, o conhecimento não possui asas; não se pode voar de pico a pico. Para adquirir o real entendimento do universo do **como**, é preciso estar preparado para esforçar-se e lutar com a complexidade e incerteza e as novas formas de olhar.

É preciso coragem para seguir adiante, e mais coragem ainda para descer ao vale da confusão e lutar com o que existe ali. A maioria de nós já vivenciou isso antes, sem querer, quando se propôs a realmente dominar algo. Ficamos no vale da nota C, mas não entendíamos por que estávamos confusos. Alguns de nós continuaram lutando, e alguns desanimaram e desistiram. Talvez você experimente essa sensação novamente durante a leitura deste livro. Para sair da colina da nota B e chegar à colina da nota A, não bastam orientações e regras; são necessárias bravura, tenacidade e inteligência emocional. São necessários esforço e confusão para, quando atingir a clareza, o conhecimento ser profundo. O único senão do vale da confusão seria ficar estagnado ali. O estudioso do zen budismo Daisetz T. Suzuki dizia: "Àquele que realmente deseja dominar alguma arte, não basta o conhecimento técnico. É necessário transcender a técnica para a arte se transformar em 'arte desprovida de arte' nascendo do inconsciente."[1]

O poder no universo do **como** não é um poder **sobre** algo, mas um poder **por meio de** algo, como uma rede, ou uma sinapse, ou um circuito; um poder que conecta, não um poder que comanda. Quero conduzi-lo à colina da nota A, e, assim como dizia o filósofo chinês Lao-Tzu: "Uma jornada de milhares de quilômetros deve começar com um único passo."[2] Mudanças, progresso e crescimento pessoal requerem uma jornada, e uso essa palavra com consciência no livro todo. Participar de uma jornada significa concentrar-se no processo, não no produto; no **como**, não no **o quê**, e na estrada, não no destino. As jornadas são naturalmente curvilíneas; têm altos e baixos e exigem mais esforço para escalar do que para descer. A partir daqui, então, usarei esse modelo das duas colinas para ilustrar a jornada do antigo até o novo, da aquisição até o domínio, e do conhecimento até o entendimento. Como a primeira figura de linha ondulada que desenhei parece pouco inspiradora, criei a Figura II.2 para ilustrar essas ideias. A abordagem, naturalmente, é exatamente a mesma.

Assim vamos resumir rapidamente os primeiros três capítulos deste livro, colocando o conhecimento e os comportamentos facilmente adquiridos ou amplamente conhecidos na colina da nota B, e nossos novos conceitos discutidos, na colina da nota A.

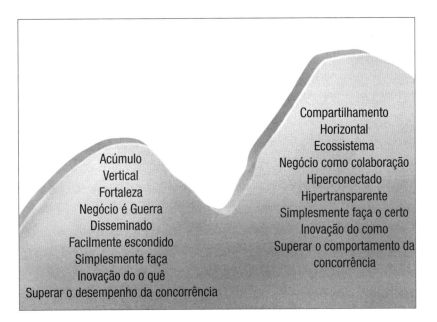

FIGURA II.2 Como Éramos, Como Mudamos

Essas transformações na sociedade e nos negócios na última década – do acúmulo ao compartilhamento, da fortaleza ao ecossistema, do disseminado e facilmente escondido ao hiperconectado e hipertransparente – combinam-se para dar nova ênfase aos como do comportamento humano, o modo como preenchemos as sinapses entre nós e os outros. Nesta segunda parte, começamos a jornada para entender e dominar esses **comos** e adotá-los na prática em tudo que fazemos. A primeira etapa é introspectiva, levando-nos aos processos de pensamento e entendimento que moldam nossas decisões e ações em relação aos outros. Um pouco de biologia, um pouco de sociologia, um pouco de linguística e um pouco de golfe: esta seção é intitulada "Como Pensamos", e, nela, começamos a criar uma nova estrutura para entender o universo do **como**.

CAPÍTULO **4**

Aproveitar as Potencialidades

"Não podemos resolver os problemas usando o mesmo tipo de raciocínio usado quando os criamos."
— Albert Einstein

No filme *Náufrago*, o ator Tom Hanks é Chuck Noland, funcionário fictício da FedEx isolado em uma ilha deserta por quatro anos depois da queda no oceano do avião de cargas em que viajava de carona.[1] Ele sobrevive armado apenas da sua sagacidade, daquilo que consegue encontrar na ilha e do conteúdo de diversos pacotes da FedEx, que ficaram boiando na praia depois do desastre. A maioria das pessoas às quais se pergunta de que se trata o filme tipicamente menciona a luta heróica do ser humano para sobreviver ou – movido, como foi Noland, pelo desejo de voltar para junto da noiva – o poder do amor para superar todos os obstáculos. Há duas passagens no filme, no entanto, que me transmitiram uma mensagem diferente. Essas passagens me intrigaram tanto que escrevi uma mensagem eletrônica ao autor do filme, William Broyles Jr., perguntando o que significavam.

A primeira passagem que me chamou atenção foi da amizade criada por Noland com uma bola de futebol meio murcha, resgatada do desastre, que ele batiza de *Wilson*, igual ao do fabricante de bolas. Broyles disse que, durante as pesquisas para o filme, passou algum tempo sozinho no mar de Cortez. No seu isolamento, encontrou uma bola de vôlei arrastada pelas ondas até a praia. "Somos animais tão sociais", Broyles respondeu, "precisamos tanto de conexão espiritual com outro ser humano, que atribui à bola de vôlei características humanas, simplesmente porque era tão difícil ficar sozinho".[2] Você não precisa de moral ou valores quando se está encalhado em uma praia (a menos que acredite ter responsabilidades ou obrigações para com palmeiras e bananas, preocupação legítima, mas que não cabe discutir aqui). A única pessoa a quem deve satisfações é você mesmo, portanto sua sobrevivência depende totalmente de si. Criando esse amigo imaginário, Broyles reconhece a existência de algo no homem que exige de si ser maior que apenas si mesmo, de ter uma intenção para com os outros além de consigo mesmo.

A segunda passagem que me chamou atenção foi bem no fim do filme, quando, quatro anos depois de isolado, Noland termina de entregar um dos pacotes resgatados do desastre, e coloca um bilhete dizendo: **"Este pacote salvou minha vida"**. "Era uma parte crucial de quem ele tinha sido", disse Broyles. "Noland tinha sido alguém que 'conectava' o mundo, que o fazia funcionar, que mantinha a simples promessa de entregar um pacote de um ser humano a outro. Esse homem de conexões, que ficou tanto tempo desconectado, restabeleceu-se como parte do mundo, cumprindo esse compromisso". Para sobreviver à sua provação, Noland precisava de um propósito. Percebeu que não era apenas um entregador de pacotes; era uma pessoa que mantinha promessas. *Náufrago*, na minha visão, trata-se de um filme sobre cumprir promessas feitas aos outros, sobre nossa necessidade inerente como seres humanos de estar conectados com os outros e fazer algo uns para os outros, e sobre cumprir o que me parece uma obrigação biológica de ser mais que apenas nós mesmos. Comecei a pensar, será que isso é algo que aprendemos como espécie, ou será que existe algum tipo de sustentação biológica que nos faz ser assim? Será que estamos, na realidade, estruturados para nos relacionar com os outros?

Quando falamos das sinapses interpessoais entre os torcedores em um estádio ou das colaborações horizontais em cadeias globais de abastecimento, estamos, em certo sentido, falando de redes biológicas. O cérebro – essa massa esponjosa entre as nossas orelhas – processa uma quantidade imensa de informações durante um dia inteiro normal, tanto consciente quanto inconscientemente. Ele é responsável por tudo, desde a inspiração do ar até o beijo de boa noite no rosto da pessoa amada. Os aspectos inconscientes da capacidade do cérebro de absorver dicas sutis do ambiente e processá-las com o que é oferecido tanto pela natureza como pela criação, nos proporciona o nosso modo de agir no mundo e reagir a ele. O cérebro é a rede biológica mais complexa que conhecemos. Estudiosos e cientistas, constata-se, começaram a usar os avanços na possibilidade de ver o cérebro em funcionamento com a pesquisa comportamental na economia, política e em outras atividades sociológicas, para revelar a predileção humana biológica e inerente por certos comportamentos que aumentam a capacidade de ser eficaz e próspero.[3] As redes de conexões do cérebro e as redes de conexões do mundo dos negócios têm mais em comum que jamais se poderia imaginar.

Em primeiro lugar, examinaremos algumas dessas pesquisas revolucionárias e, depois, tentaremos extrair algumas conclusões. Embora possa parecer, a princípio, irracional lançar uma discussão mais profunda do **como** em um mundo conectado em rede mundial, discutindo neurociência e antropologia evolucionária, os mecanismos de funcionamento cerebral podem nos fornecer algumas noções básicas de como pensamos e agimos. Como a maioria das pessoas admite que os melhores resultados são obtidos com a energia investida no aperfeiçoamento daquilo que já faz bem e não com a energia gasta na melhoria dos defeitos, o entendimento das propensões biológicas do cérebro pode nos oferecer nova perspectiva dos aspectos nos quais concentrar melhor os esforços. Descobertas científicas apontam para o fato de que acertar nos **comos** pode, na realidade, significar aproveitar as potencialidades.

AJUDAR

Você está fazendo compras no supermercado, empurrando o carrinho, preocupado com seus afazeres, pensando na marca de sopa que irá comprar, quando passa por uma pessoa relativamente baixa apanhando uma lata do alto da prateleira à sua frente. Nisso, ela acidentalmente esbarra em algumas latas de minestrone da prateleira. Ela agarra as latas que estão caindo, tentando instintivamente endireitar as outras na prateleira, ao mesmo tempo pegando as que estão caindo. Sem pensar, você se estica e tenta ajudá-la a endireitar as latas na prateleira e, quando elas estão firmes, abaixa-se e pega as caídas, enquanto ela agradece gaguejando. Sem qualquer raciocínio consciente, você ajuda.

O ser humano rotineiramente se ajuda mutuamente, mesmo não havendo compensação para aquele que ajuda. Ajudamos os desconhecidos e também os conhecidos. Esse comportamento – denominado **ajuda altruísta** – é uma das características que nos separam da maioria dos demais animais. A **ajuda altruísta** requer um conjunto cognitivo bem complexo: é preciso ver a ação da outra pessoa, saber qual a intenção dela, entender o que é necessário para concretizar tal intenção, avaliar a capacidade dela de concretizá-la, estimar a disposição dela de aceitar ajuda, e decidir intervir apesar de não receber recompensa imediata ou física por ajudar. Por muito tempo, os psiquiatras consideraram a ajuda altruísta um fenômeno induzido socialmente, algo aprendido com o tempo, espelhado nos pais e observado na sociedade humana. Essa crença surgiu do fato de, à primeira vista, tudo isso parecer exigir funções cerebrais mais complexas – raciocínio, sintaxe, empatia e capacidade decisória – habilidades adquiridas com anos de desenvolvimento na infância.

Recentemente, no entanto, Felix Warneken e Michael Tomasello do Max Planck Institute for Evolutionary Anthropology realizaram um estudo revolucionário mostrando que crianças de até 18 meses de idade – na fase pré-linguística ou apenas linguística e geralmente desprovidas dessas complexas capacidades cognitivas – prontamente ajudaram um adulto desconhecido a atingir uma série de objetivos em diversas situações e, o que é mais interessante, foram capazes de realizar julgamentos complexos da necessidade ou não de ajuda.[4] As crianças ajudaram um desconhecido a atingir objetivos fora de alcance, de qualquer forma, ainda que ele tivesse os descartado propositadamente. Elas ajudaram a empilhar livros quando lhes pareceu que ele ainda não tivesse atingido o objetivo. Quando ele teve dificuldades para abrir um armário com as mãos cheias, as crianças abriram a porta para ele, de qualquer forma, ainda que ele não tivesse feito qualquer esforço para deixar os livros sobre o armário e, assim, ficasse livre para abrir ele mesmo. Por fim, elas retiraram objetos de uma caixa para ele, de qualquer forma, ainda que lhes tenha parecido que ele os tivesse jogado ali de propósito. As crianças com capacidade verbal razoavelmente desenvolvida conseguiram diferenciar entre um indivíduo necessitando de ajuda e um que tivesse tomado uma decisão que tornasse desnecessária a ajuda. Desse estudo, Warneken e Tomasello concluíram que "toda criança bem pequena tem tendência **natural** a ajudar outras pessoas a resolver problemas, mesmo sendo o outro um desconhecido e ela não tendo nenhuma vantagem". Isso contradiz o conceito equivocado amplamente prevalente de que o ser humano, na falta de alívio das suas necessidades sociais, tende a agir visando o interesse próprio. Constatou-se que a mesquinhez, no sentido de fazer **apenas** para si, danem-se os outros, é considerada não apenas ruim, como não natural.

JULGAR PELA APARÊNCIA

Em 26 de setembro de 1960, 70 milhões de pessoas assistiram ao debate presidencial entre Richard M. Nixon e John F. Kennedy. Esse foi o primeiro dos quatro denominados **grandes debates**, e o primeiro de todos os tempos a ser transmitido pela televisão.[5] Pela primeira vez, a nação como um todo, pôde ver ambos os candidatos interagirem. Mais outros milhões acompanharam pelo rádio. Nixon – hospitalizado durante a maior parte de agosto por causa de uma cirurgia no joelho – apareceu nos estúdios magro e pálido vestindo uma camisa mal-ajustada, e recusou-se a usar maquiagem para melhorar sua aparência e esconder a indisfarçável barba por fazer. Em contrapartida, nas semanas anteriores, o senador de Massachusetts havia se dedicado à campanha na Califórnia. Estava bronzeado, saudável e impecavelmente vestido. Pesquisados depois do debate, os ouvintes do rádio consideraram Nixon claramente vencedor. Os telespectadores, no entanto, chegaram a uma conclusão diferente. O carisma e o discurso equilibrado de Kennedy transmitiram aos telespectadores a impressão acentuada de que seu vigor e charme constrangeram o então vice-presidente, e renderam a Kennedy a fidelidade deles. Os telespectadores foram mais induzidos pelo que viram do que pelo que ouviram, de acordo com os resultados das organizações de pesquisas analisados na época por Earl Mazzo, diretor da sucursal de Washington do *The New York Herald-Tribune*.[6] De acordo com a análise de Mazzo, na região oeste, onde Nixon venceu, 9% dos adultos ouviram o debate no rádio; no leste, onde Nixon perdeu, foram aproximadamente 2% de ouvintes.

Para ajudar desconhecidos – ou votar neles – é necessário superar a reação biológica do medo de ser prejudicado por eles quando se aproximar. Em outras palavras, é preciso decidir confiar neles. Sabe-se que os bebês estabelecem um vínculo muito intenso com as mães logo após o nascimento, mas como eles sabem se podem confiar suficientemente em uma estranha para ajudá-los? Não seria essa uma outra série de cognições complexas? Os pesquisadores se propuseram a descobrir. Peter Kirsch, Christine Esslinger e outros pesquisadores do Cognitive Neuroscience Group, Centro de Psiquiatria e Psicoterapia, da Justus-Liebig University mostraram a adultos participantes da pesquisa uma série de fotos de vários homens caucasianos, cada um exibindo expressões faciais neutras e básicas e, ao mesmo tempo, registraram as imagens do cérebro com um equipamento de ressonância magnética funcional (fMRI). Os cientistas pediram aos participantes que indicassem se os rostos eram **"confiáveis"** ou **"não confiáveis"**. As imagens mostraram que uma determinada parte do cérebro, a amígdala, ficava iluminada quando os participantes viam rostos que percebiam como não confiáveis.[7] A amígdala, conjunto de neurônios de formato amendoado localizado no interior do lobo temporal, faz parte do sistema límbico, porção do cérebro que forma as estruturas neurológicas envolvidas na emoção, motivação e associação emocional com a memória. A amígdala possibilita sentir medo. (Quando seu sogro chega para jantar sem avisar, a amígdala manda sinais de medo ao tronco cerebral, centro do estímulo e da motivação, que convenientemente o lembra que você esqueceu algum trabalho no escritório que deve imediatamente sair para buscar.) Mais tarde, os pesquisadores pediram aos participantes da pesquisa para avaliar várias características dos rostos que haviam visto. Quanto a essas outras características, os rostos considerados não confiáveis na primeira parte da experiência receberam avaliações mais negativas do que os considerados confiáveis.

Um dos primeiros objetos que prendem a atenção do recém-nascido é o rosto humano, e, agora, parece, existem razões evolucionárias de sobrevivência para isso. A primeira impressão, ao que parece, efetivamente pesa. O ser humano está biologicamente estruturado para decidir rapidamente se confia ou não nos outros. Assim como as 70 milhões de pessoas que assistiram ao debate entre Nixon e Kennedy, efetivamente costumamos julgar as pessoas pela aparência.

PREOCUPAR-SE COM O OUTRO

Se a confiança não é algo resultante do raciocínio mais complexo, o que é, então?

A confiança, no fim das contas, é uma droga chamada oxitocina. O assim conhecido hormônio de ligação é uma cadeia peptídica de nove aminoácidos (nanopeptídeo), secretado pela glândula pituitária e mais conhecidamente liberado durante os orgasmos de ambos os sexos e por mães durante o parto e a amamentação. Quando liberada, a oxitocina preenche as sinapses entre os neurônios e inunda o cérebro com uma sensação de bem-estar. Essa rápida euforia (os efeitos de uma agitação cerebral provocada pela oxitocina dura apenas de três a cinco minutos) reduz a conectividade da amígdala com o tronco cerebral superior; em outras palavras, ela faz suplantar o medo. Kirsch e Esslinger demonstraram esse efeito. Foram mostradas a dois grupos de pessoas imagens idênticas de rostos e situações aterrorizantes e, assim como em outros estudos similares, foram mapeadas as reações cerebrais registradas em imagens de ressonância magnética funcional. Um grupo recebeu oxitocina via *spray* nasal (ela pode ser sintetizada em laboratório); o outro grupo não. O grupo sem o medicamento, como previsto, sentiu medo dos rostos aterrorizantes; o grupo com oxitocina não.

A oxitocina, quando produzida, não inunda todo o cérebro. Ela atua em regiões específicas associadas à memória, bem como nas que controlam funções involuntárias, como respiração, digestão e batimento cardíaco. Surpreendentemente, essas regiões do cérebro se ligam intensamente com uma parte diferente do cérebro associada à atenção e identificação de erros no ambiente, que, por sua vez, envia mensagens para a região ligada à tomada de decisões. Em outras palavras, a oxitocina influencia a decisão de tal modo, que sai totalmente da esfera da percepção consciente.

O que se pode concluir disso? Grande parte da nossa visão a respeito do universo altamente competitivo dos negócios globais é baseada no pressuposto de que o lucro máximo e o sucesso decorrem da busca do interesse próprio. Negociar é guerrear, diz o antigo ditado; o forte sobrevive, e o fraco fracassa. Comumente se supõe que, abandonado sozinho em uma ilha deserta como Tom Hanks em *Náufrago*, o homem retrocederia a esse instinto básico de preocupar-se consigo próprio, ele estaria biologicamente estruturado para isso, e apenas cooperaria com os outros **porque as circunstâncias da sociedade assim o exigem**. Mas essa hipótese pode estar incorreta. Parece que o ser humano, no estágio bem inicial do desenvolvimento mental, estaria estruturado com a capacidade e o desejo de relacionar-se com os outros e ajudá-los, apesar de, com isso, sujeitar-se a um grande risco e à falta de uma clara recompensa. Ademais, para isso, ele seria dotado de um dom biológico que lhe permitiria superar o medo pré-racional e animal do desconhecido.

Levando em conta parte dessa nova visão a respeito da base biológica da confiança e da ajuda altruísta, Paul Zak, presidente do departamento de Economia da Claremont Graduate University e professor adjunto de Neurologia da Loma Linda University, Escola de Medicina, propôs-se a descobrir, de uma vez por todas, se o lucro máximo, de fato, resultaria da busca do interesse próprio, assim como se supõe há tempos. Zak é diretor fundador do Centro de Estudos Neuroeconômicos e figura influente no campo emergente da Neuroeconomia, área em que a economia e a mente se juntam. A neuroeconomia baseia-se na neurociência, endocrinologia, psicologia, teoria econômica e economia experimental para tentar entender melhor o processo decisório na economia. Zak produziu uma experiência baseada em um modelo de teoria de jogo chamado **o jogo da confiança** usado pela primeira vez por Joyce Berg, John Dikhaut e Kevin McCabe em 1995,[8] e fez algumas descobertas fascinantes que baseiam o pensamento convencional sobre o interesse próprio no seu raciocínio mais conhecido.

O jogo da confiança básica funciona assim: os participantes são divididos aleatoriamente em pares e colocados em salas diferentes com computadores, impossibilitados de ver uns aos outros. Cada um recebe 10 dólares para participar. Aos primeiros a tomar decisões (TD1) é dito que eles podem enviar qualquer montante dos seus 10 dólares ao parceiro (TD2) e o valor enviado será triplicado na conta do TD2; se TD1 mandar quatro dólares, TD2 receberá 12 dólares. Aos TD2s é dito que eles podem devolver ao parceiro qualquer quantia, toda a quantia ou nada da quantia recebida. O dinheiro mandado por TD1 é, na realidade, uma demonstração de confiança; a quantia devolvida por TD2 é uma demonstração de ser digno de confiança.

O pensamento econômico prevalecente na época, de como cada pessoa deve jogar o jogo da confiança para atingir o lucro ideal, tem origem no trabalho de John Nash, o famoso matemático interpretado por Russell Crowe no filme vencedor do Oscar, *Uma Mente Brilhante* (baseado na biografia escrita por Sylvia Nasar).[9] A famosa fórmula – chamada equilíbrio de Nash – representa matematicamente a ação correta para atingir o lucro máximo em um mundo do perfeito interesse próprio.[10] No jogo de Zak, o raciocínio de

Nash levaria a concluir que, se cada pessoa agisse no perfeito interesse próprio, ninguém mandaria nenhuma quantia à outra; TD1 não enviaria nada porque não tem razão para acreditar que seu parceiro anônimo lhe devolveria alguma quantia e, para tal, exigiria um sacrifício sem retorno garantido, e TD2 não devolveria nada porque não ganharia nada com isso.

Zak repetiu essa experiência inúmeras vezes, tanto nos EUA como em países desenvolvidos, usando várias quantias representando, em alguns casos, grande porcentagem da renda mensal do participante (para ter certeza de que a importância da quantia envolvida não influenciaria o resultado). Surpreendentemente, no geral, 75% dos TD1s mandaram alguma quantia ao parceiro desconhecido, e uma proporção ainda **maior** de TD2s devolveram certa quantia.[11] Conversei com Zak e perguntei a respeito desse resultado inesperado. "O jogo da confiança está incorporado na interação social", ele disse, "e o equilíbrio de Nash não leva isso em conta". Nash, ressalta Zak, sofria de esquizofrenia, distúrbio neuropsiquiátrico caracterizado por, entre outras coisas, isolamento social. Até certo ponto, Zak acredita, a doença de Nash teria afetado suas teorias econômicas. "O custo não é a única razão por que as pessoas compram o produto A e não o produto B", afirma Zak. "Existem inúmeras razões sócio-humanas envolvidas, e Nash jamais as considerou em suas equações."[12]

Zak teoriza que confiamos nos outros porque, ao confiarmos, ativamos mecanismos de apego social; em outras palavras, parece ser o certo a fazer. Aparentemente, a confiança é guiada pela **sensação** do que fazer, e não pela determinação consciente do que é mais lucrativo fazer. Para entender essa hipótese melhor, Zak realizou exames de sangue nos participantes do estudo depois de jogarem o jogo da confiança e fez uma descoberta fenomenal: quanto mais dinheiro os TD2s recebiam dos TD1s, mais os níveis de oxitocina aumentavam, e mais eles devolviam aos TD1s. Em outras palavras, quando você confia em alguém, o cérebro dele reage produzindo mais oxitocina, fazendo com que ele, por sua vez, confie em você. **Reciprocidade – fazer pelos outros o que eles fazem por você – parece ser, portanto, uma função biológica; a confiança gera confiança**. O mais interessante, Zak destaca, foi que aproximadamente 2% dentro dos grupos não dividiram nada da riqueza, número mais ou menos correspondente à porcentagem de sociopatas da população.[13]

Além disso, lembrando, a oxitocina afeta diretamente as áreas do cérebro associadas à memória. Quando alguém difunde confiança, o que às vezes é um comportamento inconsciente, não apenas essa área do cérebro é irrigada com substâncias químicas calmantes, mas também são criadas memórias disso. Essa coexistência de atividades levou Zak a concluir pela possibilidade de se repetir a estimulação e reforçar comportamentos de confiança ao longo do tempo. Em outras palavras, a confiança **cria** confiança, igualmente, com base biológica.

Como isso se traduz no mercado moderno?

Se a confiança for, assim como explica Zak, "um ato intencional e tangível em que cedemos o poder sobre os recursos à outra pessoa", ambos os lados conseguem reconhecer a confiança concedida como cooperação para o potencial ganho. Geramos hormônios do bem-estar nas pessoas em quem confiamos, e elas, em troca, correspondem, confiando em nós. Nós, por sua vez, consciente ou inconscientemente reconhecemos a confiança delas com uma reação biológica semelhante. O medo se dissipa, surge a cooperação e uma espiral ascendente de reforço mútuo prospera. Estamos em certo sentido, ao que parece, estruturados para buscar relações com os outros, para criar redes biológicas visando atingir um ganho pessoal maior.

A EVOLUÇÃO DO QUE É VALIOSO

A sobrevivência do mais apto é um conceito evolucionário amplamente aceito.

No entanto, em se tratando da espécie humana, o que define o mais apto?

Seria o mais forte?

Quando o homem primitivo andava por aí vestindo pele de animais e morando em cavernas, será que os fisicamente avantajados dominavam os menores?

Será que eles conseguiam mais comida ou vantagem reprodutiva por causa do seu tamanho?

Embora esse seja, eu creio, um pressuposto comum, a vanguarda do pensamento antropológico social indica que talvez seja enganoso. Se o homem moderno é muito mais que a simples força bruta e a capacidade de usar ferramentas, então, em algum momento da evolução, será que não fomos selecionados por outros traços?

E se a qualidade máxima do ser humano não for o tamanho dos músculos, mas a aparente adesão irracional à união e cooperação – a capacidade de formar sociedades de indivíduos com ideias semelhantes?

Já vimos que possuímos uma predisposição biológica para isso e, no fim das contas, possuímos também uma evolucionária. Assim como muitos aspectos que fazem de nós o que somos, nossa predileção em formar redes humanas e atuar em conjunto resulta tanto da natureza como da criação.

Analisemos o que une as pessoas em grupo. Nas sociedades e nas organizações, uma das formas primárias de preencher as sinapses interpessoais entre seus componentes seria com crenças ou valores em comum. Isso pode ser tão simples quanto "Se caçarmos juntos, conseguiremos mais comida", tão primário quanto "Cuidaremos uns dos outros, não importa o que aconteça", ou tão psicologicamente complexo quanto "Nossas crenças espirituais recomendam que nos comportemos de certa maneira uns com os outros". Assim como a confiança, os valores estão, até certo ponto, também embutidos no cérebro; eles são consequência natural do efeito neurológico da confiança nas nossas faculdades de concentração da atenção, de memória e de reconhecimento dos erros. No entanto, são mais flexíveis e mais assimiláveis, um processo mais consciente do que a liberação automática da oxitocina e de seus derivados neurológicos. Os valores são adquiridos como um vocabulário, das pessoas que nos rodeiam, e o comportamento delas serve de exemplo de normas de comportamento do grupo.

As crianças absorvem os valores da sociedade delas da mesma forma que aprendem a língua dessa sociedade – uma criança da França aprende francês, uma criança da Arábia Saudita aprende árabe, e assim por diante. A cultura exerce influência profunda na formação dos valores. Um comportamento obrigatório em uma cultura pode ser proibido em outra, enquanto em uma terceira pode não fazer diferença alguma. O conteúdo dos valores é, em grande parte, culturalmente determinado e culturalmente sensível. Cada sociedade reforça sua própria hierarquia de valores: o que é importante e o que é menos importante. O estudo do acidente de trânsito discutido no Capítulo 2 demonstrou que tanto a cultura norte-americana quanto a coreana prezam os valores do respeito às leis e da obrigação para com os amigos, mas cada sociedade atribui diferentes prioridades na hierarquia de valores de cada uma. De forma semelhante, uma criança criada em uma sociedade pode ter certas obrigações morais inaplicáveis em outra sociedade.

Sob a superfície das normas sociais, no entanto, existem certos valores aplicáveis além das fronteiras sociopolíticas. Historicamente, os valores sociais tiveram impacto evolucionário na forma como as sociedades humanas floresceram. O antropólogo Joseph Shepher, por exemplo, estudou pessoas criadas coletivamente em *kibutz* em Israel, onde as crianças passavam a maior parte do dia em grupo. Ele descobriu uma forte tendência das pessoas de **não** se sentirem sexualmente atraídos por aqueles com quem foram criadas, independentemente da relação genética.[14] Algo na experiência do grupo ao longo do tempo interrompe o ímpeto biológico da procriação. O trabalho de Shepher reforçou a hipótese levantada no século XIX por Edward Westermarck de que essa tendência seria um mecanismo para evitar o incesto. Voltando às sociedades humanas primitivas, alguém conhecido seu de infância provavelmente seria seu primo e, assim, não candidato primário à reprodução. Portanto, a aversão cultural ao incesto decorre da nossa constituição física.

Assim parece que a cultura e os valores não são **apenas** aprendidos; a evolução também os embutiu na nossa constituição biológica. Dr. Richard Joyce da Australian National University, autor de *The Evolution of Morality* (*A Evolução da Moralidade*, em tradução livre), chama esse processo de "adaptação pela sobrevivência".[15] Joyce é um pensador notável, como qualquer um que conversa com ele rapidamente percebe. Seu trabalho combina o estudo da antropologia evolucionária com o estudo da filosofia moral visando proporcionar outro modelo com implicações amplamente abrangentes em como o ser humano funciona em organizações e redes. "**O pensamento moral** [a capacidade de conceber o comportamento social em termos de valores] pode ser identificado em qualquer cultura e em toda a história, remontando até mesmo ao *Épico de Gilgamesh* ou aos antigos escritos egípcios", ele afirma.[16] Joyce acredita que essa ubiquidade do pensamento moral suscita uma questão importante: "Será que existe uma predisposição biológica ligada ao pensamento baseado nos valores", ele pergunta, "ou será que somos apenas criaturas racionais e inteligentes que são sociais e, de algum modo, naturalmente inventamos a moralidade como forma de prosperar como seres sociais?"

Em outras palavras, se quisermos aproveitar nossas potencialidades, quais potencialidades devemos aproveitar?

Qual é a conclusão de Joyce? O pensamento moral remonta aos primeiros ancestrais e por meio de um processo de seleção natural tornou-se parte da nossa constituição como seres biológicos. Joyce explica que existem duas escolas de pensamento sobre os benefícios evolucionários do comportamento baseado nos valores: o modelo do **benefício coletivo** e o modelo do **benefício individual**. No modelo coletivo, nosso ancestral fictício das cavernas – vamos chamá-lo de Ook – e seus colegas tribais de alguma forma desenvolveram uma sociedade altruísta e cooperativa baseada nos valores, que lhes possibilitou operar com mais eficácia do que seus vizinhos; eles puderam plantar ou caçar ou defender-se melhor, ou proteger-se de modo que conseguiram desenvolver sua tribo. Na tribo vizinha, duas colinas e três cavernas acima, os homens não tinham senso de valores e, portanto, seriam mais desorganizados e menos capazes de cooperar, confiar e compartilhar. No fim, a fome, a exposição ou outros fatores eliminaram a outra tribo porque seus habitantes não conseguiram criar uma sociedade de funcionamento harmonioso. Esse cenário de "sobrevivência do grupo mais apto" tem desdobramentos evidentes nas sociedades desenvolvidas, – como as corporações –, mas desconsidera algo: como viemos a ser um grupo de pensadores morais se não nascemos assim?

"O indivíduo pode acumular vantagens por agir com moral e pensar em termos morais", explica Joyce. Em outras palavras, Ook, agindo com altruísmo e auto-sacrifício – dividindo, cooperando e ajudando os outros – promoveu a confiança, que, como se sabe baseado no trabalho do professor Zak, levaria seus colegas de tribo a corresponder. Ook seria recompensado com uma colheita repartida, um abrigo compartilhado e pessoas que o protegeriam e, com isso, obteria uma vantagem reprodutiva em relação aos demais membros do seu grupo. Ele conseguiria fazer uma multidão de bebês Ooks, propagando seus genes por toda a cultura, o que significaria mais pensadores morais. De acordo com Joyce, essa ideia da seleção individual seria uma explicação mais provável para nossa capacidade de pensar no comportamento e na cooperação em termos de valores.

O sistema biológico não seria o único transmissor da orientação dos valores de Ook, é claro. Sendo um líder social, Ook conversa com os companheiros, estes o observam, e ele exerce influência sobre eles. Seus amigos, Nook e Took, veem Ook construindo uma vida muito boa; ele possui muita comida, uma caverna aconchegante para dormir, e sorte com as mulheres. Se forem suficientemente inteligentes para observar o que ele faz, farão o mesmo. Portanto, o pensamento baseado nos valores pode não ser exclusivamente uma adaptação biológica, porque os habitantes dessas tribos falam uns com os outros e trocam ideias; eles podem influenciar o comportamento uns dos outros. Portanto, Nook e Took desenvolvem uma capacidade moral, assim como suas crias. A tribo cresce e fica com mais capacidade do que a tribo duas colinas acima, não porque sejam mais fortes, mas porque trabalham melhor juntos. Os detalhes reais de **como** o homem primitivo passou da decência a ter mais filhos podem ter evoluído de diversas formas, sugere Joyce, mas parece claro que os valores evoluíram porque eles efetivamente propiciariam uma vantagem reprodutiva.

O que me chama a atenção como interessante nessa teoria é como ela, também, baseia a noção da sobrevivência do mais apto no seu raciocínio principal. Ook pode não ter sido o mais forte ou o habitante das cavernas mais rápido com as pedras, mas sua capacidade de trabalhar bem com os outros e inspirá-los a fazer o mesmo podem tê-lo tornado bem popular, no estilo "o bom homem das cavernas ganha as garotas". Quanto mais crias Ook produzisse, mais chances existiriam de transmitir sua propensão ao pensamento baseado nos valores juntamente com seus genes, por um longo período. Sujeitos bons – geneticamente falando – aperfeiçoavam-se primeiro.

Agora, damos um salto: nossa propensão biológica ao pensamento baseado nos valores conduz diretamente à visão de Adam Smith do empreendimento capitalista ideal: o desenvolvimento de um sistema de mercado livre e justo baseado na vantagem mútua.

Seria uma afirmação artificial? Reflita.

Desde que Smith escreveu *A Riqueza das Nações*, livro que deu origem à ideia do capitalismo e dos mercados livres, muitos têm aplicado ou interpretado equivocadamente suas teorias para justificar várias versões do capitalismo liberal do negociar é guerrear. O pensamento principal que muitos ignoram, no entanto, está no conceito de vantagem **mútua** incorporado no âmago da sua visão: a formação da base de todos os mercados consiste na ideia de que bens, dinheiro ou trabalho podem ser trocados por outros bens, dinheiro ou trabalho e que ambas as partes podem se beneficiar dessa troca. Isso não pode ocorrer sem a existência dos valores morais porque, para negociar, ambas as partes devem perceber que um não pode simplesmente tomar do outro sem dar algo em troca.

O marfim de um mamute, por exemplo, talvez pertença a Ook ou à sua tribo como todo; Natto, o sacerdote da tribo duas colinas acima, pode querer o marfim. Ele pode tomá-lo sem o conhecimento ou a permissão de Ook, ou pode dar em troca parte da colheita dele (ou da tribo dele) de milho pelo marfim.

Pensar em algo como meu ou nosso é o reconhecimento baseado nos valores, significando a consciência dos direitos; ou seja, se você ganhou ou criou algo, então, as outras pessoas são obrigadas a respeitar sua propriedade. A propriedade implica direitos, obrigações e proibições. Para criar um mercado, ambos os negociadores devem ser capazes desse tipo de pensamento baseado nos valores e na visão da vantagem mútua na troca. O surgimento e o sucesso da economia de mercado, portanto, jamais teriam ocorrido sem o sucesso biológico do pensamento cooperativo baseado nos valores.

ACREDITAR

Há uma última peça do quebra-cabeça do cérebro a ser encaixada: a **crença**. A crença ocupa um lugar muito especial no intelecto humano: existe mesmo sem qualquer prova objetiva e, muitas vezes, diante da contradição direta. Todos nós temos algo de um sistema de crenças. Doutrina religiosa, mito cultural, até uma história narrativa muitas vezes sustenta e propaga histórias e crenças sem base real. Algumas pessoas até dependem dela. Por exemplo, os defensores da teoria da Terra plana aprendem na escola que a Terra é redonda, mas acreditam, ainda assim, que seja plana. Muitos ensinam os filhos a acreditarem em Papai Noel mesmo não tendo voado em seu trenó.

Grande parte do nosso aspecto humano envolve a capacidade de manter simultaneamente na consciência tanto o conhecimento factual quanto a crença. No caso do Papai Noel, alguns até atribuem vantagem e poder à verdadeira capacidade de acreditar. No outro lado dessa moeda da crença, no entanto, está o fato de a crença também poder contradizer o concreto. Podemos conhecer um fato, mas nos recusar a acreditar nele, e para conciliar esse conflito, entendemos o conhecimento contraditório como sendo equivocado. Algumas pessoas acreditam em espíritos e fantasmas, e a dedicação delas a essa convicção – certa ou errada – as leva a entender que espíritos e fantasmas não existem. Não estou aqui para questionar ou refutar as convicções particulares de ninguém, mas é importante para nossa discussão entender que **acreditar** e **saber** têm duas definições diferentes e utilizam para isso duas partes diferentes do cérebro.

A convicção pode ter um efeito químico poderoso e incontrolável no modo como pensamos e processamos as informações. A ilustração mais cabal disso está no chamado efeito placebo. Em estudos realizados na Universiade da Califórnia, em Los Angeles, onde pesquisadores disseram a dois grupos de participantes que receberiam um medicamento antidepressivo; um grupo recebeu a medicação, e o outro, placebo. O grupo que ingeriu placebo apresentou reação fisiológica igual ao grupo que ingeriu o medicamento verdadeiro.[17] Embora um medicamento e um placebo possam ambos afetar uma região específica do cérebro, o medicamento atua diretamente; os efeitos do placebo são tipicamente ativados exclusivamente pela crença. A convicção faz o cérebro agir como se ela fosse fato. Em outra experiência na Universidade de Michigan, cientistas injetaram na mandíbula de homens jovens e saudáveis água salgada suficiente para causar uma pressão dolorosa, enquanto o impacto no cérebro era medido por tomografia computadorizada por emissão de pósitrons (PET scan). Durante uma das observações, os pesquisadores disseram aos jovens que lhes seria ministrado também um analgésico, embora fosse, na realidade, placebo. Normalmente, os analgésicos imitam os efeitos da endorfina ou provocam a liberação dessa substância, bloqueando, assim, a dor. Nesse caso, como os jovens acreditavam estar recebendo analgésico, a parte inconsciente do cérebro que controla a liberação da endorfina simplesmente atuou "como se estivessem mesmo recebendo analgésico". Imediatamente, o cérebro dos jovens liberou mais endorfina, e eles se sentiram melhor.[18]

Essas constatações reforçam a pesquisa anterior, indicando a importância do papel da expectativa no efeito placebo. **As expectativas normalmente envolvem pensamentos afetivos ligados à experiência presente e futura**. Em outras palavras, nossas expectativas podem afetar nossas experiências; as convicções podem alterar o modo como percebemos as informações, e, algumas vezes, as crenças se manifestam **de forma inconsciente**, independentemente dos processos de pensamento consciente. As crianças, diante da imagem dos pais embrulhando presentes na sala de estar durante as festas natalinas, criam ficções extraordinárias para justificar por que essa visão não refuta a crença delas no "Bom Velhinho", e não se percebem fazendo nada ilógico ou fora do comum. Do mesmo modo, cínicos que acreditam na motivação de todos pelo interesse próprio criam narrativas do interesse próprio sendo atendido em quase tudo que vêem – **até na ajuda altruísta** – muitas vezes sem perceber a influência exercida na mente por essa convicção. O primeiro exemplo afeta pouco além dos sonhos fantasiosos de uma criança; o segundo afeta a capacidade de ter êxito. Você pode absorver novas informações e deixá-las alterar suas convicções, e você pode alterar suas crenças e, com isso, assimilar novas informações.

Vamos retomar um instante a experiência de Paul Zak sobre a confiança. Ela tem mais um resultado interessante: **as pessoas que difundiram a confiança nos outros conseguiram receber mais dinheiro do que as demais que não**. Na média, os TD1s que mandaram dinheiro conseguiram 14 dólares, e os TD2s que devolveram alguma quantia conseguiram 17 dólares (os que não mandaram nada foram embora com seus 10 dólares iniciais). A única maneira de ganhar dinheiro seria arriscando e dando. No jogo de Zak, o dinheiro funcionou como metáfora da confiança. No fim, o jogo passa a mensagem de que, quando se adota o modelo certo de natureza humana – **de pessoas basicamente boas e confiáveis** – consegue-se difundir mais confiança e ganhar mais dinheiro. É aqui que entra em cena a crença. Se você **acreditar** nas pessoas, no geral, como boas e confiáveis, elas sentirão o mesmo de você (porque, assim como demonstraram Kirsch e Esslinger, o ser humano é muito bom nisso); elas farão julgamentos rápidos a respeito da sua lealdade; e retribuirão a confiança mais facilmente. A **crença** na confiança cria as condições para haver confiança, e o lucro resultante.

APROVEITAR AS POTENCIALIDADES

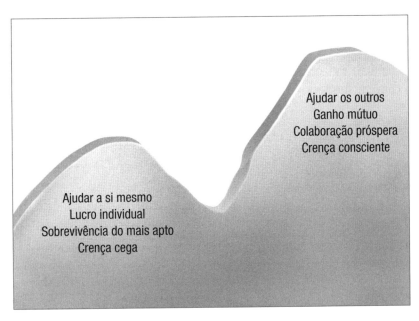

A crença é uma força potente de inspiração e energia, mas também pode interferir na maneira de se ter uma visão clara de algo. A crença e a percepção estão totalmente ligadas. Para cumprir a jornada até o topo da colina da nota A, buscando adquirir aprendizado novo, é preciso ter disposição e colocar as crenças em ação e reconhecer a tremenda influência delas – tanto positiva quanto negativa – em **como** pensamos.

A evolução nos proporcionou um cérebro complexo e uma grande quantidade de peptídeos e hormônios que atuam em sintonia para garantir a sobrevivência da nossa espécie. Essa sobrevivência não é facilitada hoje como era há milhares e milhares de anos exclusivamente pelas reações ao medo que fazem o coração disparar, o estômago roncar e o rosto corar, mas pela sensação de bem-estar mútuo e conosco mesmo. Ajuda altruísta. Confiança. Reciprocidade. Pensamento baseado nos valores. Crença. Esses comportamentos, que têm poder de preencher as sinapses interpessoais entre nós, parecem estar embutidos até certo ponto no DNA. Concentrar a atenção nessas áreas parece significar aproveitar as potencialidades biológicas, que efetivamente é o caminho de menor resistência. Um teórico chamava esse processo de "fazer o que ocorre naturalmente". Assim como as crianças na fase pré-ling ística ajudando o desconhecido, naturalmente, instintivamente, inconscientemente buscamos melhorar nossos semelhantes. Entender essa tendência natural leva naturalmente a explorar o universo do **como**.

Essa, no final, é a razão por que *Náufrago* me comoveu tanto. Apesar da sua jornada solitária, o personagem interpretado por Tom Hanks foi cumpridor de promessas, investiu nas suas relações com os outros. Sentimos, instintivamente, que manter promessas e relacionar-se com os outros é o que dá significado a nossas vidas, e a maioria de nós busca significado nas próprias vidas. Essas conexões dão significado a nossas vidas. Essa é a razão por que é tão relevante para o sucesso hoje, tanto biológica como culturalmente, dominar formas de estabelecer sinapses interpessoais melhores com as pessoas ao nosso redor, usando os **comos** certos. Se vivemos hoje em um mundo mais conectado que nunca, será que não deveríamos encontrar maneiras de nos conectar melhor?

CAPÍTULO **5**

Do *Pode* ao *Deve*

"[Existe uma] diferença entre o que você tem
direito de fazer, e o que é direito fazer."
– Potter Stewart, juiz da Suprema Corte Norte-Americana

Todos amam a época da declaração do imposto de renda, aquele período especial do ano quando sentamos com os entes queridos e avaliamos nosso compromisso financeiro para com o bem-estar da sociedade que o governo diz que garante... No mundo todo, as pessoas organizam alegres confraternizações em homenagem ao imposto, quando comemoram a dedicação do cidadão ao financiamento de uma sociedade justa, igualitária e honesta. Festas são realizadas, garrafas de vinho são abertas e as pessoas dançam alegres e descontraídas, reconhecendo a bondade da sociedade.

Bom, . . . talvez não seja bem assim.

Eu pago impostos nos EUA, portanto esse é o sistema que conheço melhor. De acordo com estimativas da Receita Federal norte-americana, os contribuintes norte-americanos gastam, por restituição, cerca de **45 horas em média** todo ano preparando a declaração, muito pouco das quais, tenho certeza, comemorando.[1] O processo requer um pequeno diálogo constante consigo. Embora desagradável, rememore por um instante. Você analisa cada recibo.

Será que pode deduzi-lo?

Será que deve declará-lo?

Será que pode ignorá-lo?

E se alterasse o valor um pouquinho a seu favor?

À medida que vai trabalhando com os números, você briga silenciosamente com a probabilidade de cair na "malha fina" comparada ao potencial ganho com uma pequena imprecisão nos valores?

Será que o estresse da possível descoberta aumenta o custo não monetário do processo?

Você carrega consigo essa preocupação, mesmo não estando ativamente envolvido no processo? E o que dizer dos custos emocionais?

Você discute com a esposa ou o parceiro, ou se estressa com o montante gasto ou não economizado para estar em dia com o "leão"?

Quanto tempo gasta ativamente **não** preparando a declaração, adiando por causa do enorme estorvo?

Mesmo quando não está preparando a declaração, ela não fica ainda rondando sua cabeça? Mesmo evitando, você não a carrega consigo?

Agora considere o chamado imposto de alíquota única. Imagine o pouco trabalho, tempo e energia que gastaria todo ano para cumprir sua obrigação civil de financiar o governo se tivesse apenas um pagamento a fazer equivalente a, digamos, 20% da renda bruta independente da receita, sem deduções ou brechas. **Minha opinião?** Gastaria cerca de meia hora. Você imaginaria o tanto de produtividade ganho pelo país? Bilhões de dólares. Esse argumento, defendido veementemente pelos proponentes do imposto de alíquota única, não apenas propiciaria diminuir o tempo objetivo que se gasta para preencher a declaração, como aparentemente também acalmaria os conflitos internos que desviam o foco e a concentração de outras atividades. Parece óbvio. Certamente, não é tão simples assim. Normas, como o código tributário, funcionam como representação dos desejos de uma sociedade. Elas se aproximam dos valores ou padrões considerados importantes por uma cultura e tentam cumpri-los de maneira clara e concisa. Um código tributário progressivo — aquele em que quem ganha mais paga um percentual maior de imposto sobre a renda — seria a tentativa de codificar uma visão da redistribuição equânime de riqueza e das responsabilidades dos mais ricos da sociedade para com os mais pobres. Em outras palavras, o código tributário existe para legislar a visão de igualdade. Se serviços de utilidade pública, economia e facilidade de cumprimento fossem os únicos objetivos do código tributário, qualquer alternativa além do imposto de alíquota única pareceria perda de tempo e inócua. Consideradas as funções de representatividade do código tributário, no entanto, a questão fica muito mais complicada.

É difícil incutir valores como igualdade e respeito em toda uma população tão ampla e diversificada como as populações da maioria dos países. Mesmo assim, equidade é um conceito tão forte e com o qual a maioria das pessoas concorda, beneficia a todos. Então os legisladores criam conjuntos de normas ineficientes e distorcidas que acreditam se aproximam do senso prevalecente do que se considera justo.

Isso cria um paradoxo. Quase todos argumentam que, do ponto de vista de cada um, uma parte ou outra do código tributário seria **injusta**. Sentem que, ou as brechas corporativas beneficiam o poderoso em detrimento do indivíduo, ou a dedução de juros hipotecários favorece a classe média em detrimento da classe trabalhadora, ou os créditos de receita favorecem o pobre em detrimento das pequenas empresas; cada situação dessas prevista nas normas tributárias para fazer justiça a determinado grupo imediatamente cria um espaço negativo de injustiça ao outro. Uma norma, por exemplo, que concede dedução fiscal a uma pequena empresa para adquirir um pequeno caminhão ou um veículo esportivo utilitário essencial para os negócios, sem querer acaba beneficiando demais pessoas ricas que compram o bebedor de gasolina Hummer, para sua satisfação pessoal.[2]

Regras são regras, mas ao contrário do desejo do ser humano de relacionar-se com os outros e a sua propensão ao pensamento baseado nos valores, nossos cérebros não estão estruturados para aceitar regras. Elas são um fenômeno social.

Quando crianças, crescemos em um ambiente de regras externas – "Não mexa no fogão" ou "Não corra na rua" – estabelecidas e administradas pelos pais e aceitas, na maior parte, sem questionar. Quando ficamos um pouco mais velhos, começamos a incorporar a formulação das regras na nossa imaginação. Inicialmente, tais regras são voltadas totalmente ao nosso interesse próprio.

"OK, a regra é você não pode me rotular!" Formamos regras tanto quanto as experimentamos, como expressões dos limites impostos pelos outros – em outras palavras, o que mamãe e papai querem. Logo, no entanto, começamos a perceber que nossos amigos não gostam, tanto quanto nós, das regras impostas a eles, e, assim, no interesse de manter um bom relacionamento, elas ficam mais neutras. Aprendemos a "jogar limpo". Ainda mais adiante na vida, a maioria de nós começa a descobrir certo prazer e desafio em agir de acordo com as regras. O tabuleiro de damas fica mais divertido porque as peças podem realizar apenas certos movimentos em determinados momentos, os jogos de baralho ficam ainda mais complexos, os jogos como xadrez e *Go* ficam infinitamente mais complexos, e os esportes acrescentam parâmetros específicos à atividade física. A relação com as regras individualmente incorporadas quando ficamos adultos é intensamente formada por essas primeiras experiências com a formação das regras e o jogo coletivo.

A própria civilização desenvolveu juntamente linhas orgânicas similares, conforme os adultos foram desenvolvendo regras ainda mais complexas, reagindo às pressões da vida em conjunto. Começamos em tribos pequenas e, conforme elas foram crescendo de tamanho e os inter-relacionamentos, ficando mais complexos, começamos a inventar regras para orientar, administrar e, algumas vezes, controlar uns aos outros. As regras foram codificadas na forma de leis, como o código tributário, criadas por um grupo de líderes e sustentadas como estrutura da sociedade civil. Até hoje as regras, de uma forma ou outra, regem os espaços entre nós e, assim como já discutimos, servem bem em muitas áreas. No entanto, quando analisamos com profundidade o novo pensamento necessário para prosperar no universo do **como**, precisamos examinar mais minuciosamente as nossas relações com as regras e como o nosso pensamento a respeito delas nos ajuda e, outras vezes, atrapalha.

REGRAS COMO REPRESENTANTES

Por que as regras servem de representação? Porque as regras parecem eficientes, e a sociedade moderna (e o capitalismo da era industrial) foi alicerçada na eficácia. Na maioria das sociedades democráticas, por exemplo, o direito ao voto é concedido com base na idade. Nos EUA, é concedido aos 18 anos, no Japão, aos 20, no Brasil, aos 16 (optativo) e em muitos outros países, aos 21.[3] (O direito ao voto aos 21 anos também se origina de hábitos feudais há muito esquecidos – era a idade inglesa qualificadora ao título de cavaleiro). No entanto, não necessariamente existe uma correlação entre idade e inteligência, maturidade ou sentido do dever civil de uma pessoa, qualidades que razoavelmente compõem um padrão bem melhor de julgamento da capacitação de uma pessoa ao voto. Para realizar uma eleição visando o melhor resultado possível para a sociedade, medido pela possibilidade de realizar o bem máximo à quantidade máxima de pessoas, deveria ser permitido apenas aos cidadãos maduros e civilmente responsáveis votar. No entanto, ao contrário, escolhemos uma representação – a **idade** – como substituição objetiva e facilmente quantificável de inteligência e consciência civil, e esperamos que esse parâmetro, de algum modo, arbitrário inclua eleitores de qualidade suficientes para indicar um bom governo representativo. Há, no entanto, muitos eleitores de 25 anos com pouca noção do que consiste um bom governo e vários de 15 anos com senso altamente desenvolvido de responsabilidade civil. Ao depender de uma representação em lugar de um valor, muitos que, visando realizar a melhor eleição possível, não deveriam ser emancipados são incluídos, e muitos outros que deveriam, são excluídos. Regras, como idade mínima para o voto, quando colocadas em prática dessa forma, são excessivamente tanto inclusivas quanto exclusivas.

Embora uma eleição fosse muito melhor se incluísse apenas eleitores capacitados, seria extremamente difícil de ser administrada. Seria relativamente simples administrar uma eleição se a legislação estabelecesse 18 anos como idade mínima para o voto. Bastaria verificar a idade e a cidadania do eleitor durante o seu cadastramento; depois, ele compareceria com o título e votaria, e toda a eleição no país inteiro seria realizada em apenas um dia. Determinar a capacitação, como a maturidade ou a consciência civil, por outro lado, seria muito mais complexo e consumiria muito mais tempo, sem mencionar a subjetividade. Em uma sociedade baseada em regras, muitas vezes escolhemos a eficácia em lugar do valor, mas, enquanto os sistemas de governo baseados nas regras podem muito bem oferecer os valores de justiça e representação, sua aparente eficácia esconde uma falha profunda e importante: **muitas vezes dependemos das regras quando elas não são, na realidade, a solução mais eficaz ou efetiva para obter o resultado desejado.** Entender essa falha é vital para prosperar no universo do **como**. Outro problema com as regras está no fato de não serem criadas de forma muito eficiente ou sistemática. Legisladores eleitos, vulneráveis às demandas do processo político, elaboram as regras; aqueles que exercem ou buscam exercer o poder sobre os outros, ou militar ou profissionalmente, elaboram as regras; donos ou diretorias de companhias, ou um gestor escolhido pela meritocracia de profissionais especializados elaboram as regras. William F. Buckley certa vez brincou afirmando que preferiria ser governado pelas primeiras duas mil pessoas da lista telefônica de Boston a ser governado pelos acadêmicos de Harvard, e olha que o grupo de Harvard são pessoas do mais alto nível intelectual.[4] Apesar das melhores intenções, as pessoas criam regras de várias formas e muitas vezes como **reação** a comportamentos considerados inaceitáveis aos objetivos maiores do grupo. Essa é a razão por que muitas vezes revisamos as regras quando novas circunstâncias revelam as brechas existentes. Novamente, vou dar alguns exemplos.

Em 1991, o Congresso norte-americano publicou diretrizes de sentenças federais para incentivar o bom comportamento corporativo.[5] Na época, o Congresso elaborou inúmeras medidas e programas a serem adotados pelas corporações visando atenuar sua potencial responsabilidade, caso fossem consideradas culpadas de infrações criminais. Foi uma solução baseada em regras proposta por uma organização baseada em regras: o governo norte-americano. Como efeito, as empresas gastaram muito em programas de conformidade (substituto do bom comportamento, na realidade) e transformaram-se em grandes e onerosas burocracias impositivas na tentativa de se vacinarem contra as penalidades futuras. Esse método de aplicação de recompensa e punição, no entanto, não sanou o problema. As organizações adotaram mais imposições, mais penalidades pelos erros, e mais recompensas pelos acertos e, mesmo assim, não conseguiram substancialmente mais conformidade. Apesar desse enorme investimento em mais programas de conformidade, desde 1991 têm efetivamente havido mais companhias atuando de forma confusa e violando as leis. Em 2003, o conselho consultivo especial da Comissão de Sentenças Federais concluiu, depois de estudar esses programas de conformidade, que elas falharam ao não atingir a "efetiva conformidade".

Em consequência à aparente abundância de escândalos corporativos da virada do século XXI, o congresso norte-americano apressadamente elaborou um novo conjunto de normas para reger a conduta corporativa, a lei Sarbanes-Oxley (comumente chamada *SOX*), e revisou as diretrizes de sentenças, em resposta a tais transgressões. As corporações mais uma vez alocaram imediatamente bilhões para descobrir como cumprir os novos regulamentos, assim como haviam feito há mais ou menos dez anos.[6]

Analise este pequeno exemplo do mesmo fenômeno: um gerente cola um cartaz no refeitório da companhia com os dizeres, "Favor limpar o microondas depois de usar"; depois outro cartaz, "Não colocar os pés em cima das mesas"; depois um terceiro, "Não comer a comida dos outros". Todas essas regras, e várias outras estabelecendo o que é permitido e proibido no refeitório que o gerente furiosamente imprime e coloca, tentam codificar um único valor, **respeito**. Em vez de declarar um valor comum, por exemplo, "Respeitar os espaços comuns", a maioria dos legisladores perde tempo perseguindo a perspicácia humana, que corre junto, geralmente cumprindo as regras e, ao mesmo tempo, alegremente criando novos comportamentos existentes fora delas.

O que o detalhista gerente do restaurante e seus avisos têm em comum com o governo norte-americano e a lei Sarbanes-Oxley? Ambos revelam uma verdade surpreendente a respeito das regras: elas decorrem da reação ao comportamento; elas não o conduzem. **As regras não regem o avanço humano; regem o passado humano**. Essa verdade essencial molda nosso pensamento a respeito das regras: para prosperar, subentende-se, precisamos aprender a dançar conforme a música.

DANÇAR CONFORME A MÚSICA

Eu acredito na ordem, e acredito na necessidade de regras e leis. Certas leis funcionam. As leis têm funcionado bem, regulando as ações humanas facilmente quantificáveis. Leis de proteção ao meio ambiente, leis de segurança, leis de proibição do trabalho infantil – são regulamentações em que a sociedade inquestionavelmente se beneficia dos patamares rígidos que controlam as ações.

Não escolhemos uma garrafa de água pela pouca quantidade de pessoas por ela contaminada, nem compramos um automóvel pela baixa probabilidade de combustão espontânea. Se existe uma ciência abrangente e confiável, estabelecendo como construir uma casa para suportar bem terremotos e furacões, a sociedade se beneficia, codificando essa ciência em lei. Não se deve dar ao construtor quatro opções para construir algo quando se sabe que apenas uma funciona. Lembre-se de que este livro trata não de crimes, comportamento sociopata, ou desejo de minar ou destruir a sociedade civil; ele trata de hábitos mentais e comportamentos que propiciam o sucesso sustentado e duradouro na era da informação hiperconectada e hipertransparente. Quando falo de regras, estou falando de normas que regulam o comportamento dentro da tendência predominante de ações socialmente aceitáveis.

Da mesma forma, acredito que todos devemos dominar a capacidade de viver bem dentro das regras. O domínio das regras é uma realização situada na colina da nota B. É seguro, bem-definido e básico. Assim como todo conhecimento básico, é um estágio necessário na trilha do real entendimento. Mas muitos de nós ficamos presos na colina da nota B.

Vivemos em uma sociedade normativista e, por causa do histórico do ser humano de evolução permanente visando uma legislação justa, crescemos bem à vontade com as normas. Na realidade, nossa dependência das normas acabou se tornando parte do problema; recorremos demais às leis para resolver tudo. Se a lei diz que **pode**, nós fazemos. Somos muito bons no raciocínio do **pode** contra o **não pode**. Nossos hábitos do pensamento são tão firmes nessa área, de fato, que acabamos ficando musculosos, assim como fisiculturistas que tentam alcançar a ponta dos dedos dos pés – fortes, porém inflexíveis.

Respeitamos excessivamente as normas, o que nos arrasta para um atoleiro onde todas as nossas ações ficam mergulhadas no espectro da permissibilidade legal. Ficamos assim tão fortes que começamos a achar que podemos fazer tudo desde que obedeçamos às leis. Ficamos parecidos com a Microsoft da década de 1990, acreditando poder esmagar a concorrência, desde que não infrinjamos os dispositivos legais.

Assim como sugere o juiz da Suprema Corte Norte-Americana, Potter Stewart, juntamos a permissibilidade legal com a permissão. Dançar conforme a música muitas vezes nos faz perder o sentido do que é certo no longo prazo. Como as leis muitas vezes sopram com os ventos da conveniência política, não servem de referência estável para orientar no curso certo, principalmente quando as ondas batem forte e mudam de direção a todo instante. A Microsoft nunca teve problemas em ser um monopólio. Não existe, na realidade, nenhuma lei nos EUA contra *ser* um monopólio. Ninguém se incomodava com a agressividade da Microsoft – nos negócios, gostamos de agressividade –, mas ninguém suportava o comportamento agressivo da Microsoft. Quando a Microsoft usava sua posição de virtual monopólio para atuar de forma desigual e beligerante no mercado, o Departamento de Justiça Norte-Americano e a Comissão Européia condenaram a companhia.[7] A Microsoft nunca teve problemas por causa dos **o quês**; ela teve problemas por causa dos **comos**.

Pode ser fácil deduzir de toda essa conversa sobre as restrições das normas que defendo a infração. "As regras existem para serem quebradas" é o dito conhecido na cultura popular e no conhecimento empresarial convencional. "Acredito nas regras", afirmou o lendário técnico de beisebol Leo Durocher. "Também acredito no direito de testar as regras, procurando saber até que ponto podem ser dobradas".[8] Quando "burlamos" as regras, sentimo-nos livres de restrição, mas essa é uma ilusão perigosa.

Meu conflito central com as regras está na natureza essencial da nossa relação com elas; **as regras vivem fora de nós**. Por isso, gastamos muito tempo e esforço lutando contra elas, tentando encontrar formas engenhosas de escapar delas ou maneiras criativas de viver dentro delas. Ninguém internaliza o código tributário, nem mesmo os contadores que ganham a vida o interpretando. Os seres humanos são naturalmente estruturados para resolver problemas e gostam do desafio das charadas. Sempre inventaremos novas brechas, e não existe nenhuma regra capaz de controlar todas as fendas.

O tempo gasto dançando conforme a música faz criar músculos da agilidade mental, esperteza e inventividade – os músculos do simplesmente faça, e a época do simplesmente faça já passou. Dançando conforme a música, o indivíduo se transforma em técnico jurídico, constantemente procurando brechas. Alguns chegam a pensar que quebrando todas as regras se qualificam como pensadores criativos, mas é bem o contrário: **trabalhar contrariando as regras é simplesmente a extensão negativa de trabalhar cumprindo-as**; pensar apenas em termos do que a regra exclui é tão limitante quanto ficar preso ao que ela inclui. O tempo gasto excessivamente no âmbito do que é legal realmente limita o pensamento criativo.

Regras em excesso alimentam um ambiente onde se tem menos consciência do que é certo. Cria-se uma dependência do manual de regras para controlar o comportamento. Se não houver regras – naquelas áreas obscuras que enfrentamos todos os dias – às vezes, nos sentimos como se pudéssemos fazer o que quiséssemos. "Se fosse importante", pensamos, "deveriam ter criado regras". Por causa da dependência excessiva das regras, as pessoas também ficam tentadas a agir no limite. "Até onde posso ir?", pensamos. Miramos exatamente onde está a regra e tentamos tocar a linha sem ultrapassar o limite. Quando sopra o vento, no entanto, e as condições mudam, facilmente podemos acabar ficando do lado errado, pagando um preço alto. Quando a presidente do conselho da Hewlett-

-Packard (HP), Patricia Dunn, renunciou em consequência do escândalo criado por sua decisão de autorizar a vigilância eletrônica de outros membros do conselho, o *The Los Angeles Times* divulgou que "ela não estava preocupada que algo ilegal estivesse ocorrendo porque os advogados da HP estavam supervisionando a investigação".[9] Enquanto isso, Kevin Hunsaker, conselheiro sênior da HP e diretor de ética, trocava as seguintes mensagens eletrônicas com o gerente de segurança da HP, Anthony Gentilucci, supervisor de uma equipe de investigadores particulares que estava realizando a investigação:

> De: Kevin Hunsaker
> Para: Anthony Gentilucci
> "Oi, Tony. Como Ron consegue as gravações do telefone residencial e celular? Isso é lícito?"

> De: Anthony Gentilucci
> Para: Kevin Hunsaker
> A metodologia usada é a engenharia social. Os investigadores lançam mão de alguns artifícios para obter dos operadores a gravação das ligações telefônicas. O operador não deveria fornecê-la, e essa pessoa é responsável, em certo sentido. Acho que está no limite, mas é lícito.

> De: Kevin Hunsaker
> Para: Anthony Gentilucci.
> Eu não devia ter perguntado.[10]

Os líderes devem ser firmes com a verdade, mas Dunn e seus colegas da HP ficaram tão envolvidos com o que **podiam** ou **não podiam** fazer que perderam a noção do que **deveriam** ou **não deveriam** fazer; desviaram-se da trilha do "Estilo HP", valores que construíram a organização e tornaram-na sólida e singular.

A conduta humana é mais complicada do que se consegue descrever em linguagem jurídica. A conduta humana, na sua infinita variedade e criatividade, resiste à abreviação. Tem forte relação com as aspirações e intenções, com as interações bidirecionais. As sinapses interpessoais são vias de mão dupla, e as interações que percorrem por elas são dinâmicas. Por resultarem da reação, é difícil manter as normas atualizadas com as infinidades de alterações e as várias nuances de interpretação existentes entre as pessoas no curso da vida.

PROBLEMAS COM AS REGRAS

1º) AS REGRAS SÃO EXTERNAS

São criadas pelos outros.

Oferecem um quebra-cabeça a ser solucionado e brechas a serem descobertas.

2º) SOMOS AMBIVALENTES QUANTO ÀS REGRAS

Somos cientes de que precisamos de algumas e queremos outras para agir de acordo, mas afirmamos: "As regras existem para ser quebradas".

3º) AS REGRAS RESULTAM DA REAÇÃO

São respostas a fatos passados.

4º) AS REGRAS INCLUEM TANTO DEMAIS COMO DE MENOS

Por serem representações, não são precisas.

5º) A PROLIFERAÇÃO DAS REGRAS É UM ÔNUS PARA O SISTEMA

Poucas pessoas conseguem se lembrar de todas elas.

Mas perdemos a produtividade quando paramos para consultá-las.

6º) AS REGRAS NORMALMENTE SÃO PROIBIÇÕES

Tratam do **pode** e **não pode**.

Consideramos as regras restritivas e constritivas.

7º) AS REGRAS EXIGEM IMPOSIÇÃO

Com a falta de rigor, perdem credibilidade e eficácia.

Necessitam de onerosas burocracias impositivas.

8º) AS REGRAS TRATAM DE LIMITES E BASES, MAS CRIAM TETOS INADVERTIDAMENTE

Não se pode legislar na base do "O céu é o limite".

9º) A ÚNICA MANEIRA DE CUMPRIR AS REGRAS É OBEDECENDO-AS RIGOROSAMENTE

Envolve coação e motivação.

A inspiração para a superação deve vir de outra parte.

10º) REGRAS DEMAIS ALIMENTAM A DEPENDÊNCIA EXCESSIVA

Pensamos, "Se fosse importante, deveriam ter criado uma regra".

Isso nos suscita uma questão: em um universo de rápidas mudanças, será que existe alguma maneira de reger o comportamento humano de adoção proativa das mudanças?

Apesar do sarcasmo de Winston Churchill ao afirmar ser a democracia o pior sistema de governo à exceção de todos os demais, ela funciona. Mas funciona como um contrato social, porque países democráticos não são baseados em conjuntos de normas, e sim em conjuntos de valores compartilhados, em constituições. As constituições são documentos poderosos porque são cheios de valores e princípios das pessoas por elas governadas, como a livre expressão, liberdade, emancipação, igualdade, justiça, busca da felicidade ou ordem. Esses valores básicos fundamentais podem ser interpretados e reaplicados às novas situações surgidas. Quanto mais profundo o documento, com mais durabilidade ele pode ser adaptado às mudanças do tempo. **O segredo para o sucesso sustentado e duradouro não está em quebrar todas as regras; está em transcender as regras e consolidar o poder dos valores.**

NA PONTA DA LÍNGUA

Para entender bem quão limitados podemos ficar por causa da excessiva dependência das regras, vamos analisar por um instante como elas afetam a forma de pensar. Para isso, é necessário considerar o processo linguístico. Quando se investe em uma relação com as regras, investe-se na linguagem também, e esta exerce muita influência na nossa maneira de pensar. A maioria das pessoas acredita, por exemplo, que as palavras vêm depois do pensamento: algo nos ocorre e, então, encontramos palavras para expressá-lo. Na realidade, estudos mostram exatamente o contrário; pensamos na língua. Quanto mais amplo fica o nosso vocabulário e comando da sintaxe linguística, mais refinado e repleto de nuances fica a nossa cognição. Se, por exemplo, conhecemos apenas duas palavras para descrever uma superfície, **dura** e **macia**, a tendência seria classificá-la de uma das duas formas. O mundo inteiro seria duro ou macio, e todos os graus de dureza – firme, rígido, compacto, consistente – e todos os tipos diferentes de maciez – leve, suave, felpudo, acetinado – não nos ocorreriam. Imaginamos essas qualidades em grande parte porque conhecemos as palavras que as denominam, ou, para ser mais preciso, de acordo com os linguistas, **estamos mais**

Do *Pode* Ao *Deve* 95

propensos a realizar certos tipos de avaliação por causa da natureza da língua que falamos. Embora o filósofo indiano Bhartrihari tenha sido o primeiro a apresentar essa ideia no século V da era cristã, os linguistas modernos a denominam teoria de Sapir-Whorf, baseada no trabalho do linguista e antropólogo Edward Sapir e seu colega e aluno Benjamin Whorf.[11] Eles propuseram uma relação sistemática entre as categorias gramaticais da língua falada por um indivíduo e como ele tanto entende o mundo quanto nele se comporta. Assim como afirmava Sapir: "Vemos e ouvimos e, de algum modo, percebemos muito dessa forma porque os hábitos linguísticos da nossa comunidade nos predispõem de certas escolhas interpretativas."[12]

Para ver como a linguagem influencia na maneira de resolver os problemas, vamos analisar estes dois exemplos e como suas consequências foram moldadas por certa predisposição linguística:

1º Exemplo – Nas décadas de 1970 e 1980, durante a Guerra Fria, os atletas da Alemanha Oriental ganharam uma quantidade enorme de medalhas olímpicas, desproporcional ao tamanho da população do país. Depois da queda do comunismo, aquilo que o mundo amplamente já desconfiava rapidamente ficou notório: os atletas construíram o sucesso baseado no regime de uso forçado de drogas estimulantes do desempenho, mais conhecidas como esteroides anabolizantes.

Essas drogas mais tarde acarretaram a destruição da saúde dos atletas forçados a consumi-las, e, em 2005, um pequeno grupo desses ex-atletas olímpicos da Alemanha Oriental se uniu para buscar a reparação e compensação pelos gastos e problemas médicos progressivos decorrentes.[13] Como o governo da Alemanha Oriental deixou de existir, eles processaram a JVE Jenapharm, companhia fabricante das drogas, reivindicando US$ 4,1 milhões para custear os gastos médicos.[14] A Jenapharm é uma antiga empresa familiar existente desde o século XIX, hoje de propriedade da gigante farmacêutica Bayer Schering Pharma AG. A organização é conhecida hoje pela especialidade na medicina reprodutiva, e fabrica uma linha de anticoncepcionais orais e terapias de reposição hormonal pós-menopausa.

A resposta da Jenapharm ao processo foi clara, imediata e inequívoca. A companhia argumentou que, sob o comando econômico do comunismo da Alemanha Oriental, o Estado forçou a empresa a fabricar as drogas e, depois, distribuí-las aos atletas sem alertas ou alternativas. Diante da sombra da possível falência em consequência da ação legal de quase 10 mil outros atletas, do mesmo modo prejudicados, a Jenapharm afirmou, basicamente, "Não é nossa culpa e nos veremos nos tribunais". Dado o precedente jurídico internacional e alemão, essa posição contém mérito legal potencialmente sólido, e enfrentar o processo era claramente uma opção, alternativa à qual, a empresa parecia dizer a si, ela **podia** recorrer.

2º Exemplo – Do outro lado do planeta, a University of Michigan Hospitals and Health Systems (UMHS) de Ann Arbor é composto de três hospitais, uma escola de medicina e inúmeros outros centros de saúde. Em 2001, o UMHS, assim como inúmeras instituições semelhantes, sofria com a pesada carga orçamentária decorrente dos processos por erros médicos que cresceram exponencialmente no país todo ao longo da década anterior. Por causa da transparência crescente da assistência médica, dos pacientes mais bem informados e dos advogados oportunistas defensores dos danos pessoais, a entidade percebeu que, em certa porcentagem dos casos, seria responsabilizada mesmo fazendo o máximo para eliminar erros sistêmicos. Naquele ano, o UMHS enfrentou nos tribunais muitas acusações e processos por erros médicos, mas também firmou acordos em mais de 260 outros casos a um custo de US$ 18 milhões.[15]

Conforme os administradores do UMHS estudavam formas de reduzir sua potencial culpabilidade, iam percebendo que pouco podiam fazer nos processos decorrentes de erros catastróficos que resultavam em perda de vida e amputação. Em vez disso, concentraram-se nos processos envolvendo consequências menos graves, como o de um paciente epiléptico internado para uma cirurgia cujo médico esquecera de observar a necessidade pós-operatória de medicamento antiespasmódico. Quando o paciente teve uma convulsão no banheiro e bateu a cabeça, necessitando receber alguns pontos, rapidamente, como de costume, houve um processo. Em casos dessa natureza, eles se perguntaram, o que **devemos** fazer pelos nossos pacientes?

Continuar enfrentando nos tribunais as acusações de má prática da medicina ainda seria uma opção, mas os administradores escolheram um curso de ação diferente. Incentivaram os médicos a admitir: "Sinto muito!!". Usando o programa de educação implementado de interação entre médicos e pacientes, desenvolveram cenários para ajudar os médicos a entenderem como se antecipar e prontamente admitir quando cometiam um erro. Hoje, quando descobrem um erro, como uma falha na prescrição de medicamento certo ao paciente epiléptico, o médico imediatamente pede desculpas. Diferentemente da Jenapharm, quando o UMHS anunciou essa nova abordagem, a estratégia foi amplamente ridicularizada como sendo um suicídio jurídico.

É fundamentalmente importante perceber que em um mundo hiperconectado, em que as informações a respeito das atitudes das pessoas chegam imediatamente a qualquer parte interessada, os observadores julgam não apenas **o que** elas fazem, mas **como** fazem. Eles não ficam sentados, assistindo para ver se elas ganham ou perdem; eles observam o modo como as pessoas lidam com o caso. Se essas duas empresas fossem pessoas – seus colegas ou potenciais parceiros de negócios – a opinião que você forma a respeito delas certamente afetaria o modo como interage com elas. Então, pergunto: com base em apenas o que sabe a respeito dessas duas situações legais semelhantes, como você julga o caráter dessas duas organizações? Você acha que a Jenapharm adotou uma posição prudente e razoável, juridicamente defensável, que representa uma estratégia legítima de salvar a empresa da falência e que o UMHS deve ter perdido a noção jurídica ao admitir imediatamente a responsabilidade quando erros são cometidos? Ou acha que a Jenapharm tratou da situação exclusivamente em termos de direitos legais impessoais, possivelmente isolando seus clientes, agindo estritamente dentro dos limites legais, enquanto o UMHS manteve seus valores e colocou em primeiro lugar os melhores interesses dos seus pacientes e, em segundo, o risco do aumento dos custos legais?

É nesse ponto que entra o mercado.

No final de 2006, a Jenapharm concordou em pagar a 184 dos milhares de atletas afetados € 9.250 (US$ 12.200 a cada um) e doar € 170.000 (US$ 224.000) a organizações de apoio às vítimas de *doping* da Alemanha Oriental.[16] Não admitindo a má prática, a CEO da Jenapharm, Isabel Rothe, afirmou em declaração que "o acordo evitará a persistente discussão legal." O efeito futuro na reputação da Jenapharm e na relação com o mercado é desconhecido. O mais interessante é que uma semana antes do anúncio da Jenapharm, o Sindicato dos Esportes Olímpicos da Alemanha e o governo federal anunciaram o pagamento de um montante equivalente para 167 vítimas. Claramente adotando um tom totalmente diferente, o presidente do sindicato Thomas Bach declarou: "Assumimos a responsabilidade moral e queremos ter certeza de que algo semelhante não venha a se repetir". Nos três anos posteriores à decisão do UMHS de pedir desculpas, em compensação, as acusações e os processos por erros médicos contra a entidade caíram em quase 50% e o custo de defesa por caso contra as ações restantes caiu também 50%, rendendo uma economia de milhões de dólares ao UMHS. Uma empresa tentou se expor menos fechando todas as possibilidades de contestação, enquanto a outra enfrentou abertamente as contestações, expondo-se, desse modo, **efetivamente menos**.

Como o UMHS chegou à inusitada solução de pedir desculpas, alternativa amplamente considerada, na época, suicídio legal? O UMHS adotou uma abordagem baseada nos valores destacados nas metas corporativas. Respeito, compaixão, confiança, integridade e liderança – os valores estabelecidos – demonstram tudo, desde o tratamento dispensado aos pacientes até o atendimento oferecido aos funcionários, e a instituição fixou esses valores em seus **sete princípios estratégicos**.[17] Como organização cuja verdadeira essência estava fundamentada na linguagem dos valores, a entidade atacou o problema do aumento de litígios, questionando não "O que **podemos** fazer?", mas sim, "Baseado nos valores, o que **devemos** fazer?" Essa prática do pensamento fez a instituição perceber que o serviço de assistência médica consistia fundamentalmente na interação entre duas pessoas – médico e paciente – assim como em qualquer outra relação de negócios, e avaliar o que estava "doente" nos casos que resultavam em litígio. Rapidamente percebeu que a maioria esmagadora dos reclamantes era capaz de **perdoar** o erro em si – médicos são apenas seres humanos, afinal –, mas os médicos que traíam a confiança dos pacientes **negando a culpa os deixavam cheios de ódio** (a verdadeira doença nesses casos está na sinapse interpessoal entre médico e paciente). Munido da informação de que a quebra da confiança estava contribuindo para as consequências punitivas dos erros inevitáveis, o UMHS procurou tratamentos para curar essa disfunção básica; curar, afinal, é o que a instituição faz de melhor. A nova abordagem produziu mais benefícios inesperados também. Com o novo ambiente de trabalho livre de retaliações, os médicos não têm mais de abaixar a cabeça e desviar para evitar a aparência de culpa quando os erros ocorrem. Eles apreciam a oportunidade ampliada de explorar o que estava errado e criar soluções inovadoras para evitar futuras ocorrências. A cultura da transparência alimentada pela nova posição do UMHS reduziu os níveis de erro em todo o sistema e melhorou nitidamente a qualidade do atendimento dos pacientes.[18]

Qualquer organização de pessoas precisa de uma forma de governo (empresas, sociedades e até famílias são parecidas nesse aspecto), e a maioria dos sistemas governamentais se beneficia da inclusão de, no mínimo, algumas regras. Na nossa metáfora do estádio como grupo de trabalho, podemos concordar, por exemplo, que todos precisam de ingressos para entrar, as pessoas sentam nos lugares certos, e o jogo começa às 9 hs. Sem algumas regras, impera a anarquia; os torcedores empurram os portões e sentam onde bem entendem, e as pessoas vão trabalhar ao bel-prazer pouco respeitando o horário de expediente dos outros. O jogo nunca é jogado. A maioria dos grupos articula seu próprio sistema de governo como código de conduta. Alguns desses códigos são semelhantes ao código tributário, um conjunto de regras destinado a antecipar, recomendar e proibir certos comportamentos. "Arrume a sua baia no fim do expediente todo dia". "Vista sempre calças azuis". Essas regras, assim como todo conjunto de regras, parecem, à primeira vista, uma maneira eficaz de codificar e transmitir as bases da conduta humana para toda a hierarquia da companhia. Outros códigos de conduta mais se parecem constituições, cheios de valores e princípios que impulsionam os esforços da companhia. O código de conduta do fabricante de roupas Levi Strauss estabelece: "Somos honestos e confiáveis. Fazemos o que afirmamos iremos que fazer. A integridade abrange a disposição de fazer o que é certo para os nossos funcionários, as nossas marcas, a companhia e a sociedade como um todo, mesmo quando os riscos pessoais, profissionais e sociais ou as pressões econômicas nos desafiam."[19] Essas declarações de princípios gerais podem, à primeira vista, parecer vagas e não imediata ou facilmente aplicáveis a várias decisões cotidianas enfrentadas pelo trabalhador. A natureza da linguagem escolhida por um grupo, no entanto, exerce influência notável e profunda na conduta decorrente dela.

A linguagem legislativa e normativa é a linguagem do **pode** e **não pode**, do **certo** contra o **errado**. É uma linguagem binária com pouco espaço para nuances ou dúvidas de interpretação. Essa é a razão por que não se deve descrever toda a riqueza do comportamento humano. Somos, como pessoas, muito mais que certo ou errado. Quando se fica preso na linguagem da permissibilidade ou da proibição (**pode** contra **não pode**) fica-se preso no pensamento em relação às regras e não ao âmbito do verdadeiro potencial humano. Uma ação judicial pode ser discutida em termos de possibilidade – "Isso **pode** efetivamente ser contestado no tribunal?" –, mas a situação é bem outra se discutida em termos de valores – "Baseados em que acreditamos, **devemos** contestar isso no tribunal?" A primeira abordagem indica o pensamento em relação às normas e aos códigos; a segunda revela o pensamento em relação ao que é mais importante para os valores básicos e o êxito permanente de uma organização ou um indivíduo. Nessa distinção – na diferença entre **pode** e **deve** – está um passo extraordinariamente importante rumo à prosperidade no mundo do **como: a verdadeira liberdade não está na falta de restrição; a verdadeira liberdade está na transcendência do pensamento baseado nas regras.**

Pensar na linguagem do **pode** *versus* **não pode** nos predispõe a perceber os desafios de certo modo e a reagir dentro de vias estreitas. Pensando e falando na linguagem dos valores – na linguagem do **deve** e **não deve** e não na linguagem do **pode** e **não pode** – revela-se um amplo espectro de possível pensamento. Um espectro composto de todas as nuances coloridas do comportamento humano opondo-se às respostas em branco e preto das normas. Esse espectro pode levar a soluções verdadeiramente criativas e inovadoras para os desafios.

DESCOBRIR O *DEVE*

Menciono as contestações legais enfrentadas pela Jenapharm e pelo UMHS porque elas mostram um cenário razoavelmente distinto da diferença entre pensar no **pode** e pensar no **deve**. Enfrentar um processo judicial normalmente é muito mais grave do que os confrontos enfrentados no cotidiano com as normas e os regulamentos; no entanto, as reações são, em muitos aspectos, de natureza idêntica. Passamos o dia evitando ou cumprindo as regras com a máxima sagacidade possível. A chefe o elogia por uma tarefa que você sabe foi executada por um colega de nível inferior da sua equipe. Será que você a para e credita o trabalho a quem de direito? Certamente você **pode** não dizer nada e deixar a ocasião passar em branco. Não existe **regra** que o obrigue a conceder o crédito a um colega de nível inferior; na realidade, as regras implícitas nos negócios lhe permitem assumir o crédito pelas realizações dos seus subordinados. Assim, você deixa a ocasião passar. Esse é um pensamento baseado em regras na sua forma mais traiçoeira.

Eu suporia que a maioria das pessoas ache incorreto assumir um crédito não merecido, mesmo você não o tendo solicitado. Não é algo que alguém **deve** fazer, nem um valor com o qual concordamos. E, ainda, também ar riscaria supor que, se pensar bem, consiga se lembrar de algum momento semelhante em que, ou por falta de regra específica ou por causa de alguma regra ambígua, você deixou suas ações serem conduzidas pela sua relação com alguma regra e não por o quê, refletindo, **deveria** ter feito para ser coerente com os seus valores. Transcender a linguagem confusa das normas do **pode** e adotar a linguagem inspirada dos valores do **deve** ilumina o caminho na direção de soluções verdadeiramente inovadoras como as adotadas pelo UMHS, bem como de opções mais simples como dividir o crédito. O UMHS reduziu consideravelmente os gastos com litígios; você, dividindo os créditos, obtém lealdade e mais dedicação de um colega júnior que, da próxima vez em que sua equipe precisar de esforço extra para atingir alguma meta, com prazer se apresentará e dedicará horas do fim de semana necessárias para que você consiga concretizar o trabalho. Para prosperar no mundo do **como**, é preciso equilibrar o vigor da esquiva casual – tão firme e desenvolvido quanto for – com a capacidade de pensar na linguagem dos valores, em termos do **deve**.

As regras são pouco inspiradoras; por definição, elas são obedecidas. Para cumprir uma regra, basta fazer o que ela estabelece, nada mais. As normas alimentam a cultura da aquiescência em que todos concordam com elas e encontram uma maneira de viver dentro delas ou uma maneira de driblá-las – em outras palavras, de viver na sua extensão positiva ou negativa. Se, por um lado, seria horrível aconselhar alguém a "quebrar todas as regras", por outro lado, oferecer-lhe o conselho milenar contrário de "simplesmente jogar de acordo com as regras" hoje não seria assim a melhor orientação. Ele o consigna a uma vida de submissão externa e a uma tendência complacente. Já o pensamento na linguagem dos valores o liberta da tirania das normas e da ilusão de liberdade que se tem quando se está no espaço negativo.

Para ser capaz de produzir "olas", é necessário organizar princípios mais inspiradores e convincentes do que simples regras. Não se pode começar uma "ola", criando uma regra determinando que as "olas" devam ocorrer todas as terças depois do almoço. E, se fosse possível, que tipo de "ola" seria? Pensar e comunicar na linguagem do **deve** – linguagem baseada nos valores – por sua real natureza é inspirador.

O cenário dos valores é vasto e ilimitado, e cria um espaço de criatividade verdadeiramente livre em que se consegue enxergar novas maneiras de concretizar as metas. Os valores são importantes para nós, e são importantes para os outros, assim eles preenchem as sinapses entre nós e os outros com mais significado. Os valores oferecem piso firme e propulsão porque são considerados importantes e porque tendemos a gastar energia no que é mais importante para nós. **Justiça, verdade, honestidade, integridade**. Os valores têm textura. **Igualdade. Humildade. Servir ao próximo**. A linguagem dos valores nos inspira porque eles são naturalmente inspiradores da ambição. Eles nos impulsionam a vôos mais altos. Não acreditamos nas regras, mas todos acreditamos nos nossos valores. Eles atingem a essência do que nos torna humanos. Os valores têm responsabilidade dupla; inspiram-nos a fazer **mais**, ao mesmo tempo, impedindo-nos de fazer **menos**. Traí-los é trair nós mesmos. Eles criam pisos naturais sem criar tetos artificiais.

Todos possuímos um conjunto básico de valores, formado com o tempo ou por influência dos outros – pais, professores, mentores, amigos – ou por aprendizado da experiência de vida. Ao contrário das normas, que atuam como substituto do que é importante para nós – assim como a idade para votar que aproxima a maturidade e a consciência cívica – os valores não são um mecanismo ou dispositivo aproximador do que é importante ou mediador entre nós e o que é importante; eles nos conectam diretamente. Os valores aproveitam nossas potencialidades como seres humanos. Do mesmo modo, pensar no que fazemos em termos de valores imbui o pensamento de mais significado. Se dois pedreiros são pagos igualmente pelo dia de trabalho, qual deles fica mais rico, o que foi contratado e supervisionado como assentador de tijolos ou o que se convenceu ser e foi considerado construtor de catedrais?

Existem inumeráveis razões do porquê da importância hoje, mais do que nunca, de repensar a nossa relação com as regras. Em primeiro lugar, os negócios no século XXI exigem criatividade e inovação em relação a quase todo o resto, e nos libertando das restrições do pensamento baseado nas regras, liberamos novos caminhos de exploração e possibilidades. Acima de tudo, em um mundo transparente, somos julgados mais pelo processo do **como** resolvemos os problemas do que pelos resultados obtidos. Em um mundo em que existe infinita quantidade de concorrentes ou potenciais concorrentes, **como** fazemos o que fazemos é o que nos diferencia cada vez mais dos outros. Dificilmente existem negócios incólumes à "síndrome do empório". É possível escolher dentre inúmeros empórios, cada um oferecendo preços competitivos. Depois do preço, a escolha de onde comprar normalmente se resume na experiência do cliente, na qualidade da interação humana vivenciada ali. Queremos comprar onde é agradável, onde as mercadorias são facilmente vistas e obtidas, e onde os funcionários nos atendem bem. Para proporcionar esse tipo de experiência em tudo que se faz, para descobrir formas de superar o comportamento da concorrência, é necessário pensar de forma inspiradora para atingir a máxima realização, pensar na linguagem do **deve.**

RISCO E RECOMPENSA

O pensamento na linguagem dos valores revela intensas possibilidades de crescimento e atuação, mas, à primeira vista, pode parecer arriscado para alguns. Para a diretoria das empresas, mudar a forma de conduzir e comandar as pessoas do pensamento baseado nas regras para o baseado nos valores algumas vezes provoca o medo de perder o controle. Quando se comanda por regras, concede-se menos poder àqueles dos níveis hierárquicos inferiores, possibilitando aos do topo acreditarem conseguir facilmente controlar as ações dos subalternos. Esse é um hábito mental herdado da época do capitalismo protecionista e do feudalismo. Liderar com base nos valores, por outro lado, descentraliza o poder e transfere a responsabilidade da decisão para as mãos de cada indivíduo em todos os níveis. Valores não são absolutos ou quantitativos. Os valores são como a confiança; conferem poder ao outro de honrar ou trair. Abrem enormes possibilidades e dão margem à interpretação.

Surpreendentemente, no entanto, a liderança baseada nos valores possui um tremendo aspecto positivo. Conforme as unidades de negócios vão se espalhando pelo mundo e cada vez mais interações ocorrendo entre pessoas de níveis equivalentes dentro da organização, as estratégias de comando vertical descendente perderam a eficácia. A tendência corporativa do século XXI à horizontalização, na realidade, cria condições férteis para estratégias de liderança que prosperam em ambientes descentralizados. Enquanto essa transferência de poder possa, a princípio, parecer tornar arriscado o pensamento baseado nos valores para empresas de qualquer porte, ela acaba tornando-as mais poderosas. As novas circunstâncias do mundo do **como** exige exatamente esse tipo de abordagem. O pensamento baseado nos valores realmente libera o indivíduo a atuar no interesse da organização.

Quando Harry C. Stonecipher, presidente e CEO (chief executive officer – executivo principal) da Boeing, foi convidado pela diretoria da Boeing a renunciar depois de manter uma relação extraconjugal com uma funcionária, por exemplo, a companhia poderia ter reagido, acrescentando no código de conduta da empresa a proibição ou restrição de certos tipos de relacionamento entre funcionários. Em vez disso, a Boeing fez algo muito mais interessante: cultuaram e impuseram um valor. O diretor principal e ex-presidente não executivo da Boeing, Lewis Platt, afirma: "A diretoria concluiu que os fatos refletiram mal na capacidade de julgamento de Harry e poderiam prejudicar sua capacidade de conduzir a companhia . . . o CEO deve estabelecer um padrão de comportamento pessoal e profissional impecável, e a diretoria definiu que essa seria a decisão certa e necessária naquelas circunstâncias. Lutamos muito para restabelecer a reputação da empresa. Todos devem saber que se virmos qualquer atividade imprópria, adotaremos medidas firmes".[20] A Boeing sinalizou que o comportamento do funcionário não obedecia a um conjunto de regras, mas a um padrão muito mais sólido: **reputação**. De uma só vez, os funcionários da Boeing entenderam que parte do trabalho deles seria criar para a companhia uma reputação positiva e que integridade era tão essencial para a Boeing, que deveria custar até o emprego dos mais altos executivos. Ao proclamar um **valor** em lugar de instituir uma **regra**, a Boeing conseguiu um alinhamento muito mais firme com sua força de trabalho. Todo funcionário deve internalizar esse valor, lutar com ele em âmbito pessoal e permanente – nas profundezas do vale da nota C – e, assim, desenvolver uma relação muito mais ativa com os desejos da companhia e um alinhamento muito mais sólido com as metas. O valor, embora aparentemente menos direto que a norma, produz um resultado melhor.

Mesmo dentro de uma força de trabalho de atendentes menos qualificados como a da gigante da *fast-food* McDonald's, os valores proporcionam meios para a integração mais firme com as metas da companhia. "Toda a experiência no McDonald's resume-se à hora da verdade no balcão de atendimento ou no *drive-thru*, àqueles 30 segundos de interação", afirmou o CEO Jim Skinner quando nos encontramos no escritório da companhia em Oak Brook, Illinois. Skinner construiu sua carreira conhecendo aquele momento. Começou sua carreira no McDonald's em 1971 como gerente júnior de uma loja em Carpentersville, Illinois. "O desenvolvimento daquele relacionamento entre nosso pessoal e o cliente talvez seja a coisa mais difícil que fazemos". Com centenas de milhares de funcionários atendendo mais de 50 milhões de clientes por dia em 119 países, valores comuns são fundamentais. São eficazes. Formam o vínculo entre todas as partes atuantes, permitindo a todos que servem à marca McDonalds entender o que significa ser bem-sucedido naquele momento da verdade com o cliente."[21]

DO *PODE* AO *DEVE*

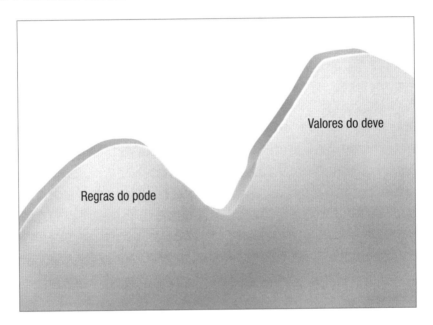

O pensamento do **pode** contra o **não pode** substitui o verdadeiro tempo gasto considerando os **comos** de determinada situação (**Como** posso satisfazer mais meu cliente? **Como** posso melhorar a reputação da companhia? **Como** posso tornar essa reunião mais produtiva?) e propicia uma relação passiva na interação com os outros (**O que** o manual diz para fazer? **O que** consta da minha descrição de cargo? **O que** está na minha agenda?). Nesse modo de pensar, a pessoa acredita que possa fazer o que quiser desde que cumpra o contrato ou obedeça ao código. Quando se pensa na linguagem dos valores, no entanto, é preciso se envolver ativamente em cada situação. Os valores induzem a atuação na direção dos outros. Isso cria uma energia concentrada no **como** você faz **o que** faz, e essa energia impulsiona, conduzindo uma "ola" de ações na direção dos outros. Na economia da informação, em que o poder está na rede e não no indivíduo, a energia voltada ao exterior faz sentido como propulsor do sucesso.

Do **pode** ao **deve**. Das regras aos valores. Essas mudanças fundamentais na linguagem exercem efeito profundo no modo de pensar, orientar as energias, tomar decisões e, portanto, realizar. A nova linguagem pode parecer estranha a princípio, como aprender a se comunicar em outra língua que não a nativa. Mas a gramática das pessoas que estudam uma segunda língua muitas vezes é melhor do que a dos falantes nativos, porque elas aprendem em um ato de vontade consciente. Entender a influência mútua de regras e valores e libertar-se da tirania do **pode** contra o **não pode** são passos essenciais no domínio da gramática do novo mundo do **como**.

CAPÍTULO **6**

Permanecer Concentrado no Jogo

"O caminho mais curto e mais certo
para viver com dignidade no mundo é sendo,
na realidade, o que aparentamos ser."
— Sócrates

O Campeonato Aberto, realizado todo verão na Grã-Bretanha, talvez seja o mais antigo e mais prestigioso título do golfe profissional. Em 2005, o torneio foi realizado no berço do golfe, o Royal and Ancient Golf Club de St. Andrews, na Escócia. O ex-campeão da Associação Profissional dos Golfistas (PGA), David Toms, com um título e seis vezes entre os dez melhores até aquela temporada, estava entre uma dezena de jogadores com grandes chances de vencer o torneio. Então, algo inusitado aconteceu.

Na manhã da segunda rodada, Toms entrou na tenda da arbitragem e explicou aos confusos árbitros (e, mais tarde, à imprensa) que no dia anterior talvez ele tivesse ou não feito algo pelo qual devesse ter sido penalizado. No famoso 17º buraco, o *road hole*, ele errou uma tacada suave de média extensão, depois caminhou até o buraco e com um leve toque encaçapou a bola. Ele não tinha certeza, no entanto, se talvez a bola ainda estava um pouco em movimento por causa do vento quando ele bateu nela. No golfe, a regra não permite que se bata na bola ainda em movimento, e como não tinha certeza, David Toms tomou a iniciativa de **considerar-se desclassificado** do Aberto.[1]

Desqualificar a si próprio de um grande torneio é um ato extraordinário de esportividade; para fazer isso por algo que talvez tenha ou não acontecido, e que ninguém mais viu, é extraordinariamente notável. Toms sempre foi conhecido como um dos boa praça do torneio da PGA. Sua fundação filantrópica trabalha com crianças vítimas de abuso, abandonadas e desprivilegiadas do país, e estava profundamente envolvida no apoio local de vítimas do furacão *Katrina* de 2005. Ele é calmo e direto, e é difícil encontrar alguém que diga algum senão contra ele. Quando soube do seu ato de esportividade, percebi que algo importante se passava pela cabeça de Toms, algo fundamental para atingir os mais altos níveis de desempenho e sucesso. Então liguei no celular dele quando estava voltando para sua casa no campo, na sua terra natal Louisiana. Perguntei-lhe basicamente: "O que passou pela sua cabeça?" Veja o que ele me contou:

David Toms - Quando voltei ao meu quarto do hotel naquela noite depois da primeira rodada e organizei um pouco minhas ideias, comecei a pensar no 17º buraco. Pensei: se a bola ainda estava em movimento quando bati nela, cometi uma penalidade. Não dava para ter muita certeza, se a bola estava em movimento ou não, e não tinha ninguém ali para eu chamar e perguntar. Eu já havia assinado o cartão de escores, portanto sabia que se aquilo fosse confirmado, seria desclassificado.

Acordei cedo no dia seguinte e fui à tenda de arbitragem e contei a história ao representante. Ele foi olhar na gravação e disse que realmente não conseguia ver nada. Ele finalmente disse que estava em minhas mãos; eu podia considerar aquilo uma falta ou simplesmente seguir adiante passando para a segunda rodada. Ele foi gentil comigo dizendo que podia seguir adiante e continuar jogando.

Mas, aí, ele me perguntou, extra-oficialmente; "Se você realmente terminasse primeiro, como se sentiria?". Ele apenas queria saber qual seria minha reação instintiva. E eu disse que me sentiria como se estivesse escapando impune de algo, e me sentiria assim por muito tempo, independentemente de como me saísse. Se ganhasse o torneio de golfe, se me classificasse, ou o que quer que acontecesse, ainda não seria justo para os demais jogadores e certamente não seria justo para mim porque teria de conviver com isso para sempre.

- Mas você não podia simplesmente continuar o torneio?

David - Não.

- Por que não?

David - Porque pretendo jogar golfe por muito tempo. Não é como se aquilo simplesmente desaparecesse. Qual seria a decisão da próxima vez que houvesse uma controvérsia como aquela? Não me sentiria bem, principalmente se eu fosse aquele a levantar o Claret Jug [troféu do vencedor], e, então, de repente, do nada, você sabe, aquilo o atinge.

O golfe não é assim; eu não sou assim. Os organizadores do evento, sabe, odiaram a situação, mas eu realmente era o único que podia marcar a falta; assim . . .

- Você chamou a responsabilidade para si?

David - Chamei. Sabe, há coisas que só o golfista enxerga. Se quebrei ou não alguma norma, existia uma dúvida com a qual eu não queria conviver. Decidi me desclassificar e fui para casa. Senti como se tivesse feito a coisa certa.

Há algum sentimento seu envolvido que você acredita afetaria sua capacidade de jogar golfe?

David - Claro. As minhas atitudes ali iriam me afetar e os demais jogadores participantes daquele torneio, assim como na linha de trabalho de qualquer pessoa, seja no esporte, seja nos negócios, seja em qualquer atividade.

- Entendi, mas aqueles jogadores eram concorrentes seus. Seu trabalho é derrotá-los.

David - (Rindo) No golfe, só marcamos essas [infrações] para nós mesmos; não tentamos esconder ou ludibriar até o árbitro marcar por nós, como no basquete. Nosso jogo não é assim. Não estou dizendo que não há espírito esportivo nos outros esportes, mas, no golfe, o nível é diferente. Essa é a forma como fui criado. Essa é a forma que o golfe nos ensina ser.

Quando cheguei em casa, havia muito alarde da mídia, mas, depois, acabou, e eu me senti bem. É como se confessássemos os pecados, sabe? Você se sente melhor depois de tudo revelado e terminado.

- Existe algo da sensação de clareza que você acha afete seu jogo? Ou, talvez, seja melhor perguntar ao contrário: existe algo daquele sentimento conflitante que você acha afetaria seu jogo?

David - É muito difícil atuar sem a mente clara ou consciência limpa. É preciso estar mental e fisicamente pronto e preparado para jogar.

- Por quê?

David - Acho que é o poder da mente. É simplesmente impossível se concentrar quando se está com a mente cheia de outros pensamentos confusos. Sei que envolve muitas outras coisas, mas, certamente, é muito importante nesse esporte. É uma questão de capacidade de concentração, de manter a mente clara em qualquer situação. Acho que a estatística de recuperação – conseguir acertar o buraco com uma tacada abaixo do par (*birdie*) depois de uma tacada acima do par (*bogey*) e ser capaz de se recuperar – é uma das mais importantes. Mostra realmente o espírito e a mente do jogador.

Alguém me disse certa vez que o golfe é o esporte mentalmente mais difícil, porque em um ou outro esporte o jogador reage à trajetória da bola – balança o corpo conforme o arremesso no beisebol, agarra o passe no futebol americano e assim por diante –, mas a tal da bola de golfe não se mexe de jeito nenhum na grama até você bater nela.

David - (Rindo). É isso aí!!

- E a mim me parece que o esplendor do golfe, e a razão de ser tão revelador do caráter, esteja no fato de a postura do jogador diante da bola ser quase mais importante do que o que faz ao chegar até ela.

David - Sim, é exatamente isso. É o que passa pela sua cabeça naquela jornada. Bob Rotella, psiquiatra esportivo, lembra-me disso toda vez que falo com ele. Ele diz: "Sabemos que você se induz a uma má tacada, então por que não se induzir a uma boa tacada?"

Não sei qual é o segredo, mas sei que as pessoas realmente bem-sucedidas, dentro ou fora do golfe, em qualquer atividade que seja, têm algo especial, uma paz interior. É possível adquirir aptidões, ser treinado e tudo mais; mas existe algo mais interior que separa o bom, o realmente bom e o extraordinário do apenas medíocre. Se conseguíssemos engarrafar isso, ganharíamos muito dinheiro (rindo).

- E a integridade, onde entra nessa equação?

David - Ela resgata a consciência de se estar fazendo a coisa certa e sentir-se bem por dentro com o seu trabalho. Sempre tive imenso prazer em ajudar outras pessoas e tentar oferecer o mesmo tipo de oportunidade que tive. Para mim, é importante sentir como se estivesse devolvendo à sociedade, seja através da minha integridade e do exemplo que dou, ou através da doação, ou qualquer outro ato que seja. Não posso falar por todos, mas, para mim, ter ciência de estar deixando uma marca melhora um pouco mais a estatística da recuperação.

- Então, voltando a St. Andrews, você saiu com certa recuperação?

David - Saí sentindo ter feito a coisa certa, e a possibilidade de dizer "Fiz a coisa certa" significará muito da próxima vez que eu der a primeira tacada na bola. Significa que minha mente estará livre daquela perturbação. Também significa muito para mim servir de bom exemplo. Se algum jovem estiver jogando em seu clube, e sempre tiver problemas para registrar corretamente seu escore, mas nem se preocupa muito com isso, gostaria de vê-lo dizendo: "Veja o que Toms fez. Talvez eu deva parar de tentar escapar das penalizações".

- Considero-o um indivíduo raro, David. Golfe é um esporte individual; é você contra o mundo. No entanto, você se expressa como se estivesse constantemente em contato com todos no torneio, na comunidade, com os fãs, e com as pessoas que talvez o venerem. Você carrega essa responsabilidade consigo em tudo que faz?

David - As pessoas observam. Como você age, o que diz, até mesmo como diz, e nem sempre é interpretado da maneira correta. Não é que você não queira revelar suas ideias e expressar sua opinião; mas, ao mesmo tempo, está sendo avaliado por aquilo que irá parecer ou como irá afetar os outros. O que você quer que os outros pensem a seu respeito exerce grande influência naquilo que faz dentro ou fora do campo de golfe. Se você vive tentando servir de exemplo, tem de viver de forma exemplar o tempo todo. Tem de viver de forma que os outros possam se orgulhar.

A pressão sempre existe para desempenhar e agir de certa maneira, e erramos todos os dias. Você sempre fica abaixo das suas expectativas. Mesmo em uma rodada de 61, meio que olha para trás de diz, "Bem, por que não acertei o 59?" Mas isso acaba marcado em você. "Ei, é assim que levo minha vida. É assim que preciso ser 24 horas por dia.

Preciso fazer certo pela minha família, pelos meus amigos e pelas pessoas que me apoiam."

Se sua verdadeira personalidade for de um jeito e no campo de golfe diante das câmeras for totalmente diferente, então sempre terá de se policiar. Para mim, o jeito é sempre o mesmo, portanto não é tão difícil assim.[2]

Pessoas como David Toms, pessoas que desempenham, dia sim dia não, ao máximo em seus jogos, que vencem grandes campeonatos, que estão constantemente classificados entre os dez mais importantes da ocupação escolhida, e que estão, todo ano, no topo da lista dos mais endinheirados, sabem como permanecer concentradas no jogo. Nos dois capítulos anteriores, vimos que a mente funciona bem como máquina biológica e que a linguagem exerce forte influência no modo como conceitualizamos os eventos, tanto liberando quanto restringindo nosso pensamento, a criatividade e o sucesso. Neste capítulo, vimos outra atividade que a mente realiza bem: **incomodar**. No final, retomaremos essa conversa marcante com David Toms para ver como essas ideias todas se juntam.

PERTURBAÇÃO

Embora a maioria de nós não seja esquizofrênica, todos carregamos vozes dentro da nossa mente. Cada uma representa uma parte da nossa personalidade ou experiência – como integridade, insegurança, resistência contra ou aceitação de autoridade, ou compaixão – e, em momentos diferentes, cada voz exerce primazia ou influência nas nossas atitudes. O chefe pede para fazer algo razoavelmente simples em tom de voz indiferente, mas como esse tom nos faz lembrar vagamente do modo como a professora da quinta série costumava falar conosco, resmungamos e superdimensionamos a profundidade do desprezo, apesar de sermos adultos, capazes de entender melhor. Conversamos asperamente com a voz interna que ainda se ressente daquela professora.

Algumas dessas vozes falam constantemente mais alto que as outras, e algumas são calmas por natureza ou porque ainda não confiamos nas orientações delas. Muitas vezes, existe cooperação mútua entre elas e, quando isso ocorre, a mente se aquieta e os pensamentos parecem mais uma conversa harmoniosa entre amigos: o foco fica preciso, a concentração aguçada e atuamos ao máximo. Mas em outros momentos, para a maioria de nós, uma ou outra voz tenta abafar a concorrente falando mais alto. Assim elas mais se parecem irmãos brigando à mesa do jantar: tiram nossa concentração, atrapalham nosso avanço e nossa eficácia, e arruínam o ensopado que a mamãe levou horas preparando. Toda essa perturbação faz parte da experiência cotidiana normal do ser humano.

A perturbação vem de dentro, mas também vem de fora, em medidas iguais ao longo do dia. Muitas vezes, nem mesmo percebemos quando ela está atuando. Como experiência para demonstrar isso, vamos fazer um pequeno teste. À medida que prosseguir com a leitura, tente não trapacear, olhando a resposta antes.

Qual você acha que foi o termo mais pesquisado no Google em 2005?

Foi um ano cheio de notícias. O furacão *Katrina* destruiu Nova Orleans e grande parte da costa do Golfo. Um *tsunami* dizimou a vida de milhões na Ásia. O venerado papa morreu e um novo foi eleito. Terroristas atacaram o metrô de Londres. Havia muita informação na nossa cabeça e muito trabalho importante a ser feito, mas nenhum desses assuntos liderou a lista.

Aí vai a dica: você se lembra quem jogou na grande final da liga norte-americana de futebol americano? Foi um dos jogos mais contestados e empolgantes da história do *Super Bowl*, ganho nos segundos finais por um *field goal*. Você lembra de ter assistido ao jogo? Lembra quem venceu?

A menos que seja fanático torcedor de futebol americano, suponho que não se lembre. Mas aposto que se lembra do que aconteceu no intervalo.

O termo mais pesquisado no Google em 2005 foi "Janet Jackson", a cantora cujo incidente no ano anterior, em janeiro de 2004, ainda permanecia na lembrança de todos durante todo o ano de 2005.[3] Poucos se lembram quem ganhou o jogo, mas até hoje, anos depois, a frase **"incidente com a roupa"** ainda ecoa no mundo todo. Centenas de atletas trabalharam duro o ano inteiro para se tornarem os melhores naquilo que fazem, produzindo um confronto dramático entre as duas das melhores equipes, o New England Patriots e o Carolina Panthers. No mundo todo, milhões de torcedores sintonizados para assistir ao confronto, um espetáculo que se tornou ritual nacional nos EUA e frequentemente o evento esportivo norte-americano mais assistido do ano. Mas o único fato que as pessoas conseguem se lembrar desse dia são os rápidos dois segundos das estrelas do *showbiz*. O incidente com a roupa de

Jackson apagou o brilho das conquistas daqueles que estavam em campo (os Pats venceram os Panthers por 32 a 29 com um *field gold* [chute de campo] de 41 jardas a quatro segundos do término do jogo).[4] Por que será que nos lembramos de um problema de compostura de dois segundos ocorrida no intervalo (apareceu um dos seus seios), mas não do enorme esforço e feito representado pelo próprio campeonato em si?

Você trapaceou, espiando a resposta antes?

Sobre essa experiência: não tem nada a ver com a Janet Jackson. Ao contrário, tendo acabado de ler a pouco a história edificante de David Toms no aberto britânico, como você se sentiu ao ser questionado se havia trapaceado, olhando a resposta antes? Durante a leitura, isso passou pela sua cabeça?

Você ficou ofendido pela insinuação de que **talvez** trapaceasse, olhando a resposta? Leu o trecho com mais tranquilidade? Desconcentrou-se e teve de reler parte dele? Ou talvez apenas ler um pouco mais devagar para **ter certeza** de que não trapacearia, olhando antes a resposta? As pessoas ficam ofendidas com insinuações de trapaça, e têm razões para isso. Dizer casualmente a alguém para não trapacear levanta de imediato dúvidas em relação à confiança. "O que essa pessoa está pensando de mim, que sou **trapaceiro**?" Em poucos segundos imediatamente depois de um pequeno comentário desse tipo, aquelas vozes internas começam a ficar agitadas, e sem necessariamente perceber, você fica perturbado.

O incidente com a roupa de Janet Jackson provocou uma enxurrada de 500 mil ou mais reclamações à Comissão Federal de Comunicações (FCC) e a multa mais alta jamais aplicada pela FCC a uma emissora de televisão na época, e mesmo considerando a ação inocente e mal conduzida, mas prejudicial, inadequada ou ofensiva, o montante total de produtividade perdida enquanto as pessoas discutiam o assunto no bebedouro (ou por mensagem eletrônica ou instantânea, ou nos *blogs*) deve ter chegado provavelmente a centenas de milhões de dólares.[5] As ações de qualquer indivíduo podem dragar recursos significativos de uma companhia e afetar a fortuna de muitos. Grandes falhas de conduta podem produzir a derrocada de uma companhia ou custar-lhe milhões de dólares em multa, despesas legais e perda de negócios. Mas ainda muito mais significativo (e, enfim, mais prejudicial) são os milhões de pequenos eventos – como o comentário sobre a trapaça – que povoam nossa atenção todos os dias, ativam nossas vozes interiores e desviam nossa mente do jogo.

PEQUENOS DESLIZES, ALTOS CUSTOS

O jogo não para, é claro, quando sua atenção é desviada dele; ele continua muito bem sem você, deixando-o brincar de correr atrás para compensar o prejuízo. Se a paixão e a integridade de Krazy George possibilitam formar uma "ola" positiva, propulsora da inovação e do sucesso, as Janet Jacksons dos negócios podem criar uma negativa, uma "ola" perturbadora que desvia a atenção. A força e o poder tanto da "ola" positiva quanto da negativa resultam do modo como decidimos nos inter-relacionar. Nossa experiência demonstra as várias maneiras que os pequenos deslizes no **como** podem nos prejudicar substancialmente.

O consultor empresarial Stephen Young popularizou uma nova palavra de ordem sobre esses pequenos momentos; ele os chama de **microdesvios.**[6] Linguagem corporal inadequada em uma reunião, pergunta em tom jocoso, piada de mau gosto em momento inoportuno – todos deslizes em como preenchemos os espaços entre nós e as pessoas com as quais trabalhamos – podem sutilmente sugar a produtividade de qualquer organização. Verificar as mensagens eletrônicas enquanto conversa com os colegas desvaloriza o tempo deles e, portanto, eles próprios. Consultar o relógio enquanto alguém faz uma apresentação despreza o esforço do palestrante. As avaliações de desempenho podem ser estruturadas de forma que os colegas de desempenho mais fraco retornem às suas respectivas mesas inspirados a melhorar ou de forma que eles fiquem desmoralizados e atualizem seus currículos. Esses micro-deslizes perturbam, infectando os relacionamentos interpessoais com dúvidas e medos. A dúvida e o medo aumentam a lacuna da certeza entre nós e os outros. A energia que deve ser concentrada na tarefa do momento ou na meta em comum é desviada para as preocupações políticas e de sobrevivência. Um indivíduo ou uma equipe perturbada e desconcentrada quase sempre perde.

Vou fazer outra pergunta (desta vez, não é teste). Na semana passada ou duas semanas atrás, quantas mensagens eletrônicas você abriu que tenham provocado algumas destas reações?

- Isso não foi o que combinamos.
- Isso me irrita.
- Por que você mandou com cópia para o chefe?
- Você está tentando me deixar em maus lençóis?

- Fiquei ofendido.
- Não vejo a menor graça.
- Por que você está enchendo minha caixa de entrada com todas essas coisas?

Você encaminhou essa mensagem a alguém? Ligou para algum amigo ou a pessoa amada para dizer, "Como está seu dia hoje, amor? Deixa eu contar dessa mensagem que acabo de receber". Ou voltou a se lembrar da sua contrariedade na vez seguinte em que encontrou aquela pessoa, e essa lembrança o impediu de referir-se aos fatos? Todas essas coisas acontecem com muita frequência no curso de um dia de trabalho. Elas geram sentimentos ruins, que se acumulam e provocam consequências. Nos negócios, as perturbações provocadas por deslizes da conduta humana reduzem a capacidade de qualquer um de se concentrar e, portanto, de trabalhar bem. É bem complicado ter êxito no universo competitivo dos negócios globais, mas se não se consegue concentrar em vencer, não se consegue aproveitar a chance. Uma mensagem eletrônica ou uma ligação perturbadora pode desviar a concentração da tarefa do momento.

Essas perturbações acontecem o tempo inteiro. Algum comentário inadequado entre um colega de trabalho e outro durante o almoço pode se agravar e acabar se transformando em acusação de assédio sexual. A equipe inteira e a atenção dos gestores imediatamente são desviadas para a apuração dos fatos. Os relacionamentos, antes fáceis e cordiais, ficam tensos e formais, e a produtividade rapidamente fica prejudicada.

A perturbação pode ser quantificada de todas as formas, algumas engraçadas – como a perda de produtividade possível de se imaginar em consequência do incidente da roupa – e algumas científicas. Estudos têm mostrado, por exemplo, que a distração de falar ao celular enquanto dirige exerce influência muito mais negativa no desempenho do motorista do que o álcool consumido dentro dos limites permitidos. Em um estudo, alguns motoristas efetivamente relataram ser **mais fácil** dirigir sob a influência do álcool do que falando ao celular, um forte testemunho dos recursos mentais necessários para equilibrar atenção e distração enquanto se está buscando atingir alguma meta.[7]

No Capítulo 5, vimos os casos da Jenapharm e da UMHS e suas diferentes abordagens dos problemas jurídicos. O tempo, o dinheiro e a concentração organizacional dedicados no combate às batalhas jurídicas são simplesmente perturbações. As pessoas negociam para produzir mercadorias, oferecer serviços, resolver problemas reais, aumentar a eficácia e até melhorar a humanidade. Ninguém atua nos negócios para criar processos legais melhores. Um amigo me contou sobre um empresário que deixou uma carreira extremamente bem remunerada de vendas de *softwares* corporativos a grandes corporações para tomar seu próprio rumo.[8] Com a esposa e o cunhado, abriu uma gelateria em um bairro famoso de Los Angeles para vender sorvete italiano extravagante com sabores como lemoncello com manjericão e martini de chocolate. O sucesso da loja foi imediato, triplicando todas as expectativas desde o início. Mas quando perguntei como tinha sido o primeiro mês, ele contou que eles gastaram quase todo o lucro nas despesas jurídicas de um litígio com o dono de uma padaria vizinha, discutindo se o *croissant* de presunto e queijo que estavam vendendo seria considerado tecnicamente um "sanduíche" ou uma "massa de torta", e, como tal, se estaria infringindo a licença do estabelecimento, conflitando com os negócios da padaria. Isso foi tudo de que ele conseguiu se lembrar. As grandes corporações sofrem do mesmo destino em escala muito maior. As demandas da descoberta até mesmo da mais banal ação judicial podem custar às corporações milhões de dólares e, mais crucial ainda, milhares de horas de perturbação no trabalho.

Os seres humanos têm bons e maus dias, perturbações no trabalho e perturbações em casa. Incidentes com a roupa acontecem. Reconhecer esse fato e aprender a reduzir as perturbações que desviam sua mente do jogo podem torná-lo mais ágil que o concorrente, mais concentrado e ajudá-lo a usar suas energias de forma mais produtiva. Permanecer concentrado no jogo – aprendendo a reconhecer e domesticar tanto as vozes da sua mente quanto os **comos** que afetam os outros – é um desafio constante, mas mais importante do que nunca em uma época em que pequenos deslizes podem significar altos custos.

DISSONÂNCIA

Você entra em uma padaria para comprar um pãozinho. Atrás do balcão, em um espaço livre, fica a área de preparação de sanduíches, e, ali, há uma grande faca de cortar pão. Você pede um pãozinho, e quando a balconista lhe entrega dentro de um saquinho, pede a ela para cortá-lo ao meio e passar um pouco de manteiga. Ela olha para você gentilmente e diz, "Desculpe, mas não podemos cortar o pão". Você olha para ela novamente e, com a mesma gentileza, aponta para a faca, no espaço livre atrás do balcão, obviamente usada para cortar pão. Ela se recusa novamente a cortar, justificando que a política da padaria não permite cortar os pães. Então ela lhe dá um garfo de plástico e um pouco de manteiga. **Como você se sente?**

Uma padaria com uma faca de cortar pão, que vende sanduíches, não deveria ter nenhuma razão para não cortar um pãozinho para um cliente. O estabelecimento representa um valor – a produção e comercialização de pães – e, mesmo assim, impõe uma política que grosseiramente o contradiz. Talvez o gerente da padaria acreditasse em alguma boa razão para essa regra aparentemente sem sentido – alguma funcionária tivesse se ferido cortando aquele tipo de pãozinho, um cliente com uma faca de plástico talvez tivesse feito alguém de refém e roubado a padaria, ou o gerente, perito em pães, acreditasse que pãezinhos devessem ser partidos apenas com as mãos e jamais tocados por uma faca –, mas nenhuma lógica jamais resolverá a incongruência básica da situação. Então você reage. Talvez fique com raiva, sinta-se injustiçado, ou desrespeitado. Talvez grite com a balconista e arme algum escândalo. Ou, talvez, apenas resmungue sobre o ocorrido enquanto se senta e come seu pãozinho com chá. Essa reação emocional é denominada **dissonância** ou, mais precisamente, **dissonância cognitiva**.[9] Ela ocorre quando a mente precisa acomodar novas ideias que conflitam com as crenças já existentes.

Por mais estúpida que a história da padaria possa parecer, ela realmente aconteceu com um colega meu, e ilustra bem os efeitos da dissonância no nosso modo de pensar. Apesar das nossas melhores intenções, algumas vezes somos confrontados com mensagens inevitáveis cuja contradição cria tensões que ativam uma reação emocional. As vozes na nossa mente ficam agitadas. Esse efeito não é apenas psicológico; é uma mudança em como as nossas sinapses são acionadas. Estudos têm mostrado que, quando confrontadas com situações como essas, as áreas de raciocínio do cérebro – normalmente empregadas para tomar boas decisões e realizar julgamentos justos – efetivamente são desativadas, e as partes emocionais do cérebro, ativadas. A dissonância fisicamente impede a capacidade de pensar claramente, agir com a razão e tomar boas decisões.[10]

As empresas enviam mensagens conflitantes o tempo inteiro, desconhecendo as consequências negativas da dissonância. Quantos gestores alegam aceitar a opinião de seus subordinados, mas os interrompem, atendendo três ligações telefônicas, incluindo a de um amigo do golfe, enquanto estão reunidos com eles? Como o subordinado se sentiria sentado nessa sala, aparentemente confiante de que suas sugestões bem estudadas seriam bem-vindas, e recebesse sinais contrários corrosivos? Será que você perderia a linha de raciocínio, começaria a gaguejar as palavras, ou desistiria no meio da sua proposta, não importando quão importante parecia quando entrou na sala? Da próxima vez que tiver alguma ideia, simplesmente guardará para si? Quantas companhias falam de confiança e de delegação de poder individual, e ainda exigem dos funcionários a assinatura do chefe em cada reembolso de despesa ou várias assinaturas em um pedido de compras? Se elas alegam confiar em você, será que não deveriam demonstrar isso? Como você se sente quando tem de preencher um formulário, pedir a assinatura do chefe e, depois, a aprovação do contador antes de receber um reembolso de 10 dólares por um almoço de trabalho? Você resmunga muito, adia ou se ressente do sistema por fazê-lo chegar a esse ponto? Você procura meios de compensar todos esses inconvenientes, talvez, incluindo um ou dois recibos de despesas pessoais?

E o que dizer da loja que, com um sorriso e uma passada rápida do cartão de crédito na máquina, toma seu dinheiro em segundos, mas o faz esperar dez minutos na fila, preencher um formulário, fornecer informações pessoais e obter a aprovação do gerente para devolver alguma mercadoria? Será que eles ainda estão sorrindo? Será que isso afeta sua decisão de compra da próxima vez que precisar de algo? A mensagem que a direção da loja está enviando ao pessoal de vendas é igualmente dissonante: "Acreditamos suficientemente em vocês para tomar o dinheiro deles, mas não o suficiente para devolvê-lo." Alguém pode tentar justificar essa dissonância, sugerindo que as empresas exigem uma apuração mais profunda em questões financeiras por causa do potencial proporcionalmente superior de abusos e fraudes. Mas a confiança, ao que sabemos, gera confiança. Os funcionários que se sentem realmente acreditados costumam trair menos essa confiança porque entendem naturalmente que ela atua em benefício próprio. Os funcionários que se sentem desrespeitados ou desacreditados pela direção e pelas companhias são mais propensos a revidar sutilmente — por exemplo, trapaceando no relatório de despesas ou extraindo um pouco da caixa registradora —, para ser compensado das responsabilidades que consideram lhes sejam injustamente imputadas. As camadas adicionais de regras, na realidade, criam condições que fazem as pessoas jogar com o sistema.

O contrário da dissonância é a **consonância**, o sentido de integridade das coisas. As mensagens consoantes inspiram nas pessoas à sua volta um sentido maior de alinhamento com uma causa em comum. Isso cria sinapses fortes e forma mais "olas". No longo prazo, é mais proveitoso sinalizar confiar nos funcionários requisitantes de reembolsos de despesas, verificá-los de forma aleatória e assídua, e tratar com firmeza os poucos que traem essa confiança do que instituir camadas de procedimentos, indicando que você realmente não confia em ninguém. Quando as pessoas são expostas a mensagens dissonantes aparentemente sem sentido – como no caso da padaria que não permite cortar o pãozinho – elas perdem o sentido de conexão com quem quer que esteja sinalizando e revidam por contra própria, ou física ou intelectualmente. Elas suspeitam da sua "ola" e pagam para ver; depois, podem levantar devagar ou sem paixão, ou podem abandonar totalmente o estádio.

Ainda mais prejudicial é o efeito profundo e desmoralizante da dissonância na capacidade da pessoa de aprender informações novas e a elas se adaptar. O psicólogo desenvolvimentista francês Jean Piaget batizou esse fenômeno com uma linguagem específica para descrevê-lo. A **acomodação** – capacidade de conciliar ideias conflitantes – é mais difícil que a **assimilação** – capacidade de aceitar uma ideia nova como totalmente verdadeira.[11] Em outras palavras, se alguém se vê obrigado a aprender algo que contradiz o que ele acredita já conheça – principalmente se estiver comprometido com o conhecimento anterior – tende a resistir ao novo aprendizado. Estudos do cérebro mostram que, não apenas ele rejeita a mensagem dissonante, mas, surpreendentemente, sente-se bem ao rejeitar; o cérebro efetivamente o **recompensa**.

O professor de psicologia Drew Westen da Universidade Emory demonstrou como isso funciona.[12] Ele capturou imagens do cérebro de autodenominados simpatizantes de partidos políticos adversários, pedindo-lhes para avaliar informações negativas de vários candidatos. Ambos os grupos rapidamente identificaram inconsistência e hipocrisia nos candidatos, **mas apenas nos de partidos adversários**. Quando Westen confrontou-os com informações negativas dos candidatos apoiados por eles, as partes do cérebro associadas ao raciocínio e ao aprendizado foram desativadas e as partes associadas às fortes emoções foram ativadas. Essas fortes reações emocionais permitiram-lhes facilmente rejeitar as informações que consideravam dissonantes. Depois, algo realmente interessante aconteceu. O cérebro deles liberou endorfina, o ópio natural do corpo humano, inundando-os de sensação de conforto e felicidade. Em outras palavras, eles **se recompensaram** por encontrar uma maneira de resolver a dissonância sem ter de modificar suas crenças.

Os negócios no mundo conectado pela rede mundial se movimentam cada vez mais rápido a cada ano, e as condições do mercado recompensam as organizações e as equipes mais capacitadas a se adaptarem às circunstâncias das mudanças. As companhias que submetem seus funcionários a mensagens confusas, mudanças repetitivas de políticas, ou práticas incongruentes podem, na realidade, fazer com que a força de trabalho que elas tão desesperadamente querem tornar ágil e adaptável, ao contrário, fiquem presas na resistência à adaptação e às mudanças. Quando a situação fica **realmente** fora de controle, acaba-se criando uma realidade kafkiana como a da padaria que não corta o pão. Outros estudos de dissonância cognitiva mostram que, quando algo é bem difícil, desagradável ou mesmo humilhante de aprender, as pessoas ficam **menos** propensas a admitir a inutilidade, falta de sentido e falta de valor de suas crenças porque se o fizer admitiriam sua própria ingenuidade.[13] Portanto, a balconista da padaria pode, com um sorriso simpático e verdadeiro, dizer que é contra a política da casa cortar o pãozinho, não importa quanto tempo ou com que insistência você tente convencê-la do contrário. Para ela, enxergar seu raciocínio e reconhecer a insensatez da política seria reconhecer a própria insensatez, à qual, obviamente, ela naturalmente resiste.

Embora as empresas esperem desesperadamente que os funcionários permaneçam concentrados no jogo, ocorre que elas realizam um terrível trabalho na criação das condições necessárias para tal. Uma pesquisa de três anos com cerca de 1,2 milhão de funcionários dentre as mil maiores empresas da *Fortune* realizada pela Sirota Survey Intelligence concluiu que, embora a ampla maioria dos funcionários comece cheia de entusiasmo em um emprego novo, em cerca de 85% das empresas o ânimo cai drasticamente depois de seis meses e continua a cair por anos a fio.[14] A pesquisa da Sirota atribui a falha exclusivamente à direção e sua incapacidade de criar políticas e procedimentos que satisfaçam os três conjuntos de metas que a grande maioria dos trabalhadores busca no trabalho:

1. **Igualdade** - ser respeitado e tratado com justiça em áreas como remuneração, benefícios e estabilidade de emprego.
2. **Realização** - ter orgulho do emprego, das realizações e do empregador.
3. **Coleguismo** - ter relacionamentos bons e produtivos com os colegas de trabalho.

Essas estatísticas mostram o último custo da dissonância: **o cinismo**. Quando a empresa quebra a confiança e não condiz com suas representações e valores professados, o entusiasmo trazido pelos novos contratados para a organização acaba devorado até nada restar além da ossada do cínico. O cínico acredita na motivação das pessoas por puro interesse próprio e não por ações honrosas ou razões altruístas. Ele cria um espaço de suspeição entre si e as ações dos outros – uma lacuna da certeza permanente e não preenchível – e habitualmente questiona se algo irá ocorrer ou se vale a pena. Embora não seja necessariamente corrosivo questionar fatos – o ceticismo pode ser uma reação saudável nas circunstâncias corretas –, fazê-lo de forma reflexiva, fora do hábito inconsciente da mente em lugar da consideração sincera, posiciona-o à distância dos eventos ao seu redor.

O cinismo obstrui não apenas os aspectos intangíveis do inter-relacionamento das pessoas; ele afeta diretamente os resultados financeiros. Estudos indicam que funcionários extremamente cínicos tendem a registrar mais reclamações contra as companhias, mostrar níveis inferiores de comprometimento, e acreditar menos na recompensa concedida pela direção ao bom trabalho.[15] (Esse último fato é extremamente relevante para culturas que governam basicamente com modelos motivacionais baseados na abordagem da recompensa e punição. Quando o poder da recompensa fica questionável, a punição torna-se o único meio de a direção atingir o progresso). O cinismo consome energia assim como um veículo esporte utilitário consome hidrocarboneto. É impossível criar uma "ola" em um estádio lotado de cínicos. Não importa quão apaixonada e transparente seja a sua persuasão, ou quão íntegra seja a sua iniciativa, os cínicos permanecerão sentados, convencidos de que seu desejo de ajudar o time nada mais é que sua autopromoção. Embora você possa bajular até ficar pálido, a resistência corrosiva dos cínicos acabará o desgastando até restar muito pouco de si. "O cinismo pode envenenar uma empresa", afirma John Wanous, professor de gestão e recursos humanos da Universidade Estadual de Ohio em Columbus. Em seu estudo de três anos, realizado com mais de mil trabalhadores, ele concluiu: "O cinismo transborda e define como os funcionários enxergam tudo a respeito da companhia e de seus empregos".[16]

CRIAR CONSONÂNCIA

Não é preciso ser vítima passiva da dissonância; é possível aprender novas formas de **como** pensar que ajudam a ver quando se está ficando dissonante e empregar estratégias conscientes para minimizar a capacidade da dissonância de colonizar a mente. O primeiro passo, obviamente, é tomar consciência de como a dissonância afeta a mente e as emoções, o que já foi discutido. O segundo passo é interromper a reação emocional e, depois, substituí-la por alguma das diversas estratégias de resolução de conflitos.

A estratégia mais comum de resolução de conflitos consiste na **mudança** de uma das ideias já existentes.[17] Digamos, por exemplo, que você acredite que, em geral, os fornecedores não sejam confiáveis e devam ser monitorados cuidadosamente a todo o momento. De repente, descobre que alguns dos seus fornecedores recentemente identificaram erros nos pedidos e, em lugar de explorá-los em benefício próprio, levaram ao seu conhecimento para corrigi-los. Visando minimizar o possível constrangimento por ter julgado mal a situação, você pode decidir reavaliar seus procedimentos de monitoramento de contratos à luz da sua nova percepção. Desse modo, você transforma a emoção em melhoria na tomada de decisão.

Outra técnica consiste em **reforçar** a ideia nova, dando, assim, mais peso em relação à já existente. Um estudo demonstra isso com bastante clareza. Pesquisadores contaram a um grupo de participantes da pesquisa uma charada de cunho sexual e, depois de todos rirem, mostraram o tom discriminatório da brincadeira. Em seguida, foi aplicado um teste para avaliar as atitudes desse grupo em relação ao feminismo e foram comparados os resultados com os de outro grupo que não havia ouvido a piada ou desconhecia a sua natureza depreciativa. A tendência do grupo que ouviu a piada foi de enfatizar demasiadamente as respostas indicativas de conscientização quanto ao tratamento igualitário. Com a nova ideia reforçada, esse grupo conseguiu mais facilmente equilibrar suas antigas crenças sexistas com as recentes ideias conscientizadas de igualdade sexual.

Quando há um desejo muito firme de realização, algumas vezes se **banaliza** a ideia conflitante que impede a ação. Um alpinista confrontado com o medo de alturas pode encontrar uma maneira de zombar ou ridicularizar seu medo para atingir a meta. Uma vez atingida a meta, as emoções de duas ideias dissonantes tendem a se dissipar. Quando o desafio a crenças profundamente arraigadas ativa fortes reações emocionais diante da nova informação, a **expressão emocional** pode remover os efeitos anuviadores da dissonância. Falar das emoções ajuda a normalizá-las, minimizando sua influência perturbadora. Enfim, quando se consegue identificar a origem das ideias dissonantes, algumas vezes simplesmente **evitar** a sua causa pode ser uma estratégia eficaz para permanecer concentrado no jogo.

Todas essas técnicas de redução da dissonância podem melhorar a tomada de decisão e o aprendizado e ajudar a reduzir ativamente o ruído interno provocado pela dissonância.

ATRITO

Imagine uma jovem executiva dinâmica e bem-sucedida com MBA (Master Business Administration – Mestre em Gestão de Negócios) de uma grande universidade e um futuro brilhante. O chefe dela vem se mantendo na posição há algum tempo. Um dia, ela recebe uma mensagem eletrônica aparentemente inocente do chefe a respeito de uma oportunidade de emprego em outra companhia. A nota diz algo como: "Soube desta grande oportunidade. Você, por acaso, conhece alguém que possa se interessar?" O emprego, estranhamente, cai-lhe como uma luva. Uma das lições que se aprendem nos programas de MBA das grandes faculdades é que um superior ameaçado por uma jovem estrela ascendente muitas vezes tenta proteger sua própria posição, indiretamente removendo a ameaça. Recomendar um emprego em outra firma é um exemplo perfeito. Será que a mensagem eletrônica do chefe, mascarada em um gesto inocente, de fato, não seria uma tentativa secreta de minar a concorrente?

Por mais que tente, ela não consegue tirar a mensagem e suas possíveis implicações da cabeça; o fato a desconcentra do jogo e começa a afetar sua produtividade. Insegura, a única atitude que consegue tomar é encaminhar a mensagem a outras pessoas pedindo opiniões. Ela discute o assunto com amigos, e preocupa-se com sua posição e com o que precisaria fazer para preservá-la; todos sinais clássicos de perturbação. A dissonância decorrente é igualmente destrutiva. Em lugar do antigo e calmo sentimento de confiança e segurança na posição, agora seus dias de trabalho são cheios de insegurança e tensão. Passa a questionar suas escolhas e a gastar mais tempo para decidir, sacrificando certa agilidade e flexibilidade que a tornaram um ativo importante para a empresa.

Por fim, seu estado emocional torna impossível manter um relacionamento livre e independente com o chefe. O relacionamento entre os dois fica abalado, fato percebido pelo restante da sua equipe. O funcionamento da unidade que antes era harmonioso começa a falhar. Em vez de preencher as sinapses entre eles com confiança e apoio, esse chefe apenas emplastrou os mecanismos. Falhas de comunicação surgem conforme os espaços antes preenchidos com confiança foram obscurecidos com a desconfiança. Tensões políticas surgem, as pessoas começam a discutir, e o estado de espírito, a se deteriorar. O atrito piora quando as pessoas ficam mais irritadas ou ofendidas, e mais pessoas acabam envolvidas, que, por sua vez, revidam ainda mais agressivas, obscurecendo as sinapses com mais conflito real.

É difícil avaliar quem ficou mais prejudicado com essa manobra política (se, de fato, foi uma manobra), a mulher, cuja produtividade decaiu, ou o chefe, que sacrificou a coesão de toda a unidade pela sua própria insegurança. Talvez a mensagem fosse totalmente inocente e toda a situação fosse evitada sc o chefe tivesse encontrado uma maneira mais direta e transparente de se comunicar, se ele tivesse acertado nos **comos**. Em qualquer hipótese, o que fica perfeitamente claro é o quão destrutivas podem ser essas forças. Em um mundo transparente, onde os **comos** são tão bem revelados quanto os **o quês**, manter as sinapses interpessoais entre você e seus colegas de trabalho em condições ideais para criar 'olas' é crucial para uma ação significativa. Requer cuidado e atenção constantes. Quando a perturbação, a dissonância e o cinismo ultrapassam as fronteiras da mente e se manifestam em conduta, contaminam esses espaços. Daí resulta o **atrito**.

No campo da mecânica, atrito é a força resultante quando duas superfícies em contato friccionam entre si em direções opostas. Nas organizações, o atrito ocorre quando as forças da perturbação e da dissonância infectam os espaços entre as pessoas que tentam trabalhar juntas. Sabemos das leis da mecânica que o atrito diminui o avanço. O atrito extrai energia do sistema e cria um produto derivado: **calor** – energia gasta liberada na atmosfera. O excesso de calor incomoda as pessoas. Exige mais energia – na forma de ar-condicionado – para esfriar o clima. Sem me estender demais nessa metáfora, todos sabemos o que acontece com a produtividade do trabalhador quando as pessoas ficam esquentadas. Sabemos, também, o tanto de energia adicional exigido do gestor para manter fresca e confortável uma atmosfera de trabalho superaquecida.

Embora a perturbação, a dissonância e o atrito possam surgir de forma independente na organização, muitas vezes ocorrem em conjunto, como na situação que acaba de ser descrita, e instala uma espiral autoperpetuante de destruição. Perturbações pequenas ou grandes estabelecem forte dissonância que causa o atrito manifesto. Se a situação continua a deteriorar, o calor gerado pelo atrito provoca combustão. De repente, a energia é desviada da tarefa do momento ou haverá duas equipes trabalhando em desarmonia quando costumava haver uma visando um propósito em comum. Prosperar no universo do **como** envolve reconhecer e evitar as condições causadoras da perturbação, da dissonância e do atrito; aprender a quebrar esses ciclos quando ocorrem, antes que saiam do controle; e encontrar formas de restabelecer a situação ao estado anterior.

ACERTAR A TACADA

Uma coisa é falar em reduzir a perturbação, resolver a dissonância, evitar o atrito, e eliminar o cinismo da sua vida, e outra é efetivamente colocar em prática no dia-a-dia. Essa é a razão por que comecei este capítulo com a extraordinária conversa que tive com o golfista David Toms. Toms permanece orgulhoso no topo da colina da nota A nesse quesito, um mestre dominador daquelas forças e fatos que podem desviar a mente do jogo. Ele luta contra as vozes internas e fica esquentado quando se decepciona com seu desempenho, mas, em nível mais profundo, reconhece as possíveis ciladas que impediriam suas grandes metas e ou escolhe um curso de ação para evitar a entrada dessas forças corrosivas na frágil máquina da mente ou as domestica quando entram.

O que o orienta? Em primeiro lugar, ele percebe que as leis e os legisladores estabelecem apenas o piso daquilo que ele faz, não o teto. Os árbitros do Royal and Ancient Golf Club de St. Andrews, os mesmos árbitros que estabeleceram e têm regido as regras do golfe por séculos, poderiam ter permitido que Toms continuasse no torneio se assim ele desejasse; de acordo com as regras, ele não havia cometido nenhum erro. Mas, impelido por um árbitro sábio que, sem dúvida, entendeu, também, a limitação das regras, Toms soube que não deveria. Ele conhece as regras, o **pode** e **não pode**, e joga de acordo, quando aplicável. Mas ele vive no **deve**. Seus valores – honestidade, obrigação para com os outros, liderança e integridade – transcendem as regras. As regras não podem tocar no espírito do golfe, no amor dele pelo jogo, ou na pureza da sua busca por excelência. Esses valores o mantêm concentrado nas metas superiores.

O que também me surpreende é que, como esporte individual que é o golfe, Toms não separa seu sucesso pessoal do universo maior da sua existência. Ele se vê unido e responsável não apenas por si mesmo e por seu interesse próprio, mas por sua família, seus fãs, seus colegas adversários, e até mesmo pelo jovem que está apenas aprendendo o esporte e talvez esteja lutando contra a tentação fácil de tentar agilizar e ignorar algumas tacadas leves. Ele sabe que, em um mundo transparente, tudo que se faz fica registrado e permanece por toda a carreira. Toms parece entender naturalmente que seu comportamento público e privado são inseparáveis, e que viver de qualquer outra maneira seria criar condições para a dissonância prosperar. Essa calma interna que considera tão essencial para a formação dos vencedores nada mais é que a consonância, a capacidade de agir em harmonia consigo mesmo. A dissonância cria tensões internas sentidas pelos outros e, assim como o livre fluxo de informações em uma sociedade transparente, tais tensões não podem ser totalmente mascaradas ou controladas. Ele serve de exemplo vivo de que a congruência externa flui da consonância interna.

No todo, David Toms parece almejar algo mais que o sucesso, algo mais que simplesmente vencer torneios. Toms luta todos os dias para preencher as sinapses entre ele e todas as outras pessoas do seu estádio pessoal, com confiança, integridade e consonância, visando ser **significativo** aos olhos daqueles que o assistem e são influenciados por suas ações, e é essa busca de significado que orienta sua jornada pela vida.

PERMANECER CONCENTRADO NO JOGO

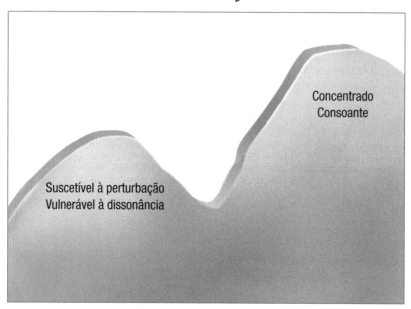

Todos enfrentamos escolhas todos os dias, assim como David Toms, diversas vezes por dia. Para criar um sucesso sustentado e duradouro também é preciso aprender a seguir os caminhos que reduzam a perturbação e a dissonância e manter claras as nossas sinapses interpessoais. Os legisladores nem sempre estão presentes e as leis nem sempre são claras. Podemos consultar orientadores e mentores, e eles podem nos orientar, mas no final do dia, todos somos abandonamos metaforicamente naquele quarto solitário de hotel tarde da noite, com ninguém mais além de nós mesmos para tomar a atitude correta. É aí que devemos procurar a consonância entre as várias vozes internas, ser orientados por aqueles que nos ajudam, e desviar daqueles que tiram nossa concentração do jogo. A orientação de que precisamos naquele momento não é circunstancial (o que faço agora?), mas, ao contrário, é fundamental (em que acredito?), e esse conhecimento fundamental deriva dos valores, das relações e da busca de algo maior que o sucesso imediato.

A capacidade de manter a mente concentrada no jogo acompanha firmemente a capacidade de usar os **comos** certos, de criar fortes sinapses entre si e os outros, e de mantê-las claras e descontaminadas em tudo que se faz. Se o desafio de viver em um mundo conectado exige estabelecer fortes conexões com os outros, só conseguiremos isso se primeiro aceitarmos o desafio de estabelecer fortes conexões conosco mesmo.

Parte III
COMO NOS COMPORTAMOS

INTRODUÇÃO: COMO FAZER O QUE FAZEMOS

Um amigo meu, desde o curso de Direito, David Ellen, é vice-presidente sênior e consultor geral da unidade de TV a cabo, telecomunicações e programações da Cablevision Systems Corporation, companhia líder em telecomunicações e entretenimento. Em 2005, conversei com David, falando um pouco da LRN e, depois dessa conversa, preparei e enviei-lhe um pacote personalizado de informações, inclusive o cartão de um dos nossos executivos de vendas responsáveis pela área de David, apresentando soluções que, eu acreditava, talvez ajudassem na jornada da Cablevision. Em meados de 2006, a Cablevision contratou um novo vice-presidente sênior de conformidade corporativa, Adam Rosman, para estabelecer e desenvolver uma nova iniciativa de governança. No curso de estabelecimento das bases do trabalho, Adam conversou com David. "David tinha boas coisas a dizer a respeito da companhia em geral", disse Adam quando nós três nos encontramos para recontar esta história, "e foi sincero e direto sobre o relacionamento dele com Dov".[1] Durante a conversa deles, David pensou no trabalho que estávamos realizando na LRN, e entregou a Adam o pacote que eu havia lhe mandado um ano atrás.

Recomendado por David, Adam ligou para mim e deixou um recado com minha assistente temporária, e, por alguma razão, o recado não chegou até mim. "Quando não tive retorno, achei que isso transmitia uma má impressão da companhia", disse Adam, deixando claro que ele pensou coisas bem piores. Mesmo assim, ficou impressionado com o material que eu havia reunido especificamente para eles, e havia a recomendação de David, assim tomou uma segunda iniciativa e deixou um recado para o representante do cartão anexado no pacote. "Ninguém em sã consciência faria aquilo", disse Adam, "Sem a recomendação extra de David, provavelmente não teria voltado a ligar". Há muitos interessados em fazer negócios com a Cablevision, e Adam está acostumado receber retorno de suas ligações.

Mas novamente, ninguém entrou em contato. No intervalo entre quando enviei a David aquele material e quando Adam ligou pela segunda vez, aquele executivo de vendas saiu da companhia. Por causa de uma pequena falha tecnológica, a caixa de mensagem de voz dele nunca foi desativada e redirecionada (outro exemplo de como a tecnologia tanto nos conecta quanto nos desconecta).

Alguns meses depois, David casualmente encontrou Adam, e perguntou de passagem do resultado da nossa conversa. Para seu espanto, Adam disse que, apesar de ter deixado alguns recados, jamais havia recebido retorno de suas chamadas o que, francamente, deixava-o espantado. "Isso é inconcebível", disse David. "Não faz nenhum sentido. Eu disse a Adam, 'Deve haver algo errado. Isso não é típico do Dov. Você deve lhe dar outra chance'".[2] A forte reação de David impressionou Adam. Algumas semanas depois, Adam encontrou em uma conferência Chris Kartchner, um dos meus colegas da LRN. Por causa do comentário de David, ele se aproximou de Chris e contou-lhe o que havia acontecido. "Ele ficou mortificado", disse Adam. "Alguns dias depois, ele procurou se informar e explicou que eles descobriram o recado não retornado na caixa de mensagens desativada. Ele soube lidar com minha irritação no assunto".

Quando tomei conhecimento, imediatamente liguei para David pedindo desculpas. Adam Rosman havia basicamente descartado a LRN quando suas ligações não foram retornadas, e não o culpo por isso. Como deve ter sido estranho parecer ser ignorado e desrespeitado por uma companhia cujo trabalho seria ajudar os outros a acertar nos **comos**. Embora minha conversa inicial com David Ellen tenha iniciado uma "ola" de interesse perpetuada pelo contato inicial de Adam, nossos descuidos a interromperam, aniquilando-a. Erramos nos **comos**.

Qualquer outra colaboração possível entre nós teria terminado ali mesmo, mas havia algumas forças poderosas atuando nessa interação pequena, mas comum. A primeira eram a reputação e a confiança criadas ao longo dos anos entre mim e David. Ele sabia da máxima importância que eu dava em acertar nos **comos**. Essa reputação nos valeu uma segunda chance. "Não foi o simples benefício da dúvida que você concede às companhias", David me contou. "No curso normal das coisas, você liga uma ou duas vezes e segue adiante. São pessoas demais interessadas nos nossos negócios para perder tempo com aqueles que parecem não demonstrar o mesmo interesse". A segunda força estava nos **comos** entre David e Adam. David foi transparente a respeito do nosso antigo relacionamento quando nos recomendou pela primeira vez a Adam como companhia que ele deveria realmente conhecer, e igualmente enfático sobre o fato na sua reação imediata quando soube das nossas falhas. Adam sentiu que David realmente acreditava que seríamos uma companhia que a Cablevision deveria conhecer melhor. A terceira força, evidentemente, foi a perseverança e a integridade de Adam na busca da companhia certa para ajudar a Cablevision.

Quando Adam conheceu Chris na conferência, ficou impressionado com o modo como este imediatamente assumiu a situação, descobriu a falha de comunicação e deixou claro que aquilo estava totalmente fora das características nas quais acreditávamos como companhia. Chris foi capaz de restaurar a reputação que havia sido arranhada. Nos meses subsequentes, a Cablevision conduziu um processo de seleção durante o qual nos foi dada total e sincera consideração nos méritos do que tínhamos a oferecer. No fim, a empresa selecionou um dos nossos concorrentes que considerou mais adequado para atender às necessidades dela no momento. Mas acredito termos construído um relacionamento sólido e confiável e, conforme a evolução das necessidades deles, creio na continuidade do nosso diálogo.

Um átimo. Uma falha técnica. Em um universo hiperconectado, onde o fator de expectativa de resposta é quase instantâneo, esses átimos podem significar a diferença entre o sucesso sustentado permanente e a procura de outro emprego. De mim a David, de David a Adam, de Adam de volta a David, de Adam a Chris: para prosperar nos negócios hoje, esses são os tipos de sinapses interpessoais que devem ser fortalecidos e expandidos. Esse é o tipo de "ola" que devemos criar todos os dias. A nossa continua porque, apesar do "incidente da roupa" quase nos ter aniquilado, nossas sinapses foram preenchidas com algumas forças poderosas.

A estrutura do entendimento começa na mente, no verdadeiro processo químico que preenche as sinapses entre os neurônios ativos no nosso cérebro, na maneira como se escolhe enxergar os fatos e as interações, e na linguagem escolhida para elaborar os pensamentos. À medida que começamos a enxergar as conexões e a conexidade do mundo ao nosso redor à luz do **como**, começamos a procurar maneiras de atuar com essas conexões, de afetá-las de forma sólida e produtiva. Esta parte analisa os **como** do comportamento, a maneira de nos conduzir em um universo conectado em rede mundial: com transparência, confiança e reputação.

CAPÍTULO 7

Ser Transparente

"A luz do Sol é o melhor desinfetante."
– Louis Brandeis, juiz da Suprema Corte Norte-Americana

Durante anos, a comunidade ciclística considerou as travas fabricadas pela Kryptonite, hoje divisão da Ingersoll Rand, padrão máximo em termos de segurança para bicicletas. Em 2001, a revista especializada *Bicycling* trouxe como destaque editorial a trava *New York 3000*, afirmando, "A empresa que inventou a trava em 'U' jamais desiste de melhorar o padrão na prevenção de roubos . . . para quem quer paz de espírito na proteção do seu orgulho e prazer esse é o patamar máximo."[1] A Kryptonite comercializava presunçosamente os dispositivos em formato de "U" como "as travas mais resistentes para um mundo resistente".[2] Então, em 2004, apareceu Chris Brennen.

Brennen, ciclista entusiasta de 25 anos, escrevia regularmente na página eletrônica de um pequeno grupo de fãs do ciclismo e, em 12 de setembro, escreveu um breve comentário afirmando que as famosas travas invioláveis da Kryptonite podiam ser abertas por qualquer pessoa com uma caneta *BIC* de apenas 10 centavos e em poucos segundos.[3] Quatorze horas depois do primeiro comentário de Brennen, outro usuário divulgou um vídeo usando as instruções de Brennen para demonstrar a rapidez e facilidade com que conseguia corromper o carro-chefe da Kryptonite. O impacto foi impressionante. Os detalhes da falha do produto atravessaram o planeta em horas. Dois dias depois da primeira divulgação de Brennen, mais de 11 mil pessoas haviam visitado os debates da discussão e 40 mil, carregado o vídeo. No início da crise, usuários conscienciosos do fórum contataram o gerente de relações públicas da Kryptonite para alertar a companhia sobre a falha crítica do produto; a empresa havia construído uma lealdade fantástica ao longo dos anos, e os donos dessas travas queriam ajudar a Kryptonite a proteger suas bicicletas antes que ladrões espertos descobrissem a falha. O que fez a Kryptonite? Pouco. Tratavam-se, afinal, de apenas alguns malucos virtuais. Mas em *blogs* e outros fóruns eletrônicos vinculados àquele grupo, a falha foi amplamente divulgada. Depois de uma semana, os números saltaram para 340 mil visitantes e três milhões de carregamento do vídeo.[4] Pior ainda, o *The Boston Globe*, o *The New York Times* e a Associated Press agarraram a história e quase instantaneamente transformaram o que anos atrás talvez tivesse sido apenas um pequeno incidente, porém controlável, em um golpe de vários milhões de dólares na reputação da Kryptonite. Quando a Kryptonite veio com a resposta definitiva dez dias depois, a empresa estava no meio de um dos primeiros desastres registrados de relações públicas de grandes proporções disseminados virtualmente. Toda a sua marca promissora, formada em anos de trabalho, estava arruinada.

Patricia Swann, professora assistente de relações públicas da Utica College, estuda esse fenômeno, conhecido como **contágio motivado por preocupação**, e publicou um trabalho sobre a derrocada da Kryptonite. "A decisão da Kryptonite de não responder motivou ainda mais os debatedores do fórum, por causa do crescente medo de que a companhia ignorasse as preocupações deles a menos que muitas pessoas reclamassem", diz Swann. "A Internet mudou completamente as regras do jogo. Costumava-se levar alguns dias, ou, pelo menos, 24 horas, para preparar uma resposta para algo desse tipo. Hoje, tudo se espalha por toda parte, rapidamente como bala perdida. É impossível controlar a história".[5]

A sociedade da mídia de massa do século XX foi construída baseada no modelo de comunicação discursiva descendente. A informação fluía por canais centralizados e era facilmente contida e aproveitada. Assim como sugere Swann, havia tempo para controlar a história. Organizações poderosas, sociedades poderosas e pessoas poderosas eram baseadas nessa estrutura de informação vertical. Hoje, considere o que se segue, um efeito cumulativo eloquente do mundo como agora o conhecemos, relatado em maio de 2006 por Kevin Kelly na *The New York Times Magazine:*

> Desde a época das tábuas de barro sumérias até hoje, o homem "publicou" pelo menos 32 milhões de livros, 750 milhões de artigos e ensaios, 25 milhões de músicas, 500 milhões de imagens, 500 mil filmes, três milhões de vídeos, programas de TV e curta metragens e 100 bilhões de páginas eletrônicas . . . Quando totalmente digitalizado, o lote inteiro poderá ser compactado (nos níveis tecnológicos atuais) em 50 discos rígidos de um *petabyte*. Hoje é necessário um prédio do tamanho aproximado de uma biblioteca municipal para armazenar 50 *petabytes*. Com a tecnologia do futuro, tudo caberá no seu *iPod*.[6]

Conhecimento é poder. Esse antigo adágio é tão verdadeiro hoje quanto era quando o filósofo Francis Bacon o pronunciou pela primeira vez no século XVII. Quando o conhecimento – disponibilizado por esse acesso sem precedentes à informação – era controlável, aqueles que o controlavam acumulavam poder e tornavam-se líderes. Agora que a informação é praticamente incontrolável, o poder passou para aqueles que a compartilham. Precisamos nos adaptar para tirar proveito das novas realidades.

Discutimos o empenho das empresas no século XX, remodelando-se para lucrar com as potencialidades e eficácia do universo do livre fluxo de informações conectado em rede mundial. Mais pessoas em mais locais conseguem colaborar com liberdade, incentivando a inovação e a invenção. Existe menos disparidade entre o topo e a base da organização, portanto as relações corporativas cada vez mais se transformam em colaborações horizontais entre iguais. Aptidões e hábitos que nos ajudaram a prosperar em hierarquias verticais descendentes são menos vitais nas redes de colaboração. O líder enérgico, porém silencioso, o bajulador do eterno "sim" e o vendedor insistente estão rapidamente se transformando em relíquias do antigo mundo. Não se consegue mais criar uma "ola", aquela imagem sólida da iniciativa fluindo irrestritamente na organização, apenas tendo o título mais importante no estádio. Hoje é necessário um conjunto diferente de aptidões, competência para criar fortes sinapses interpessoais capaz de estabelecer contato por todas essas redes horizontais e reunir pessoas em torno de ideias e iniciativas.

À medida que o mundo passa do modelo vertical para o horizontal em que cada um contribui para o livre fluxo de ideias, há abertura e mais transparência. A sociedade da informação é uma sociedade dialógica, baseada no compartilhamento interativo de informações entre partes mutuamente interessadas. Com o acesso nivelado às informações, mais pessoas atuam informadas, lição aprendida pela Kryptonite da forma mais dolorosa. E, embora ela acabasse conseguindo restaurar os danos à sua reputação recolhendo e remodelando o produto, no universo da informação, a Kryptonite descobriu que está mais difícil se esconder da verdade. Tudo que fazemos, dizemos ou representamos pode ser verificado ou desmentido fácil e relativamente barato. Enquanto o menosprezo e a letargia da Kryptonite serviram de grande espetáculo público, também servem de exemplo de um milhão de pequenas interações que ocorrem todos os dias nos negócios. Um vendedor fornece uma informação a um possível cliente em Chicago, e outra diferente em Phoenix, acreditando que ela jamais será comparada ou verificada. Você dá à sua chefe uma informação a respeito da sua viagem de trabalho, esquecendo que a facilidade dela de acessar seus recibos de despesas podem desmenti-lo. Um candidato a um emprego exagera na formação universitária jamais obtida, e é facilmente descoberto com a verificação das referências realizada por 10 dólares.

A transparência – nova condição mundial que nos permite enxergar através do meio para chegar à essência da mensagem – modifica fundamentalmente quase qualquer forma de condução da vida pública (e privada), demandando um novo conjunto de **comos** para quem realmente deseja prosperar. Para entender essas mudanças, é necessário considerar dois tipos de transparência: a tecnológica e a interpessoal. A **transparência tecnológica** descreve o estado permanente de evolução do mundo conectado em rede, a transparência que acontece **conosco** – a transparência como substantivo, por assim dizer. Essas são as circunstâncias nas quais a Kryptonite ficou presa. A **transparência interpessoal** está centrada no domínio do **como** fazer o que fazemos – a transparência como ação, como maneira de ser, como o verbo **ser transparente**. Essa é a transparência ativa usada nas nossas interações com os outros. Essas duas formas de transparência mantêm uma simbiose, cada uma alimentando a outra com sinergia. A questão suscitada ao avaliar os requisitos necessários para prosperar no mundo conectado em rede mundial seria: como suplantar o medo da exposição e transformar essas novas realidades em novas habilidades e comportamentos? Como atuar com transparência proativa?

ALÉM DE REPRESENTANTES E SUBSTITUTOS

Eu estava assistindo a CNN quando o júri do julgamento do assassino Scott Peterson, um dos famosos julgamentos de maior repercussão dos últimos anos, entregou o veredicto de pena de morte. Depois do anúncio do veredicto, por acaso vi uma entrevista de um dos jurados. Quando perguntado como o júri havia chegado à decisão, o jurado afirmou que o testemunho de Amber Frye, amante de Peterson, sobre o romance extraconjugal vulgar dos dois, teve pouco a ver com a condenação por crime de assassinato da esposa e do filho ainda em gestação, mas tudo a ver com a determinação da pena de morte. O testemunho dela revelou muito do caráter e das intenções dele.[7] Essa declaração me chocou. Em terminologia jurídica, o testemunho de Frye levou à interpretação de "dolo premeditado" e "perversão da alma", e foram essas noções amorfas, impossíveis de serem provadas, as informações determinantes que o júri precisou considerar. O primeiro jurado Steve Cardosi, quando perguntado se Peterson teria se beneficiado se tivesse testemunhado no caso, disse algo simplesmente extraordinário. "Sabe, por causa do seu passado e do seu nível de honestidade", ele disse, "provavelmente teria mais se prejudicado do que beneficiado se falasse para nós, porque não acho que acreditaríamos nele mesmo se ele tivesse sido sincero".[8]

Esse fato me fez pensar em alguns outros casos famosos de alguns anos anteriores. No julgamento da empresária norte-americana especialista em estilo e decoração Martha Stewart por fraude de títulos mobiliários e obstrução da justiça, a juíza Miriam Goldman Cedarbaum analisou, para apreciar melhor a penalidade a ser aplicada depois da condenação da acusada por mentir aos investigadores, se Stewart demonstrava remorso, mas suas aparições sociais pós-condenação, em *shows* e festas de premiações no Hamptons, pouco a ajudaram.[9] Leona Helmsley, dona de uma cadeia de hotéis, exibiu atitudes negativas diante do tribunal. Sua famosa declaração "Só poucas pessoas pagam impostos" mostrou um notório desrespeito que se provou fator determinante na sua punição também.[10]

O caráter é um aspecto difícil de julgar, e, mesmo assim, julgamos regularmente o caráter das pessoas, tanto casualmente ao decidir visando nosso próprio interesse quanto em casos extremos ao decidir o destino de alguém. É uma tradição de muito tempo, bem arraigada, que mostra profundamente quem somos. A importância das consequências, do trivial ao mais horrendo, não muda os critérios adotados. Seja estudando a punição definitiva, seja dando um dólar a um pedinte na rua, o caráter, essa qualidade sutil do valor de uma pessoa, exerce papel enorme na nossa conduta com os outros.

Depois, em 2006, quando a empresa hipotecária Fannie Mae foi multada em US$ 400 milhões por irregularidades financeiras, o que ouvi no noticiário deixou claro para mim quanto o mundo havia mudado (em 2008 foi praticamente a falência e foi adquirida pelo governo dos EUA).[11] A Reuters noticiou que a enormidade da multa devia-se em grande parte ao fato de "a cultura corporativa 'arrogante e antiética' da Fannie Mae induzir os funcionários a manipularem os ganhos", e "as falhas da Fannie Mae não se restringirem à violação dos padrões contábeis e de governança corporativa, mas incluírem a excessiva exposição ao risco e a péssima gestão dos riscos também".[12] James B. Lockhart III, diretor do Office of Federal Housing Enterprise Oversight, deixou isso claro quando apareceu no *NewsHour* da PBS. "Essa companhia precisa mudar completamente sua cultura", ele afirmou. "Estamos realmente exigindo um tipo de avaliação de alto a baixo dessa companhia".[13] O que me surpreendeu foi que, se estivesse falando há três anos, Lockhart estaria dizendo algo como: "Eles não possuem controles internos adequados ou mecanismos de conformidade". Agora estava dizendo que a Fannie Mae foi examinada até o fundo da alma e foi constatado algo de podre na base, que as transgressões decorriam de uma "cultura corporativa arrogante e antiética". Habitualmente julgamos o caráter das pessoas, mas, em se tratando de companhias, isso não ocorria até muito recentemente. Não julgávamos o "caráter" de uma organização, porque não conseguíamos imputar-lhe um caráter.

Em épocas anteriores à facilidade de disponibilização quase total das informações por causa da transparência, tudo que se conseguia realmente saber a respeito do "caráter" da agência baseava-se na representatividade dos programas e procedimentos adotados. Quando as organizações se protegiam como fortalezas, controlavam muito mais o que era permitido aos agentes externos ver. Os muros eram altos, e funcionava muito bem exibir a representação nos parapeitos como bandeiras visíveis à distância. Um jurado avaliando a cumplicidade da companhia quando algum funcionário infringisse a lei tinha de presumir que, se ela havia investido pesadamente em, digamos, uma linha gratuita de denúncias, então seria honesta e zelosa. A linha gratuita de denúncias representava o autopoliciamento. Como as pessoas não conseguiam enxergar a verdade profunda da corporação, o comportamento cotidiano, tinham de escolher um substituto, um representante, algo que indicasse se ela era boa. Muitas vezes, na forma de programas ou departamentos encarregados de, por exemplo, conformidade ou segurança. Quando uma companhia como a Fannie Mae se envolvia em algum escândalo ou era acusada de práticas indevidas, sua culpabilidade era julgada com base nos programas existentes. Este era o raciocínio: assim como em todas as cidades existem alguns criminosos, em todas as organizações existem algumas maçãs podres; a cidade é julgada pelas leis e pelos esforços para erradicar o crime, e a empresa é julgada pelos programas e pelas políticas adotadas para manter as pessoas na linha. As leis municipais e os programas corporativos exerciam basicamente a mesma função nesse aspecto, representando os esforços dos líderes para acabar com o crime. Não se prende o prefeito ou penaliza a companhia pelas transgressões de seus maus funcionários. Em terminologia jurídica, isso é denominado padrão de cuidado devido. O julgamento das ações de uma organização centrado em torno de questionamentos se ela teria tomado as precauções razoáveis e medidas preventivas para se proteger contra o fato que acabou ocorrendo; será que a organização demonstrou o devido cuidado?

No Capítulo 5, exploramos a natureza das regras como representantes dos valores desejados de uma organização ou sociedade. No capitalismo da era industrial, muitos desses representantes e substitutos foram criados para todos os tipos de representações. O currículo representava o histórico profissional. Um programa de conformidade mostrava a Wall Street e aos órgãos reguladores que se estava atento aos regulamentos. O salário do último emprego representava o valor do profissional no mercado. Na era pré-transparente, representações e substituições serviam bem para apresentar as informações aos outros, e sua divulgação era seletiva para o mundo enxergá-las como os melhores indicadores do nosso valor. Tanto as companhias como as pessoas bem-sucedidas na era do capitalismo protecionista tinham boas razões para criar e gerir por meio de representantes e substitutos: eles serviam de importantes indicadores eficientes e demonstráveis. Acompanhando o indicador, ficava fácil acompanhar o andamento. Uma companhia visando melhorar sua resposta de atendimento ao cliente instituía um programa de treinamento para introduzir um conjunto de normas e padrões. Como o monitoramento e acompanhamento do real desempenho de cada um dos milhares de funcionários formados no programa eram onerosos e demorados, o índice de formação foi adotado como medida eficiente de sucesso, e a eficácia, como se sabe, foi o ópio da era industrial. Em grande parte do século XX, as representações e substituições serviam de muletas da cultura contemporânea por causa da dificuldade e do alto custo na obtenção de informações detalhadas em tempo real.

Aquela época parece coisa do passado. Pense na facilidade de ver as operações internas de uma companhia hoje comparado com apenas alguns anos atrás. Salas de bate-papo, fóruns ao vivo, acesso instantâneo aos relatórios financeiros e às transações, cobertura jornalística mundial – quase nada fica sem ser relatado ou passa despercebido em algum lugar virtual, onde possa ser carregado rapidamente. Conheço um advogado que trabalha com companhias para reduzir o perfil de risco nas áreas de recursos humanos e segurança do trabalhador, e, explicando como processa os casos quase imediatamente, ele disse, "Você sabe quantos discos rígidos levo embora todo mês? É a primeira coisa que faço. Simplesmente selecionamos e despejamos tudo que foi dito ou pensado sobre o caso. Ver a operação interna de uma companhia funciona simplesmente como uma intimação à distância". Em cada nível da sociedade hoje, o fácil acesso à informação mudou tanto a forma como julgamos as organizações quanto o que esperamos delas. Simplesmente implementar uma linha gratuita de denúncia não é suficiente quando é fácil pesquisar entre os funcionários para descobrir se as pessoas têm medo de usá-la ou não acreditam no seu sigilo. Cada vez mais se consegue descobrir e imputar o caráter de uma organização para avaliar suas normas, valores e práticas.

Clientes, reguladores, juízes e jurados agora começam a ver as empresas do ponto de vista do caráter. Eles prestam mais atenção em, e se preocupam mais com, a vida interna e o caráter das organizações com as quais negociam. Começam a questionar a integridade de cada companhia. **Será que ela tem caráter?** Em um ambiente como esse, só programas e representantes não são mais suficientes. Os que passam pelo julgamento na nova era da transparência examinam profundamente os programas e representantes do passado na cultura da empresa. Já acontece isso todos os dias, em quase todas as transações comerciais. As empresas globais examinam detalhadamente o funcionamento interno dos potenciais parceiros já que a confiança torna-se vital para a transparência necessária visando a abertura de novas formas de colaboração. Os melhores e mais brilhantes profissionais com MBA admitem se dispor a abrir mão de remuneração substancial para trabalhar em companhias com reputação de tratamento justo e cultura de valorização do indivíduo. De acordo com um recente estudo da LRN, uma maioria esmagadora de funcionários – **94%** – considera fundamental que a companhia para a qual trabalha tenha um sólido compromisso com os valores. Na realidade, 82% afirmaram preferir receber menos e trabalhar para uma companhia direcionada aos valores a receber mais em uma companhia com compromisso questionável.[14] As empresas em geral têm ficado muito mais precisas e concretas em questões – como conduta, caráter e reputação – antes consideradas "sutis".

Logo esses julgamentos ficarão difundidos e arraigados, afetando toda avaliação das possibilidades de êxito de uma companhia e sua capacidade de desempenho no mercado. As pessoas irão perguntar habitualmente:

Será que a cultura dessa companhia é flexível e ágil, ou cheia de atrito e dissonância?

Será que os componentes de equipes têm liberdade para criar e desempenhar no nível máximo ou são atrapalhados por um sistema de controle e uma cultura que desencorajam seus melhores esforços?

Será que é uma empresa de talentos alinhados com crenças, atitudes e aspirações compartilhadas, ou de interesses concorrentes com manobras visando vantagem interna?

A prática do cuidado devido irá assumir dimensões novas e ampliadas, com essas questões antes sutis, pesando tanto na composição quanto nos balancetes e ativos.

VEJO VC, VC ME VÊ

A transparência tecnológica levantou o véu das representações e substituições, expondo, como nunca, as pessoas e organizações. Essa nova vulnerabilidade tem profundos desdobramentos em como fazer o que fazemos. Na tentativa de quantificar a influência da transparência dos **comos** nos negócios, o professor James A. Brickley do curso de pós-graduação em Administração de Empresas William E. Simon da Universidade de Rochester considerou uma típica negociação entre um comprador e um vendedor. O vendedor firma um acordo de compra de certo produto, digamos, um composto químico, de certa alta qualidade. Para o vendedor, fica mais caro produzir um composto de alta qualidade do que de baixa qualidade. Se as circunstâncias mundiais forem tais que a pureza do composto possa ser testada, de forma fácil e barata, antes da transação, o comprador provavelmente o fará, portanto o vendedor, nessas condições, tem pouco incentivo para trapacear na qualidade. O vendedor seria facilmente descoberto e perderia o acordo. Se o teste for complicado ou oneroso, no entanto, a situação fica mais ardilosa. O vendedor ganha um forte incentivo para trapacear na qualidade, principalmente se o ganho decorrente da trapaça superar os custos esperados da encomenda acordada.[15] Em outras palavras, se custar 10 dólares para fabricar um produto com a qualidade prometida e cinco dólares para produzir um de qualidade inferior, o vendedor ganhará cinco dólares se tiver razoável certeza de não ser pego antes de concretizar o negócio.

O teste, nesse exemplo, é informação, e o fácil acesso à informação muda tudo. Em um mundo não transparente, geralmente ficava muito mais fácil o vendedor enxergar cada acordo como transação individual, com poucos desdobramentos nas futuras vendas. Do lado do comprador, ficava muito mais difícil para a mão direita saber o que a esquerda estava fazendo (ou seja, obter informações sobre o vendedor ou o produto). Assim os custos da trapaça eram baixos e facilmente determináveis. Quanto mais rápida, disseminada e barata for a distribuição da informação sobre um produto, mais altos são os custos permanentes da trapaça. A trapaça é rapidamente descoberta e divulgada, provocando prejuízo de longo prazo na reputação e nas vendas. Além disso, a cultura do alto nível de informação cria expectativa de alto nível de informação. Quando o vendedor não consegue oferecer garantias substanciais e razoáveis de um produto, o comprador quer pagar menos para se proteger contra a incerteza maior. **A real existência de informação barata e fácil no mercado altera os custos envolvidos em cada transação, incentivando mais a atitude correta do vendedor**.

Embora a análise de Brickley use a qualidade como variável, no caso, não se trata da qualidade como processo; trata-se da confiança e da transparência, usar os **comos** certos. Seja contratando o melhor talento, negociando com um potencial cliente ou defendendo-se de alguma reclamação trabalhista, mais que nunca, as empresas hoje têm de responder pela sua cultura tanto nas cortes judiciais como nos tribunais da opinião pública. Hoje, a companhia não é mais julgada exclusivamente pela qualidade dos **o quês**, mas também dos **comos**. Não basta mais fabricar tênis de boa qualidade se a empresa explorar trabalhadores no Vietnã para isso. Não basta mais pagar um bom salário se a organização institui políticas que fazem os funcionários se sentirem desvalorizados. Não basta mais cumprir as promessas 80% do tempo quando o concorrente as cumpre 100% do tempo.

Se a companhia for um estádio e seus trabalhadores o lotarem, os portões de entrada permanecem totalmente escancarados e, hoje, qualquer um pode entrar, consultar e ver como a empresa cria "ola". Pode-se ver quem está liderando e como está liderando, quem está ou não acompanhando, se o setor 38 se comunica com o setor 52 e o que falam. Hoje, o modo como o mundo exterior enxerga a companhia mudou irrevogavelmente, e essa nova estrutura de entendimento tem profundas implicações na forma de condução dos negócios no século XXI. Hoje, **como** fazer **o que** se faz conta muito.

O MERCADO É QUE DEFINE

Em nenhum outro lugar do universo conectado em rede mundial, as mudanças no nosso relacionamento com os representantes e substitutos ficam tão claras quanto no universo publicitário. A publicidade e o *marketing* também são representantes, representações iniciais dos melhores esforços de uma empresa para comunicar-se com seus clientes. Retornando aos primórdios do rádio e da televisão, quando os publicitários se libertaram do material impresso e começaram a empregar imagem e som, os anúncios consistiam, de modo geral, em abordagens dialógicas com o cliente, uma tentativa de reproduzir a experiência cotidiana. Pessoas conversando entre si sobre diversos assuntos, e as que parecessem mais sinceras, mais populares e realistas, muitas vezes faziam mais sucesso. Ronald Reagan, por exemplo, na época, ator de filmes menores, falava no rádio em tom de voz descontraído como a pasta de limpeza Boraxo Waterless Hand Cleanser limpava tudo, desde tinta até graxa das suas mãos. "Todo trabalhador comprova", ele dizia, "e você também irá comprovar".[16] As mensagens eram simples, informativas e diretas.

Com a popularização da televisão, as pessoas começaram a perceber a força da imagem e, assim, a manipulá-la. Década após década, nos 40 anos seguintes, os anúncios começaram a ficar mais inteligentes; as imagens, mais sofisticadas e manipuladas; e os comerciais, mais frequentes e arrasadores à medida que os marqueteiros tentavam aperfeiçoar os métodos de definição da identidade do produto no mercado. A era dos famosos conhecidos evoluiu transformando-se no universo dos ícones abstratos. O *cowboy* da Marlboro, o coronel Sanders, Joe Camel e até personagens da vida real, como Michael Jordan na Nike, tornaram-se símbolos evoluídos e sofisticados, representantes dos sentimentos e das aspirações do consumidor. A meta do marqueteiro era a criação de uma forte "imagem da marca", vindo a "conscientização da marca", logo em seguida. Por volta da década de 1990, a mensagem da marca ficou tão abstrata e sofisticada que o produto em si muitas vezes perdia a importância diante da imagem ou das associações que o marqueteiro mais talentoso conseguia incorporar nela.

O universo conectado está mudando tudo isso. Com o fácil acesso à informação, o cliente está mais atento hoje; ele consegue facilmente buscar além da imagem e chegar à verdade do produto de uma empresa. Nos EUA, o marqueteiro da indústria cinematográfica foi um dos primeiros a perceber isso. Há 25 anos, o principal filme do ano era exibido inicialmente em algumas salas de Nova York e Los Angeles e, depois, sobrevivia com o elogio boca-a-boca e da crítica (ela própria substituta do público), sendo exibido, a cada semana, em mais partes do país e, depois, no mercado estrangeiro. De acordo com o *Los Angeles Times*, as principais bilheterias rendiam apenas 12% do faturamento total bruto na primeira semana de lançamento.[17] Com o crescimento dos cinemas com várias salas de exibição e a ampliação do lançamento, os estúdios conseguiram inundar o mercado com seu produto, lançando o filme simultaneamente em milhares de telas em circuito mundial. Como apenas a crítica e algumas poucas platéias de teste no país efetivamente viam o filme antes do lançamento, os marqueteiros da indústria cinematográfica conseguiam controlar quase totalmente a formação da marca de um filme, e nenhuma indústria conseguia definir melhor seus produtos no mercado. O poder de Hollywood passou dos criadores aos marqueteiros do filme. Hoje, os grandes filmes rotineiramente conseguem um terço do faturamento total bruto na primeira semana de exibição, basicamente faturando com o *marketing* antes que a publicidade boca-a-boca possa corrigir a percepção do mercado.

Mas juntos vieram as páginas eletrônicas, como o aintitcool.com (ou Ain't It Cool News), acompanhados de *blogs* e grupos de discussões para aqueles que amam falar de cinema. Espectadores de uma platéia de teste em Nova Jersey que assistem ao *trailer* de um filme ainda em produção podem discutir virtualmente o que viram. Mesmo filmes recém-lançados podem de repente ser amplamente discutidos. O marqueteiro perdeu o controle da mensagem. "A tecnologia da comunicação instantânea modificou completamente o papel do boca-a-boca", afirmou recentemente Nancy Utley, superintendente operacional da Fox Searchlight Pictures, ao *Los Angeles Times*.[18] "O boca-a-boca costumava ficar confinado nas cidades. Hoje, graças à mensagem eletrônica e à mensagem de texto, atravessa continentes. Houve uma revolução no significado do boca-a-boca". Uma recente pesquisa do *Los Angeles Times* confirma essa ideia, revelando que 40% dos adolescentes e jovens adultos (a maior porcentagem da audiência do cinema e a geração mais conectada) trocam opiniões durante a exibição, logo depois ou no mesmo dia em que assistem ao filme. A comunicação instantânea propicia a formação de um consenso nacional quase imediato a respeito de um filme, criando um sucesso instantâneo ou transformando-o em um breve lançamento em DVD quase antes de terminar a primeira semana de exibição. Em outras palavras, o produto não é mais definido no mercado; o mercado é que o define.

Essa tendência vem invadindo outras áreas da sociedade também. Na página eletrônica do Yelp, que usa pessoas reais e críticos reais ("*Real People. Real Reviews*"), está se formando uma comunidade de críticos amadores que entram no sistema e compartilham suas impressões imediatas de tudo, desde carrinhos de cachorro-quente a restaurantes cinco estrelas até a loja de materiais de construção da esquina. Quando foi lançado em São Francisco no final de 2004, seu impacto foi quase instantâneo. Ao contrário dos críticos anônimos dos guias Zagat e Michelin, os *yelpers* divulgam seus perfis detalhados e se unem em torno de interesses comuns. Essa transparência estabelece uma confiança quase imediata, e um "*bom yelp*" consegue fazer o sistema funcionar quase 24 horas por dia. "Cada transação do cliente não é mais uma interação isolada", declarou o analista de mídia Ken Doctor da Outsell Inc. ao *Los Angeles Times*.[19] Qualquer cliente que passa por uma experiência extraordinária ou horrível agora tem, logo ao sair do local, um megafone para contar ao mundo se teve uma experiência extraordinária ou horrível, justa ou injusta". Em vez de ser beneficiários ou vítimas passivas dessa nova tendência, as empresas inteligentes estão aproveitando as críticas e opiniões para melhorar imediatamente seus produtos. "Isso mudou o meu modo de administrar os negócios porque recebo críticas e opiniões imediatamente", afirmou o *chef* e dono do restaurante *Oola*, Ola Fendert. "Antes, costumava descobrir tarde demais, quando o movimento ia diminuindo. Agora, é quase instantâneo: alguma coisa acontece, no dia seguinte a gente vê no Yelp, e pode resolver o problema". (O mais interessante é que, como sinal ainda mais forte de estarmos atingindo a massa crítica dessas tendências, essas duas matérias do *Los Angeles Times* – sobre o filme e o Yelp – foram publicadas no jornal do mesmo dia, 25 de agosto de 2006, em seções completamente diferentes, editadas por pessoas diferentes)

A explicação fácil para a tendência à crescente eficácia do boca-a-boca seria supor que as pessoas estão simplesmente saturadas e céticas com as mensagens corporativas e a grande mídia. Afinal, por que alguém deveria acreditar em um sujeito de Berkeley e não em um crítico do *San Francisco Chronicle* ou em sua própria experiência assistindo ao *trailer* de um filme? Mas, analisando mais a fundo, a razão é bem mais complexa. Os representantes tinham êxito na função de mensageiros apenas quando os receptores das mensagens adotavam-nas com confiança e não tinham outras fontes de informação com as quais compará-las. Em um mundo em que todos estão conectados e possuem acesso imediato a uma enxurrada de informações, as pessoas conseguem enxergar além dos representantes para chegar à verdade. Por que aceitar a afirmação da Hasbro de que seus filhos ficarão maravilhados com o novo brinquedo quando se pode pesquisar ao vivo e ler opiniões de outros pais que já compraram o produto, descrevendo as reais experiências dos filhos? Em uma época em que a lacuna da certeza é grande, as pessoas anseiam por impressões mais imediatas e autênticas antes de abrir mão do seu suado dinheiro.

Organizações na margem de liderança hoje sabem disso, e estão investindo o dinheiro do *marketing* onde fica a boca dos outros. A cada ano, elas investem cada vez menos em grandes campanhas de anúncios na TV e cada vez mais na abordagem direta propiciada pela nova mídia. Em 2005, os anunciantes gastaram cerca de US$ 47,4 bilhões em publicidade nos jornais, de acordo com a Newspaper Association of America. Esse montante é comparável aos US$ 46,2 bilhões na publicidade televisiva e US$ 52,2 bilhões em anúncios de mala direta. Esses mercados de mídia de massa estão vendo, ano a ano, crescimento ínfimo de cerca de 5%. Por comparação, a projeção do gasto ano a ano em publicidade interativa direcionada – *marketing* interativo – chega a praticamente 30%, de US$ 9,7 bilhões a mais de US$ 12,5 bilhões, de acordo com estimativas do setor.[20] Companhias inteligentes estão investindo cada vez mais no *marketing* voltado aos esforços para se conectar mais intimamente com o mercado – esforços como o *marketing* boca-a-boca, definido pela Word of Mouth Marketing Association (WOMMA) como "dar às pessoas o motivo para conversar a respeito dos seus produtos e serviços, e promover a ocorrência dessas conversas". A WOMMA une esforços de vanguarda para aperfeiçoar "a arte e a ciência de estabelecer a comunicação ativa, mutuamente benéfica entre consumidor e consumidor e entre consumidor e comerciante".[21]

Estratégias novas e inovadoras para atingir o mercado parecem surgir todo dia. O **marketing viral** enfoca a criação de entretenimento ou mensagens informativas para serem repassadas pelo cliente em dimensão exponencial, muitas vezes ao vivo ou por mensagem eletrônica. No **marketing de evangelização**, cultivam-se defensores ou voluntários, incentivados a assumir papel de liderança na disseminação ativa da palavra em nome de alguma companhia. O **marketing de causa** envolve o apoio a causas sociais para obter respeito e suporte de pessoas extremamente sensíveis às causas. No **marketing móvel**, usa-se o celular para atingir uma ampla gama de objetivos – desde sorteios do código premiado até respostas diretas, gestão de atendimento ao cliente e criação da marca – visando uma comunicação bi direcional com clientes novos ou existentes, "levando a marca até para dentro do bolso".[22] O mais interessante é que essas abordagens mais diretas e pessoais são, em muitos aspectos, um retorno aos primórdios da mídia, quando se recebia mensagens de pessoas nas quais se confiava, como Ronald Reagan.

A publicidade da mídia de massa está perdendo a eficácia porque as pessoas não acreditam nela (a era da informação tem proporcionado amplo acesso a fatos objetivos que desmentem as declarações anunciadas) e, acima de tudo, não precisam mais tanto dela para decidir na hora da compra. A pesquisa anual de governança de 2005 do Gallup mostrou que "[Apenas] metade dos norte-americanos afirma acreditar que o noticiário divulgado na mídia de massa seja completo, preciso e justo", substancialmente menos que o pico em 1976, quando praticamente três quartos acreditavam.[23] Um estudo recente realizado pela Intelliseek mostra que 88% dos clientes acreditam na publicidade boca-a-boca, mas apenas 56% consideram confiáveis os anúncios de jornal, e 47% afirmam o mesmo da televisão e do rádio (27% acreditam nos "especialistas", e 8%, nas celebridades, por insignificante que pareça).[24] "A mudança está ocorrendo porque os clientes estão bem céticos", disse Linda Wolf, ex-presidente e CEO do gigante da publicidade Leo Burnett Worldwide, recentemente em um café da manhã em Chicago. Durante sua gestão na Burnett, Wolf supervisionava as operações globais espalhadas por mais de 80 países e mais de 200 unidades. Ela é amplamente considerada uma das executivas mais influentes do mundo publicitário. "Eles estão mais exigentes nas suas interações com as marcas e os produtos. Baseados nessa exigência conseguem enxergar a falsidade no que está acontecendo. São profundos conhecedores da autenticidade, tão experientes e tão sofisticados, e acho que as pessoas estão procurando mais autenticidade".

O novo desafio do marqueteiro é encontrar formas de promover a **impressão de autenticidade** dos seus potenciais consumidores. Impressões autênticas decorrem de interações humanas em que as pessoas usam os **comos** certos, sem tentar manipular a mensagem ou o mercado. "O mundo está tão transparente hoje que um instante em que se deixa de agir com honestidade e autenticidade com aquilo que representa, o dano pode ser bem rápido", afirmou Wolf. "Seus clientes sentem-se como se tivessem sido enganados ou ludibriados; realmente se sentem como se tivessem sido traídos. Quando uma empresa faz realmente um bom trabalho para estabelecer a confiança nessa relação e, depois, faz algo que a estremece, a sensação de traição é bem intensa."

O *marketing* hoje é uma questão de criar "olas" no mercado, estabelecendo um contato de forma direta, transparente e interativa com o consumidor. É o novo **como** da mensagem da marca. Pode parecer que a infiltração, em casas noturnas, de pessoas contratadas para anonimamente falar bem do produto seja outra forma de manipulação para transmitir a mensagem altamente elaborada, mas, surpreendentemente, um estudo recente mostrou que marqueteiros de evangelização que se **identificaram** como divulgadores contratados àqueles com quem tiveram contato, na realidade, deixaram uma impressão mais forte do que aqueles que permaneceram anônimos. Em outras palavras, mesmo no universo publicitário da mensagem altamente elaborada, aqueles que se comunicam pessoalmente **e com transparência** no mercado se beneficiam mais do que aqueles que buscam manipulá-lo de forma velada. Se a mensagem for uma representação, o representante ativamente transparente irá vencer.

O acesso à informação de massa mudou radicalmente a maneira de perceber as mensagens recebidas. A transparência tecnológica torna obsoleto viver, governar e representar a si mesmo por meio de representações e substituições. "Hoje, ganhar clientes é uma questão de criar relações autênticas e relevantes", disse Wolf. "A extrema fragmentação no universo da mídia hoje cria a oportunidade de alcançar claramente clientes diferentes baseados em seus interesses e desejos, e construir relações desse tipo. É uma época bem instigante. É possível criar uma relação muito mais rica e individualizada, uma relação muito mais profunda com aqueles que acreditam mais na sua marca, e trabalhar com eles."

Comunicar-se com o mercado não é mais propagar a imagem da marca ou a conscientização da marca; é expressar a **promessa da marca**, uma relação direta entre empresa e mercado. A promessa da marca é mais profunda que a imagem, ela abrange aquilo que você representa, as expectativas que você determina para si, e como cumpre essa promessa com ações e comportamentos. "Trata-se exclusivamente de confiança", disse Wolf. "Confiança é o segredo, e as marcas que consistentemente representam algo criam essa confiança e criam essa credibilidade e criam essa relação. Quando o fazem, criam uma relação bem sólida, muito difícil de ser quebrada".

Tudo isso aponta para uma conclusão simples: o que você diz de si agora dá lugar a como cria uma experiência gratificante e confiável para o cliente. Qual o segredo disso? "Todos precisamos ser claros e transparentes naquilo que representamos, e naquilo que representamos para a nossa companhia", afirmou Wolf encerrando a conversa. "Essa clareza será imediatamente compreendida por qualquer cliente que seja. Essa é a simplicidade disso."

PEDIR DESCULPAS

O medo de se expor é uma preocupação real em um mundo transparente. Contudo, transparência não é apenas um **o quê**, algo que acontece **com** você; é um **como** que qualquer grupo ou indivíduo pode adotar e dominar.

Para ver como isso pode funcionar, digo, "Peço desculpas".

São palavras difíceis de dizer, principalmente no contexto dos negócios. E, mesmo assim, há muitos pedidos de desculpa por aí. Em junho de 2005, a Wachovia Corporation, sediada em Charlotte, Carolina do Norte, quarto maior banco norte-americano, divulgou um pedido formal de desculpas a todos os norte-americanos, e principalmente aos negros, porque uma pesquisa histórica promovida pela instituição revelou que dois de seus bancos antecessores foram proprietários de escravos antes da Guerra Civil.[25] "Se, por um lado, não podemos de maneira nenhuma reparar os danos do passado, podemos aprender com eles e continuar a promover um melhor entendimento da história afro-americana, incluindo as lutas, os triunfos e as contribuições peculiares dos afro-americanos, e seu papel importante no passado e no presente dos EUA", declarou a organização.[26] Também no início de 2005, outro grande banco norte-americano, o JPMorgan Chase & Co., fez o mesmo, admitindo que dois de seus bancos predecessores aceitaram milhares de escravos como garantia de empréstimo. O banco pediu desculpas por contribuir para "uma instituição brutal e injusta".[27] Quando estouraram os escândalos de alteração das datas de privilégio de opções de ações em meados de 2006, a Apple Computer conduziu uma investigação interna de três meses e divulgou os resultados na página eletrônica da empresa. Ela incluía um pedido de desculpas do cofundador e CEO Steve Jobs, assumindo total responsabilidade pelo problema. "Peço desculpas aos acionistas e funcionários da Apple por esses problemas, que aconteceram sob a minha gestão. Eles estão completamente fora do comportamento da Apple", afirmou Jobs. "Agora trabalharemos para resolver os demais problemas o mais rápido possível e tomar as devidas providências para garantir que isso jamais se repita".[28]

Em um gesto dramático destacando sua sensibilidade para com os valores de outras culturas, o presidente e CEO do Citigroup, Charles Prince, viajou ao Japão, onde o ritual do pedido de desculpas está profundamente enraizado na cultura, e se curvou publicamente, demonstrando arrependimento pelas práticas reguladoras indevidas adotadas pela instituição naquele país.[29] Falando à Sociedade Japonesa em Nova York alguns dias depois, ele afirmou, "Tivemos alguns exemplos de pessoas pensando demais no imediatismo sem considerar a necessidade de ampliar o legado da organização . . . Essa não é a forma de operação do Citigroup, e não reflete o modo como realizamos outros negócios . . . O modo como realizamos os negócios é, no mínimo, igualmente importante à quantidade de negócios realizados".[30]

Pedir desculpas é um ato inerentemente perigoso, mas com poder latente. Pedir desculpas significa admitir a responsabilidade, disso todos nós sabemos, mas é também ceder o poder à parte prejudicada. O pedido de desculpas exige vulnerabilidade voluntariosa. É o ato máximo da transparência, que faz dele um exemplo extremamente interessante do aproveitamento, a seu favor, das novas realidades do universo hipertransparente. As desculpas sempre decorrem de algum mal cometido, e isso significa perda – perda de respeito, perda de credibilidade e perda de confiança. As desculpas, naturalmente, são corretivas; servem para atenuar danos já provocados. Quando o reconhecimento do mal cometido custa à organização receita significativa ou ao indivíduo o seu emprego, a vida ou a liberdade, a tentação de evitar esse gesto é enorme. Quando o mal já está feito, o raciocínio é este: por que se expor a assumir mais responsabilidade, admitindo o erro? O velho chavão da CIA (Central Intelligence Agency, em português Agência Central de Informações) fica ecoando na cabeça: "Não admita nada. Negue tudo. Rebata as acusações."[31] (Essa é outra relíquia da mentalidade protecionista trazida a nós por uma organização cuja finalidade primária consiste em controlar a informação). A estrutura legislativa de sociedades altamente litigiosas, no entanto, desencoraja o pedido de desculpas. As regras são elaboradas de forma a que ambos os lados neguem a responsabilidade e, então, compareçam ao tribunal, onde cada um força o outro a provar a infração. Essa foi a posição adotada pela Jenapharm no processo envolvendo os atletas olímpicos da antiga Alemanha Oriental.

Em um mundo transparente, a verdade prevalece. "Todos nós devemos reconhecer a existência, hoje, de centenas de milhares de "vigilantes" por aí que conseguem acessar o que escrevemos e o que dizemos", afirmou recentemente Robert Steele, do Poynter Institute, um grupo de jornalistas da Flórida, catalisador de ideias, ao *The San Diego Union-Tribune*. "Todos nós seremos responsabilizados mais rápido e facilmente por causa do escopo e do alcance da Internet".[32] Isso aumenta a importância da capacidade de estancar o fluxo da perda resultante de um passo mal dado, de adotar uma atitude proativa diante do erro. No Capítulo 5, vimos como o University of Michigan Hospitals and Health System, uma das instituições médicas mais respeitadas dos EUA, decidiu treinar seus médicos a pedir desculpas, reduzindo os custos dos litígios e erros médicos. Essa é uma medida importante e forte a ser considerada, mas é apenas a consequência mais importante caso se acredite que a missão da organização seja melhorar o resultado financeiro. Muito mais importante para o sucesso sustentado e duradouro daquela organização foi a restauração da confiança obtida junto à comunidade. A redução dos custos serve apenas de indicador facilmente quantificável de ganhos muitos maiores obtidos na relação com a comunidade atendida. Quanto mais a organização conseguiria acumular pela reputação ganha por sua postura ativamente transparente?

Em 2002, a TriWest Healthcare Alliance, companhia de seguro saúde que atende basicamente militares da ativa, teve roubado dois computadores portáteis dos escritórios centrais da companhia. Não eram quaisquer computadores portáteis; eles continham informações pessoais de 550 mil clientes da TriWest. Nomes, endereços, datas de nascimento, números de inscrição da previdência social e, em alguns casos infelizes, números de cartões de crédito – basicamente todo o necessário para um caso extremamente bem-sucedido de roubo de identidade – sumiram porta a fora. Na época do crime, foi o maior roubo de informações até então ocorrido nos EUA.[33] O golpe na TriWest seria potencialmente mortal. O que seria de uma companhia seguradora sem confiabilidade?

Dave McIntyre, presidente e CEO da TriWest, fez algo extraordinário. "A primeira coisa que pensei foi, 'Qual é a maneira mais rápida de contar a 550 mil pessoas que algo terrível aconteceu?'" Ele decidiu informar imediatamente os clientes atingidos e, em seguida, lançou um esforço de US$ 2 milhões para sanar o erro. A TriWest contatou os clientes prejudicados e instalou uma linha de informações gratuita para as pessoas ligarem, pedindo esclarecimentos e dirimindo as preocupações. Depois, McIntyre avançou mais um passo, dedicando-se ele próprio a ensinar tanto ao público em geral como aos colegas empresários como corrigir e evitar futuras violações de segurança desse tipo. Ele atuou tão bem, de fato, que transformou um erro monumental em prêmio de excelência recebido da Public Relations Society of America pela campanha contra o roubo de identidade.[34]

Desculpas públicas desse tipo justificadamente se tornam alvo fácil dos céticos. Estes acreditam que as pessoas ajam quase exclusivamente por interesse próprio. Não há dúvidas de que a desculpa seja uma tentativa de corrigir o erro, de forma ideal, reduzindo o prejuízo do transgressor. Em casos como esse, o reconhecimento e a tentativa de restituição podem ser facilmente vistos como tentativa de criar a ilusão de prática com o devido cuidado. O cético pode dizer: "Onde estava o devido cuidado quando os discos rígidos saíram porta afora?" Por que as informações pessoais desses clientes foram deixadas em local suscetível à violação da segurança e ao roubo?" O pedido de desculpas é, admitamos, um ato precedente. É a resposta para perguntas como: "Qual é o melhor jeito de seguir adiante daqui para frente? Como restabelecer a confiança perdida?" Nesse aspecto, estudos mostram, **pedir desculpas não é apenas o certo a fazer; é o mais inteligente a fazer**. Roy Lewicki, professor de Gestão e Recursos Humanos da Fisher College of Business da Ohio State University, conduziu um estudo publicado no *Journal of Management* em 2004, sugerindo que "a disposição de assumir a culpa e oferecer reparação ... pode ser necessária para ajudar a restaurar a perda de confiança em uma relação de negócios".[35] O ceticismo existe, em todas as suas formas corrosivas, mas esse tipo de transparência proativa contraria o cético exatamente porque sua autenticidade o desarma. **Peço desculpas**, antecipou-se McIntyre. Ao se perguntar não "O que podemos fazer?", mas, ao contrário, "O que **devemos** fazer?" McIntyre conseguiu agir com tranquilidade e transparência para salvar sua companhia.

Certamente, a desculpa contém certo grau de interesse próprio, mas quando verdadeira, contém o mesmo grau de preocupação com os outros, e sua natureza de transferir o poder ao receptor faz pender a balança a seu favor. No Capítulo 6, falamos do estudo da Universidade Estadual de Ohio, esclarecendo os efeitos corrosivos do ceticismo dos funcionários, e seu efeito destrutivo sobre a tremenda boa vontade trazida à companhia por recém-contratados. Mas o estudo também revelou formas de as companhias e os gestores reverterem a tendência destrutiva, concluindo que o gestor precisa ser sincero e aberto com os funcionários a respeito dos seus sucessos e fracassos. "Quando os planos falham, a alta direção precisa justificar o fracasso com razões críveis e verificáveis", afirmou o autor do estudo, professor John Wanous. "Se a direção cometeu um erro, então admita".[36] Em outras palavras, a transparência pode ser o **antídoto** para o cinismo. E, como a desculpa aumenta a confiança, a resposta natural seria retribuir essa confiança com confiança, assim como os participantes da experiência do jogo da confiança de Paul Zak retribuíram com altruísmo. Ela não sensibiliza todos – os muros em torno de algumas pessoas são simplesmente altos demais –, mas aqueles que se sensibilizam podem criar a base para uma nova e restauradora confiança que conduz ao futuro.

A desculpa no contexto dos negócios demonstra o quanto do nosso sucesso atual está vinculado à nossa capacidade de ser ativamente transparente com aqueles com quem estamos conectados. A transparência cria fortes sinapses, aumentando a confiança e reduzindo os fatores corrosivos que as enfraquecem. Transparência ativa, no entanto, não é questão de atenuar a responsabilidade ou dissipar ações reguladoras indevidas e potencialmente explosivas. Ela o coloca à frente em inúmeras situações.

TRANSPARÊNCIA INTERPESSOAL

Quando frequentei a escola de Direito em Boston, participei de uma equipe de remo com um cara que conheci em Oxford, um sujeito inteligente chamado Sig Berven. Lembro-me dele como um cara divertido, do estilo estudante atlético. Ele ia bem nos estudos, bem equilibrado, mas não era de jeito nenhum o cérebro da turma. Um dia, ele me contou uma história marcante da sua entrevista de admissão na Escola de Medicina de Harvard, onde, na época, estudava. "Entrei na sala do diretor e sentei", ele me contou. "Eram tantos rodeios naquela entrevista, e o ar da sala, sufocante. O diretor sentado ali, atrás da mesa dele, com meu histórico na mão, sem dizer nada por um ou dois instantes. Finalmente me encarou bem nos olhos, levantou meu histórico e disse, 'Sabe, já vi notas melhores que essas'. Retomei o fôlego, também o encarei bem nos olhos e disse, 'Eu também . . . Eu também'. Então, continuamos conversando.

Na época, não entendi a sinceridade de Sig diante do diretor. Pareceu-me imprudente, dado seu nível geral de qualificação. Mais tarde, cheguei a reconhecer o quão extraordinário tinha sido aquele simples ato. Sig foi aceito, e hoje é um proeminente professor assistente do departamento de cirurgia ortopédica da Universidade da Califórnia, de São Francisco. Ele se deu bem na entrevista em grande parte por ter sido simplesmente honesto quando a situação e as expectativas na sala exigiam claramente o contrário. Ele não disse, "Bom, ocorre que, minha mãe ficou doente, então parei esse semestre e minhas notas em geral caíram." Ele não deu desculpas, não tentou exagerar, não mentiu, mas simplesmente reconheceu que ele, também, já havia visto notas melhores.

A maioria das pessoas na situação de Sig – candidatando-se a uma nova posição, seja em uma escola, seja em uma companhia – descreve-se como algo que não é. Elas sucumbem ou à pressão de ser alvo da atenção e sentirem que precisam dizer a coisa certa para agradar o superior ou às pressões da antiga cultura do sucesso a qualquer custo. É fácil entender. Não existe nenhuma outra circunstância na vida profissional em que se fica mais vulnerável do que quando se está procurando um emprego. Conseguir um novo emprego significa estabelecer um relacionamento que terá impacto substancial na vida de qualquer um. A maioria do tempo acordado será gasto ali, uma porcentagem substancial da capacidade física e mental será aplicada nessa empreitada, os recursos financeiros para sustentar o restante das atividades da vida sairão dali, e o tempo gasto ali será parte da caminhada pela vida rumo à meta de qualquer que seja seu eventual sucesso. É um pouco como casar com um elefante: é preciso confiar suficientemente nele para entrar nos tais bolsões que ele carrega, mas não existe alternativa a não ser ficar torcendo para ele não esquecer que você está ali e não esmagá-lo ao sentar-se. A escolha errada pode desviá-lo da trilha do sucesso. Um ambiente repressor da criatividade e do crescimento pode impedi-lo de atingir seu potencial pleno. Um relacionamento ruim pode arruinar vínculos valiosos ou criar uma mancha indelével no seu histórico profissional (no mundo dos negócios, não se acredita em divórcio amigável, e a memória dos elefantes é enorme). É um processo carregado de riscos e compensações, e até os candidatos mais talentosos e mais requisitados sentem-se vulneráveis.

Nos dias precedentes à hipertransparência, o processo de contratação era visto como uma dança cuidadosamente orquestrada entre companhia e recrutado, cada um tentando controlar e dosar as informações de si de modo a obter o resultado desejado. Os entrevistados construíam uma imagem formal de si na forma de currículo e, depois, arrumavam-se elegantemente caprichando na aparência, ressaltando suas qualidades e torcendo para que seus defeitos ficassem bem escondidos. Muitos simplesmente maquiavam as informações. Um recente estudo sobre mercado de trabalho da equipe de pesquisas do *The New York Times* indicou que assombrosos 89% dos candidatos a um emprego exageram no currículo. Entre os exageros mais comuns estão responsabilidades aumentadas na função, datas falsificadas de emprego e razões inventadas para a saída do emprego anterior.[37] De acordo com um recente artigo publicado na revista *Time*, a InfoLink Screening Services, companhia de verificação de antecedentes de potenciais contratados, estima que 14% do candidatos mentem a respeito do grau de instrução. As organizações, por sua vez, dançam no mesmo ritmo, mostrando seus principais sucessos e pintando o cenário, esperando seduzir o recrutado.[38]

Esses tipos de ofuscações não escapam mais em um mundo onde é fácil verificar quase tudo que é dito. A tecnologia da informação derrubou a praticamente zero o custo da descoberta de falsificações de candidatos. Hoje, no total, 96% das empresas rotineiramente verificam as referências de potenciais contratados. A indústria da verificação terceirizada de referência, apenas uma meia dúzia de empresas em meados da década de 1990, em 2007 gira em torno de 700 empresas realizando negócios avaliados em US$ 2 bilhões por ano. Do outro lado da moeda, praticamente qualquer candidato pode pesquisar em *blogs* e painéis de discussão e salas de bate-papo, buscar conhecer melhor as organizações e obter informações mais precisas sobre não apenas seus potenciais empregadores, mas como seria trabalhar ali no dia-a-dia.

O sucesso de qualquer relação empresarial flui do alinhamento das partes envolvidas. Quanto mais a organização e o candidato compartilharem da mesma visão de futuro, mais produtivo e gratificante será a relação. No novo mundo mais vulnerável dos negócios, onde a inovação e o crescimento nascem da liderança de cada parte interessada, a sincronia, o alinhamento e as metas comuns podem cimentar uma relação geradora de enormes valores para ambas as partes. Portanto vamos nos questionar o seguinte: Com que visão podemos realmente nos alinhar? Descrição de cargo? Salário? Benefícios? Metas de produção? Será que realmente podemos nos alinhar de forma a nos inspirar a atingir nosso nível máximo com base nessas medidas do sucesso?

Paradoxalmente, **sucesso** seria a pior resposta possível. As pessoas que buscam um emprego novo com base nessas medidas externas permanecem na trincheira somente se as metas e aspirações profissionais continuarem alinhadas com o que acontece na companhia. Esse alinhamento é apenas coincidente, superficial. Elas continuam trabalhando com empenho, cumprindo a missão da empresa, desde que a missão favoreça seu currículo. O sucesso, nesse sentido, é um **o quê**, e, em qualquer jornada empresarial, os **o quês** mudam. Se, no entanto, as decisões profissionais forem vistas como sendo impulsionadas pelo desejo de construir um legado, de criar e oferecer valores para os outros – em suma, de fazer algo *significativo* – então se começam abrir as portas para a possibilidade de um alinhamento mais profundo, o alinhamento com o **como**. As pessoas e as empresas se alinham com os valores, com os **comos** na busca de uma meta, não com o sucesso pessoal ou o sucesso do esforço. Os valores são inspiradores, e persistem muito mais tempo depois de vencidos os **o quês** imediatos. É possível se obter um melhor alinhamento duradouro quando indivíduo e organização se alinham e mutuamente adotam os **comos** que impulsionam a empresa. De acordo com um estudo da Watson Wyatt Worldwide WorkUSA, as companhias cujos funcionários compreendem e adotam a missão, as metas e os valores corporativos desfrutam de um retorno 29% maior que as outras firmas.[39]

Esse é o paradoxo do sucesso. Ele é atingido somente quando se busca algo maior: **significado**.

Se a prosperidade no ambiente de trabalho fluir do alinhamento firme com os **comos** da organização para a qual trabalha, então o indivíduo deve se apresentar de maneira a permitir enxergar como ele realmente é. Naquela entrevista de admissão em Harvard, Sig instintivamente percebeu o que a maioria de nós precisa aprender: transparência interpessoal é a melhor maneira de apresentar-se com autenticidade ao mundo. Sig ganhou a vaga no programa deles em parte porque na hora da verdade, conseguiu apresentar-se com transparência. Sua honestidade permitiu ao pessoal de Harvard enxergar a pessoa inteira, uma pessoa de confiança e íntegra, apesar de suas notas medianas para os padrões da instituição. Pessoalmente entrevistei dezenas de candidatos de alto nível para posições na LRN, e muitas vezes pedi que compartilhassem comigo algo de si que considerassem um defeito. Muitas vezes, ouvi algo como "Sou preocupado demais" ou "Sou viciado em trabalho", respostas convenientes para uma entrevista, destinadas a mascarar as qualidades na forma de defeitos. Raramente ouço uma avaliação honesta de aptidões que precisam ser melhoradas. Quando ouço, fico impressionado. Na nossa era transparente, jamais houve momento melhor para resistir à pressão de buscar os atalhos e ocultar a verdade, não apenas porque provavelmente você será pego, mas porque transparência é hoje entendida como o caminho para a responsabilização, a solidez e o entendimento mútuo. Não precisamos mais vestir a fantasia do mestre do universo. Tentar ser o Super-homem, ou tudo para todos, não define mais a força. Esconder os defeitos, por exemplo, controlando as informações, é nadar contra a corrente dos negócios na era da transparência.

Jamais houve melhor momento para transformar os defeitos em qualidade, assim como fez Sig, porque a qualidade agora vem com esse tipo de vulnerabilidade. Em vez de se maquiar exageradamente em uma entrevista ou tentar ser algo que não é, que tal dizer, "Não sou realmente muito bom nessas duas áreas, mas sou muito bom nessas outras duas". Será que as chances de obter um emprego nessa empresa não seriam maiores? O empregador procura conjuntos de aptidões, sim, mas, acima de tudo, procura alguém que possa se alinhar com suas metas. Yvon Chouinard, fundador da Patagonia, companhia líder cuja missão está baseada em valores, afirmou em recente entrevista no programa *Marketplace* da estação NPR: "Quando contratamos funcionários, procuramos a **paixão**. Essa paixão me diz que eles são ativos, e há potencial nisso."[40] Como as aptidões profissionais baseadas na informação ficam cada vez mais transferíveis entre indústrias e descrições de cargos, as companhias na busca dos melhores talentos dão muito menos ênfase ao conhecimento específico – os **o quês** dos candidatos – e muito mais aos **comos**. Um possível empregador, ouvindo sua sinceridade, pensa, "Nossa, essa candidata realmente parece se conhecer e saber como se apresentar. Posso trabalhar com uma pessoa autoconsciente".

SIGUE, NÃO ZAGUE

Não é mais possível criar e sustentar uma "ola" dizendo às pessoas ao seu redor que você irá pagar-lhes para participarem, dizendo ao pessoal duas fileiras atrás que acha que isso irá ajudar o time a vencer, e dizendo ao baixinho à sua frente que irá acertar-lhe a fuça se não se levantar. O livre fluxo de informações cria um campo de jogo perigoso para os que jogam escondendo a verdade. Quando há conexão entre as pessoas – quando conseguem trocar ideias e comunicar-se horizontalmente entre si –, a possibilidade de protelar e manipular as informações desaparece. Colegas de trabalho, clientes, fornecedores e parceiros estratégicos estão todos no mesmo estádio com você, integralmente conectados. O poder da informação fica enorme quando todas as pessoas estão na mesma sintonia que você, e a coisa **mais** poderosa é disseminar uma mensagem consistente a mais e mais pessoas. A única maneira de criar uma "ola" assim poderosa que comece em um lugar e continue por todo o estádio de maneira auto-sustentável é conseguindo alinhar diretamente todos ao seu alcance com uma meta em comum. Em um universo conectado horizontalmente, nada atinge o alinhamento e um propósito comum mais rápido do que a transparência ativa. Na realidade, sem ela, é quase impossível.

A transparência na sua forma ativa produz um efeito notável nas pessoas. Ela as convoca a conhecê-lo no plano da franqueza, acelera e incentiva a confiança e a colaboração, e – esta é a parte surpreendente – é incrivelmente desconcertante. Estou falando de algo mais do que apenas dizer a verdade. Em vez disso, as novas circunstâncias mundiais podem se transformar em margem competitiva se a transparência for adotada com agressividade no modo verbal, *ser* **transparente**. Se **negociar não é mais guerrear**, então é preciso praticar aptidões para acabar com a guerra nos negócios. É isso que torna a transparência ativa tão eficaz. Como já vimos, a vulnerabilidade ativa aos outros cria circunstâncias em que eles podem ficar vulneráveis a você, e confiança gera confiança, no nível biológico e organizacional, com resultados mutuamente benéficos. A vulnerabilidade, nesse sentido, é efetivamente uma qualidade.

No ano passado, tive um "lampejo de Sig". Estava em um jantar de negócios com Alan Spoon, sócio administrativo geral da Polaris Venture Partners, uma empresa de capital de risco que investe em companhias em crescimento no mundo todo, e ex-presidente da Washington Post Company. Ele estava interessado em investir na LRN, e eu estava interessado em que ele fizesse parte da equipe. Durante o jantar, Alan perguntou-me abertamente o que minha diretoria achava de certo aspecto do meu desempenho. Sem titubear (obrigado, Sig!) me vi dizendo; "Acho que eles não me dariam uma boa nota; talvez, – C-".

Ele ficou nitidamente muito surpreso.

Eu não disse aquilo porque ele procuraria saber; fui direto com ele porque estava tentando inspirá-lo a juntar-se a mim, para entender que eu vislumbrava o trabalho futuro e poderia ser sincero quanto ao que funcionava ou não. Empreguei o poder da transparência visando criar colaboração mais íntima, visando obter mais rápido o **alinhamento**. Qualquer verdade que omitisse seria algo de que teríamos de conversar depois, algo que minaria a confiança em nossas condutas futuras, e algo que sufocaria qualquer inspiração para que ele fizesse parte do que estou tentando fazer – sempre. Eu poderia tê-lo deixado seis meses prospectando a verdade, mas ao simplesmente me revelar ali estendi um convite poderoso. Isso funcionou a meu favor no longo prazo.

Alguns meses depois, Alan participou de uma reunião de que também participaram alguns membros da minha diretoria. Ele entrou em contato comigo logo depois. Ele, de fato, havia questionado os diretores exatamente sobre o assunto do qual abertamente havia lhe falado, ele contou, e ficado ainda mais impressionado com a consequente transparência. A diretoria foi menos crítica do que eu mesmo a meu respeito. Agora, imagine alguém jogando com isso. O estrategista maquiavélico dentro de nós diria: "Manipule-o. Diga algo negativo porque você sabe que ele descobrirá algo mais promissor quando verificar". Mas acredite nisto: **você não quer fazer a coisa certa por razões erradas**. Esse tiro inevitavelmente sai pela culatra. As pessoas percebem quando alguém está tentando jogar com elas ou com o sistema, e reagem, desconfiando. O poder desse tipo de sinceridade está precisamente na sua ingenuidade. É possível imaginar o quão negativamente alguém reage se for convencido da segurança e confiança com estratagemas e subterfúgios. A partir de então, não há volta. "Se você me enganar uma vez, azar seu", diz o antigo ditado. "Se você me enganar duas vezes, azar meu." Dizer a um potencial investidor: "Sabe, a diretoria me daria uma nota baixa nesse quesito" não é uma boa estratégia de convencimento. Mas quando se está ciente do poder da honestidade e da transparência, fica-se inspirado a ser mais honesto.

Eu tinha uma razão ainda mais forte para tirar minha fantasia de mestre do universo e me abrir com Alan. A vulnerabilidade cria verdadeiras oportunidades para a colaboração profunda, um relacionamento muito mais proveitoso do que simplesmente ganhar dinheiro. Sendo transparente com ele criei um momento que deixou claro que eu considerava Alan mais importante do que os recursos que ele potencialmente poderia investir. Afinal, do mesmo modo que quero que minha jornada e a jornada da LRN sejam mais significativas do que apenas os resultados financeiros, Alan quer ser mais do que apenas o homem do dinheiro. A abertura que concedi permitiu-lhe enxergar uma oportunidade para buscar sua própria jornada de significado, de compartilhar seu conhecimento e sua sabedoria de maneira mais substancial. Em lugar de mostrar-lhe apenas uma roda brilhante, mostrei-me como uma engrenagem, com dentada robusta, mas também com espaços nos quais ele poderia se encaixar. Minha transparência lhe deu uma visão do que poderíamos realizar juntos na máquina, de criar uma colaboração íntima com potencial para lançar uma espiral ascendente de esforço significativo. Não muito tempo depois,

Alan e a Polaris efetivamente investiram na LRN, e convidei-o a fazer parte da nossa diretoria corporativa, onde hoje ele é parte integrante de quem somos.

O que significa ser verdadeiro?

Ser sincero?

Agir com base em princípios e não no efeito desejado?

Por um aspecto, é mais simples. Assim como escreveu Mark Twain: "Se você disser a verdade não terá de se lembrar de nada."[41] Acima de tudo, em um mundo acostumado com a falsidade e a trapaça, em que diariamente recebemos centenas de mensagens comerciais instigando-nos a agir de uma forma ou outra, a transparência e a franqueza podem ser tremendamente revigorantes. Ninguém pode copiar seus **comos**, e dentro de um amplo espectro do comportamento humano, o **como** da transparência interpessoal ativa pode ser um potente diferencial.

SER TRANSPARENTE

Necessidade de saber
Representantes e substitutos
Conscientização da marca
Transações
Definir-se no mercado
Experiência mediada
Evitar se expor
Vulnerabilidade como defeito
Transparência passiva

Todos sabem
Experiência e acesso direto
Promessa da marca
Relacionamentos
Mercado é que define
Experiência autêntica
Ser transparente
Vulnerabilidade como qualidade
Transparência ativa

A lacuna da certeza não apenas descreve uma circunstância do mundo; ela também descreve nossa relação com as pessoas à nossa volta no mundo dos negócios. Existe uma lacuna da certeza entre as pessoas, também. As relações comerciais são formais, e assim como as empresas usam programas ou publicidade como camadas formais entre elas e o mercado, as pessoas dependem de substitutos e representantes pessoais na sua relação diária com os outros. Em uma negociação, se um comprador diz a um potencial fornecedor, "Estamos conversando com seu concorrente", quando não é verdade, o comprador está iludindo com uma falsa ação para garantir o melhor preço. Quando o chefe diz, "Entregue-me isso às 16 h", sem dizer as razões e os benefícios da ação, ele está contando com a representatividade da sua posição para que as coisas sejam feitas. Quando o mundo está obscuro e não se consegue enxergar além das representações pessoais dos indivíduos, existe uma lacuna da certeza nas interações entre as pessoas. Mas quando existe transparência ativa no ambiente e as pessoas lhe mostram o que está por trás das cortinas, isso eleva o piso, a lacuna diminui, e as condições que alimentam a confiança necessária para preenchê-la surgem rapidamente. As circunstâncias de incerteza geral existente no mundo transformam a transparência – tanto tecnológica, quando se consegue usá-la a seu favor, quanto interpessoal, quando se consegue ser transparente – em um dos **comos** mais poderosos que existem.

CAPÍTULO **8**

Confiança

"Por isso é confiança mútua, ainda mais do que o interesse
mútuo que mantém unidas as associações humanas. Os amigos
raramente nos rendem lucros, mas nos faz sentir seguros."
– H. L. Mencken

Há alguns anos, nos primeiros dias do fenômeno do *blog*, um *Web designer* de Nova York chamado Jason Kottke contou uma história fascinante no seu *blog*, Kottke.org, sobre sua experiência com um vendedor ambulante de café e *donuts* chamado Ralph.

"Olhei pela vitrine e pedi um *donut* com cobertura (75 centavos)", descreve Kottke, "e quando ele me deu o doce, passei-lhe uma nota de um dólar pelo vidro. Ralph gesticulou apontado para a pilha de troco espalhada pelo balcão e rapidamente chamou o cliente seguinte, gritando 'Próximo!' por cima do meu ombro. Coloquei a nota ali e peguei 25 centavos da pilha". Kottke ficou intrigado com esse comportamento, então decidiu investigar. "Afastei-me um pouco e fiquei rondando por ali para observar a interação entre esse negócio e seus clientes. Por cinco minutos, todos ou deixavam o trocado exato ou pegavam o próprio troco sem Ralph sequer observar; ele estava ocupado demais servindo café ou pegando os *donuts* para prestar atenção no dinheiro."[1]

Observando e avaliando o que se pode ganhar ou perder dessa política incomum, Kottke percebeu que Ralph atendia uma quantidade extraordinária de clientes. Para confirmar essa suspeita, ele saiu e foi observar outros dois vendedores concorrentes ali por perto. Na média, ambos gastavam o dobro do tempo atendendo cada cliente e serviam até metade em determinado intervalo.

Kottke não é economista, mas entendeu imediatamente "que Ralph confia em seus clientes, e ambos gostam dessa interação e retribuem o sentimento de confiança (sei o que faço)". Ele também percebeu algo que muitas vezes escapa à nossa atenção. "Quando se cria um ambiente de confiança", ele afirma, "coisas boas começam a acontecer. Ralph consegue atender até o dobro de clientes. As pessoas levam metade do tempo para ter o café servido. Por causa dessa economia de tempo, as pessoas tornam-se clientes assíduos. Os *habitués* proporcionam aos negócios de Ralph estabilidade, boa reputação e clientes interessados em pegar o troco certo (para manter a fila andando e manter Ralph nos negócios). Muitos clientes pegando o troco certo aumentam a margem de lucro de Ralph. Etc, etc."

Kottke observou, por experiência própria, a confiança quantificada em atitude. Confiando nos clientes pegando o troco certo, Ralph consegue atender muito mais do que seus concorrentes. Em termos econômicos, Ralph reduziu seus custos de transação, substituindo por confiança o trabalho de pegar o troco certo. Uma análise de custo e benefício provavelmente revelaria que as perdas com desonestidade ou erro são mais que compensadas pelo volume bruto das vendas. Além disso, apesar de o volume maior de vendas resultar em tempo menor de atendimento personalizado que, como se suspeitaria, seria necessário para estabelecer a lealdade do cliente, a lealdade do cliente de Ralph parece, na prática, ter aumentado. A introdução da confiança produziu um resultado inesperado em seus negócios: aumentou a probabilidade de ele ter mais clientes fixos do que os concorrentes do mesmo quarteirão.

Confiança é uma coisa engraçada, uma dessas sutilezas que muitas vezes deixamos passar sem perceber. O que não é tão engraçado é a frequência com que ela está no centro dos desafios e das oportunidades. "Confiança é como o ar que respiramos", diz Warren Buffett. "Quando existe, ninguém realmente percebe. Mas quando falta, todos percebem."[2] Essa é a razão por que a confiança nos permite agir em épocas de incerteza. Quando a lacuna da certeza – o espaço entre a natureza imprevisível do mundo e nossa visão ideal de estabilidade – aumenta, procuramos algo para preenchê-la. Esse algo é a **confiança**. A confiança ameniza o medo alimentado pela incerteza. Em épocas de muita incerteza, portanto, prestamos mais atenção ao fator gerador da confiança: a conduta humana – **como** fazer o que fazemos. A confiança torna-se, primordialmente como nunca, a moeda da troca humana.

Há muito, as empresas conhecem as vantagens da confiança, mas na falta de qualquer medida ou dados reais elas se veem incapazes de fazer algo a respeito. Igualmente, nós como indivíduos buscamos naturalmente ambientes e relacionamentos confiáveis para enriquecer nossas vidas, embora muitas vezes não nos preocupemos de forma consciente em como criá-los.

A SUTILEZA GERANDO SOLIDEZ

Existem duas maneiras de calcular o valor da confiança: subjetivamente (o sentimento provocado) e objetivamente (em termos financeiros). Subjetivamente, quase todos nós preferiríamos viver e trabalhar em um mundo onde a lacuna da certeza fosse preenchida de confiança, onde a previsibilidade fosse elevada e onde nos sentíssemos seguros e salvos. Assim aceitamos de pronto o papel importante exercido pela confiança no nosso modo de vida. A confiança nos faz sentir seguros. Ela nos permite trabalhar e prosperar em um mundo incerto. Para entender bem a importância da confiança nos negócios, no entanto, é necessário começar a quantificá-la objetivamente, transferi-la da esfera dos sentimentos para a esfera do benefício observável. A confiança, por exemplo, permite-nos contar uns com os outros, dividir o trabalho e formar equipes sabendo que cada um fará sua parte, e trocar segredos com os outros. Sem confiança, como seria possível enviar uma mensagem eletrônica estratégica e confidencial a um parceiro e saber se ele manteria o sigilo? As empresas, de sua parte, têm há muito tempo suspeitado que a confiança, de fato, pode ser objetivamente quantificada, mas apenas recentemente os pesquisadores fizeram isso. As descobertas revelam uma verdade impressionante: a confiança, usando o antigo chavão, produz recursos financeiros *e* tem lógica.

Em um estudo inovador realizado em 2002, os professores Jeffrey H. Dyer da Marriott School da Brigham Young University e Wujin Chu da Faculdade de Administração de Empresas da Seoul National University provaram empiricamente o que o *blogueiro* Jason Kottke observou nas ruas de Nova

York. Dyer e Chu pesquisaram quase 350 relacionamentos entre comprador e fornecedor envolvendo oito montadoras automobilísticas dos EUA, do Japão e da Coreia do Sul, e descobriram uma relação direta e expressiva entre confiança e custos de transação. O comprador menos confiável incorre em custos de aquisição **seis vezes** superior aos do mais confiável: mesmas peças; mesmos tipos de transação; seis vezes mais caro. Esses custos adicionais decorrem do gasto de mais recursos na seleção, negociação e adequação para a concretização dos negócios. Dyer e Chu referem-se às descobertas do economista ganhador do prêmio Nobel de economia, Douglass C. North, para mostrar que esses tipos de custos de transação respondem por mais de um terço de todas as atividades empresariais. Eles também descobriram, talvez dentro do esperado, que as empresas menos confiáveis são também as menos lucrativas.

Mas Duyer e Chu não pararam por aí. Também estudaram a relação entre confiança e certos comportamentos geradores de atitudes significativas, mais especificamente a disposição entre parceiros de negócios de compartilhar informações críticas. Embora sem muita clareza, como na discussão do ovo e da galinha, quem seria a causa e quem seria a consequência, os dados claramente demonstram que a confiança difundida de uma companhia a outra aumenta os comportamentos geradores de atitudes significativas, como a troca de informações, que, por sua vez, geram níveis mais altos de confiança. Um dos executivos entrevistados expressou assim essa ideia:

> São maiores as probabilidades de mostrarmos o projeto de um novo produto à [montadora A, mais confiável] do que à [montadora B, menos confiável]. A razão é simples. Sabidamente, a [montadora B] pega os nossos esquemas e os envia aos nossos concorrentes para ver se eles conseguem produzir a peça a um custo inferior. Ela alega estar tentando simplesmente manter uma concorrência competitiva. Mas como não acreditamos que ela nos trate com igualdade, não lhe mostramos os novos projetos. Mostramos à [montadora A] com quem vislumbramos um futuro mais seguro e permanente.[3]

Assim como a liberação de oxitocina na reação entre uma pessoa e outra, a confiança entre as companhias gera mais confiança. Ela cria uma espiral ascendente de comportamento cooperativo e gerador de atitudes importantes. "Esse fenômeno torna a confiança um mecanismo peculiar da governança", concluíram Dyer e Chu, "porque os investimentos feitos pelos parceiros comerciais para estabelecer a confiança muitas vezes cria, ao mesmo tempo, a importância econômica (além de minimizar os custos de transação) do relacionamento".

Fiquei surpreso com essas histórias envolvendo transações tanto pequenas, como no caso de Ralph, o vendedor de *donuts*, quanto médias, como no estudo de Dyer e Chu, mas fiquei imaginando se os mesmos princípios seriam aplicáveis nos mais altos níveis empresariais e nas maiores negociações. Isso me fez lembrar de uma história que me foi contada por Mike Fricklas, vice-presidente executivo, conselheiro geral e secretário da Viacom Inc., um dos maiores conglomerados mundiais da indústria da mídia, quando recentemente nos encontramos na sede da Viacom em Times Square. Depois de uma carreira de sucesso em fusões e aquisições, Fricklas chegou a Viacom para negociar a compra pela empresa da Paramount e Blockbuster, duas das maiores negociações na indústria da mídia da década de 1990. Desde então, ele tem exercido papel central no crescimento e nas aquisições da Viacom. Eu e Mike trabalhamos juntos durante anos, e descobri que ele é não apenas um advogado do mais alto nível, mas também um verdadeiro conselheiro dos mais altos executivos das empresas. Então lhe perguntei como se encaixa o fator confiança no trabalho que realiza todos os dias. "Os custos de transação não são tão importantes nas grandes transações comerciais", ele disse. "Em primeiro lugar, muito mais estratégico é o fato de a pessoa querer negociar com você."[4] Quando conversamos, Mike contou que a Viacom estava atualmente buscando uma estratégia de aquisições modestas, mas ressaltou o que percebia como vantagem significativa, por causa da honestidade nas negociações, da Viacom. "As pessoas confiam tanto em nós que no início do relacionamento, quando estabelecemos o primeiro contato com os potenciais alvos de aquisição, estamos conseguindo uma série de exclusividades – basicamente, '**confie em mim**' – com as companhias se retirando do mercado porque querem avançar juntamente conosco."

Esse é um exemplo de como a confiança pode preencher a lacuna da certeza entre duas empresas, principalmente quando uma é alvo de aquisição e pode ter muito a perder. Evidentemente, ter oportunidade exclusiva de primeira mão em transações empresariais representa uma vantagem significativa no mercado. Mas é outro exemplo prático e sutil da importância da confiança, e eu queria saber se Mike enxergava uma relação direta entre confiança e lucro nos mais altos níveis de negociação. "Certamente", ele respondeu de pronto.

"Em termos financeiros, a confiança é importante para o custo de capital. Quando se precisa de recursos financeiros para investir em uma grande negociação, muitas vezes não se pode sinalizar ao mercado as exatas especificidades do seu plano de negócios sem comprometer a vantagem competitiva. Portanto o mercado depende da credibilidade e da sua consistência no passado. Com credibilidade, consegue-se tomar empréstimos com taxas mais baixas. Portanto uma transação multibilionária seria fechada a um preço inferior quando se é parceiro preferencial, em vez de recorrer ao mercado de ações e pagar com recursos financeiros iguais a de todos os outros,"

Essa mesma relação entre confiança e vantagem econômica aplica-se proporcionalmente no nível macroeconômico, também. Estudos mostram que o crescimento e a prosperidade econômica dentro de determinada sociedade demandam certo nível mínimo de confiança generalizada. Sem ela, os investimentos cessam e as atividades econômicas paralisam. Francis Fukuyama levantou, pela primeira vez, essa hipótese em seu influente livro de 1995, *Trust* (*Confiança*, em tradução livre). A riqueza de uma nação, "assim como sua capacidade de competir", ele afirma, "é condicionada pelo . . . . nível de confiança na sociedade".[5] O neuroeconomista Paul Zak expandiu as ideias de Fukuyama sobre a relação entre confiança e prosperidade geral. "Nossa análise também mostra que, se a confiança for muito baixa", Zak relata no *Journal of Financial Transformation*, "então a taxa de investimento também será tão baixa que a receita estagna ou até diminui".[6] Os economistas chamam isso de "**armadilha da pobreza**", e se a sociedade cair nela, surgirá uma espiral descendente de confiança deficiente. "Mostramos que a principal razão para a existência da armadilha da pobreza está na ineficiência das estruturas legais que provoca baixos níveis de confiança generalizada e, portanto, pouco investimento", afirma Zak. "Além disso, o nível do limite de confiança necessário, em termos de renda *per capita*, para o crescimento econômico positivo vem crescendo; ou seja, quanto mais pobre for o país no momento, mais confiança será necessária para gerar investimentos suficientes para aumentar o padrão de vida. Isso dificulta escapar da armadilha da pobreza da pouca confiança". Em outras palavras, quando a lacuna da certeza social aumenta demais, fica quase impossível preenchê-la.

A legislação é boa em muitos aspectos, como, por exemplo, na geração de nível razoável de confiança generalizada necessária para a prosperidade econômica. Esse é um daqueles "pisos" dos quais já falei. A pesquisa de Zak mostra uma confiança geral alta em países da Escandinávia e do Leste Asiático, e baixa na América do Sul, na África e nos antigos países comunistas. Em uma pesquisa mundial para avaliar a possibilidade geral de quaisquer duas pessoas aleatórias confiar uma na outra em uma sociedade, apenas 3% dos pesquisados no Brasil e 5% no Peru consideram seus compatriotas confiáveis, enquanto 65% dos noruegueses e 60% dos suecos pensam o mesmo. Nos EUA são 36%, índice inferior aos 50% de 1990; no Reino Unido, o nível se mantém estável em 44% desde meados da década de 1990.

Zak também constatou relações diretas e quantificáveis entre confiança e prosperidade. Os investimentos empresariais em determinada sociedade espelham diretamente os níveis de confiança. Quando a confiança geral é alta, o índice nacional de investimento – investimento bruto dividido pelo Produto Interno Bruto (PIB) – é proporcionalmente alto, e vice-versa. Existe a mesma relação direta entre aumento de confiança e do PIB. Para cada 15% de aumento na proporção de pessoas que consideram as outras confiáveis, a renda *per capita* aumenta 1%. Se a confiança nos EUA aumentasse de 36% para 51%, por exemplo, a renda média de cada homem, mulher e criança aumentaria mais ou menos US$ 400 por ano em consequência do aumento paralelo no investimento e na geração de empregos. Isso totalizaria algo em torno de US$ 30 mil ao longo da vida trabalhada.

Há algo de paradoxal nesse casamento entre confiança e prosperidade. Aqueles que interpretavam equivocadamente os princípios de Adam Smith de reciprocidade no capitalismo, muitas vezes clamam por mercados livres e verdadeiramente desregulamentados. Eles trabalham com a ilusão de que, livres de regulamentação, conseguiriam atingir qualquer coisa a que se dispusessem. Essa é simplesmente outra forma de pensamento vinculado a regras: estabelecer a capacidade de realizações com base nos construtos reguladores. Mas de fato, a **certeza** e a **previsibilidade** criadas por sólidos sistemas legais e aparatos reguladores sustentam a **realização**. Pense no semáforo como metáfora. O semáforo nos permite circular com o máximo de velocidade, eficácia e segurança possível. Ele ajuda a criar um nível razoável de certeza da previsibilidade do comportamento dos demais motoristas e pedestres. Assim como os defensores do mercado livre, todos gostaríamos, em algum momento ou outro enquanto dirigimos, que as leis de trânsito não fossem aplicáveis a nós. Uma vez ou outra, até assumimos a responsabilidade sobre a legislação, por assim dizer, e optamos por ignorar um sinal vermelho ou ultrapassar o limite de velocidade para chegar mais rápido ao destino. Mas, o mais interessante é que quando as leis falham –, por exemplo, se houver um corte de energia e todos os semáforos pararem de funcionar – as pessoas não saem, de repente, dirigindo a toda velocidade. O trânsito, na realidade, fica mais lento. Com a imprevisibilidade, todos ficam mais cautelosos. As pessoas tendem a priorizar a segurança e não a velocidade. Na falta de leis, ninguém se diverte dirigindo porque os riscos de repente começam a pesar mais que as compensações. O mesmo ocorre em uma esfera muito menos controlável das relações humanas e, por extensão, no mercado. Quando a incerteza é grande, todos diminuem o ritmo, assim como a atividade econômica. O círculo de confiança diminui, assim como a tendência a correr riscos, mesmo, o que é mais interessante, eles oferecendo compensações maiores.

Dr. Peter Kollock, professor adjunto e vice-presidente do departamento de Sociologia da Universidade da Califórnia de Los Angeles, conduziu um estudo em meados da década de 1990 demonstrando isso. Ele criou um jogo de negociações em que as pessoas negociavam mercadorias em dois ambientes diferentes. Em um ambiente de pouca incerteza, os participantes sabiam o valor daquilo que estavam negociando e, em outro de muita incerteza, não sabiam. O estudo de Kollock apresentou dois resultados fascinantes: primeiro as pessoas ficam mais propensas a estabelecer compromissos interpessoais em um ambiente de muita incerteza, e segundo, elas tendem a abdicar de trocas potencialmente mais lucrativas com parceiros não testados em favor de negociações com parceiros já comprovadamente confiáveis de transações anteriores. Em suma, a atividade econômica em épocas de muita incerteza diminui e os negociadores passam a abominar o risco.[7]

QUAL É O LIMITE?

Se a lacuna da certeza consiste no espaço entre o estado ideal de segurança, certeza e previsibilidade e o estado existente no mundo, e a confluência de fatores desestabilizadores do mundo de hoje rebaixou o piso da certeza, o que, então, define o teto da lacuna? O que define o estado ideal de certeza?

Na realidade, essa é uma pergunta capciosa, porque não acredito na existência de um teto. Quando estabelecemos confiança suficiente para arriscar, inovar e progredir dentro das circunstâncias globais e mercadológicas de hoje, por que parar ali? Por que não seguir adiante? Segurança e certeza não são limites com os quais se sonha ou os quais se deva atingir, mas, ao contrário, algo que se dissemina lateralmente. Imagine um alvo de arco e flecha sobre uma mesa, e você de pé bem no centro dele. Ao seu redor existem círculos e mais círculos expandindo-se lateralmente. Cada um representando uma lacuna da confiança a ser preenchida – vermelho, azul, verde, branco e assim por diante. Quanto mais anéis da confiança você conseguir preencher ao seu redor, mais seguro se sentirá. O horizonte é limitado apenas pela sua imaginação. Agora pegue a mesma imagem mental e em lugar de um alvo, imagine um estádio de futebol e você bem no centro. Todos ao seu redor são pessoas com quem você trabalha, atua, vive e que ama. Em lugar de anéis, imagine círculos de conexão, sinapses interpessoais preenchidas com confiança, expandindo-se até a borda externa do estádio. Quanto mais forte for sua conexão com essa massa expansível de pessoas, mais seguro se sentirá e, o que é mais importante para sua capacidade de prosperar, mais "olas" conseguirá criar em torno de todo o estádio.

É fácil desenhar e imaginar cenários, mas é muito mais difícil para muitos de nós implementar na vida cotidiana o que eles representam. Aqueles que tiveram experiências prolongadas e satisfatórias em ambientes confiáveis conseguem antever níveis bem altos de certeza, enquanto outros, que talvez sofreram em ambientes de traição e atitudes egoístas, conseguem imaginar apenas a desconfiança. Mas todos têm capacidade de expandir sua visão de um mundo cheio de confiança. Assim como em toda jornada do conhecimento, não podemos simplesmente pular da colina da nota B para a colina da nota A; precisamos construir nossa capacidade de imaginar círculos incrementais de confiança, um relacionamento por vez, um grupo por vez. Algumas vezes sofremos no vale da nota C, onde confiamos na pessoa errada e somos traídos. Mas podemos sair de onde estamos, qualquer que tenha sido a experiência prévia com a confiança, para atingir o limite máximo da possibilidade. Talvez você consiga preencher um anel do alvo, talvez três. Mas quando chegar à borda de um anel, e somente quando chegar ali, de repente enxergará o próximo anel a ser preenchido. Assim como ao escalar uma montanha, é preciso atingir o topo de uma antes de enxergar a seguinte. A confiança não é um interruptor de luz que possibilite ligar e desligar à vontade, mas o poder de antevê-la é qualidade que pode ser adquirida com o tempo.

EMBARCAR EM UMA VIAGEM

Então, o que sabemos a respeito da confiança? Sabemos que ela preenche o cérebro de substâncias químicas que fortalecem os vínculos interpessoais, reduzindo o medo. Sabemos que preenche a lacuna da certeza, suplantando, assim, a força impressionante da insegurança e da timidez que nos faz diminuir o ritmo quando – para efetivamente prosperar – precisamos avançar com mais rapidez. Sabemos que confiança gera a confiança entre indivíduos e entre corporações e que estabelece mais confiança com o passar do tempo e a repetição. Sabemos que estimula uma espiral ascendente de cooperação e significado. Sabemos que a confiança alimenta "olas" que aglutinam mais as pessoas e organizações. Ela devolve tanta energia quanto toma para criar, se não mais, e promove o comportamento de assumir riscos. Em suma, sabemos que a confiança é ativa e propulsora; bem inspiradora.

É uma verdadeira jornada antever e aprender a respeito da confiança, mas a confiança também propulsiona sua própria viagem. Nenhum livro como este seria completo sem uma sigla inspiradora e, sem querer ser prosaico, gostaria de usar apenas uma que, acho, incorpore muitas dessas ideias a respeito da confiança:

> **TRIP** (*Em português, VIAGEM*)
> **T**rust (*Confiança*)
> **R**isk (*Risco*)
> **I**nnovation (*Inovação*)
> **P**rogress (*Progresso*)

Confiança

O "T" de TRIP representa a **confiança** (*trust*). Se acabamos de nos conhecer, e decido confiar em você, quem é virtuoso: será que sou eu por confiar em você ou você por ser confiável? Aristóteles dizia que virtuoso é aquele que confia. Ao confiar em você (mesmo acabando de nos conhecer), estou lhe concedendo o poder de me decepcionar ou de me fazer bem. Sou aquele que fica vulnerável, que se expõe ao risco. Confiar, em certo sentido, significa abrir mão de algo e ceder poder aos outros, passo fundamental para atingir o foco externo necessário em um universo hiperconectado. A confiança fortalece os outros, mas, por ser uma virtude, também fortalece o próprio eu. A confiança na sua exata essência envolve risco e é o motor que propulsiona essa VIAGEM.

Risco

A letra "R" da sigla TRIP representa o **risco**. Sabemos que, nos negócios e na vida, o risco é diretamente proporcional ao retorno. "Sem arriscar, não há recompensas", diz o chavão. Quanto mais racional for o risco, mais se consegue concretizar. Em ambientes de muita incerteza, fica bem difícil formar círculos de confiança. O estudo de Peter Kollock mostrou isso claramente. Procuram-se os parceiros mais conhecidos e expõem-se apenas àqueles com os quais já se negociou no passado, com os quais já se relacionou, ou àqueles com quem se pode reforçar vínculos de confiança direta ou pessoalmente por meio da reputação e de recomendações. Sem confiança, a lacuna da certeza parece o Grand Canyon. Caminha-se mais devagar e com mais cautela, restringe-se o círculo de amigos e colegas, e geralmente se retomam os impulsos mais conservadores. Quando existe confiança, no entanto, todas essas tendências são revertidas. Sente-se seguro e, assim, mais corajoso. Experimenta-se a liberdade para inventar algum processo novo, por exemplo, sem ficar apavorado que o chefe ficará bravo por agitar o *status quo*. Experimenta-se mais, confiante de que, mesmo falhando, terá se aprendido algo importante e melhorado. Se a exata essência da confiança envolve risco, então, quanto mais confiante, mais se pode arriscar. Estudos têm mostrado que as equipes bem confiantes superam o desempenho das não confiantes.[8] Se você confiar na visão das pessoas para criar uma "ola", vai se levantar com elas. Se não confiar, vai continuar comendo seu cachorro-quente. Para arriscar, portanto, a Lacuna da Certeza deve ser preenchida de confiança.

Confiar permite arriscar. Se eu o pusesse na areia da praia e pedisse para pular o mais alto possível, por mais que você tentasse não conseguiria saltar muito alto. Se o colocasse em uma superfície firme, como em uma quadra de basquete, você conseguiria saltar mais alto. É difícil saltar na areia. É por isso que respeitamos os jogadores de vôlei de praia; sabemos intuitivamente que, para eles, é mais difícil saltar. Na construção de um prédio, quanto mais sólida a fundação, mais andares podem ser erguidos em um arranha-céu. O mesmo vale para os saltos à frente nos negócios: quanto mais firme for piso, mais inovação poderá ser impulsionada. As relações dinâmicas entre os seres vivos – como colegas, parceiros ou companhias – são como a areia fofa da praia. Mas a confiança cria a solidez. Ela estabiliza as relações e cria o piso firme do qual se pode caminhar ou saltar. Essa sutileza chamada confiança é, na verdade, a mais firme de todas as coisas. Quando existe, permite arriscar, saltar mais alto.

Inovação

Em um mundo hiperconectado e hipertransparente, fica-se mais exposto e descobrível. Revelar e deixar a informação fluir inerentemente envolve mais risco, menos controle e mais vulnerabilidade, assim as condições atuais demandam mais tranquilidade em ambientes de alto risco. O mundo horizontal, onde equipes colaboram dividindo espaços e especialidades, é desvinculado e muito mais diversificado. Para funcionar bem – arriscar e colher recompensas – é necessário possuir muitos círculos de confiança ao redor que propiciem trabalhar lateralmente em muitas direções ao mesmo tempo. É necessário ser bom em heterogeneidade, no desenvolvimento dos tipos de sinapses fortes que permitam cobrir uma geografia muito mais ampla de inter-relações.

Em um ambiente confiável, todos se sentem corajosos para arriscar mais. As pessoas desafiam mais o sistema, resolvem problemas e não permanecem em territórios limitados com medo de arriscar em novas áreas temendo a crítica (do chefe e dos colegas). A **inovação** flui desse espírito criativo. Nos negócios, tudo é questão de desafiar constantemente os limites. É um convite diário para explorar territórios desconhecidos; arriscar mais; saltar mais alto ou correr mais rápido; criar novas estratégias, produtos e sistemas inovadores; e, por fim, refletir mais criteriosamente do que a concorrência. Para colher esses tipos de recompensa, é necessário arriscar e criar o ambiente em que os outros também possam fazer o mesmo. Algumas mentes brilhantes do *marketing*, com a tranquilidade em seu ambiente de alto risco, conceberam o *marketing* viral. O que poderia ser mais arriscado ou irracional do que expor uma marca à manipulação dos clientes? Saltos de consciência como esse acontecem somente em ambientes confiáveis.

A acomodação no *status quo* leva à estagnação e ao declínio. Por todas as grandes inovações, alguém arriscou. Arriscou seu capital; arriscou sua energia; arriscou seu custo de oportunidades; e, acima de tudo, arriscou-se ao fracasso. Não se pode inovar sem acreditar no êxito, sem confiar na presença dos outros ali para ajudar na jornada, e sem a certeza de não ser punido se não conseguir atingir a meta. Um universo de mudanças rápidas demanda a inovação para o sucesso duradouro. Líderes que desejam funcionários que se arrisquem devem criar um ambiente propício ao florescimento do risco, um ambiente baseado na confiança. Confiar permite arriscar, e o risco leva à inovação, ao "I" da sigla TRIP.

Progresso

O que acontece se houver **inovação**? Cria-se o progresso. O "P" de **progresso** – não apenas o progresso em mercadorias, serviços e lucros, mas também o progresso pessoal. Trabalhamos duro todos os dias na busca da satisfação quando realizamos grandes feitos, quando ajudamos a equipe e quando melhoramos a vida dos outros. O progresso está, dessa forma, intimamente relacionado à busca do significado. Embarcamos em **viagens** porque queremos realizar grandes feitos. Embarcamos em **viagens** porque queremos resolver os verdadeiros problemas e porque queremos criar valor permanente. Também progredimos quando arriscamos e temos êxito. Quando lutamos no vale da nota C e escalamos até a colina da nota A, sabemos que crescemos como pessoa, que ficamos mais fortes e mais capazes, e, o mais importante, que temos força para embarcar na próxima jornada, até uma colina ainda mais alta, e além. **E não seria exatamente isso uma jornada?**

CONTINUAR A VIAGEM

A confiança (T) permite correr riscos (R), que provocam a inovação (I), que cria o progresso (P). VIAGEM (*TRIP*). Essa é a fórmula básica para prosperar no universo hiperconectado e hipertransparente dos negócios do século XXI.

Há algo mais nessa **viagem**, também. O "T" também representa a transparência, que gera confiança. A transparência interpessoal é um fator necessário para prosperar em um mundo conectado e, não por coincidência, ela gera confiança. Estive discutindo sobre confiança com Roger Fine, ex-vice presidente e conselheiro geral da Johnson & Johnson (J&J). Tive o privilégio de trabalhar ao lado de Roger durante sua época na J&J, e aprendi muito com ele. Quando conversamos, ele se concentrou direto no seguinte. "A principal forma de as pessoas estabelecerem confiança", ele disse, "é sendo transparente e honesto. A transparência permite às pessoas saberem quando se está dizendo a verdade, toda a verdade, nada mais que a verdade, e descobrirem com muita rapidez. Essa é a razão por que acreditamos no sistema de júri. Os jurados conseguem farejar isso. Basta muito bom senso e algum instinto humano básico; sabe-se quando alguém está fingindo e quando alguém está realmente sendo transparente. Todos percebemos isso".[9] Quando se emprega a força da transparência ativa, as pessoas percebem quando você lhes revela tudo – o bom e o ruim, o negativo e o positivo – e que você é o tipo de pessoa que não mentiria e esconderia algo que serviria contra o seu próprio interesse. Portanto, confiança e transparência andam lado a lado.

A letra "R" também representa a reputação. A reputação tanto resulta da confiança quanto a gera. Sua importância será discutida mais profundamente no Capítulo 9.

A confiança também libera o instinto, outro "I". Como seres humanos, temos instintos animais, mas, infelizmente, por causa do nosso mecanismo de decisões, a maior parte do nosso verdadeiro instinto biológico animal ou desapareceu ou virou vestígio. O que a maioria das pessoas considera instinto é simplesmente um entrelaçamento complicado de experiência, julgamento e percepção sensorial que ocorre nas sinapses do cérebro diante de uma situação de decisão. Quando se está em uma situação cheia de confiança, essas sinapses são fortes. As várias centrais cerebrais comunicam-se contínua e rapidamente, e consegue-se tomar decisões em segundos, muitas vezes, compensadoras.

Os atletas sabem bem disso. No golfe, batendo na bola seguindo uma linha mais agressiva pode-se chegar ao buraco em menos tacadas, mas também se pode chegar mais perto dos riscos das penalidades. Quando se está movimentando bem e se confia no movimento, você se sente mais confiante para arriscar, então continua se movimentando; segue com determinação. Quando se confia menos na tacada, segue-se uma linha mais segura ou se dá uma tacada para o centro do campo em vez direcionar na bandeira atrás de um *bunker* (refúgio). O mesmo princípio se aplica a jogos mais reativos, como tênis ou basquete, em que a ação acontece tão rápido que muitas vezes não há tempo para refletir muito antes de fazer a jogada. No tênis, quando se confia na batida, a tendência é tentar arriscar mais uma bola curta ou uma paralela curta. Quando não existe confiança, faz-se jogadas mais seguras para manter a bola na quadra. Todas essas decisões instintivas ocorrem em milissegundos porque a confiança cria sinapses fortes, e essas decisões muitas vezes podem ser mais poderosas e bem-sucedidas do que as mais demoradamente refletidas. A confiança cria um ambiente de prosperidade para o instinto.

E, finalmente, se a pessoa permanecer sempre nessa **viagem** e constantemente progredir, então o "P" representa também a prosperidade perene. Pode-se perceber que eu não disse que "P" representa lucros (*em inglês,* **p***rofits*). A busca do progresso raramente flui da busca dos lucros, mas, ao contrário, da busca de criar algo significativo para os outros.

GERAR CONFIANÇA

A pergunta mais importante da nossa época, valendo US$ 64 bilhões (costumava ser US$ 64 milhões[*]), é como manter a continuidade dessa viagem? Onde ela começa? Que tal com o **Big Bang**? Já mostramos que não é com regras, porque regras não conseguem inspirar aquele tipo de certeza e disposição ao risco. **Se não com regras, com o quê, então?**

A resposta, naturalmente, está na esfera do **como**. A tendência é confiar nas pessoas que usam os **comos** certos, que são transparentes, acessíveis, e abertas e sinceras; que compartilham os créditos e as oportunidades conosco; e que se comunicam plenamente, criando fortes sinapses interpessoais, e cumprem promessas. Em suma, pessoas íntegras. Elas colaboram, abraçam a causa e se dedicam. Quando se procura confiança, é preciso encontrar pessoas e companhias que criem círculos de confiança em torno de si. Assim como os anéis olímpicos, quanto mais entrelaçados forem os círculos dentro de um estádio, mais "olas" podem ser criadas. Vivemos nos tempos da confiança

---

[*] Alusão a um programa de perguntas da TV norte-americana da década de 1950 (*The $64,000 Question*) em que o candidato ia respondendo as perguntas até chegar à última valendo o prêmio de US$ 64 mil. (http://forum.wordreference.com/showthread.php?t=56608, acesso em 15 ago. 2008). O valor superdimensionado (US$ 64 bilhões e US$ 64 milhões) no texto ressaltam o grau de importância do questionamento levantado.

como moeda da época. A confiança está mais valiosa que nunca, portanto é necessário produzi-la em grande quantidade. Os que conseguirem gerar mais confiança e aproveitá-la melhor irão vencer.

Mike Fricklas sabe disso por experiência própria. "No final da década de 1990", contou Mike, "eu estava negociando os termos de um grande empreendimento conjunto para a Viacom. Envolvia a aquisição de negócios de uma grande companhia de entretenimento em troca de risco no empreendimento. Eu liderava a equipe, e havia inúmeras peças em movimento nas negociações. As pessoas do outro lado estavam sendo muito pressionadas a concretizar a transação, mas entre o tempo de negociação do acordo geral e o tempo de fechamento do negócio, as estimativas mudaram. No último minuto, o negociador deles veio falar comigo, dizendo, 'Realmente precisamos de algo mais nessa negociação porque os valores efetivamente mudaram muito'. Não estávamos preparados para renegociar o preço naquele momento porque não seria interessante para nossos acionistas.

Tínhamos a alavancagem total, mas também estávamos sendo muito pressionados a fechar o negócio, assim a dinâmica era tensa. Alguém do outro lado da mesa de negociações pediu a concessão de um preço maior que, eu senti, não seria razoável. A dinâmica poderia facilmente ter levado alguém a dar um murro na mesa e adotar uma linha mais pesada. Ou seja, nesse tipo de situação, muitas vezes se vê pouco mais que esforços para defender cada porção da óbvia alavancagem que eles têm e não uma visão voltada a uma cenário maior. Mas esse negociador havia sido realmente direto conosco, e quando se negocia com alguém como ele, eu fico propenso a dizer: 'Você foi razoável comigo, portanto vamos procurar uma maneira de resolver essa situação'. Propus uma maneira criativa de acrescentar uma alavanca que lhe daria certo grau de proteção adicional. Isso permitiu que ele reportasse à sua equipe a mudança conseguida e tranquilizou mais o seu pessoal. Não tive de me reportar ao meu chefe para dizer-lhe que haveria mudança no preço e, assim como se comprovou, no fim, a proteção da qual abrimos mão não nos custou nada."

"Alguns anos depois", Mike continuou, "eu estava negociando a parte de fusões e aquisições de um acordo complicado, envolvendo um ativo diferente da Viacom, com uma companhia totalmente diferente. Outra equipe da Viacom estava negociando uma parte relacionada, mas diferente, do acordo. Do outro lado da mesa de negociações dessa equipe estava o mesmo sujeito, do qual acabei de falar, com quem eu havia negociado anos antes. Essa negociação, por milhões de razões complicadas, também havia atolado em alguma questão intratável, inaceitável para nós, que eu também senti não seria razoável. Por causa da minha relação anterior com esse outro negociador, pensei em falar com ele diretamente, mas, em vez disso, decidi deixar nossa equipe tentar mais um passo.

Mais tarde naquele mesmo dia, a equipe me procurou. Eles haviam conversado com a outra parte e, no curso das conversações, disse ao negociador que eu não considerava a posição dele razoável. Ele imediatamente mudou de posição. 'Faremos isso pelo Mike', contaram que ele disse. Encontrei-o por acaso em um evento do setor alguns meses depois e agradeci."[10]

Disse a Mike que aquele era um exemplo extraordinário do valor corrente da confiança, e ele foi extremamente modesto. "Manter relações desse tipo, boas e de confiança, melhora muito nossa capacidade de concretizar as coisas", ele disse. "Minha esposa, com os nossos filhos, sempre se refere a uma '**escada da confiança**'.

Você sobe um degrau por vez, mas quando escorrega desce todos os degraus abaixo até o chão. Acho que há muito de verdade nisso em relação aos negócios, também. Quando você flagra alguém não dizendo a verdade ou não negociando com justiça, o elemento confiança realmente desaparece e fica difícil recuperar. A situação fica muito mais complicada a partir de então."

A confiança pode ser difundida por ações tanto conscientes quanto inconscientes. Algumas pessoas que conhecemos simplesmente sentem que somos dignos de confiança, e, até certo ponto, decidimos confiar nelas sem refletir muito conscientemente. Essa é a confiança criada no nível chamado pelos neurobiologistas de **amigdalar**, naquela interface cerebral complexa da oxitocina, da detecção de erro e da tomada de decisão. É possível se tornar uma pessoa desse tipo. Individualmente, é possível se conduzir de maneira a ativar aquilo que Paul Zak e outros chamam de mecanismos de apego social, comportamentos que provocam reações fisiológicas, liberam a oxitocina e aumentam a confiança. Reunir-se pessoalmente quando a ocasião for importante, cumprimentar as pessoas com um aperto de mão caloroso, manter contato visual frequente, almoçar juntos e demonstrar preocupação com os familiares e outras paixões, tudo estimula reações de confiança. Por mais que possa parecer um sermão, a ciência tem nos mostrado que comportamento atencioso e honesto aumenta a fidedignidade (observe o **e honesto** nessa frase; a mente inconsciente percebe a falsa atenção tão rápido quanto percebe a verdadeira atenção).

No nível corporativo, as reações de confiança inconscientes podem ser ativadas por planos conhecidos nas empresas como programas de elevação do ânimo. Os programas de promoção do estilo de vida, como creche no local de trabalho, horário de expediente flexível, atividade externa de formação de equipes, academia de ginástica e licença por motivos familiares, não são apenas bons planos de relações públicas; eles efetivamente aumentam os níveis de oxitocina no fluxo sanguíneo, aumentam a confiança e a produtividade dos funcionários. Mesmo algo não convencional, como a terapia de massagem no local de trabalho (que, a propósito, tem sido usada por empregadores bem irascíveis, como o governo norte-americano)[11], é surpreendentemente eficaz. A massagem não apenas demonstra que a companhia se preocupa, mas também traduz essa atenção em toque humano, estimulador poderoso da liberação da oxitocina.

O fortalecimento dos vínculos sociais é apenas outra maneira de formar fortes sinapses interpessoais com os demais do estádio. Esse tipo de comportamento funciona muito bem com aqueles com quem se estabelece contato direto. Mas creio que esses princípios sirvam também para equipes, unidades de negócios e companhias como um todo. Esses gestos mais amplos podem ajudar a difundir a "ola" no estádio inteiro, alcançando até aqueles do lado de fora com quem jamais se teve contato e que sejam desconhecidos.

(Um pequeno esclarecimento: apesar de falarmos de "confiança interorganizacional", as organizações não podem realmente manifestar confiança uma nas outras. A confiança flui do ser humano. Como parte da pesquisa, Dyer e Chu ressaltam que uma pessoa pode confiar em outra ou em um grupo de pessoas, como, por exemplo, em uma organização parceira. Mas um grupo de pessoas também pode coletivamente confiar nas pessoas de outra organização; portanto "a confiança interorganizacional descreve até que ponto existe orientação de confiança coletiva" de uma empresa em relação à outra. Embora as organizações não possam por si só difundir confiança, podem atuar consistentemente de maneira a adquirir confiança institucional, confiança existente independentemente do pessoal que possa estar na empresa no momento).[12]

Assim como o lembra a esposa de Mike Fricklas, a queda da escada da confiança é longa e dolorosa. A confiança é destruída pela suspeita de que qualquer pessoa, grupo de pessoas ou organização esteja atuando estritamente em seu próprio interesse sem considerar a reciprocidade ou a vantagem mútua. As escolhas feitas, como indivíduo ou organização, sinalizam fortemente ao mercado, e este reage de incontáveis formas, tanto facilmente quantificáveis quanto de maneira mais efêmera. Mike também compartilhou comigo que adotou como parte fundamental da sua abordagem profissional conhecer os conselheiros gerais de outras grandes companhias de mídia e adquirir a confiança deles. "Por meio desses relacionamentos", ele disse, "os dois lados têm resolvido amigavelmente as diferenças de opinião surgidas entre nossas companhias e temos tido êxito em promover questões em que haja semelhança de interesses em nosso setor, como em iniciativas de combate à pirataria ou novas normas de ajuste."

CONFIANÇA É O REMÉDIO

Em meados de 2006, Jeffrey B. Kindler foi nomeado CEO e, então, posteriormente, presidente da diretoria da gigante farmacêutica Pfizer Inc., depois de vários anos de desempenho da companhia abaixo da média nas condições mercadológicas de mudanças rápidas. É justo dizer que ele herdou uma companhia operando em ambiente de pouca confiança, com a percepção pública geral de "grande farmacêutica" vinculada quase exclusivamente a "grandes lucros". "Vi uma peça recentemente, e parte do texto, que provocava sonoras risadas, era a respeito de pessoas trabalhando em um evento filantrópico voltado ao tratamento de uma doença inventada pela indústria farmacêutica", contou Jeff. "O que eu quero dizer é que, quando se chega a ponto de o humor e a cultura popular aceitarem a premissa de que efetivamente ficamos por aí tentando inventar doenças para que possamos inventar tratamentos para tais doenças e ganhar dinheiro, sabe, é aterrador."[13]

Kindler é há muito tempo reconhecido não apenas por sua perspicácia nos negócios, mas também por sua liderança nas áreas de atendimento jurídico gratuito, diversidade e responsabilidade social corporativa durante sua gestão na General Electric e McDonald's. A escolha da diretoria expressava a convicção de que ele conseguiria conduzir a companhia em uma nova direção, torná-la mais flexível, menos burocrática e mais ágil na resposta às necessidades do mercado. Em certo sentido eles procuravam alguém para restaurar a confiança necessária para embarcar a Pfizer em uma **viagem,**. Em gesto admirável, Jeff atacou esse desafio de frente. Em sua primeira comunicação pública ao assumir a companhia, ele prometeu que a Pfizer iria simplesmente "transformar praticamente todos os aspectos de como conduzir os seus negócios".[14]

Quando nos falamos, perguntei a Jeff como ele estava tratando da monumental tarefa de restaurar a confiança junto aos grupos interessados e ao público em geral da Pfizer. "O primeiro passo foi ouvir as pessoas", ele disse. "Tenho dispendido enorme parte do meu tempo desde que assumi esse emprego, ouvindo funcionários, ouvindo clientes, ouvindo investidores, ouvindo analistas, e ouvindo até a mídia. Meu primeiro objetivo seria descobrir o que se passa na cabeça deles, o que os incomoda na indústria, o que os incomoda na empresa, o que os frustra, e se estamos atendendo aos objetivos apropriados. Estou tentando entender bem o motivo da falta de confiança. Depois, estou tentando, com minha equipe, embutir em nossos planos, atividades e tomada de decisões, formas de reagir rapidamente a essas preocupações, sejam grandes, sejam pequenas. Como nos concentrar mais nos clientes? Como não apenas **dizer** aos pacientes que nos preocupamos com eles, mas **demonstrar** que nos preocupamos por meio de ações consideradas críveis?"

Embora o desafio de Jeff seja manobrar uma enorme embarcação e dar uma guinada, navegando por mares revoltos, sua jornada é semelhante ao desafio enfrentado por qualquer equipe de qualquer tamanho na tentativa de manter a continuidade da **viagem**, e começa se conhecendo quem você é e onde quer chegar. Ouvir – o primeiro passo crucial rumo à obtenção da confiança – ajudou-o a estabelecer ligações mais fortes com aqueles que esperava conduzir. Mostrando que entendia e abraçava os desafios que todos sabiam vinham à frente, ele conseguiu começar o processo de formação de fortes sinapses em toda a organização. O ato de ouvir realmente lhe rendeu o benefício da dúvida, o primeiro passo na fertilização do solo que possibilita o crescimento da verdadeira mudança. Ele conseguiu, assim, começar a expressar sua visão da nova Pfizer, voltada a um compromisso altamente centrado e entusiasmado em servir aos outros. "Estou constantemente buscando maneiras de representar, defender e comportar, a todo o momento, de forma consistente com os valores fundamentais que definem quem somos, culturalmente e em outros aspectos", ele diz.

Pedi a Jeff um exemplo específico de como planejou restaurar a confiança do mercado na Pfizer. "Embora os pacientes sejam os consumidores finais dos nossos medicamentos, muitos, se não a maioria, dos nossos produtos no mundo todo são pagos, em grande parte, por governos, seguradoras ou outras entidades comerciais", ele exemplificou. "No passado, em situações em que tínhamos um medicamento realmente fantástico, praticamente conseguíamos impor a obrigatoriedade de reembolso e disponibilização do produto aos pacientes. Não vivemos mais naquele mundo e, portanto, precisamos mudar. Temos de pensar nos pagadores não como adversários com quem temos de argumentar e que temos de pressionar para resolver nossos problemas e tratar das questões comerciais, mas como parceiros. Precisamos entender o que move suas preocupações e seus problemas para encontrar uma solução em que ambos saiam ganhando. Com o tempo – não de um dia para o outro, mas com o tempo – se conseguirmos demonstrar que estamos abertos a isso, que estamos ouvindo, que nos importamos com as preocupações deles, e que estamos adotando medidas para resolvê-las, então acho que conseguiremos estabelecer a confiança."

Na teoria, é bem fácil para os líderes alegar que fazem o que Jeff está tentando fazer, mas, na prática, a situação muda completamente de figura. A indústria farmacêutica precisa reparar muitas pontes. Mudar o modo como as pessoas a veem, e a confiança não pode ser restabelecida de um dia para o outro. Requer auto-reflexão e trabalho firme, o empenho no vale da nota C necessário para formar uma equipe que possa realmente prosperar em um mundo hiperconectado. A franqueza de Jeff diante desse desafio é um primeiro passo importante. "É um processo longo", admite Jeff. "Requer esforço e luta para mudar esses comportamentos, mas se você realmente começar a frequentar essa academia e a criar músculos nessa região, adquirirá muito mais massa e superará o desempenho da concorrência. A pedra fundamental da confiança é a credibilidade. Se as pessoas acharem que, ou você não reconhece a realidade, ou reconhece, mas não admite, por que confiariam em você? Elas enxergariam inconsistência entre seu discurso e a realidade percebida. Portanto, claramente, um elemento essencial da credibilidade – se não a essência total da credibilidade – é ser honesto e aberto e realista a respeito dos fatos."

Cumprir promessas, atuar de forma consistente, partir do trabalho do antecessor e expandi-lo (mudanças frequentes na política e nos procedimentos criam incertezas nos outros e minam a reação de confiança), agir com princípios, pensar em termos de valores e colocá-los em ação, e buscar atividades de significado são ideias mais amplas que inspiram a confiança nos outros. Preencher as sinapses interpessoais entre você e os outros com conduta geradora de confiança aumenta a rentabilidade dessas relações, em aspectos tanto humanos quanto financeiros.

CONFIAR, MAS CONFERIR

James Paul Lewis Jr. era um homem confiável. Mórmon devoto e frequentador da igreja, por praticamente 20 anos conduziu a Financial Advisory Consultants (FAC) de seus escritórios do condado de Orange na Califórnia, onde administrava dois fundos de investimento voltado a investidores que buscavam alto índice de retorno para os fundos de aposentadoria. Seu material promocional prometia até 40% de retorno anual no Growth Fund e 18% no Income Fund, ambos espécies de fundo mútuo da FAC. De acordo com relatos, Lewis "só aceitava investimentos de pessoas recomendadas por algum investidor", e a maioria desses investidores eram frequentadores da igreja e religiosos.[15] Ele dirigia um negócio baseado na confiança, e as pessoas confiavam nele apesar de ele jamais ser muito específico sobre em que os fundos eram investidos para produzir retornos tão espetaculares. Quando perguntado, Lewis referia-se vagamente a empresas em dificuldades, arrendamento de equipamentos médicos, financiamento de prêmio de seguros e outras atividades empresariais. Os investidores recebiam boletins e demonstrativos mensais, muitos dos quais mostrando os retornos prometidos. Por quase 20 anos, a FAC levantou cerca de US$ 311 milhões, dos quais exatamente nada jamais foi investido em qualquer fundo. Os fundos, muito simplesmente, não existiam.

Antes de ser detido em 2004 e condenado a 30 anos de prisão, James Paul Lewis Jr., homem confiável, dirigiu talvez o maior esquema Ponzi da história financeira dos EUA. Ele usava o dinheiro levantado de novos investidores para pagar o retorno aos antigos, ao mesmo tempo, separando milhões de dólares para uso pessoal, inclusive para sustentar a quantidade usual de esposas e amantes. Ao longo dos anos, Lewis enganou até cinco mil investidores do dinheiro que haviam separado para a aposentadoria. Ironicamente, acabou sendo descoberto por Barry Minkow, que havia passado sete anos na prisão por fraudar investidores como proprietário da empresa de limpeza de carpetes ZZZZ Best. Minkow hoje é investigador particular especialista em fraudes.[16]

Confiar é um ato racional. Em quem confiar, sob que circunstâncias e com que finalidade são questões resolvidas nos pequenos intervalos complexos em que certeza, previsibilidade, comportamento e oportunidade se encontram. Às vezes, a escolha é consciente, como em um cálculo analítico: "Esse cara me tratou bem e comportou-se com honestidade, portanto vou confiar nele". "A reputação dessa mulher é impecável. Certamente, ela é digna de confiança". Às vezes, a decisão vem de impulsos profundos e inconscientes, de uma sensação de que certa pessoa é digna de confiança. A oxitocina é disparada no cérebro, e o portão de entrada se abre para a confiança. Mas mesmo essas iniciativas inconscientes precisam ser respaldadas por uma sucessão de ações confiáveis, ou elas, também, tropeçam escada abaixo.

Os esquemas Ponzi, assim como qualquer trapaça, prosperam na confiança. Confiança é algo tão poderoso que alimenta tanto o pior como o melhor aspecto do ser humano. O mundo é um lugar perigoso, e os negócios, mesmo nos melhores momentos, podem ser duros também. Não quero ser visto como Poliana, sugerindo que, se todos dermos as mãos, confiarmos uns nos outros e cantarmos *Kumbaya*, tudo ficará bem. É claro que não! Sempre haverá pessoas jogando com o sistema, abusando da confiança e trabalhando com base no oportunismo e no exclusivo interesse próprio, e elas muitas vezes consideram, as que não agem assim, ingênuas, tolas ou as duas coisas. Precisamos permanecer alertas e sermos inteligentes, e praticar nosso devido cuidado a todo o momento e em todas as situações.

Embora Ralph, o cara do *donut*, dirija um negócio baseado na confiança, sua presença diária atua como empecilho inerente contra a trapaça e o abuso em larga escala. Dentro de organizações de grande porte, todos devem permanecer alertas quanto às incidências de fraude e abuso da confiança, porque não importa a dimensão da confiança concedida, sempre haverá alguma pequena porcentagem daqueles que irão trapacear ou jogar com o sistema. "Alguém está fazendo algo hoje em Berkshire com o qual você e eu ficaríamos insatisfeitos se chegasse ao nosso conhecimento", escreveu Warren Buffett em 2006 em um memorando aos principais executivos da Berkshire Hathaway. "Isso é inevitável ... Mas podemos exercer uma enorme influência em minimizar esse tipo de atividade, atacando qualquer coisa imediatamente quando sentirmos o mínimo cheiro da improbidade. Sua atitude em questões desse tipo, expressa por meio de comportamento e palavras, será o fator mais importante em como a cultura da sua empresa se desenvolve. E a cultura, mais do que os manuais de normas, determina como a organização se comporta."[17] Seria impraticável conduzir uma grande empresa sem algum tipo de sistema de monitoramento ou de conformidade, por exemplo; teríamos uma anarquia. Mas a maneira de manter um ambiente de confiança e, ao mesmo tempo, identificar e punir a conduta indevida faz diferença. Esse é o significado do antigo provérbio russo, *doveryai, no proveryai*, "**confie, mas confira**". Embora o presidente norte-americano Ronald Reagan tenha o adotado como uma espécie de dito popular que aplicava regularmente nas relações diplomáticas com a antiga União Soviética, o escritor Damon Runyon é amplamente considerado o primeiro a adotá-lo na língua inglesa.

À primeira vista, "confiar, mas conferir" parece contraditório. Se você está conferindo, será que não significa que deixou de confiar? Vamos trabalhar com um exemplo usando a conta de despesas de funcionários e ver se é verdade (nem todos nós tomamos decisões desse tipo, mas ela serve de bom exemplo para qualquer um que trabalhe em equipe). Você é o líder no estádio, convocou as pessoas e disse: "Neste estádio, confio em vocês." Em seguida, você institui um sistema de relatório de despesas baseado em normas (formulários, aprovação da gerência, assinatura da contabilidade, várias etapas a cumprir). Assim como já discutimos, essas normas criam todas as reações anti-normas previsíveis; as pessoas sentem-se monitoradas de fora, e reagem no mesmo tom. Suas palavras dizem uma coisa – "Confiamos em você" – mas seu programa diz outra.

Se essas normas forem retiradas, no entanto, será que não vira uma anarquia? Na verdade, não. Se disser aos funcionários, "preencham os formulários honestamente e serão reembolsados", sua declaração baseada em valores transmite uma mensagem muito forte. "Estamos juntos nessa jornada", ela diz, "e chegaremos mais rápido ao destino e de forma mais proveitosa se trabalharmos juntos e confiarmos uns nos outros". Ao inserir a confiança no relacionamento, consegue-se acionar todas as reações nos outros que sabidamente resultam em economia: menos custos de transação para processar os reembolsos, mais enquadramento voluntário, e vínculo social que propicia mais alinhamento.

Em termos de *donuts*, você lhes permite pegar o próprio troco. Consegue-se até mais vigilância interna, já que aqueles que enxergam os benefícios da abordagem vigiam aqueles que possam colocar em risco algo bom.

Mas o que dizer do esquivo, do trapaceiro, daquele que procura levar vantagem sobre os outros por alguns trocados a mais? É impossível assumir racionalmente que ninguém irá trapacear, então como se proteger da fraude? Conferindo aleatoriamente. Todos sabem do seu interesse legítimo na forma como o dinheiro está sendo gasto, portanto todos sabem que você estará prestando atenção. Todos também sabem que a única maneira de identificar pessoas que traem sua confiança é prestando atenção; atenção também é cuidado. O segredo é fazê-lo de forma a respeitar as necessidades da companhia sem minar o compromisso com a confiança. Verificações aleatórias propiciam vigilância permanente sem ter de aplicar multa de enquadramento sobre o digno de confiança. Isso é o que significa confiar e conferir.

Quando algum transgressor é identificado, a sua reação faz toda a diferença. Em um sistema baseado em regras, a trapaça muitas vezes é imediatamente seguida de uma mensagem eletrônica dizendo, "A partir de hoje, todos os comprovantes de despesas devem ser . . . " acompanhada de um novo conjunto de normas e regulamentos. Esse é um exemplo básico de normas governando nosso passado; alguém foi pego trapaceando, e agora todos devem pagar apesar de aumentar a burocracia improdutiva. Isso remonta à disciplina da escola fundamental, quando o professor dizia: "Como Johnny não conseguiu permanecer na sua carteira, a classe inteira ficará mais cinco minutos depois da aula." Essa tentativa primitiva de responsabilização coletiva, na realidade, tem efeito exatamente contrário; ela faz todos odiarem Johnny, rompendo a coesão da classe. Reações semelhantes ocorrem em empresas quando a gerência reage às transgressões de algum indivíduo impondo mais ônus ao grupo. Em lugar de manter as pessoas alinhadas, isso as incentiva a atuar como agentes autônomos, protegendo cada um seu próprio espaço.

Steve Kerr, ex-diretor executivo de aprendizado da GE e da Goldman Sachs, mostrou-me uma resposta melhor: "Um líder poderoso, quando descobre um dentre dez que trapaceia, micro-controla essa pessoa. O transgressor passa a se sentir tratado isoladamente, mas merece ser tratado assim. Se lhe pedirem para avaliar seu superior, provavelmente afirme, 'bem, ele é autoritário e está sempre no meu pé', mas os demais nove nem saberão do que ele está falando.

O sentido deles de confiança continua intacto."[18] A penalização pela quebra da confiança (desde que não seja tão rígida a ponto de o passo seguinte ser a demissão) é o recolhimento da confiança. Se o adulto Johnny for pego falsificando o relatório de despesas, então ele deve ser monitorado isoladamente até a confiança poder ser restabelecida. Isso também transmite uma mensagem forte para o restante do estádio: **confiança não é um presente a ser recebido com pouco caso**. Todos estamos galgando a mesma escada juntos.

CONFIANÇA

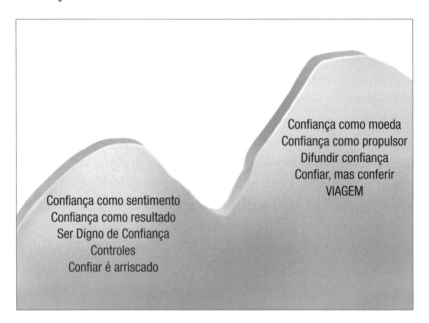

Entender que as condições do mundo mudaram de tal maneira expressiva, **e específica**, que a confiança se tornou moeda da época, mais poderosa que nunca, talvez seja o **como** mais crucial do nosso universo conectado. Todos os dias, a recente estrutura de negócios horizontal nos coloca em relações definidas por estruturas hierárquicas menos rígidas. Essas relações, para ser produtivas e produzir "olas", exigem de nós concentração mais intensa do que nunca naquilo que preenche os espaços entre nós.

A confiança propulsiona uma nova **viagem**, por um novo caminho, um caminho mais confiável, mais gerador e mais capaz do que a dança astuciosa do passado de ajudá-lo a atingir o sucesso sustentado e duradouro. Cada vez mais, aqueles que geram e difundem confiança, que se tornam ativamente transparentes, que mantêm sua integridade diante de forças compensatórias, e que preenchem as lacunas e as sinapses no entorno com confiança verão o retorno da confiança, propulsionando sua nova **viagem** rumo ao progresso.

CAPÍTULO **9**

Reputação, Reputação, Reputação

"Reputação, reputação, reputação!
Oh, perdi minha reputação!
Perdi a parte imortal de mim mesmo,
e o que resta é bestial.
Minha reputação, Iago, minha reputação!"
– William Shakespeare, *Othello*, II, iii

Em uma rua de pedestres, sem trânsito, na cidade belga de Antuérpia, um homem aperta mais seu comprido casaco preto em torno do corpo para escapar da rajada de vento gelado do inverno, que varre os paralelepípedos da rua como ondas quebrando contra rochedos. Quando a rajada de vento sopra de novo, rapidamente agarra seu chapéu preto para firmá-lo na cabeça, e passa pela porta de cabeça inclinada, entrando em um grande edifício. Ao entrar em uma sala de pé direito alto, afrouxa o casaco e solta sua longa barba grisalha conforme vai passando ligeiro por duas dúzias ou mais de mesas de madeira simples alinhadas ao longo de uma parede alta com janelas. "Preciso correr", pensa consigo, "ou não chegarei em casa até o pôr-do-sol".

É sexta-feira e, para os judeus praticantes, o Shabat começa ao anoitecer.

Em uma mesa quase nos fundos, ele cumprimenta outro homem, vestido de camisa branca e colete preto, e rapidamente se senta de frente aos demais. O zunzunzum dos outros, sentados nas outras mesas, conversando tranquilamente, enche a sala.

A esposa? *Der kinder*? Os dois mantêm rápidos diálogos até começarem uma discussão animada, misturando ídiche e inglês. Ambos sabem que está ficando tarde. O homem de colete abre uma bolsa preta de couro e mostra um pequeno envelope de papel de tamanho menor que um cartão postal. Tirando rapidamente seu casaco, o visitante abre o envelope e retira um pedaço de papel de seda branco dobrado. Desdobra-o cuidadosamente sobre a mesa e, então, pega no seu bolso a lupa de sempre. Ajustando o foco através da pequena lente de aumento, examina o conteúdo precioso do envelope: diamantes, um dos produtos *in natura* mais preciosos do mundo.

A conversa continua sem interrupções conforme o visitante vai escolhendo entre as dezenas de pedras, cada uma valendo mais de US$ 20 mil, preço de atacado. Com um olho de perito adquirido de uma vida inteira de prática, escolhe oito. O homem de colete diz um preço. O visitante avalia por um instante, considera razoável e, em seguida, entrega ao homem de colete um pequeno pedaço de papel com um endereço escrito à mão. O homem de colete coloca seis das pedras preciosas em um envelope com o endereço e coloca ambos os envelopes de volta na bolsa. As duas pedras restantes ele enrola em um papel de seda e entrega ao comprador, que as coloca no bolso. Para selar o acordo, eles se olham nos olhos, apertam as mãos e, trocam as tradicionais palavras finais de um acordo entre negociantes de diamantes, *mazel und brucha*, **sorte** e **benção**. Com as pedras no bolso e a instrução dada, o comprador se encapota e vai para casa para a refeição do Shabat.

Na segunda-feira seguinte, o vendedor enviará as seis pedras no envelope ao endereço fornecido. Os dois diamantes levados pelo comprador no bolso serão entregues a um negociante de outra cidade, e o vendedor será pago. Um negócio de US$ 240 mil transacionado com um aperto de mãos e *mazel*, a promessa de que o dinheiro e as mercadorias serão entregues conforme o prometido. O único pedaço de papel trocado entre eles: um endereço escrito à mão.

Durante séculos, remontando à antiguidade antes do advento dos mercados regulados, economias inteiras organizavam e governavam-se baseadas na **confiança** e na **reputação**. A filiação pessoal, seja em família, seja baseada no mesmo grupo religioso ou social, formava a espinha dorsal da empresa. Dentro desses círculos fechados e semifechados, a notícia de conduta imprópria espalhava-se rapidamente. Aqueles que trapaceavam ou traíam a confiança corriam sério risco de serem permanentemente banidos da família, religião e comunidade, terem destruídas as suas reputações – e, assim, sua capacidade de negociar. Embora se costume pensar nesses tipos de comunidades de negócios como naturalmente feudais, ou existentes hoje apenas onde as condições de pobreza ou privação exigem, de fato, essa forma de auto-regulamentação acontece até hoje no comércio de diamantes, um dos mercados econômicos mais ricos de que o homem tem notícias.

Ao longo dos séculos, judeus sefarditas, que após a inquisição espanhola se espalharam pela Europa, onde foram excluídos da maioria das formas de atividade econômica, exceto a atividade de empréstimo de dinheiro, vieram a dominar o comércio de diamantes. Três aspectos tornavam o diamante atraente para uma comunidade transitória: era extremamente valioso, universalmente desejado e facilmente escondido e transportado pessoalmente. Qualquer que fosse o destino para o qual os judeus eram forçados a se mudar, conseguiam carregar consigo fortunas em diamantes e facilmente instalar seu negócio. No fim, os "**diamantários**" chegaram a Antuérpia, onde foram bem recebidos. Exceto pela relativamente recente expansão de centros, como Londres, Tel Aviv e cidade de Nova York, Antuérpia permaneceu por 500 anos o centro mundial dos diamantes.

Como o comércio de diamantes sempre existiu fora dos limites do comércio tradicional, confiança e reputação governavam o que os contratos e a legislação não faziam. Desde o início, todas as tratativas eram verbais e vinculativas, seladas com um aperto de mãos e a declaração de "*Mazel!*" Incontáveis importâncias em fortunas de diamantes rotineiramente passavam de mão em mão apenas com esses gestos.

Hoje os diamantes são negociados em grande parte da mesma forma como eram no século XIV. A palavra ainda vale tanto quanto um contrato legal e indica que o preço combinado pelas pedras combinadas é final e não pode ser alterado. Enquanto os lapidadores de diamantes contam com computadores e *lasers* para ajudar na lapidação das pedras, o negócio em si depende da reputação e da honestidade de cada negociante, não da tecnologia da informação e das modernas práticas comerciais. Os negociantes guardam os diamantes nos cofres uns dos outros, confiando pacotes de pedras brilhantes sem contrato,

192 COMO NOS COMPORTAMOS

inventário ou avaliação, e enviam pedras aos comerciantes que podem simplesmente pedir inúmeros quilates de qualquer grau, comprando-as sem ver.

Tradicionalmente, a única entrada para esse mundo bem fechado era através de relacionamentos e da reputação, mas mesmo o comércio de diamantes não tem se mantido imune às forças da globalização. Nos últimos anos, o mercado da Antuérpia – onde cerca de 90% dos diamantes brutos do mundo e metade dos lapidados são vendidos anualmente – adaptou-se ao grande fluxo de entrada dos diamantários vindos do sul da Ásia, da região de Gujarat na Índia.[1] Embora o casamento e a religião (a maioria é jainista, antiga prática asceta) vinculem a maioria desses recém-chegados, os indianos têm assimilado rapidamente. Muitos aprenderam ídiche e hebraico, fecham os negócios com o tradicional "*mazel*", e rotineiramente servem comida *kosher* nas reuniões sociais.

Dois grupos firmemente unidos – com costumes, culturas e práticas imagináveis tão diferentes – negociam anualmente pequenos itens facilmente transportáveis, no valor de bilhões de dólares, pedras que a olho nu parecem quase todas iguais. A verdadeira moeda deles, no entanto, é a confiança e o produto derivado que sustenta a confiança: reputação.

Pense em quão vantajoso seria poder fechar cada negócio com um aperto de mãos. Enquanto a concorrência e seus advogados gastam seis semanas redigindo cada acordo para se proteger contra qualquer possível infração, você estaria avançando na iniciativa. No Japão, país altamente desenvolvido e economia regulamentada moderna, as empresas ainda reconhecem a impossibilidade de prever cada eventualidade, portanto o sistema ainda adota o acordo entre as partes se honrando mutuamente, e, assim, os negócios avançam. Assim como o diamantário, o japonês possui uma cultura empresarial que reflete as tradições da sua cultura social, a cultura próxima das relações comunitárias, do valor permanente da família, e da importância da responsabilidade pessoal para com o grupo, dentro de uma realidade moderna.

REPUTAÇÃO EM UM MUNDO CONECTADO VIRTUALMENTE

Reputação é outra dessas sutilezas, assim como a confiança, que todos querem, mas poucos pensam em como obter. Durante grande parte da nossa história, a importância da reputação foi amplamente autoevidente.

Quando a maioria das pessoas vivia em comunidades menores e semifechadas, a proximidade e a familiaridade com os outros impunham pressões sociais obrigando-nos a comportar dentro das normas prevalecentes. Ao mudar dos vilarejos para as cidades e com a expansão territorial das nossas comunidades do dia-a-dia, conservamos muitas das estruturas comunitárias fechadas que mantinham o comportamento sob controle. As grandes cidades europeias e norte-americanas dos séculos XVIII, XIX e início do século XX mantiveram-se organizadas em estruturas de circunvizinhança similares às dos tradicionais pequenos vilarejos e cidades das épocas feudais. Domicílios formados de várias gerações eram comuns, e as famílias muitas vezes permaneciam enraizadas na mesma localidade geral por diversas gerações. As pessoas realizavam a maioria das transações no âmbito local, com fornecedores conhecidos e confiáveis. As grandes empresas se beneficiavam do ritmo mundial lento e conseguiam estabelecer relacionamentos confiáveis com o passar do tempo, dos quais floresciam os grandes negócios.

Na última parte do século XX, vimos mudanças notáveis nas estruturas básicas de como vivemos. O aumento da riqueza, a facilidade nos transportes, a expansão das práticas empresariais multinacionais e a transformação das economias de produção e agricultura para de informações e serviços exerceram tremenda pressão na coesão nuclear das comunidades. As famílias se espalharam. A vizinhança de caráter consistente por um século viu a chegada de novas pessoas, novos costumes e nova riqueza. Ironicamente, a expansão da conectividade viabilizada pelos avanços na tecnologia da comunicação possibilitou o afastamento ainda maior das pessoas. Embora seu novo emprego o tenha afastado 3.500 quilômetros da cidade onde sua família viveu por três gerações, ainda é relativamente barato "comunicar-se e manter contato com alguém".

Essas transformações quebraram os vínculos da familiaridade e da tradição que valorizavam muito a reputação. Em uma cidade nova, ou um emprego novo, era possível se reinventar. A identidade ficou mais fluida, oferecendo novas oportunidades de mudança e crescimento, mas também removendo algumas das pressões externas da conformidade. Ficou possível fazer mais, portanto é possível fazer mais. Até mais ou menos 20 anos atrás, por exemplo, era relativamente difícil verificar por completo a reputação e os antecedentes de uma pessoa. Até então, a informação era mais controlável e, até certo ponto, evitável. Conseguia-se ocultar a mancha do passado, mudando de localidade e recomeçando do zero.

Tudo isso mudou. O mundo dos negócios está mais veloz, mais disseminado, mais efêmero e mais fluido que nunca. A informação flui. No entanto, paradoxalmente, a capacidade extraordinária da tecnologia de conexão e transmissão de informações de forma instantânea e barata une as pessoas como nunca. Ela cria condições de interdependência, tanto quanto ou melhores que quando o fator local nos unia em torno de atributos comuns. Em certo sentido, o mundo inteiro hoje é local (ou *glocal*, como expressa o conceito atual comum, tanto global quanto local ao mesmo tempo). O que isso significa para indivíduos e companhias? Do ponto de vista da reputação, o antigo volta a ser novo. A reputação – o que as pessoas pensam a seu respeito – hoje, mais do que nunca, é mais crítica para a sua capacidade de construir o sucesso sustentado e duradouro.

Reputação é a soma total dos seus **comos**: o que você representa, o que as pessoas podem confiar a você, seu registro de realizações passadas, a estima adquirida, e sua convivência com os outros. Em um mundo transparente, a reputação lidera. Chega antes de você, e ainda fica depois de você sair, ou melhorada ou manchada. Ela registra seu passado, mas também cria expectativas para o futuro.

Em um mundo fragmentado, reputação também significa continuidade. Antigamente, quando as pessoas iam trabalhar em uma companhia e tinham razoável expectativa de continuar trabalhando ali mesmo até se aposentarem, a reputação pública era, ao mesmo tempo, importante para a promoção e o avanço, mas não tão crítica para a carreira. Vestindo a camisa da empresa e perpetuando a continuidade do emprego, as pessoas escapavam da necessidade constante de se expor às forças externas do mundo dos negócios. O fato de poder dizer "sou o cara da IBM" proporcionava uma vida inteira de capital reputacional. O cenário não é mais esse. As estruturas externas, como, por exemplo, a companhia, não oferecem mais continuidade pessoal; só sua reputação oferece. O trabalhador médio entrando na força de trabalho hoje permanecerá, em média, em 10,5 empresas no decorrer da carreira.[2] Com cada vez mais os integrantes dedicando-se ao trabalho baseado no conhecimento, está mais fácil redefinir a carreira. A indústria específica ou a área de especialização pesa menos. Portanto, quando os empregadores avaliam os novos contratados, consideram menos as competências profissionais específicas do setor e mais as características pessoais e a reputação para julgar o potencial da pessoa. Sua reputação e sua agenda telefônica – a rede de contatos e referências – tornam-se, como nunca, muito mais parte integrante do seu pacote pessoal. Ambas são formadas no decorrer do tempo por seus **comos**.

Em contrapartida, a empresa não pode mais presumir que a reputação corporativa substitua a reputação do seu pessoal. Em um universo transparente, as pessoas conseguem enxergar nas entrelinhas daquilo que você faz e discernir **como** o faz. As nuances são reveladas, e a reputação se acumula para aquelas companhias cujas pessoas representem essas nuances ao mundo. Como estamos cada vez mais interconectados, mais responsabilidade está sendo transferida para o pessoal da linha de frente, e mais o pessoal de apoio está sendo empurrado para as linhas de frente. Eles estão se tornando a "cara da empresa"; com suas ações, exercem profundo impacto em como a organização é vista pelo mercado. Portanto a companhia torna-se uma soma das reputações das partes que a compõem, e sua reputação fica mais vulnerável às ações, tanto positivas quanto negativas, desses indivíduos. As transgressões de um único representante podem prejudicar a corporação.

Para ter uma reputação digna de mérito, os outros precisam lhe imputar algo, precisam considerá-lo um bom líder ou um bom executivo, consistentemente criativo ou trabalhador dedicado e confiável, bondoso e justo com as pessoas, ou honesto. Eles o farão somente se confiarem em você, porque **reputação é uma série de conexões mútuas**. Considere a reputação, portanto, uma soma dos círculos de confiança formados ao longo do tempo, partindo de você e difundidos por empresas e diversas áreas de esforço. A boa reputação é construída quando aqueles que o conhecem – funcionários, colegas e clientes – confiam em você.

E em quem confiamos? Naqueles que são coerentes, naqueles a quem podemos atribuir e imputar integridade, naqueles que dizem o que pensam, pensam o que dizem, e sempre vão até o fim. "A capacidade de ser consistente na vida é uma das qualidades mais poderosas e valiosas", disse o famoso dono e construtor de hotéis de Las Vegas, Steve Wynn. "A franqueza decorre da consistência, seja trabalhando com hambúrgueres, seja trabalhando com pessoas". No decorrer dos últimos 30 anos ou mais, Wynn construiu uma série de projetos de alto risco – inclusive os hotéis Mirage, Treasure Island e Bellagio – cada um mais bem-sucedido do que o último, devido ao poder da sua reputação pessoal. Sua marca pessoal tornou-se tão sinônima de experiência memorável que ele batizou seu mais recente projeto de *resort* Wynn Las Vegas. "Tenho tido êxito porque consistentemente tenho oferecido às pessoas uma experiência não apenas excitante, mas, ocasionalmente, ímpar. Consistência é a medida da previsibilidade e integridade, e não se consegue nada sem integridade." Se você for íntegro, diz Wynn, consegue gerar confiança, e se for confiável, consegue construir uma reputação.

A partir daí, para difundir essa reputação – e os outros contribuírem para ela com muito orgulho ou apoio –, os outros precisam, por sua vez, arriscar a reputação **deles**. Se eu contatar uma gerente do nosso escritório de Nova York e pedir a opinião dela a respeito de alguém a quem estou considerando confiar um projeto importante, a avaliação dela também reflete no meu julgamento a respeito dela. Se a gerente elogiar muito essa pessoa, mas esta não estiver à altura, a reputação dessa gerente de Nova York ficará marcada nos meus registros. Confiarei menos na capacidade dela de avaliar talentos. A reputação dela depende da força dos círculos de confiança que ela perpetua. Pode não ser uma marca crítica, mas, de qualquer forma, será uma marca.

Uma atitude consoante com a reputação gera confiança. As pessoas com as quais você negocia começam o relacionamento cientes da sua reputação. Se a interação entre vocês reforçar e difundir sua reputação ou for consistente com ela, a confiança será estabelecida mais facilmente. Portanto, reputação, combinada com experiências comprobatórias, impulsiona a confiança. Se, no entanto, as expectativas estabelecidas pela sua reputação não forem cumpridas, o relacionamento ficará dissonante. A inconsistência entre expectativa e concretização gera perturbação. A dissonância e a perturbação, sabemos, provocam atrito. Parceiros potenciais, confrontados com mensagens conflitantes, armam suas defesas e diminuem o ritmo do processo de negociação visando ganhar mais tempo para avaliar a situação e fazer uma escolha razoável.

Dave Chiu e Didier Hilhorst, jovens estudantes de mestrado do Interaction Design Institute Ivrea, organização italiana sem fins lucrativos voltada ao *design* interativo, recentemente desenvolveram um projeto dos sonhos que batizaram de RentAThing. Pequeno dispositivo portátil parecido com um *iPod*, o RentAThing "é uma ferramenta de negociações que fornece informações adicionais a respeito da reputação das partes envolvidas, possibilitando transações mais tranquilas". O RentAThing representa um passo visionário rumo literalmente à "negociação baseada na reputação".[3] Quando duas pessoas desejam transacionar algum negócio – Chiu e Hilhorst usam como exemplo o aluguel de um ancinho – o dono do ancinho avaliaria no seu RentAThing a reputação da outra pessoa para alugar a ferramenta de jardinagem. Armado dessa informação, ele estabeleceria o preço da transação de acordo com o risco relativo; uma reputação baixa significaria preço mais alto do aluguel, e vice-versa. A pontuação do arrendatário seria combinada com outros aspectos da sua reputação – digamos, pontuação por devolução dos livros à biblioteca no prazo ou retorno das mensagens telefônicas no tempo adequado – para atingir um nível geral alto de confiabilidade, reduzindo o preço do aluguel.

Chiu e Hilhorst anseiam pelo dia, no futuro não tão distante, quando a conectividade sem fio permitirá o compartilhamento instantâneo, entre máquinas e pessoas, da pontuação da reputação, assim como na pontuação de crédito, possibilitando a aplicação das informações do RentAThing a diversas transações. "Em vez de silos de reputação, com vários serviços, empresas e pessoas formando reputações isoladas", eles afirmam, "o RentAThing proporcionará um meio centralizado de gerir e desenvolver uma única reputação".

Em seu romance de 2003, *Down and Out in the Magic Kingdon* (*O Fundo do Poço do Reino Encantado*), o escritor canadense e ativista dos direitos digitais Cory Doctorow postula um mundo "pós-escassez" em que tudo é gratuito e disponível baseado na pontuação da reputação da pessoa, que Doctorow chama de *whuffie*. O *whuffie* se acumula ou se esgota de acordo com as atitudes favoráveis ou desfavoráveis de uma pessoa, e serve de moeda corrente em um mundo sem dinheiro. Todos ficam sabendo imediatamente o *whuffie* dos outros (por meio de um *chip* implantado na cabeça – não seria sempre esse o caso?), e todos podem aumentar ou esgotar instantaneamente o *whuffie* de alguém. Regente de uma grande sinfonia? A platéia o ama e você concederia *whuffie* a todos. Esbarrar em alguém andando na rua? Aquela olhada feia que lhe é lançada agora terá um custo. Doctorow imagina que, como o *whuffie* é conseguido somente pela avaliação dos outros, todos serão motivados mais positivamente a executar atividades úteis e criativas em benefício dos outros.[4]

Ambas as visões fantasiosas encontram raízes na intersecção na vida real entre tecnologia da informação e conduta pessoal. A reputação no mundo virtual, no mundo da comunicação em rede, pode ser calculada com exatidão. Engenheiros da ciência da computação contam com sistemas de reputação para quantificar matematicamente a confiança nas comunidades virtuais. Tudo, desde a segurança das páginas eletrônicas até as comunidades de negociação, como o eBay, emprega modelos computacionais baseados na reputação, que avaliam o comportamento, calculam a pontuação da credibilidade, e aplicam a tudo, desde o acesso à segurança até a condição de ser segurável. Com a crescente movimentação da informação sobre quem somos e o que fizemos, dos limites relativamente seguros das relações pessoais em sociedades semifechadas até a mais distante e vasta rede da Internet, nossa reputação pessoal começa a ficar cada vez mais parecida com essas reputações comerciais abstratas. Como o universo virtual possui inigualável memória persistente, **como** fazer o que fazemos – todo dia torna-se muito mais importante e parte integrante da nossa capacidade de prosperar.

Os sistemas matemáticos virtuais de reputação, na realidade, oferecem uma maneira interessante de avaliar a importância da reputação na vida. Pesquisadores da Universidade de Michigan e da Universidade de Harvard conduziram um estudo visando exatamente isso. Em primeiro lugar, observaram que, nos sistemas ao vivo de reputação boca-a-boca – do tipo que funciona a favor ou contra no cotidiano dos negócios –, grande parte da informação é perdida ou omitida. Os seres humanos, tão expressivos quanto somos, são sistemas de comunicação imperfeitos (pergunte a qualquer um que tenha participado da brincadeira do "telefone" quando criança). Nos sistemas virtuais, como o usado na aplicação talvez mais conhecida, eBay, nada é esquecido. Compradores e vendedores do eBay avaliam uns aos outros, pontuando com críticas e opiniões e um curto comentário. Essa avaliação e comentário não apenas fica para sempre, como milhões podem acessá-la na próxima compra ou não (a reputação na rede mundial divulga suas ações simultaneamente entre comerciantes de Pequim e donas de casa da Suécia).[5] Para avaliar o valor preciso dessa reputação do eBay, os pesquisadores propuseram-se a descobrir exatamente o valor de uma boa reputação para o vendedor em um mercado virtual, onde não existem os significantes tradicionais da reputação – o custo e a aparência de uma loja, a longevidade em uma comunidade, a relação com outros conhecidos. Em colaboração com um respeitado e conhecido comerciante de cartões postais de coleção, foram vendidos lotes idênticos de cartões usando a identidade principal de grande reputação do comerciante e usando outras identidades recém-criadas de pequena reputação. Descobriu-se que os compradores, na média, dispunham-se a pagar, pela mesma mercadoria, 8,1% a mais a um vendedor com boa reputação em vez de a um vendedor sem reputação.

A existência da reputação positiva foi diretamente quantificada. Assim como a confiança, a reputação é uma sutileza aceita sem questionar, que as novas condições mundiais de repente solidificaram. O que qualquer um entre nós não faria com um aumento de 8% ou uma gratificação de 8% por qualquer mercadoria que vendêssemos?

CAPITAL REPUTACIONAL

A reputação é construída de diversas maneiras. Ela pode ser construída, da forma mais óbvia, por mensagens boca-a-boca, a seu respeito, recebidas e passadas adiante. Pode ser construída também por representações suas do passado, como, por exemplo, seu currículo ou último salário. Quase todos lembramos de uma época em que, ao saber o salário ou cargo anterior de alguém que se acabava de conhecer, reagíamos pensando "Uau, ele realmente não parece o tipo de cara que ganha X dólares por ano."

Um amigo meu costumava produzir comerciais de televisão, indústria com uma força de trabalho formada geralmente de autônomos com base de remuneração diária. Como parte de qualquer emprego comum, rotineiramente ele se via contratando inúmeros trabalhadores, desde assistentes de produção iniciantes até diretores de fotografia, que se apresentavam com variados níveis de referência salarial. Os grupos de trabalho eram formados para projetos rápidos envolvendo altos orçamentos – variando de uma semana a um mês e de até um milhão de dólares ou mais – para, depois, serem dissolvidos novamente, tornando o processo uma espécie de microcosmo de alta rotatividade rotineiramente cumprido pelos profissionais de recursos humanos ao contratar funcionários permanentes para as empresas. Em uma situação de alta rotatividade como essa, o capital reputacional aumenta consideravelmente. Nenhum compromisso de trabalho dura muito tempo, e o sucesso depende da manutenção dos clientes de sempre, pessoas que o contratam repetidas vezes.

As realizações passadas dos talentos criativos de alto nível, como diretores de fotografia, muitas vezes pesam na reputação artística (nos **o quês**); os **co-**

mos – temperamento e qualidades pessoais, como disposição diante da pressão, competência em equipe e capacidade de comunicação –, são importantes, mas raramente se equiparam em nível de importância. Em posições de liderança criativa, o talento muitas vezes comanda o expediente. A reputação faz mais diferença nas posições menos qualificadas, como de assistentes de produção, trabalhadores básicos e críticos para o funcionamento eficaz de todo o mecanismo das filmagens.

"Começar na indústria de filmes e desenvolver uma carreira como autônomo é um processo baseado quase exclusivamente na reputação, no boca-a-boca. Um produtor o recomenda a outro, e este, a outro, por uma rede informal. Quase ninguém é contratado se não for recomendado", disse meu amigo. Quando um assistente de produção é chamado para algum trabalho, no entanto, ele precisa administrar outro componente relacionado à reputação: o valor do seu trabalho, ou sua referência salarial. Os níveis de remuneração diária em filmagens variam muito dependendo do orçamento, do tipo de projeto, da experiência pessoal e de outros fatores, mas o assistente de produção pode estabelecer qualquer preço (dentro da faixa) que quiser. "Se eu tinha um orçamento de tamanho normal, sempre confiava a definição do valor ao próprio assistente", ele afirmou. "Mas o valor definido estabelecia uma expectativa de desempenho. Se um assistente me pedia [na época, a remuneração máxima era] US$ 200 por dia, eu esperava vê-lo no local das filmagens extremamente dedicado: motivado, tomando iniciativa, familiarizado com os equipamentos e procedimentos, e capaz de resolver muitos dos problemas que atrapalham qualquer dia de filmagem. Se ele pedisse uma remuneração inferior, digamos, US$ 125, eu entendia se tratar de alguém que precisava de mais treinamento. Minhas expectativas eram menores."

Quando o dia de filmagens começa, a expectativa acaba pesando muito. "Se o assistente pedia uma remuneração baixa e efetivamente desempenhava bem, eu me dispunha a investir mais tempo e esforço o treinando e preparando. Quando as coisas saíam errado era mais condescendente e criava mais oportunidades de desafio quando o trabalho ficava tranquilo", ele afirmou: "Se ele pedia a remuneração máxima, no entanto, e não desempenhava a contento, no dia seguinte, estava fora. Não de maneira hostil – não se despede ninguém que trabalhe como autônomo; apenas se agradece gentilmente, dá um aperto de mão, e diz 'Sinto muito, não vamos precisar de tantos assistentes amanhã.'" No ambiente de ritmo acelerado da produção de filmes, não há espaço em nenhuma equipe para atritos ou interrupções, ou qualquer empecilho que atrase o processo. Se o desempenho do trabalhador não atender à expectativa criada pela reputação aproximada decorrente da remuneração pedida, ele está fora.

Embora o processo de contratação e demissão no ambiente corporativo seja normalmente mais prolongado que o aperto de mãos e o sorriso de dispensa do universo das filmagens, há cada vez menos espaço nas empresas para lidar com qualquer fator que diminua o ritmo da engrenagem. Hoje, os vínculos entre as pessoas nas empresas comuns são frequentemente mais tênues que antes. Consultores, trabalhadores de meio expediente, autônomos, parceiros estratégicos e qualquer outro tipo de compromisso mais efêmero compõem a variedade de sinapses entre as pessoas nas empresas. O universo possui mobilidade, e os recursos de informação são mais adaptáveis e maleáveis em relação a uma gama maior de oportunidades. Em um universo como esse, muitas vezes formamos equipes em situações de trabalho onde precisamos ser produtivos e temos menos tempo para estabelecer confiança e continuidade do que nos relacionamentos profissionais mais tradicionais e duradouros. As lacunas entre o que você representa e o que efetivamente oferece podem provocar desconfiança quase instantânea e, em um mundo de vínculos superficiais, terminar em um cumprimento amigável. Uma reputação coerente – transmitir aos outros a sensação de receber o que realmente se vê – propicia aceitação mais rápida, sinapses mais fortes e mais oportunidade. Isso, por sua vez, contribui para seu capital reputacional, aumentando os círculos de confiança ao seu redor, e, cada vez mais, o capital reputacional é a moeda dominante que afeta sua entrada nos maiores jogos em andamento.

MÁ GESTÃO DA REPUTAÇÃO

No final de 1983, em uma sala de reuniões da corretora Drexel Burnham, cinco membros do departamento de títulos de alta rentabilidade, incluindo o diretor, Michael Milken, lançaram uma ideia que cairia como uma bomba de fragmentação na comunidade de negócios globais. A Drexel decidia financiar aquisições corporativas hostis usando os chamados títulos de dívida de alto risco, notas promissórias de baixa classificação e altamente rentáveis garantidas por ativos da companhia alvo da aquisição.[6] Naquela época da história corporativa, as aquisições hostis do controle de uma empresa eram raras e tratadas com cuidado. Adquirir uma companhia contra a vontade dos seus administradores era uma cartada extremamente agressiva que, na época do capitalismo protecionista, fez muitos inimigos. As barreiras contrárias eram proporcionalmente altas. O financiamento desses tipos de transações ficava restrito aos principais bancos conservadores de investimento. A parte agressiva geralmente eram grandes empresas que adquiriam as pequenas por meio de empréstimos bancários. A ideia da Drexel transformou esse modelo de forma surpreendente e extraordinária. De acordo com o plano deles, muito mais organizações e investidores com crédito, sejam de pequeno ou grande porte, conseguiriam adquirir outra empresa, até maiores que eles próprios, usando os ativos da companhia alvo como garantia dos títulos de alta rentabilidade que a Drexel venderia para levantar o dinheiro.

Quando esse novo tipo de transação foi anunciado, no início de 1984, houve uma mudança expressiva e definitiva na estrutura do empreendimento corporativo. De repente, corporações fundadas antigamente baseadas em valores solidificados com o passar do tempo viram seus próprios ativos usados contra elas. Valores não estavam mais em jogo; ao contrário, a importância do acionista de curto prazo era o indicador usado para avaliar cada companhia. Muitas das atitudes prevalecentes nos negócios (e muitas derrocadas corporativas) decorrem dessa ação única e fatal.

Quando as enormes taxas obtidas nesse novo jogo envolvendo títulos de dívidas de alto risco ficaram evidentes, muitos entraram correndo no jogo, incluindo grande parte das maiores corretoras e muitas corporações, de grande e pequeno porte. Mas houve duas exceções notáveis nessa orgia da obtenção de lucros rápidos: o banco de investimentos Goldman Sachs anunciava que não financiaria aquisições hostis, e a Johnson & Johnson (J&J) decidia que jamais realizaria qualquer negociação dessa natureza.[7] **Quais foram as razões dessas duas decisões?**

Reputação.

"Nosso CEO e presidente, Jim Burke, decidiu que a J&J jamais realizaria uma aquisição hostil", contou Roger Fine da J&J, quando nos encontramos um dia em Nova York. Fine é um líder realmente admirado e alguém com

Reputação, Reputação, Reputação

quem tive o privilégio de trabalhar bem de perto desde os primeiros dias da LRN. "Ele queria para nós uma reputação de jamais dar em alguém um abraço de urso, e jamais fazer algo que a direção da outra empresa que cobiçamos não quisesse. Mas não pense que somos mansinhos; a J&J é uma compradora agressiva que deseja aproveitar as oportunidades do mercado tanto quanto qualquer outra organização. Mas, na teoria de Burke, se tivéssemos uma reputação de jamais buscar esse tipo de transação, as pessoas nos procurariam por assim preferir em vez de negociar com pessoas nas quais não confiassem."[8]

Embora a reputação, assim como a confiança, não seja um conceito novo nos negócios, o interesse em torno do assunto tem crescido substancialmente desde meados da década de 1990. As empresas hoje enxergam o que a J&J e a Goldman Sachs perceberam naquela época: **reputação é uma vantagem competitiva**. A reputação delas de negociação direta e respeito pelas companhias que tentavam adquirir fecharam a lacuna da certeza entre elas e as partes negociantes e permitiram o fechamento mais rápido de acordos, com menos atrito e mais cooperação. Hoje essas vantagens estão ficando comuns entre todos. Em 1998, a Harris Interactive, uma grande corporação e empresa de pesquisas de interesse público, em associação com Charles Fombrun, diretor executivo do Reputation Institute da Stern School of Business da Universidade de Nova York, criaram algo que batizaram de quociente reputacional (QR), ferramenta de pesquisa que captura a percepção da reputação corporativa. Desde então, os resultados das suas avaliações têm sido publicados em listas anuais das 60 "companhias de maior visibilidade nos EUA", classificadas por reputação. A construção e manutenção de uma grande reputação corporativa são preocupações crescentes de líderes corporativos visionários. Jeffrey Immelt, presidente da diretoria e CEO da General Electric (GE), na carta anexada ao relatório anual de 2002 da GE, deixou isso bem claro. "Gastamos bilhões por ano no aperfeiçoamento do treinamento, na conformidade com as normas éticas, no reforço dos nossos valores", ele afirmou, "tudo visando preservar nossa cultura e proteger um dos nossos ativos mais valiosos – nossa **reputação**".[9] Quando o financista Warren Buffett assumiu a problemática corretora Salomon Brothers depois das ameaças de destruição da companhia por causa das fraudes com títulos, ele compareceu ao Senado norte-americano, pediu desculpas pelas transgressões cometidas pelos funcionários, e emitiu um alerta rígido para qualquer um que pensasse em seguir os mesmos passos dos transgressores. "Se perder dinheiro da empresa", ele disse, "serei compreensivo; mas se perder um fragmento da reputação da companhia, serei implacável."[10]

Infelizmente, uma parte razoável do recente interesse na reputação gira em torno da construção e gestão da reputação corporativa como extensão da conscientização da marca no mercado, esforço colonizado por consultores e departamentos de relações públicas e comunicações corporativas. Quando recentemente pesquisei no Google "gestão da reputação", foram 68 milhões de ocorrências e 16 ou mais de anúncios pagos. Estrategistas da comunicação, companhias de pesquisa, escritórios de advocacia e consultores de todas as classes e todos os tipos têm surgido para tratar da gestão e reparação da reputação. Mentes brilhantes e pensadores estratégicos têm classificado tudo isso em "Seis Dimensões", "Dezoito Leis Imutáveis" e "Lacunas da Comunicação" que devem ser aprendidos, dominados, adotados ou cumpridos.

Certamente, nos negócios em um mundo hipermediado, existe lugar para a gestão da reputação e da crise. A Kryptonite aprendeu a lição da forma mais difícil. Não nos esqueçamos que as empresas são produtos derivados de muito sangue, suor e lágrimas. Quando as coisas vão mal, grande parte dos recursos e esforços humanos se dissipam: perda real, dissipação real, degradação do valor construído às custas de pessoas de verdade. A reputação, até o nível considerado pelos grupos interessados no empreendimento como superfície externa representante de todos esses esforços, é uma extensão da marca, e a construção da reputação no mercado é componente essencial de qualquer estratégia de negócios. Mas reputação não é sinônimo de marca, e não se equipara automaticamente à conscientização da marca. Pense na conscientização da marca conseguida no mercado por companhias, como ExxonMobil, J&J, GE e Microsoft. Cada uma dessas organizações é conhecida por todos. Todas essas companhias atingiram saturação praticamente total da sua marca no mercado, mas nem todas têm a mesma reputação.

O problema com a abordagem externa da reputação corporativa e, por conseguinte, da confiança, é a visão da reputação como um silo a ser gerenciado, uma história a ser prolongada. A mentalidade de grande parte desse pensamento parece ser: **a corporação está sob o cerco de forças saqueadoras da informação e da transparência, e toda companhia deve estar armada de um plano e uma legião de peritos prontos a partir para a guerra no grande campo de batalha da opinião pública, tanto de forma proativa** para ampliar a marca como de forma reativa em épocas de crises de relações públicas. Quem quer que consiga obter o controle da mensagem conseguirá prevalecer. Esse pensamento, enraizado no capitalismo protecionista, representa pouca chance de êxito hoje. Para realmente prosperar em um mundo conectado em rede, empresas e pessoas atuantes nos negócios precisam encontrar uma maneira de fazê-lo **dentro** das novas condições de transparência e interconexidade que definem o campo de jogo do empreendimento econômico, para prosperar **por causa** e não **apesar** dessas novas circunstâncias. Mesmo uma companhia como a rede de *fast-food* McDonald's, que cresceu no mundo pré-transparente, tornando-se marca formidável e globalmente reconhecida, adotou esse novo relacionamento com os grupos interessados na empresa. "Recebemos bem a transparência", afirmou Jim Skinner, CEO da empresa. "Transparência significa que as pessoas têm visão nítida do seu comportamento. Hoje, elas mesmas determinam se seu comportamento acrescenta ou não valor ou se é significativo para o sucesso, e se ele integra ou não a cultura permanente da companhia. Isso não quer dizer que ela não crie conflitos ou problemas no comportamento organizacional. Alguém pode decidir agora, por quaisquer inúmeras razões, que não quer mais manter nenhuma relação conosco ou com nossa marca. Mas não quero que ele pense que o que expressa o nosso sucesso tenha sido feito antes de forma que não sobrevivesse à transparência. A diferença é que hoje ativamente convidamos as pessoas a verem isso."[11]

Grandes companhias e líderes de hoje sabem que o capital reputacional é tão valioso para o sucesso quanto o capital físico. Um recente estudo da LRN sobre comportamento de compra revelou que metade dos norte-americanos portadores de ações independentes do plano de previdência 401(k) afirmam ter decidido não adquirir papéis de alguma companhia por duvidarem da sua reputação.[12] Com uma boa reputação, a empresa se aproxima mais dos grupos interessados, sejam clientes, funcionários ou, principalmente, recrutados.

Joie Gregor é vice-presidente de uma das principais empresas norte-americanas de recrutamento de executivos, Heidrick & Struggles. Gregor recruta executivos, CEOs, diretores operacionais e membros de diretoria de grandes corporações, e muitos a consideram perita na formação de equipes de liderança global. Trabalhei próximo de Joie em um processo de contratação para a LRN. Ela sabe, antes de assumir algum cliente, que a reputação dele prevalece sobre ele próprio no mercado de talentos. "Os grandes candidatos ou os principais talentos olham para a companhia e questionam, 'Será que é uma grande companhia?'", ela diz. "E quase nunca se referem apenas a resultados financeiros. Referem-se à cultura. Não sei se alguma vez já encontrei algum grande executivo que aceitasse ir para uma empresa que não valorizasse seu pessoal, que vivesse no limite entre 'estar certo ou estar errado'. Eles questionam. Investigam a reputação. E se não conseguirem se alinhar com a companhia, não aceitam."[13]

No universo profissional hoje, a maioria de nós se enxerga como autônoma. Permanecemos em um emprego ou em uma organização desde que as metas organizacionais – e as vantagens obtidas na busca delas – mantenham-se bem alinhadas com nossas próprias metas. Está mais difícil reter o pessoal mais bem qualificado dependendo exclusivamente de salários e gratificações; geralmente algo melhor é oferecido logo adiante. Dessa forma, fica muito cara a manutenção de pacotes de compensação como "recompensa". É possível pagar 20 dólares a alguém para participar da "ola", mas ele o fará até quando achar que vale a pena. O melhor pessoal, assim como deixa claro Gregor, procura algo mais, um relacionamento construído com base em valores mais sólidos do que dinheiro e sucesso.

"Reputação é quem você é", diz Jeff Kindler, CEO da Pfizer. "É seu caráter, é sua marca, é sua identidade. Por que trabalhar em uma empresa e não em outra? As pessoas realmente talentosas que têm inúmeras oportunidades não são, com base na minha experiência, movidas essencialmente por alguma diferença incremental no contracheque. Elas são inspiradas por alguns fatores bem simples: 1º) Trabalhar em um lugar que lhes ofereça ampla oportunidade e recursos que lhes possibilitem crescer e desenvolver como pessoa e contribuir significativamente; 2º) Trabalhar para e com pessoas que compartilhem de seu sistema de crenças, suas aspirações profissionais, e seus objetivos que a empresa possa realizar; e 3º) Trabalhar em uma empresa que, de algum modo, torne o mundo um lugar melhor em algum aspecto considerado importante por elas. É isso que as inspira a dar um gás a mais. Para criar um lugar como esse, é necessário possuir uma cultura distinta, um caráter distinto e um conjunto distinto de valores e objetivos que repercuta nesse espectro de motivações".[14]

Paul Robert galgou a hierarquia até chegar a conselheiro geral associado e diretor de contratos e conformidade da United Technologies Corporation

(UTC). Em uma época em que a demanda de executivos talentosos como ele está em alta, Paul Robert passou praticamente 20 anos trabalhando na UTC. Atento ao que Jeff Kindler havia dito, perguntei a Paul o que o inspirava a ir trabalhar todos os dias. "Todas as manhãs, assim como qualquer outra pessoa, saio arrastado da cama para ir trabalhar", ele disse, "Algumas vezes está frio, e algumas vezes está escuro. O que me move a fazer o que faço é trabalhar para uma empresa que possibilita a construção de arranha-céus. Trabalho para uma organização que ainda movimenta 50% dos passageiros de aeronaves da Terra, que leva os netos até as avós no dia de Ação de Graça em ritmo de uma decolagem e quatro aterrissagens a cada 12 segundos. Trabalho para uma organização que adotou um código de ética em 1932, e olhando o código, redigido por Willis Carrier, que foi presidente da diretoria da Carrier Corporation, não existe nenhuma novidade ali. Ele descreve os mesmos valores que possuímos hoje."[15]

A reputação é tão importante no recrutamento de cargos iniciais quanto no de alto escalão. David B. Montgomery da Stanford Graduate School of Business e Catherine A. Ramus da Universidade da Califórnia (Santa Bárbara), pesquisaram mais de 800 MBAs de 11 grandes instituições de ensino superior norte-americanas e europeias. Surpreendentemente, mais de 97% dos pesquisados afirmaram se disporiam a abrir mão de benefícios financeiros para trabalhar em uma organização com uma reputação melhor por adotar os **comos** certos. De até quanto abririam mão? Na média, até 14% da renda esperada. A reputação por fazer o certo e se preocupar com os funcionários, ambas as razões aparecem no primeiro terço da lista de 14 atributos mais valorizados em um possível empregador por esses estudantes de MBA, mostrando-se 77% tão importante quanto os principais critérios de desafio intelectual e apenas um pouco abaixo do pacote financeiro em importância relativa. "Ficamos bem surpresos com os resultados", afirmou Montgomery, professor emérito da cadeira Sebastian S. Kresge de Estratégia de *Marketing* e diretor da School of Business da Universidade de Gestão de Cingapura. "Não havia estudos empíricos anteriores que indicassem quão importante seriam esses fatores adicionais na escolha do emprego."[16]

Goran Lindahl, ex-CEO da gigante industrial suíça ABB, resume: "No fim, os gestores não são fiéis a um chefe específico ou mesmo a alguma empresa, mas a um conjunto de valores em que acreditam e consideram satisfatórios."[17]

Esses valores, manifestados na forma de comportamento e desempenho em cada faceta da atividade de uma empresa, proporcionam os alicerces da reputação. Eles são o **algo** mais invisível que une as pessoas com mais força do que o ganho rápido. Em vez de pensar na reputação e na confiança apenas como superfícies brilhantes nos muros das fortalezas, precisamos entendê-las como ativos que proporcionam o mecanismo para a nossa realização.

"Reputação não é questão de giro. Ela mescla o real com o que as pessoas pensam de você", diz Charles Fombrun do Reputation Institute.[18] Sabemos que o cérebro reconhece mensagens conflitantes de forma fantástica. Assim, a integridade é um componente necessário de qualquer representação feita por uma empresa ou pessoa. Se aqueles com os quais se está comunicando perceber alguma dissonância ou conflito aparente entre sua mensagem cuidadosamente elaborada e a realidade do seu comportamento, eles rapidamente rejeitam. Quando penso na reputação, portanto, penso em algo holístico e autêntico, algo que preenche as sinapses interpessoais entre uma pessoa e outra, entre uma empresa e outra, e entre cada organização e seus vários grupos interessados. Ela começa com o indivíduo e é difundida até na organização da qual ele faz parte.

Valores. Continuidade. Reputação. Para prosperar no mundo conectado e transparente, precisamos alterar nosso pensamento da **gestão** para **aquisição** da reputação. A reputação não pode ser tecida como as finas tramas da teia de aranha construída para apanhar moscas, mas deve ser construída, tijolo por tijolo – uma comunicação e uma interação por vez – para formar uma estrutura capaz de abrigar as aspirações daqueles que desejam viver ali. Não se pode adquirir uma boa reputação economizando; a reputação é enquadrada, ou não.

SEGUNDA CHANCE

Se, por um lado, está mais simples redefinir a carreira hoje, por outro lado, não há muito o que fazer para redefinir a reputação. A reputação é construída ação por ação ao longo de um dia de expediente. Com o tempo, ela tende a se estabilizar. A reputação não deve servir de epitáfio; é como a pontuação média de rebatidas de um jogador de beisebol – muito difícil avançar mais que alguns pontos até o final da temporada. É necessário um compromisso permanente para se tornar um rebatedor mais consistente e melhorar a capacidade de bater na bola, buscando melhorar a média de rebatidas, ano após ano, no decorrer da carreira em uma liga principal. A reputação também começa a influenciar na vida muito antes do que antigamente. As pessoas costumavam pensar na reputação em termos de legado, algo a ser considerado na segunda metade da carreira profissional; depois de alcançada uma carreira promissora, é que se pensava em como sua reputação era vista pelos outros. Hoje, o empregador verifica nas páginas do MySpace os candidatos que acabaram de sair da faculdade. É como se sua média de rebatidas não se restringisse mais apenas ao desempenho nas categorias principais, mas também incluísse seu estilo de rebatida nas ligas estudantis; seu desempenho quando garoto o acompanha por toda a carreira. A reputação é construída uma interação, um gesto e um evento por vez durante a vida inteira. Mesmo alguém como Steve Wynn, homem cuja reputação foi construída baseada nos grandes êxitos, concorda que a construção da reputação envolve minúcias, impressões simples e autênticas deixadas em cada interação. "Não se trata de conseguir um *home run* (rebatida com a qual se marca de uma vez um ponto ou mais, dependendo do número de corredores nas bases)", ele disse. "Trata-se de rebater e conseguir correr até a primeira ou segunda base, uma experiência significativa por vez." Em uma era em que a reputação é baseada em impressões autênticas, a pressão está em atuar de forma autêntica desde o início.

Quando a Drexel Burnham e o mercado ambicioso das ações da década de 1980 quebraram na segunda-feira negra de 1987, Michael Milken virou o representante perfeito da cobiça e da avareza corporativa da década de 1980. Embora houvesse poucos indícios de que esse calmo gênio financeiro fosse o estrategista maquiavélico sugerido pela impressa, pela Comissão de Valores Mobiliários e pelos procuradores de justiça (o ex-prefeito da cidade de Nova York, Rudolph Giuliani, na época procurador responsável pela condenação, tem, desde então, expressado apoio total ao perdão presidencial a Milken),[19] Milken pagou o preço. Anos na prisão, a maior multa jamais aplicada na história da legislação financeira norte-americana, e a exclusão permanente do ambiente daquilo que de melhor ele fazia deixaram Milken recolhendo os cacos da vida despedaçada e da reputação arruinada.[20] Hoje, anos depois, as importantes iniciativas filantrópicas de Milken em prol da pesquisa do câncer e da educação pública por meio de atividades da Milken Family Foundation estão o ajudando a restaurar a reputação perdida, à medida que ele vai ajudando os outros.[21] Parece que Milken evoluiu de um homem motivado pela busca do sucesso a um homem inspirado pela busca de significado, e, nessa transformação, nessa mudança do foco em si mesmo para o foco nos outros, conseguiu encontrar uma medida sólida de redenção.

REPUTAÇÃO, REPUTAÇÃO, REPUTAÇÃO

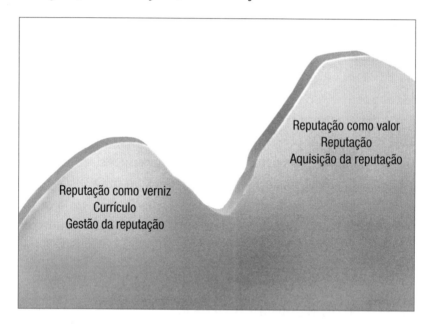

Em um mundo transparente, é mais difícil ter uma segunda chance. É mais fácil as pessoas o derrubarem e, já que a época é repleta de incertezas, mais difícil lhe concederem confiança depois de quebrado. A queda da escada da confiança é geralmente grande, e o tombo especialmente doloroso. A reputação é o único antídoto conhecido. Pode imunizá-lo, até certo ponto, contra o incômodo sentido pelos outros quando a desconfiança entra no relacionamento. Ela lhe vale o benefício da dúvida.

Em um mundo da conexão e da transparência, usar os **comos** certos significa passar da gestão da reputação à construção dela em tudo que se faz. Uma boa reputação é como uma boa corda e um bom píton (grampos de fendas para fixação de mosquetão ou fita) para um alpinista. Todo bom alpinista algum dia escorrega e às vezes até sofre uma queda. No entanto, quando as condições ficam complicadas, só uma boa corda, bem firme, evita que se espatife contra a montanha.

O homem da Marlboro e eu

Em 2001, David Greenberg tornou-se vice-presidente sênior e diretor de conformidade da Altria Group Inc., empresa-mãe da Kraft Foods e Philip Morris, entre outras.[22] "Quando assumi meu posto atual", David Greenberg recentemente me contou rindo muito, "o que sabia a respeito de conformidade e ética cabia dentro de um dedal. Naquela época, o conceito da Altria de treinamento em conformidade envolvia advogados se apresentando e falando às pessoas sobre normas e procedimentos."[23] Encarregado de criar um programa eficaz de conformidade e ética para uma organização dispersa de mais de 190 mil funcionários, David Greenberg voltou-se às soluções tecnológicas emergentes na indústria e começou a avançar.

David Greenberg e eu nos reunimos recentemente no escritório de Nova York da LRN para lembrar da história do nosso relacionamento, uma jornada que para ambos tem se mostrado uma experiência profunda e significativa. Embora até este momento do livro não tenha compartilhado diretamente muitas histórias a respeito da LRN, e certamente nenhuma tão longa quanto esta, quero fugir um pouco da narrativa para relatar, com a ajuda de David, uma história que realmente pôs à prova muitos dos valores e princípios que carrego profundamente comigo e que, acho, também iluminam muitas das ideias discutidas nesta parte do livro.

Na sua busca de soluções, David Greenberg contatou a LRN, e começamos uma série de discussões e troca de informações informais. A Altria, como empresa-mãe do fabricante de cigarros Philip Morris, é uma companhia com problemas de reputação porque, aos olhos de muitos, ela iludia os consumidores a respeito dos produtos e traía a confiança deles. Mas a LRN não atua na esfera do **o quê**; atua na esfera do **como**, e quando as empresas nos contatam, é por que querem embarcar ou avançar na jornada, visando acertar nos **comos**. Quando David nos contatou, enxerguei uma verdadeira oportunidade de envolvimento construtivo com uma organização e seus 190 mil ou mais pessoas em torno de **como** conduzir seus negócios e buscar suas metas. Por meio da liderança de David, a Altria parecia comprometida com a reconstrução da confiança, acertando mais nos seus **comos**.

Assim, depois de um tempo de avaliação geral, David começou um processo bem formal, contatando potenciais fornecedores como nós para apresentar seus recursos. Naquele momento, a LRN tinha sete anos de existência, era líder do setor, mas ainda em crescimento. David era uma das lideranças do seu setor, elaborando um processo bem rigoroso, comparativo e completo para decidir o que a Altria adquiriria e com quem a

O homem da Marlboro e eu (*Continuação*)

empresa estabeleceria um relacionamento. Ele instalou um comitê de seleção e estabeleceu exigências formais, que enviou a todos os potenciais licitantes ou parceiros. Embora estivéssemos trabalhando com muitas grandes companhias na época, muitos dos nossos relacionamentos não foram ganhos em concursos competitivos formais de beleza; eles surgiram mais ou menos ao acaso. No início do novo milênio, no entanto, tudo estava mudando rapidamente para nós, e com a maturidade do mercado, os sistemas se formalizam. Além disso, para nós, a Altria era um Golias, e estabelecer um relacionamento significaria muito para o crescimento dos negócios.

Na ocasião, não sabíamos, mas, seis meses antes, David havia contratado uma pequena consultoria para orientar no geral a Altria na área de conformidade, mais especificamente, para ajudar a conduzir esse processo de seleção. Logo depois, um membro da equipe de vendas e atendimento da LRN trouxe ao meu conhecimento a informação de que os dirigentes dessa consultoria tinham grande interesse em um dos concorrentes no fornecimento de treinamento virtual. "Eles foram transparentes quanto a isso", disse David, "e, acredito, tenha sido mais uma vantagem para nós do que um conflito. A Altria é uma corporação de 100 bilhões de dólares e sempre faz tudo visando seu melhor interesse. Esses parceiros conheciam profundamente a indústria, o que nos ajudaria a agilizar, e eu sabia questionar e avaliar a tendenciosidade deles. O nível de formalidade e a estrutura do processo me deixavam ainda mais tranquilo. Tínhamos um comitê, tínhamos um processo bem elaborado, tínhamos padrões e critérios, e tínhamos inúmeras pessoas que participariam da decisão e que não tinham absolutamente nenhum relacionamento profissional com essa consultoria ou nenhum interesse nela".

A LRN havia investido muito dinheiro e recursos para conhecer David e sua equipe. Estávamos orgulhosos da nossa solução, sentimos que podíamos ser um bom parceiro para a Altria, e havíamos criado grande entusiasmo em torno da tentativa de concretizar essa parceria. Mas a presença desses consultores nos parecia um claro conflito de interesses, e quando descobrimos isso, realmente sofremos para decidir o que fazer. Em um cenário de concorrência, evidentemente você não quer que seus segredos comerciais sejam revelados, e não quer que nada considerado proprietário ou confidencial acabe nas mãos de algum concorrente. Se esse concorrente obtivesse senhas e identificações para acessar ao vivo nosso sistema e analisar nossos cursos, eles conheceriam por dentro

Reputação, Reputação, Reputação **213**

nosso material e a metodologia de ensino de adultos e a estrutura pedagógica. Eles ficariam munidos de informações que muitas empresas se esforçam para manter em sigilo. Além disso, estávamos muito confusos com o fato de a Altria não ter revelado o envolvimento dos consultores no início do processo, e de termos descoberto isso por conta própria.

Assim entrei em contato com David, por quem havia criado algum respeito, e falei-lhe do nosso incômodo. Expressei nossa sensação de que, aparentemente, aquilo caracterizava um conflito de interesses e, se por um lado, um conflito aparente nem sempre signifique conflito real, por outro lado, certamente nos sentíamos vulneráveis naquela instância. Argumentamos de um lado ao outro. David via aquilo muito mais como a contratação de algum escritório nacional de advocacia para ajudar a selecionar um advogado regional. Eu via muito mais como a contratação de um produtor de tabaco para ajudar a escolher de quem comprar o fumo, embora eles próprios produzissem tabaco. Finalmente, David sugeriu um trato, oferecendo deixar de fora os consultores quando conversássemos a respeito de preços e quando revelássemos nossas senhas. Foi uma base comum razoável, assim concordei em seguir adiante.

Pouco tempo depois, no entanto, recebemos uma mensagem eletrônica pedindo nossas senhas, e os consultores da Altria estavam na lista de distribuição. A dissonância entre as regras básicas que David tentou estabelecer e o que a Altria fez foi um golpe para o processo. Perdemos a confiança de que nossa vulnerabilidade estivesse preservada, mesmo como uma questão administrativa. "Pensei que pudesse controlar as informações, que houvesse um ponto de estrangulamento no processo, mas não", disse David. "Provavelmente, alguém clicou em "Responder a todos" em alguma mensagem, transmitindo as informações a outras pessoas, que talvez acabaram nas mãos de alguém que não sabia do acordo e inocentemente passou adiante". Acima de tudo, ficamos muito mais preocupados com nosso concorrente. Por que esses consultores teriam interesse em ficar nessa situação potencialmente conflitante? Eles não deveriam **querer** ver nossas senhas. Essas preocupações se multiplicaram, atrapalhando nossa capacidade de seguir adiante com paixão e transformando-se em verdadeiros abalos em relação a Altria em si. Será que realmente podíamos confiar nessas pessoas?

Perdi muitas horas de sono por causa disso. Por um lado, é realmente difícil mandar uma companhia, listada entre as dez maiores da revista **Fortune**, passear; você quer esse negócio e certamente não quer que o

(Continua)

O homem da Marlboro e eu (*Continuação*)

concorrente ganhe. Éramos uma companhia líder, e eu sentia que tínhamos as soluções que uma empresa líder como a Altria precisava. Sentia que podíamos ganhar. Será que eu realmente podia sacrificar uma grande vitória, e tudo que ela significaria para a organização, para honrar um princípio? Por outro lado, havia algo consumindo profundamente meu sistema de crença. Se o pessoal da Altria via ou não a situação como conflito, David e sua equipe não pareciam capazes de honrar o trato que fizemos.

No fim, senti que aquilo estava totalmente errado e que os consultores não deveriam participar do processo. Havia um conflito, e para seguirmos adiante, eles precisavam sair. Assim, liguei para David e expus meu ponto de vista. Disse-lhe que, embora a Altria não enxergasse a situação como conflito impeditivo, a LRN sentia-se extremamente impotente. Sentíamos que não conseguiríamos comparecer a uma reunião e sermos honestos e transparentes, para discutir nossas qualidades, defeitos e planos futuros com sinceridade, ou dizer a Altria tudo que ela precisaria saber para entender quem somos.

David me levou a sério, mas disse que havia conversado com os outros a respeito do problema e que ele e seu grupo achavam que estavam conduzindo a situação de maneira apropriada e que assim continuaria sendo. "Eu não era o único a decidir, mas era a pessoa mais experiente da equipe", disse David. "Eu estava tão convencido de que me ateria ao mérito e conduziria a equipe nos aspectos essenciais da questão que, mesmo que tudo que Dov estava afirmando estivesse teoricamente correto, sentia que, se o melhor fosse a LRN ou se fosse X, o melhor venceria. Acho que uma das lições nesse caso mostrou que estávamos apenas lidando com realidades diferentes. Na minha realidade – provavelmente arrogante – não achava que alguém se retiraria da concorrência do nosso negócio baseado naquele conjunto de fatos; era uma proposta tão atraente, e nossa reputação de qualidade e desempenho mostraria claramente a todos que, independentemente de quem conhecesse quem, ou quem fosse dono de quê, escolheríamos a melhor opção para a Altria".

Consultei a equipe da LRN. Havia muita coisa em risco no que iríamos fazer, não apenas para a companhia em termos abstratos, mas para cada um e o meio de vida de cada um. Decidi comunicar formalmente David e a Altria de que estávamos nos retirando do processo. Foi uma decisão difícil e dolorosa. Enviei uma carta a David. Tentei ser bem cuidadoso na redação para não colocar em dúvida sua integridade ou criticar David ou a Altria ou sua liderança. Disse apenas que sentia haver um conflito impeditivo, que refleti muito sobre o assunto e que, baseado em nossos valores, nossas crenças e na constituição da nossa empresa, sentíamos que o certo a fazer seria nos retirarmos.

"Na época, fiquei chocado", disse David Greenberg. "Eu não consegui entender. Me senti muito atingido na minha imparcialidade e capacidade de conduzir um processo justo e fazer o certo pela corporação. Eu simplesmente não podia aceitar que as palavras significassem o que realmente diziam. Parecia irracional porque não apenas a LRN tinha plenas condições, mas porque achava que ela pudesse ser vencedora. Não sabia as verdadeiras razões; simplesmente achava que aquela era uma história que provavelmente jamais conseguiria verificar a fundo. Então me ocorreu que talvez fosse alguma tática, que chamando nossa atenção para esses problemas, a LRN estava tentando controlar alguma parte do processo, colocar-nos um pouco na defensiva e adquirir vantagem competitiva. Talvez a LRN estivesse tentando se diferenciar, sendo **esperta**. Jamais me ocorreu pensar que fosse simplesmente uma questão de princípios".

Em resposta à carta, David entrou em contato comigo. "Achei que fosse minha obrigação para com a Altria não deixar uma das empresas competentes desistirem do processo", afirmou David. A ligação me impressionou; a carta não pedia isso dele, e ele não precisava fazer aquilo. Eu disse, "Nós desistimos", não "Entre em contato comigo se quiser discutir". Durante a ligação, no entanto, David ficou chateado e, em certo momento, perguntou se eu estava questionando sua integridade. Talvez porque ele achasse que estivéssemos apenas sendo espertos, começou a achar minha postura insultante. Tive muita dificuldade para ressaltar que não estava personalizando a situação, e que se tratava do sistema de crenças da LRN e não da integridade dele. A LRN simplesmente estava convencida a desistir. "Foi difícil não interpretar em termos pessoais", disse David. "Eu estava começando a interpretar a mensagem como que dizendo: eu aqui, diretor de ética e, essencialmente, sendo-me ressaltado que, pelo menos, algumas pessoas percebem algo que estou fazendo como aparentemente um grave conflito de interesses. Isso me deixou incomodado, na defensiva ou, no mínimo, procurando me justificar e, sabe, quaisquer outros inúmeros adjetivos". Encerramos a conversa concordando em discordar, e assim ficou.

No retrospecto, acho que nos faltou humanização na época. Isso é extremamente comum nos negócios; as pessoas enxergam umas às outras como fazeres humanos, não como seres humanos. Naquele momento,

(Continua)

O homem da Marlboro e eu (*Continuação*)

enxerguei David como homem de negócios, o tipo de cara que, quando desligava o telefone, ia logo tratar de outro assunto. Não percebi que ele era o tipo de cara que pudesse se magoar ou ficar aborrecido facilmente. Em contrapartida, ele provavelmente não me viu como o tipo de cara que ficasse angustiado e perdesse o sono por causa de princípios. "Acho que o enxerguei como um balanço patrimonial ambulante", disse David, "ou um demonstrativo de lucros e prejuízos. Achei difícil acreditar ou aceitar que realmente tivéssemos ofendido quaisquer valores ou padrões importantes para a LRN."

Alguns anos se passaram. A Altria escolheu um fornecedor. Muitos perderam com a situação, tanto na LRN como na Altria. Sentia que o escolhido devesse ter desistido também, e nos meus momentos mais sérios achava que talvez eles meio que se merecessem um ao outro. "Adotei a postura de enxergar que a vida é longa, e vamos seguir adiante", disse David. "Nenhum de nós passou dos limites ou disse algo de que nos arrependesse, assim mantivemos o assunto distante e profissional." Durante aqueles anos, David tornou-se líder da indústria e uma espécie de guru nesse setor. Geralmente era convidado para falar sobre seu progresso na Altria (o que, naturalmente, aumentava minha decepção por não ter conseguido concretizar o negócio). Eu o vi falar em conferências e reuniões. Era estranho. Ele poderia falar, eu poderia falar, mas não nos falávamos. Nossa reputação cresceu, e ficávamos sabendo cada vez mais da reputação um do outro. Ficava impressionado com a paixão e o compromisso dele; ele me parecia um bom sujeito.

Então um dia, recebi uma mensagem de voz de David sugerindo uma reunião. "Na época do contato", explicou David, "a LRN estava desenvolvendo algo novo, avançado, diferente e que ninguém mais tinha. Não sou dogmático nas minhas crenças, nem me considero infalível. À medida que fui crescendo na minha posição e me tornando parte da comunidade, comecei a conhecer mais daquilo que eu não sabia. Assumi como obrigação minha que a Altria precisava ter o melhor programa possível, portanto entrei em contato, apesar do nosso passado. Considerei aquilo uma questão de princípio."

Embora ainda estivesse melindrado depois de todos aqueles anos, pensei, "sem mortos nem feridos". Começava um novo capítulo. Assim elaboramos uma enorme apresentação sob medida para as necessidades da Altria, e começamos uma série de reuniões entre nossas equipes. David realizou uma avaliação crítica e, depois, mergulhou mais a fundo

Reputação, Reputação, Reputação **217**

na nossa abordagem e solução específica. Estabelecemos um clima de compreensão mútua, e David concedeu-me a honra de falar em uma das conferências sobre liderança global da Altria. "Naquele momento", disse David, "havíamos deixado de lado o passado, e estávamos dando prosseguimento de forma profissional e merecida. Dentro da minha própria equipe, era um grande negócio convidar Dov para falar em uma das nossas reuniões sobre liderança, e estava consciente disso em dois níveis. Primeiro, achei que haveria aprendizado, e esse era o aspecto principal. E, segundo, achei que fosse proveitoso dizer ao pessoal, 'Eu, David, sou capaz de aprender, e não devemos nos basear em princípios ou históricos pessoais ou em qualquer outro aspecto quando se trata de fazer a coisa certa para a empresa. Talvez tenhamos tido uma experiência infeliz com a LRN, que deixou alguma cicatriz; mas isso foi há alguns anos, e ainda estamos tratando de fazer o certo e o inteligente'".

Depois da conferência, nossas equipes se reuniram e tivemos um longo jantar. Durante o jantar, David foi bem sincero a respeito das ideias dele sobre liderança e o que era ser um jovem diretor executivo da Altria e trabalhar no exterior e retornar. Foi um jantar com muita troca mútua de perspectivas e opiniões sobre grandes negócios, grandes empresas e liderança. Passamos a nos conhecer um pouco melhor simplesmente na troca de opiniões daquela noite. David demonstrou grande poder na sua capacidade de ser vulnerável e reflexivo diante de seus colegas, e muita humildade.

Algumas semanas depois, eu e ele jantamos juntos, apenas nós dois, e durante a refeição, minha pasta ficou aberta (talvez a tenha deixado aberta de propósito). Em determinado momento, retirei uma cópia da estrutura de liderança da LRN, a constituição em torno da qual nossa empresa foi construída, tornando-se uma paixão. Compartilhei nossas ideias a respeito de liderança baseada nos valores, nosso compromisso com nossas crenças e como a estrutura governa tudo que fazemos. Foi um jantar fantástico, quando ambos realmente se abriram um com o outro. "Quando estávamos saindo do restaurante, tive uma visão", disse David. "Parei Dov na rua e disse, 'Sabe, acaba de me ocorrer que você realmente acredita no que diz, e que, naquela época, estava realmente atuando com base nos princípios, e acho que, de fato, eu não acreditava nisso até este momento.'" Foi naquele momento que senti o caso totalmente encerrado. David e eu deixamos de nos enxergar como fazeres humanos e começamos a acreditar um no outro como seres humanos. Naquele momento, a Altria

(Continua)

O homem da Marlboro e eu (*Continuação*)

e a LRN deixaram de ser empresas unidas nos negócios, e começaram a criar uma "ola".

Nos meses seguintes, David e eu começamos a nutrir um extenso relacionamento de colaboração e inovação. Durante essa mesma época, o contrato original da Altria com o fornecedor venceu, e a Altria começou um novo processo de seleção formal. "Ficou claro para mim", disse David. "que, por causa do modo como a LRN se percebe e conduz os negócios, eles costumam ter mais percepções internas reais de negócios baseados nos valores e de fazer o certo". Tornou-se evidente para mim que, por meio do nosso processo de redescoberta e conexão, David e eu criamos, mesmo inadvertidamente, uma atmosfera que propiciou a forte colaboração entre nossas respectivas equipes – com confiança e compreensão – e a formação de uma parceria para produzir soluções baseadas nos valores para as operações mundiais da Altria.

David e eu construímos nosso relacionamento uma interação por vez, com o tempo, à medida que ambos aprendemos mais a respeito um do outro e encontramos uma maneira de superar a divergência nos negócios que havia nos separado. Ao longo da trilha, ambos sofremos no vale da nota C, e aquilo que mais prezamos – nossos princípios, integridade, reputação, honestidade – foi severamente colocado à prova. No entanto, apesar de todos os desafios enfrentados durante a jornada, nenhum de nós se desgarrou daquilo em que mais acreditava: continuamos a adotar nossos **comos** certos. Anos depois, conseguimos nos reconectar porque, embora tensas e problemáticas, as sinapses entre nós jamais foram rompidas. Ambos sentíamos algo forte e autêntico um no outro e, com a intermediação do tempo e a reflexão, conseguimos restabelecer aquelas conexões e torná-las mais fortes e duradouras. Embora a 'ola' que tentamos começar na terceira rodada houvesse se extinguido, lá pela sétima estávamos todos levantando as mãos e torcendo juntos.

Parte IV
COMO GOVERNAMOS

INTRODUÇÃO: INOVAÇÃO NO COMO

Empresas, em poucas palavras, são embarcações que carregam e expressam o produto do esforço humano. Dentro delas, fica acumulada grande parte do que aspiramos: significado, sucesso, importância, excelência e contribuição para um bem maior. Nela, também, ficam a ganância, o egoísmo, a cobiça, o consumo, a exploração e um conjunto de qualidades humanas menos nobres. Uma organização é formada para atingir uma meta inatingível por um indivíduo sozinho – prestação de serviços e produto de mais qualidade, ou avanço no conhecimento humano. Para uma empresa encontrar sua máxima expressão e atingir seus anseios mais sublimes, precisa organizar e governar-se de forma a desencadear essas forças superiores na sua tripulação. Todo grupo enfrenta o desafio de como atingir melhor essa meta, premissa organizacional que atrai os melhores e mais brilhantes, inspira-os a atingir o patamar máximo e gera recompensas suficientes – tanto financeiras como não-financeiras – para compensar seus esforços.

Na Parte Um, discutimos as muitas forças e fatores que mudaram fundamentalmente o mundo em que as empresas operam, concentrando um foco novo e intenso em **como** fazer o que fazemos. Nas Partes Dois e Três, examinamos profundamente esses novos **comos** e exploramos formas de, individual e coletivamente, aprendermos a dominar um modo de atuação e pensamento em relação ao mundo visando promover o alinhamento mais firme com essas novas realidades. Consideradas juntas, essas três partes oferecem uma nova lente através da qual se pode enxergar e enfrentar os desafios do dia-a-dia. Isso suscita um questionamento profundo: se o **como** é o novo combustível da conexidade e realização humana, será possível conceber um novo princípio organizacional, uma nova maneira de nos unirmos para formar grupos, equipes e organizações mais capazes de criar "olas"? Em outras palavras, será possível incorporar o **como** horizontalmente em cada aspecto da organização e transformá-lo na expressão de tudo que fazemos?

Para ilustrar o que quero dizer com isso, vamos discutir rapidamente um conceito que teve efeito transformador similar nas empresas do século XX: a gestão da qualidade e do processo, que considero os **comos** do **o quê**. Desde meados da década de 1980 ou um pouco mais, as empresas globais abraçaram avidamente o conceito de reengenharia do processo e da qualidade incorporada. O ímpeto para a transformação veio do sucesso das técnicas de produção japonesas. Antes da ascensão do Japão à potência industrial, o resto do mundo estava atolado no pântano do triângulo da produção (ver a Figura IV.1).

FIGURA IV.1 Triângulo da produção

Cada lado do triângulo representava uma característica: rápido, barato ou bom. A ideia consistia na possibilidade da escolha de dois: escolhia-se o bom e rápido, mas não o barato; bom e barato, mas não o rápido; ou rápido e barato, mas não o bom. A armadilha estava no fato de a qualidade ser geralmente considerada um item de inspeção do final da linha de produção. Os produtos seguiam pela linha, e alguém no final dela inspecionava a qualidade e descartava os itens defeituosos. Se o processo de produção fosse constituído de 20 etapas, a qualidade seria a vigésima primeira; da primeira à vigésima etapa, não se preocupava com a qualidade. As empresas conseguiam oferecer produtos de qualidade, mas a produção ficava mais cara porque mais unidades eram descartadas no final da linha. Mais especificamente, as empresas viam a qualidade em geral como característica estética, sutil e amorfa, dificilmente quantificada ou medida. As pessoas pensavam, "sei que a qualidade é boa só de olhar; mas é algo subjetivo". Não tínhamos um vernáculo comum para defini-la; a **boa** estava nos olhos do observador.

Vieram os japoneses, trazendo conceitos surpreendentes. Eles perceberam que os defeitos de qualidade eram, na realidade, ineficácia e, transferindo o conceito de qualidade de trás para a frente da linha de produção, conseguiram criar um processo de fabricação de produtos de alta qualidade com muito mais eficácia e economia. Fizeram isso inicialmente, descentralizando a responsabilidade pela qualidade do topo da pirâmide de produção, como as montadoras Toyota e Mitsubishi, transferindo-a para as submontadoras e, depois, aplicando a economia obtida, investindo em colaborações conjuntas com essas submontadoras para melhorar a qualidade nas linhas de produção. De repente, eles estavam conseguindo oferecer um produto de alta qualidade rapidamente a um custo bem inferior, deixando o restante do mundo com um sonoro grito de alerta. Eles começaram a ganhar, com a qualidade como fator diferenciador.[1]

As empresas globais correram, tentando não ficar para trás. A Ford Motor Company declarou a qualidade "**Tarefa nº 1**".[2] Titás, como a General Electric, adotaram os conceitos de reengenharia do processo de Gestão da Qualidade Total (GQT) e do programa Seis Sigma para remodelar substancialmente o foco de suas culturas corporativas.[3] A qualidade não ficava mais em um silo vertical, responsabilidade de algum representante encarregado da garantia de qualidade/controle de qualidade (GQ/CQ) do final da linha de produção; ela tornou-se responsabilidade de cada funcionário em cada nível de cada tarefa. O poder foi transferido do topo da hierarquia até a base; qualquer um, em qualquer estágio do processo, podia parar a linha de produção se identificasse comprometimento da qualidade. **Incorporando** a qualidade em cada estágio do processo produtivo, empresas de todos os tipos conseguiram arrancar a ineficácia dos seus sistemas e melhorar muito a produtividade.

O movimento da qualidade libertou as empresas ocidentais da tirania do triângulo da produção e suplantou a relação inversa entre custo/qualidade/tempo. De repente, uma empresa conseguia oferecer todas as três características: rápido, barato **e** bom. Hoje as melhores organizações fazem isso todos os dias porque, agora, é assim que se compete e vence. O computador da Dell não é apenas mais barato; ele é tão bom quanto os equipamentos caros que a IBM costumava produzir. A Southwest Airlines voa nas mesmas rotas, com as mesmas restrições reguladoras e as mesmas pressões de custos das maiores companhias aéreas, mas encontrou uma maneira melhor de navegar em um mercado difícil. As aeronaves da Southwest circulam mais rápido, desempenham com mais confiabilidade e oferecem atendimento de alta qualidade por um preço baixo.

Como as empresas conseguiram isso? Como pegaram essa estética, a qualidade, e a transformaram em processo mensurável? Em primeiro lugar, pararam e buscaram algum entendimento sistemático. Quais são os fatores que influenciam a qualidade? Estudaram profundamente a força e a dinâmica que correlacionam e propiciam a produção ou não da qualidade, e desenvolveram uma linguagem para estruturar esse conhecimento. Armadas desse conhecimento, começaram a projetar, medir e gerir a qualidade como processo empresarial. Derrubaram as paredes do departamento de GQ/CQ no final da linha de produção e injetaram o fluxo da qualidade em todo o sistema. Desse modo, as empresas pegaram esse item imensurável e amorfo, a qualidade, e começaram a quantificá-lo em níveis infinitesimais, em seis sigma. Concederam prêmios pela qualidade, criaram conscientização internacional pela realização e a monetizaram. Os consumidores prestaram mais atenção nas estatísticas de confiabilidade e na reputação de alguma companhia, olhando a qualidade. Mais informações a respeito do desempenho de longo prazo dos produtos foram prontamente fornecidas ao mercado e este reagiu à altura. As empresas começaram a ganhar ou perder por causa da qualidade. O surpreen dente crescimento econômico desde então pode ser amplamente creditado a essa revolução nos **comos** do **o quê** da indústria.

A abordagem industrial circular fechada da qualidade – baseada em medidas quantificáveis, informações em tempo real e vigilância contínua, que oferece às organizações entendimento pleno de pessoas, processos e informações que afetam a produção, as vendas e outros elementos dos negócios – pode ser aplicada igual e sistematicamente aos COMOS da conduta humana. Para prosperar no universo futuro, devemos adotar a mesma sistemática de funcionamento dos **comos** interpessoais das organizações do mesmo modo como foi feito com a qualidade. Precisamos encontrar mais maneiras de construir fortes sinapses entre as pessoas, deixando todas alinhadas com uma viagem em comum, criar ambientes propícios à formação de mais "olas", e desenvolver abordagens que transmitam esses valores em todos os nossos esforços coletivos. Para isso, precisamos entender sistematicamente como o grupo funciona. Precisamos entender a cultura.

Existem quase tantos tipos diferentes de culturas organizacionais quanto grupos de pessoas trabalhando juntas; embora muitas pareçam semelhantes, cada uma possui um sabor único. A qualquer momento em que pessoas se reúnam para realizar algo maior que si próprias, a cultura cresce. Uma diretoria corporativa possui uma cultura, uma unidade de negócio possui uma cultura e cada equipe possui sua cultura. Falar em cultura, no entanto, – de que ela é composta, como se forma, como influencia o desempenho do grupo e como pode ser modificada – tem sido historicamente outra característica amorfa e da esfera de poucos que estão no topo do organograma e que se preocupam com esses assuntos.

No universo do **como**, no entanto, essas questões não ficam mais escondidas e não se restringem mais à esfera de poucos da elite. Todos devem aprender a inovar no **como**; não no como do processo, mas no **como** fazer o que fazemos. Mais e mais de nós trabalham em equipe, mais e mais de nós recebem oportunidades para liderar e começar "olas", e mais de mais de nós influenciam a cultura do grupo todos os dias. Forças poderosas soltas no mundo formado em rede tornaram fundamentalmente importante o entendimento dessas questões para qualquer um que deseje prosperar hoje. Assim, nesta parte, tentaremos focar a luz no que faz o grupo andar. Para realmente termos êxito, todos devemos revelar o que pensamos a respeito das pessoas com quem trabalhamos visando incluir questões de governança e cultura.

CAPÍTULO **10**

Criar Cultura

"Aprendi, na minha época na IBM,
que cultura não é apenas um aspecto do jogo;
ela é efetivamente o jogo."
– Lou Gerstner, ex-presidente da diretoria e CEO, da IBM

A fábrica de montagem de motores de aeronaves da General Electric (GE) em Durham, Carolina do Norte, produz alguns dos motores mais potentes e tecnicamente mais complexos do mundo. Vista de fora, pouca coisa chama a atenção nessa fábrica. Dois prédios do tamanho de hangares dominam os 500 acres da paisagem simples que se estende pela zona rural da Carolina do Norte, cada um com mais de três acres de área ocupada e tetos de vários pavimentos. Antes de a GE mudar-se para lá, era uma fábrica de geradores a vapor, e as paredes metálicas onduladas e o piso de concreto revelavam pouco dessa empresa do século XXI. Não há escritórios, centros de recreação e refeitórios decorados. Todo ano, mais de 400 dos maiores motores do mundo saem dali. Esses motores operam grandes aeronaves comerciais, como o Boeing 777 e o Airbus A320, incluindo os motores que mantêm no ar o Air Force One (avião do presidente dos EUA). Cada motor produzido pela GE/Durham pesa 8,5 toneladas ou mais e é composto de mais de dez mil peças.[1] Cada peça deve ser montada com especificações altamente precisas. Porcas de parafuso pesando até 28 gramas devem ser apertadas a uma tensão específica com a chave de torque. Gaxetas de um metro de diâmetro não podem apresentar deslocamento nem da espessura de meio fio de cabelo, senão apresentam defeito, causando potencial desastre. Cada vez que um desses motores está no ar, centenas de pessoas dependem da sua perfeição para chegar ao destino com segurança.

A natureza especial da GE/Durham não é revelada nos seus **o quês**, mas nos seus **comos**, assim como destaca o notável artigo publicado na revista *Fast Company*.[2] Mais de 200 funcionários trabalham na GE/Durham, minúscula parte de um conglomerado gigantesco, e praticamente todos, exceto uns 20 trabalhadores administrativos, são técnicos capacitados junto ao Federal Aviation Administration (FAA). Todos trabalham em equipes de menos de 20 técnicos cuja única ordem recebida da alta-direção é a data programada para a remessa do motor. A equipe decide todo o resto, desde a descarga da primeira peça até o momento em que alguém da equipe monta na empilhadeira para entregar o motor pronto para embarque. Cada equipe escolhe um membro para fazer parte de um dos nove comitês para tratar de assuntos, como recursos humanos, materiais e treinamento. Há rodízio constante de participantes, e cada comitê trata de um componente crítico dos princípios que orientam a segurança, a qualidade, as pessoas e os processos da fábrica.

Vários itens notadamente inexistem na fábrica de Durham. Relógio de ponto, para citar apenas um. Excetuando uma reunião diária de equipe para a sincronização das atividades entre os dois turnos, os trabalhadores chegam e saem à vontade. Não existe pessoal de limpeza; todos deixam tudo limpo depois de terminado o trabalho, e o local é imaculado. Não existe armário de ferramentas; quando se pode confiar nas pessoas para construir um motor de aeronave, pode-se confiar que elas não vão embora carregando uma chave de torque. Existe apenas um chefe em GE/Durham, o gerente da fábrica, e todos se reportam a ele. Ou, mais precisamente, eles **não** se reportam a ele.

A GE/Durham constrói algumas das máquinas mais sofisticadas do planeta em um ambiente de muita confiança e muita comunicação, sem chefes, exceto um. O que ele ou ela faz? Paula Sims, que dirigiu a fábrica durante quatro dos seus seis primeiros anos de operação, diz que se concentrou no grande cenário, no crescimento e no aperfeiçoamento. Também se concentrou em algo que a GE/Durham possui em abundância: **confiança**. Aprendeu essa lição da forma mais dura. "Não muito depois de começar aqui", ela conta, "um funcionário veio falar comigo e disse, 'Paula, você precisa perceber que não precisa acompanhar tudo que fazemos para ter certeza de que estamos fazendo o que combinamos. Se dissermos que faremos algo, faremos'. Parei e pensei, 'Uau. É tão simples. Estou dando a impressão de que não confio nas pessoas porque sempre fico controlando'".

Essa cultura aparentemente desgovernada possibilitou alguns feitos extraordinários em tempo relativamente curto. No curso de cinco anos no final da década de 1990, a GE/Durham reduziu o custo da montagem de motores de aeronaves em mais de 50%. A fábrica reduziu os defeitos de qualidade em mais de 75%. Um entre quatro motores é entregue com apenas uma falha – geralmente estética – como um risco ou um fio desalinhado. O restante sai **perfeito**. Em 1999, foi acrescentado um novo motor à linha de produção, o CFM56, um "burro de carga" daquela época usado em 40% das aeronaves de mais de 100 passageiros e produzido em outras fábricas de montagem da GE durante anos. Em nove semanas, a fábrica entregou o primeiro motor, de 12 a 13% mais barato do que o das demais fábricas que o produziam há anos. Isso surpreendeu Bob McEwan, na época, gerente geral das operações de montagem de Evendale da GE, onde eram construídos os mesmos motores. "Hoje, lá em Durham, não se ouve falar de aperfeiçoamento do processo", ele declarou na reportagem de 1999 da *Fast Company*. "Eles estão sempre inovando . . . As arruelas estão sempre arrumadas no lugar, como fichas de pôquer arrumadas nas bandejas. É fácil achar a que você precisa. São coisas desse tipo. Eles não consultam ninguém – simplesmente vão e fazem. Lá, em uma semana se faz mais do que se faz aqui em um ano." Eles têm outra vantagem sobre os irmãos também. Em 2002, a unidade de Evendale lançou 900 kg de substâncias tóxicas no ar.[3] Em Durham, foram lançados 4,5 kg. Até outubro de 2005, passaram oito anos sem uma reclamação trabalhista. Eles trabalham com inteligência, trabalham limpos e trabalham seguros.

Com sua incrível medida de desempenho, facilmente se presume que a GE/Durham possua uma estrutura de participação acionária dos funcionários altamente incentivadora, ou, pelo menos, um programa de divisão de lucros que os motive a cortar custos e melhorar a qualidade, mas esse é outro aspecto inexistente no cenário. Na GE/Durham, existem apenas três níveis salariais – técnico-1, técnico-2 e técnico-3 –, cada um baseado no nível de aptidão e treinamento. O único incentivo financeiro é a possibilidade de adquirir mais capacitação, o que eles chamam de "multicapacitação". A multicapacitação proporciona às equipes continuidade técnica, de forma que quando um técnico-3 sai de férias, outro está capacitado a construir a turbina sem ele. Além disso, ninguém busca a capacitação para ocupar algum cargo de nível médio de gestão, porque não existe nível médio de gestão. Os próprios técnicos são responsáveis por toda a programação, requisição, gestão do processo e entregas. E sentem-se inspirados. "Isso pesa", afirmou o técnico Bill Lane. "Tenho uma filha de três anos, e imagino que cada avião para o qual construímos motores tem alguém com uma filha de três anos viajando nele."

Dentro da gigantesca burocracia que é a GE, a GE/Durham se destaca como posto avançado de autogovernança baseada no consenso e voltada às equipes, uma cultura voltada para si, inspirada por valores comuns e propósito comum. "No andar de cima, ficam os torneiros mecânicos", disse Bob McEwan da sua fábrica de Evendale. "Em Durham, ficam as pessoas que pensam. Acho que eles descobriram em Durham o valor do ser humano."

A SOMA DE TODOS OS COMOS

O sucesso da GE/Durham baseia-se no modo peculiar escolhido pelas pessoas ali para se relacionarem entre si, organizar seus esforços e governar a si próprias – em suma, na sua cultura. A cultura é o DNA da companhia, a soma total do seu histórico, valores, aspirações, crenças e esforços, o sistema operacional, por assim dizer, que define e influencia o que ocorre nas sinapses entre todos trabalhando juntos em grupo, seja grande, seja pequeno. Ao contrário de um sistema operacional, no entanto, a simples inserção de um código –, por exemplo, um programa de conformidade ou uma equipe de inovação – não muda a cultura; culturas são como seres vivos; evoluem e mudam com o tempo. A cultura organizacional, portanto, na realidade, mais se parece com um ecossistema, um cosmos interdependente e altamente sofisticado de organismos em evolução com uma profusão de inter-relacionamentos. Em uma definição mais simples, cultura é o modo como as coisas **realmente** funcionam, o modo como as decisões são **realmente** tomadas, as mensagens eletrônicas são **realmente** redigidas, as promoções são **realmente** obtidas e distribuídas, e as pessoas são **realmente** tratadas todo dia.

E ela é importante. Cultura é o caráter peculiar de uma companhia, sua alma. Ela pulsa em cada realização da empresa, em como seus membros lidam com a adversidade, gerem a expansão e a retração, fazem escolhas difíceis e comemoram suas grandes vitórias. Tanto quanto algumas pessoas dizem que caráter é a sina de alguém, a cultura pode ser considerada sina de uma organização. A cultura que se forma em torno de qualquer grupo específico de pessoas é peculiar a elas e não pode ser copiada. Outros talvez consigam copiar seus **comos** no geral, mas a textura e qualidade específica totalizada por eles está exclusivamente nas pessoas que vivem baseadas neles.

Embora as culturas internas das grandes organizações muitas vezes apresentem muitos traços em comum, as culturas coletivas são geralmente singulares; diferem de organização a organização, de equipe a equipe, e de unidade a unidade. Uma companhia multinacional de grande porte que cresceu com aquisições, opera em mercados altamente regulamentados e enfrenta riscos, legislações e padrões nacionais e internacionais manifesta um tipo diferente de cultura da construtora familiar que cresceu organicamente. Uma empresa familiar é naturalmente transparente; um pequeno grupo de pessoas senta-se à mesa e janta junto toda noite, compartilhando a vida da empresa e promovendo sua cultura em meio a arroz e frango. Para uma organização de grande porte, influenciar a cultura é um desafio mais complexo.

Se a melhor resposta das pessoas às novas condições globais de hipertransparência e hiperconexidade está no domínio dos seus **comos** pessoais, a melhor oportunidade para a organização prosperar está no domínio da cultura. "Os líderes empresariais e os analistas financeiros e industriais que os acompanham também chegam a admitir que o estabelecimento e a promoção da cultura corporativa certa não é simplesmente uma forma de ficar longe dos problemas", disse Lou Gerstner da IBM em outra ocasião, "mas representa um impulso fundamental na diferenciação sustentável e vitória no mercado".

Dominar a cultura não é mais trabalho apenas para o alto escalão. A cultura de uma organização representa a ação coletiva de todos que a compõem, portanto, entender as complexidades do funcionamento da cultura é responsabilidade de todos que desejem desempenhar bem na jornada visando extrair o máximo das novas circunstâncias de hoje. Fazer o **como** trabalhar para você todos os dias requer capacidade não apenas de mudar as sinapses interpessoais entre você e seus sócios diretos, mas de afetar as sinapses entre todos da sua equipe. Quando se está pressionado a atingir os resultados trimestrais, realizar um grande lançamento de produto ou formar uma grande apresentação de vendas, você quer estar trabalhando em um estádio – seja com meia dúzia de pessoas, seja com mil – que possibilite criar facilmente uma "ola". Além disso, com as novas condições do universo hiperconectado, essa capacidade é atribuída a quase todo trabalhador, não apenas ao do alto escalão. É possível tratá-la de forma deliberada e aprender a vê-la como um sistema de **comos** que pode ser moldado e influenciado, cada elemento reforçando os demais em uma "ola" poderosa de realização. Você, também, pode dominar a cultura.

O quê? Dominar a cultura? A cultura, tipo, não **acontece** ao acaso?

Bom, a cultura é orgânica, mas não cresce por conta própria. Para ver como todas as suas partes trabalham juntas se reforçando mutuamente, vamos primeiro examinar seus componentes – as partes móveis, por assim dizer, que fazem a coisa andar. Vamos começar discutindo os tipos de cultura mais comuns nos negócios hoje. Essa discussão pode parecer um pouco como lição de casa, mas, se você conseguir enxergar a estrutura descrita, conseguirá entender, nos próximos capítulos, como aplicá-la para prosperar na jornada à frente.

ESPECTRO CULTURAL

Inumeráveis detalhes moldam, influenciam e dirigem a formação de culturas coletivas. Alguns são intrínsecos à empresa e não podem ser alterados. A operação de um depósito em que todos se comunicam cara a cara ou por radiotransmissores e gritando fomenta uma cultura diferente de um escritório repleto de baias onde a maioria das pessoas se comunica em reuniões e por mensagem eletrônica. Ambas as culturas diferem daquela decorrente da interação de trabalhadores ou equipes remotas trabalhando de casa ou de pequenos escritórios periféricos. A essência da empresa – o que ela produz, vende ou oferece – também tem relação direta com a cultura. Uma companhia que produz correias de transmissão forma uma cultura diferente da de um grupo de pesquisas e estatísticas industriais. Uma empresa jovem e ávida em um novo setor desenvolve-se diferentemente de uma que é líder de mercado há muito estabelecida. Fatores, como idade das pessoas, o que elas vestem, a atitude em relação ao nepotismo, ou inclusão ou exclusão de familiares nas funções da organização, exercem profunda influência no tipo de cultura ali formada. Esses fatores circunstanciais são **símbolos** da cultura e todos influenciam as questões básicas que a cultura procura responder: como são tomadas as decisões? Como se cria o poder? Como fluem as informações? Como ocorrem as "olas"?

As culturas em geral costumam ser divididas em quatro **tipos** básicos. Esses tipos formam um espectro que, não por coincidência, também espelha o desenvolvimento histórico da complexidade organizacional e da maturidade social, do mais simples e direto ao mais complexo e racional. Falei sobre esse **espectro cultural** em meu testemunho diante da Comissão Norte-Americana de Sentenças Federais em 2004.[4] Esses estados culturais são abstratos, mas quando os discutimos, você começa a enxergar seus elementos em quase toda cultura coletiva da qual participamos.

Para ter uma noção do cenário mais amplo, vamos fingir, por um instante, que decidimos partir em uma missão de averiguação, visitando uma série de fábricas onde máquinas pesadas e potencialmente perigosas são movimentadas ruidosamente, criando um futuro mais brilhante para a humanidade (ou apenas inúmeros dispositivos altamente lucrativos quando vendidos). Queremos visitar essas fábricas para ter uma noção de como são operadas, assim um dia saímos para visitar quatro delas.

Na primeira indústria que visitamos, encontramos com o **supervisor de produção**, que concorda em nos conduzir pela fábrica. Sons de engrenagens rangendo e altos roncos oscilantes nos envolvem, e quando olhamos ao nosso redor, a primeira coisa que observamos são algumas pessoas usando capacetes e outros equipamentos de proteção, mas muitos não. Inclinando a cabeça para passar por um feixe baixo de luz, perguntamos se talvez devêssemos vestir algo. "Faça como quiser", ele disse. "A vida é sua". Quando uma chuva de centelhas passou sobre nossas cabeças, decidimos que prezamos mais a nossa vitalidade que a informação que pudéssemos obter ali na Fábrica Um, e saímos rapidamente em retirada.

Na Fábrica Dois, imediatamente percebemos que quase todos usavam capacete, mas, quando a visita começa, ninguém nos oferece um, e aparentemente não há nenhum extra. Quando perguntamos disso, o supervisor diz: "É, o chefe nos obriga a usar. Eu mesmo detesto, mas se ele pega alguém sem, manda embora, e eu preciso deste emprego. Ele também obriga a gente a usar crachás com os nomes e calças azuis, porque não consegue guardar o nome de

232   COMO GOVERNAMOS

ninguém e a cor favorita dele é azul. Vai entender".

A Fábrica Três é limpa, clara e bem organizada. Quando entramos, na parede, há inúmeros capacetes claramente etiquetados, "Visitantes"; acima deles, inúmeros cartazes explicando procedimentos e normas de segurança. "**Todos Devem Usar Capacetes!**" diz um. "**Se Você Não For o Operador Desta Máquina, Não Mexa!**" diz outro, e assim por diante. Todos imediatamente pegamos capacetes amarelos brilhantes e colocamos – todos exceto nosso principal representante de vendas, que vira para a supervisora e diz: "Ei, eu tenho uma reunião com um grande cliente esta tarde e não quero desarrumar meu cabelo por causa do capacete. Tudo bem?" A supervisora olha ao redor para ver se alguém está olhando e pensa por uns instantes. "Será que essa pessoa realmente precisa usar um capacete?" questiona-se. "Ele parece ser muito importante, e aposto que meu chefe quer que eu o deixe satisfeito. Qual será a melhor decisão para mim, obrigá-lo a cumprir a norma ou deixar meu chefe feliz?" Nitidamente, somos visitantes importantes, ela percebe, e não quer nos ofender, mas o chefe de segurança andou espiando por ali ultimamente, e decide o contrário dessa vez. "Gostaria de dizer que tudo bem", ela diz, "mas existe uma norma e não quero infringi-la. Se dependesse de mim, deixaria passar. Vou consultar algum superior". Ela desaparece por cerca de 15 minutos e, então, volta aparentemente sem jeito. "Não consegui encontrar ninguém que pudesse autorizar", ela diz, demonstrando claramente que não queria nos ofender, "assim, acho que você não precisa usar".

Ao entrarmos nas instalações da Fábrica Quatro, uma trabalhadora passando, imediatamente para o que está fazendo e entrega a todos nós capacetes e óculos de proteção. Só então, o supervisor aparece e cumprimenta todos com muita simpatia. O vendedor, ainda preocupado com seu penteado, faz o mesmo apelo, mas sem hesitar o supervisor diz: "Nesta empresa, realmente acreditamos na segurança e, se você não usar o equipamento adequado, sinto não poder deixá-lo seguir adiante". O vendedor, para nossa surpresa, fica nervoso (ele tem um quê de rebeldia misturado com um senso exacerbado de importância) e reclama alto que é amigo do dono da fábrica e que eles devem deixá-lo fazer o que quiser. "Sinto muito, senhor", responde o encarregado, "mas é minha responsabilidade pessoal que nada lhe aconteça. Não quero ofendê-lo, e, se quiser, pode chamar meu chefe ou o dono, mas acredito que sua segurança e a segurança de todos são de máxima importância".

OS QUATRO TIPOS DE CULTURA

Na cultura da Fábrica Um, a segurança é vista de um estado de **anarquia e ausência de leis**, um estado em que todos atuam visando o interesse próprio, pouco respeitando a dinâmica do grupo ou o espírito organizacional. Mercados de vilarejos, negociantes do deserto e artesãos locais operavam nessas condições há muito tempo, operadores independentes e desvinculados de princípios organizacionais formais. Obviamente, o índice de rotatividade dessa fábrica é bem alto (assim como a incidência de amputações e fortes colisões), mas ninguém parece se importar porque, de qualquer forma, não existe plano de saúde e há muito mais trabalhadores esperando para tomar o lugar do acidentado quando ele não puder mais realizar seu trabalho. Nessas culturas, essencialmente, cria-se pouco da previsibilidade e certeza exigidas pelas empresas baseadas no capital para prosperar (não se pode embarcar as pessoas em uma **viagem** se cada uma segue seu próprio caminho). Poucas dessas culturas sobrevivem hoje de alguma forma significativa, apesar de, assim como veremos, haver sobreviventes remanescentes dos desses hábitos e comportamentos.

Na cultura da Fábrica Dois, a segurança é tratada como questão de **obediência cega**. A obediência cega caracteriza muitos dos traços associados com as primeiras empresas capitalistas da era industrial, a cultura das fábricas da Europa do século XIX e das antigas linhas de montagem dos EUA do início do século XX, além da cultura das sociedades feudais que as precederam. O trabalho era abundante naquela época, na maior parte, não qualificado ou manual, e empregos eram poucos. Barões inescrupulosos, industrialistas e monopolistas lutavam para dominar suas esferas de influência, e governavam com mão de ferro. Na Fábrica Dois, ninguém questiona o chefe e todos fazem o que lhes é imposto e, se não fizerem, sofrem com as consequências. Eles não necessariamente entendem por que usam capacetes e calças azuis, nem necessariamente se importam. Para cada um, basta atingir suas metas pessoais, portanto trabalham de calças azuis e fazem poucas perguntas.

A Fábrica Três, tão limpa quanto eficiente, é imbuída de uma cultura de **aquiescência assumida**. A cultura da aquiescência assumida é baseada em regras; os que desejam participar aprendem as regras e concordam em cumpri-las. As regras são claramente explicadas a todos, e os trabalhadores ou as adotam sem receio ou desperdiçam o tempo dançando conforme a música, tentando fazer as coisas funcionarem. A cultura da aquiescência assumida dominou o capitalismo do século XX, e por uma boa razão. A cultura baseada em regras é eficiente e expansível. Em um modelo organizacional vertical, a alta-administração da empresa pode emitir diretrizes e filtrá-las por níveis hierárquicos inferiores de forma previsível e controlável. Quando as operações são expandidas, consegue-se treinar e governar facilmente mais pessoas. As variáveis do comportamento individual são minimizadas. Com o organograma bem definido, os quadros podem ser preenchidos com pessoas qualificadas que conheçam a posição que irão ocupar, as regras do jogo em que se enquadram e a direção rumo ao sucesso. Como tal, a cultura da aquiescência assumida tende a ser voltada à gestão, com uma classe gestora estabelecida e uma burocracia bem sólida.

A aquiescência assumida representou um passo brilhante e inovador evoluindo a partir da obediência cega. A maioria das companhias, até recentemente, operava com razoável êxito governada por esses princípios.

As pessoas compartilhavam mais informações (ainda que de forma controlada), tinham muito mais certeza e previsibilidade, colaboravam melhor e, em grande parte, sabiam exatamente onde pisavam. A aquiescência assumida expressa as metas mais elevadas do racionalismo. Com ela, as pessoas são agentes racionais: pessoas que gostam de incentivos e odeiam punições, pessoas que gostam de estar motivadas porque a motivação provoca resultados concretos. Com o racionalismo, a vasta complexidade do comportamento humano, e todas as suas glórias complicadas, é considerada de forma impessoal. Luta-se por um mundo mais claramente definido e menos obscuro; assim a gestão fica mais fácil e o controle, mais simples. Os trabalhadores são informados racionalmente do que se espera deles, a recompensa é claramente expressa, e eles, por sua vez, submetem-se a essas regras e expectativas. A aquiescência assumida permite definir visões e prosperar. Trilhões de dólares de riqueza e valor foram gerados com base nela, grandes empresas foram construídas, a humanidade avançou e muitas pessoas progrediram e melhoraram de vida.

É a Fábrica Quatro, no entanto, que nos interessa. Na Fábrica Quatro, todos assumem responsabilidade pessoal pela manutenção do ambiente de trabalho seguro, porque passaram a acreditar que a segurança defende o melhor interesse de todos. Ela é, em uma palavra, **valiosa**. Isso representa o quarto tipo geral de cultura, a da **autogovernança baseada nos valores**. Existe uma diferença entre os funcionários que acreditam em um valor e aqueles que obedecem a um punhado de regras. Aqueles são governados pelo **deve**, por exemplo: "Manter as pessoas seguras é algo que valorizo, portanto todos devem usar capacetes de proteção". Eles acreditam nisso; agem com base no que acreditam, e governam a si próprios em nome dessa crença; diante de alguma escolha, são guiados certamente pelo valor mais importante. Os funcionários assumidamente submissos, preocupados apenas com as regras, vivem no mundo do **pode**. Como as regras não são internalizadas, trabalham em uma relação **com lacunas** entre eles e os regulamentos. Diante de alguma pessoa importante que não queira agir dentro da conformidade (ou qualquer situação que não se encaixe perfeitamente nas regras), precisam tomar decisões sem qualquer orientação além do interesse próprio assumido. Se não conseguirem decidir, procuram alguém para decidir, um gestor ou o chefe, e assim vai subindo pela hierarquia até alguém tomar a decisão. Na lacuna entre o trabalhador e as regras, caem o tempo, a eficácia e talvez a própria segurança.

A cultura da aquiescência assumida, com sua divisão hierárquica de funções, efetivamente reforça essa lacuna. Um departamento – por exemplo, de conformidade – pode emitir regulamentos restritivos controlando o que pode ou não ser dito no mercado a respeito dos produtos e da concorrência, e outro – por exemplo, o departamento de vendas – pode orientar dando dicas para vender o produto. No meio, fica uma vendedora para preencher a lacuna por conta própria. "Eu não posso **dizer** aquilo", ela pode pensar, "mas a ideia vende o produto. Talvez, em vez disso, eu possa **insinuar**". Quando algo é expresso como valor autogovernante, em contrapartida, ninguém tenta dividir o meio, porque não existe meio. O valor – no caso da vendedora, a veracidade, proporciona um **deve** evidente e conciso. E ela não tem de dizer: "Vou verificar com meu chefe para ver o que posso dizer ou fazer". Ela age baseada na sua crença, imediatamente, com eficácia e rapidez. Não existe lacuna, seja pessoal, seja institucional, entre o indivíduo e o melhor comportamento (ver a Figura 10.1).

Os valores falam ao eu superior. Têm poder de inspirar e não apenas motivar. Alimentam a crença. A autogovernança baseada nos valores, por sua vez, exerce uma dupla função marcante: controla o **comportamento indesejado**, ao mesmo tempo, inspirando a **conduta máxima**. Desse modo, os valores

FIGURA 10.1

são determinantes muito mais eficazes do que as regras de **como** fazer o que fazemos. Quando adotamos um valor e o incutimos no comportamento, acreditamos no que fazemos. A empresa definida em termos de valores é empresa criada visando propósitos superiores, inspirada ao bem maior. Uma pessoa alinhada com o valor de uma organização tende a trair menos esse valor, porque se o fizer não apenas infringe a política da companhia; mas trai a si própria. Na raiz dessas culturas estão os valores compartilhados, os **comos** que orientam cada interação.

As empresas melhoraram muito em termos de segurança desde o início da década de 1990, em grande parte porque, talvez, sem perceber, tenham a transferido de um conjunto de regras e programas para uma parte do sistema de valores básicos e, assim, encontrado uma maneira de transmitir esses valores a toda a força de trabalho. Em outras palavras, mudaram a segurança do silo vertical do **o quê** para a força horizontal do **como** que impulsiona cada parte da operação, transferindo-a de um conjunto de regras para uma parte da cultura. E conseguiram. De 1992 a 2002, as mortes no trabalho nos EUA caíram 11%, e as lesões e doenças na indústria privada diminuíram notáveis

34%, não por haver mais comitês de segurança, mas por haver crença maior na segurança.[5]

Anarquia e ausência de leis, obediência cega, aquiescência assumida e autogovernança baseada nos valores representam os quatro tipos básicos de cultura coletiva, mas quase nenhuma companhia, equipe ou grupo possui totalmente uma ou outra; muitas vezes possui partes de cada uma em diferentes proporções. Quando algum vendedor importante acha que os limites de despesas não se aplicam a ele e pede a garrafa mais cara da carta de vinho durante o jantar com clientes, em certo sentido, cede a impulsos anárquicos. "Regras não são para mim", ele parece dizer. "Vou fazer do meu jeito". (Embora esse tipo de rebeldia tenha um lugar especial na história dos negócios, quando a maioria das pessoas se organiza para atingir algo maior do que elas mesmas, costumam adotar algum tipo de sistema regulador, portanto não nos concentraremos muito na anarquia e ausência de leis para fins desta discussão). Quando a chefe escreve aquela mensagem eletrônica dizendo "Entregue-me até às 16 h", ela está se baseando na autoridade autocrática e na ameaça de repreensão punitiva característica das culturas da obediência cega para forçar os resultados.

Não existem muros sólidos entre essas quatro culturas básicas; a maioria dos grupos se organiza em estado progressivo e evolucionário adotando elementos de todas as quatro. Eles demandam certa coação de obediência cega (ofensas inflamáveis, por exemplo); algumas regras e aquiescência a elas (mas não as estúpidas); talvez uma pitada de anarquia de vez em quando para mesclar o pote; e certa medida de autogovernança. Grupos maiores podem ter inúmeras culturas diferentes e relacionadas operando separadamente dentro de uma única organização. A diretoria corporativa pode ter uma cultura distinta da equipe de gestão, que, por sua vez, controla equipes menores com características peculiares. A GE/Durham representa uma unidade distinta dentro de um grande arsenal que é a GE, tão diferente da empresa-mãe quanto a MTV Networks é de outras unidades da Viacom.

A cultura pode parecer efêmera, uma daquelas sutilezas algumas vezes tão difíceis de entender. Agora que temos uma visão geral dos **tipos** essenciais de cultura dominantes nos negócios, vamos tentar dividi-las ainda mais para entender suas várias **dimensões**, os **comos** que atuam sempre que um grupo é formado para um fim comum. Vamos explorar formas de tornar algo "sutil" em algo "sólido" do qual possamos fazer algo.

OS CINCO **COMO**S DA CULTURA

DIMENSÕES CULTURAIS		ANARQUIA	OBEDIÊNCIA CEGA
COMO SABEMOS	▸ Uso da informação		Acúmulo
COMO NOS COMPORTAMOS	▸ Estrutura organizacional		Silos e feudos
	▸ Origem do comportamento ▸ Razões para o comportamento ▸ Responsabilidade pelo próprio comportamento e dos outros		Liderança autocrática coercivas Autoridade de policiamento central
	▸ Origem da autoridade (quem decide) ▸ Magnitude da autoridade		Figura de poder – arbitrária Autoridade sem recurso
	▸ Origem do regulamento		Imposição externa
COMO NOS RELACIONAMOS	▸ Papéis e tipos de competência ▸ Desenvolvimento pessoal		Cumpridor e trabalhador Aprendizado da rotina
	▸ Nível de confiança ▸ Normas versus valores		Inspeção firme e delegação limitada Adesão mínima – fendas
	▸ Natureza dos relacionamentos (funcionários)		Suspeita e baseada em punições
	▸ Natureza dos relacionamentos (clientes)		Suspeita e monitoramento rígido
	▸ Natureza dos relacionamentos (fornecedor/terceiros)		Distante – transacional
COMO RECONHECEMOS	▸ Recompensas e reconhecimento ▸ Punições e medidas disciplinares		Conformidade e/ou obediência Determinadas pelo supervisor – medo
COMO BUSCAMOS	▸ Orientação temporal		Imediatismo
	▸ Missão e propósito da existência ▸ Determinação e definição de significado		Sobrevivência – participação coagida Significado não importa, fazeres humanos
	▸ Atenção às exigências reguladoras e legais ▸ Atenção à dinâmica do mercado e do público		Ênfase no cumprimento Atenção superficial – Joga com o sistema

FIGURA 10.2 As Dimensões Culturais

Criar Cultura

AQUIESCÊNCIA ASSUMIDA	AUTOGOVERNANÇA
Baseado na necessidade de saber	Transparente
Divisão de especialidades e funções	Integração com muita confiança
Baseado em normas Motivadas por interesse próprio individual Unidades organizacionais individuais	Baseado nos valores e princípios Inspiradas pelo bem maior Vigilância universal
Figura de poder – Coerente com as normas Tomada de decisão de cima para baixo	Individual – Baseada nos valores Atribuição de poder e responsabilidade individual
Adesão Voluntária ao Regulamento Interno e Externo	Ato de Crenças Compartilhadas
Gestor Treinamento	Líder Educação
Controles, contratos Cumprimento das exigências	Muita confiança e verificação Orientado pelo correto a fazer
Trabalho honroso – Remuneração e recompensa Preço justo e, em troca, ser pago Contratual, justo, imparcial com continuidade	Contrato social – Comprometido com o crescimento Valor agregado além da expectativa Colaboração mútua – melhoria mútua
Recompensa pelo sucesso pessoal e organizacional Estruturas e procedimentos estabelecidos	Satisfação no cumprimento da missão e significado Penalização por si próprio e pressão e sanções impostas pelos pares
Metas de curto e longo prazo	Motivada pelo legado e pela persistência da empresa
Orientada pelo sucesso – Recompensa pela realização Jornada de sucesso	Missão, promessa e significado Jornada de significado
Controlada por recompensas e punições altamente ágil e reativo	Proativa e preventiva Lidera e transcende os mercados

OS CINCO COMOS DA CULTURA

A cultura se forma nas sinapses onde as pessoas interagem. As sinapses, como sabemos, são capazes de captar de uma vez sinais de diferentes origens, assim como o diamante capta de vários ângulos a luz que, por sua vez, é refratada em muitas direções. Portanto vamos imaginar os processos culturais entrando nessas sinapses como a luz nas facetas do diamante. A natureza e o caráter da pedra – portanto, a cultura – determinam qual luz atravessará pela pedra, e que direção seguirá. Embora muitos aspectos dependam da evolução e influência da cultura, alguns fatores e estruturas são mais influentes que outros. A Figura 10.2 identifica 22 das que eu considero dimensões culturais mais influentes, as facetas através das quais flui a energia humana. Cada dimensão é definida pela forma como se manifesta dentro dos três tipos de cultura que mais nos importam. Para estudar melhor essas dimensões, elas foram agrupadas em uma tabela divididas em cinco **comos: como sabemos, como nos comportamos, como nos relacionamos, como reconhecemos e como buscamos** (ver a Figura 10.2). A tabela apresenta as características definidoras de cada dimensão de cada uma das três culturas discutidas até aqui (a quarta – a anarquia – foi inserida apenas para localizá-la no espectro cultural, mas está em branco porque raramente tem alguma relação com a vida de hoje).

Como sabemos

O primeiro aspecto que distingue a natureza de uma cultura é a forma como nela se cria, transmite e usa a informação. Esse único fator é tão central e influente nos **comos**, que ele, por si só, garante um grupo.

- Na cultura da obediência cega, a informação fica acumulada nas mãos de poucos da elite. Os trabalhadores são basicamente orientados por tarefas. O chefe emite decretos, de cima para baixo, sem explicações, e não se ganha nada estratégico revelando aos outros seus segredos.
- Com a maior complexidade das organizações e dos grupos, na cultura da aquiescência assumida, a transmissão de informação deve ser eficaz e ordeira. Nas companhias com esse tipo de cultura, o compartilhamento das informações necessárias alcança patamares extraordinários – os com-

ponentes dos grupos são bem treinados e conseguem acessar prontamente as normas de conduta, por exemplo, – mas a direção ainda controla com firmeza outras informações e as libera conforme as necessidades. A antiga máxima: **"Uma pitada de conhecimento representa perigo"**, espreita logo abaixo da superfície de todas as decisões operacionais.

- Na cultura da autogovernança, em contrapartida, são necessárias condições de transparência para prosperar. Se cada um, inspirado pelos valores básicos do grupo, for realmente considerado confiável para se autogovernar, então, deve ter acesso livre e desimpedido às informações necessárias para realizar julgamentos seguros e razoáveis. Na Nordstrom, por exemplo, funcionários novos recebem uma declaração bem simples explicando-lhes quase tudo de que precisam saber sobre a cultura da companhia. Em primeiro lugar, ela apresenta o compromisso fundamental da Nordstrom, "Oferecer atendimento extraordinário ao cliente". Depois, relaciona as normas da Nordstrom: "Usar o bom senso. Confiamos na integridade e capacidade uns dos outros. Nossa única regra: usar o bom senso em todas as situações".[6] Talvez, hoje, não exista nenhuma declaração tão admirável de autogovernança. Mas o segredo da cultura da Nordstrom está na afirmação seguinte, a última recebida pelos funcionários novos: "Sinta-se à vontade para perguntar ao gerente do seu departamento, ao gerente da loja ou ao gerente geral da divisão qualquer dúvida a qualquer momento". Profundamente incorporada dentro da cultura de autogovernança da Nordstrom está a ideia de que todas as informações sejam acessíveis a todos, independentemente do tempo de casa ou do nível hierárquico.

Como nos comportamos

Existem três formas básicas de impor algo a alguém:

1ª) Pode-se **coagir**, impor usando a força, ameaçando ou iludindo com falsas promessas para esse alguém fazer algo contra a vontade;

2ª) Pode-se **motivar**, prometendo recompensas ou usando o medo e ameaças de repercussão para convencer complacentemente de que a ação desejada visa o melhor interesse de todos; ou

3ª) Pode-se **inspirar**, estabelecendo um relacionamento de forma a transformar a ação desejada em meta em comum. O segundo **como** da cultura engloba amplamente a origem e a razão do comportamento pessoal ou coletivo. Por que as pessoas fazem o que fazem? O que as fazem agir da forma A e não da forma B?

- Na cultura da obediência cega, as pessoas obedecem. Líderes autocráticos mantêm as pessoas na linha, coagindo-as a obedecer. "Vista calças azuis ou será demitido" indica claramente um relacionamento repressivo entre líderes e seguidores. Se imaginarmos um espectro entre o controle comportamental interno e externo, a obediência cega fica bem distante do controle externo. A origem da autoridade (isto é, quem decide) recai sobre uma figura de poder que toma decisões unilaterais e gera aquela autoridade sem recorrer aos de baixo. Para acomodar esse tipo de estrutura de poder, a cultura da obediência cega costuma ter estruturas de gestão extremamente verticalizadas, com a autoridade concentrada nas mãos de poucos. Cada chefe governa seu domínio como um silo ou um feudo independente. O chefe mantém todos na linha, decide o que é certo e errado, e dá ordens claras para marchar.

Se isso soa como o exército, não fica muito longe disso. A moderna cultura militar, desenvolvida com base na experiência da Primeira Guerra Mundial, transformou a cultura da obediência cega em arte sofisticada, e com grande êxito. A submissão inquestionável à autoridade central, os militares acreditavam, forma a base necessária de certeza, previsibilidade e coesão da unidade para os soldados sacrificarem suas vidas uns pelos outros. Embora possa não parecer a cultura mais atraente para se trabalhar, pode ser surpreendente saber que a indústria cinematográfica cresceu baseada no mesmo modelo. A inexperiente indústria cinematográfica decolou logo depois da Primeira Guerra Mundial. Os veteranos de volta, a procura de novas oportunidades, seguiram para a Costa Oeste dos EUA para assumir posições no novo campo emergente. As equipes de filmagem, assim como o exército, são grandes unidades móveis que movimentam pessoas e equipamentos de um local a outro em resposta à permanente mudança de demanda. Fazia muito sentido para esse novo pessoal se organizar de modo a se conhecer melhor. Assim cada departamento – som, câmera, iluminação, cenário, produção e assim por diante – criava seu próprio feudo independente, com uma estrutura rígida de comando e controle. Embora muito mais evoluídas, as equipes de filmagem ainda hoje operam de forma muito semelhante no mundo inteiro.

- Ao contrário da cultura da obediência cega, em que todos se submetem ao chefe, na cultura da aquiescência assumida, todos se submetem às regras. As regras tentativamente servem de orientação objetiva e justa para todo comportamento. Nessa cultura, a hierarquia organizacional normalmente é baseada na especialidade e função, promovendo o mais qualificado às posições de gestão, em que ele dirige tomando as decisões de cima para baixo. O gestor tenta atuar de forma consistente (e racional) dentro das regras. A responsabilidade de monitorar atendo-se às regras recai sobre uma unidade organizacional distinta, muitas vezes um diretor jurídico ou de conformidade, encarregado de treinamento e monitoração em conformidade. A aquiescência assumida baseia-se na estrutura de recompensa e punição para motivar as pessoas, e estas se submetem por enxergarem a conformidade como favorável ao seu próprio interesse. Esse fator central do interesse próprio coloca a cultura de aquiescência assumida no centro do espectro comportamental entre o controle interno e externo. As pessoas se submetem ao que lhes é exigido porque são basicamente motivadas pelo sucesso pessoal, e por enxergar o fato de atender às exigências como um passo muito importante na direção desse objetivo. Líderes e gestores dessa cultura usam métodos de recompensa e punição para motivar o comportamento desejado.
- Na cultura da autogovernança, os valores e os princípios é que motivam o comportamento. Eles são a fonte de inspiração, e quando nos orientamos por eles ou agimos baseados neles acreditamos no que estamos fazendo e encontramos significado no esforço. No espectro do controle comportamental interno ao externo, grande parte do poder da autogovernança é extraída dos recursos internos do indivíduo. Cada um acumula autoridade de acordo com seu alinhamento com os valores básicos do grupo, e, no grupo todo, enfatiza-se a emancipação pessoal e responsabilização individual. As pessoas unidas pela inspiração em comum e por valores básicos compartilhados formam vínculos sólidos e incondicionais, ao contrário do que ocorre na cultura baseada na recompensa

e punição. A estrutura organizacional na cultura da autogovernança é firmemente integrada – harmoniosa, por assim dizer, e as sinapses entre cada um e as equipes operam no estado de muita confiança. A autogovernança requer vigilância universal; em grupos autogovernados, a responsabilidade pelo comportamento próprio e dos outros se torna trabalho de todos dentro da equipe. (Assim como Thomas Jeffersons, um dos autores da Constituição norte-americana e conhecido pelo conceito de liberdade individual, dizia: "O preço da liberdade é a vigilância eterna."[7]) Agindo com base em crenças compartilhadas, todos governam a si próprios em relação tanto às prioridades da empresa quanto aos controles externos. Na GE/Durham, por exemplo, ninguém tem "chefe"; todos são chefes. "Tenho 15 chefes", conta Keith McKee, um técnico de equipe. "Todos os meus colegas de equipe são meus chefes." Quando todos se responsabilizam pelo sucesso da equipe, ninguém tolera a negligência; a cultura torna-se autoimpositiva e críticas e opiniões são elementos essenciais.

Como nos relacionamos

O terceiro **como** da cultura descreve as dimensões que governam e influenciam as sinapses interpessoais entre membros de um grupo: os papéis e as aptidões manifestados por cada um, o tratamento dispensado pelo grupo ao desenvolvimento dessas aptidões, o nível de confiança existente no processo decisório, o relacionamento do grupo visando fazer o certo, e a natureza do relacionamento entre funcionários, clientes e fornecedores – basicamente, como manter um bom relacionamento entre todos.

- Na cultura da obediência cega, pouco poder é delegado ao nível inferior na cadeia de comando. Os postos são preenchidos com seguidores e trabalhadores que muitas vezes se sujeitam à inspeção rígida dos seus esforços pelo chefe. Punições firmes mantêm soldados rasos marchando com a rigidez necessária para movimentar o esforço. A desconfiança muitas vezes preenche os relacionamentos entre colegas; por causa da natureza volátil da liderança autoritária, poucos se sentem seguros nas posições. A mesma desconfiança é direcionada para fora dos muros da fortaleza da organização aos clientes e fornecedores, aqueles também vistos com desconfiança e controlados de perto, e estes mantidos à distância. A parceria com estranhos é considerada uma maldição nessa cultura, portanto a natureza das pessoas tende a ser transacional e a orientação, imediatista.

- Na cultura da aquiescência assumida, os indivíduos são transformados em gestores da função, de forma coerente com a rígida abordagem hierárquica da estrutura organizacional. O desenvolvimento profissional é adquirido por meio de metodologia de treinamento visando elaborar cuidadosamente a informação sob medida para uma função e especialidade específica. A ênfase é dada ao desempenho e à gestão do desempenho. Para o desenvolvimento individual na cultura da aquiescência, é necessário ler obras intituladas *Quatorze Passos para Isso ou Cinquenta Regras para Aquilo*. A confiança flui entre as pessoas conforme vai sendo adquirida, mas muitas vezes é restringida por um sistema de controle que mantém o gestor responsável pelos seus subalternos. Nessa cultura baseada em recompensa e punição, o trabalho honroso consistente com as diretrizes da companhia é recompensado. Esse é o capitalismo como é conhecido, com clientes e fornecedores muitas vezes vistos mais como provedores e fornecedores do que parceiros. Contratos regem os relacionamentos externos, com muitas requisições de propostas e várias concorrências de prestação de serviços mesmo existindo um relacionamento comprovado com o fornecedor. Esse tipo de tratamento luta por justiça e imparcialidade, e muitas vezes as obtém dentro de um esquema controlado.

- Na cultura da autogovernança, o papel de cada um é liderar e ser líder. Cada um deve tomar mais decisões baseadas nos valores, assim as pessoas precisam de formação e, acima de tudo, experiência para enfrentar os problemas e extrair suas próprias conclusões. Métodos de treinamento e aprendizado da rotina não proporcionam ferramentas suficientes, necessárias para sermos criadores autosuficientes. Este livro, em muitos aspectos, adota uma abordagem educacional do **como**. Ele apresenta algumas regras ou exercícios práticos para transmitir o conhecimento, mas antes tenta esboçar o amplo cenário das questões que são discutidas e das histórias que ilustram as várias formas de aplicação dos conceitos.

Talvez seja um pouco mais complicado para você, leitor, obter respostas rápidas e fáceis, mas essa abordagem oferece a visão e o conhecimento com base nos quais você mesmo pode avaliar as coisas, uma lente através da qual pode enxergar os inúmeros fatos que mudam rapidamente e que compõem um dia de trabalho. Na cultura da autogovernança, não existe um caminho para embarcar na **viagem**; a autogovernança resulta de uma evolução contínua peculiar a cada indivíduo e grupo. Alguém pode indicar o caminho, mas é preciso atravessar as colinas (e passar algum tempo no vale da nota C) por si mesmo.

A cultura da autogovernança é uma cultura de muita confiança. Assim como demonstra a experiência de Paula Sims na GE/Durham, comportamentos que sinalizam desconfiança minam a emancipação do indivíduo. Confiança gera confiança, e o contrário também é verdadeiro. Em troca da confiança e autonomia, o contrato social implícito é reconhecido e o bem maior, incluído nos relacionamentos entre os componentes do grupo. Do mesmo modo, fornecedores e clientes se consideram parceiros; o aperfeiçoamento e a colaboração mútua tornam-se regra com os fornecedores; o valor agregado, a meta com os clientes. A linguagem dos valores que conduz essa cultura pode inspirar o comportamento além dos níveis dos contratos e acordos, inserindo a capacidade de encantar clientes e superar as expectativas em todo relacionamento.

Como reconhecemos

O quarto **como** da cultura é simplesmente o modo como, na cultura, as realizações são recompensadas e as transgressões, punidas.

- Na cultura da obediência cega, evidentemente, recompensa-se a conformidade e/ou obediência. O supervisor, a bel prazer, distribui punições, e a natureza arbitrária da disciplina cria o medo, que mantém as pessoas na linha.
- Na cultura da aquiescência assumida, a abordagem é muito mais racional e tenta-se criar regras e padrões claros para exercer o controle e reconhecimento. A recompensa se acumula para aqueles que atingem o sucesso pessoal ou organizacional.

- Na cultura da autogovernança, aqueles que promovem a missão e a importância da empresa são recompensados, mesmo causando breve perda financeira. Isso porque o alinhamento interpessoal que propicia o sucesso nessa cultura vale mais no longo prazo do que a oportunidade imediata. A preservação desse alinhamento propicia uma cultura de amplo autopoliciamento, com o desvio dos valores comuns estigmatizado pelos pares e atingido pela sensação de traição de si próprio já discutido anteriormente.

Os **comos** da comemoração – quem é premiado, quem aparece no jornal da empresa, quem é homenageado pela equipe no recesso anual – são muitas vezes ignorados nas culturas coletivas, mas são fundamentalmente importantes para a essência da cultura. As companhias que querem A, no entanto, muitas vezes recompensam B. Meu amigo Steve Kerr; ex-superintendente de aprendizado da GE e Goldman Sachs, escreveu sobre esse fenômeno pela primeira vez há mais de 30 anos em um artigo para a *Academy of Management Journal* intitulado *On the Folly of Rewarding A, While Hoping for B* (A Tolice de Recompensar A, Quando se Espera B, em tradução livre).[8] "Criei um pequeno modelo simpático que ilustra o efeito, na cultura, de um sistema de recompensa", ele me disse uma vez. "Se você arrisca baseado na melhor informação disponível e acerta, recebe uma recompensa **pequena**. Se arrisca baseado na melhor informação disponível e erra, recebe uma punição **média**. Se **não** arrisca, e simplesmente acompanha o chefe ou a maioria, recebe uma recompensa pequena. Então, o que você faria?"[9]

Tive de pensar um pouco; então fiz os cálculos matemáticos e enxerguei claramente: quando se arrisca e acerta, a recompensa é igual a quando não se arrisca. Ao não se arriscar, evita-se a possibilidade de errar. "Em um sistema desse tipo", Steve conclui, "acaba-se criando comportamentos extremamente aversivos ao risco. Os líderes, inconscientes, não percebem que causam isso, e reclamam de seus 'colegas covardes' que não arriscam. Mas a cultura flui das recompensas e punições aplicadas".

Um recente estudo de tendências no trabalho realizado pela Gantz Wiley Research revelou as dissidências profundas existentes na essência de muitas culturas empresariais. Enquanto seis entre dez entrevistados acreditavam que: "A alta direção da minha companhia sustenta e pratica altos padrões de conduta ética", apenas um terço sentia que: "Onde eu trabalho, as pessoas não progridem a menos que o comportamento delas claramente demonstre os valores da companhia".[10] Uma pesquisa de percepção interna dos funcionários no trabalho realizada em 2000 (*Workplace 2000 Employee Insight Survey*) revelou que, embora os trabalhadores desejem que seu trabalho faça diferença, 75% não acham que a declaração de missão da companhia expresse a maneira como ela atua nos negócios.[11]

Charles Hampden-Turner, que trabalha com empresas do mundo todo em aspectos culturais, contou uma história extraordinária a respeito da Hewlett-Packard (HP), uma cultura que, até o escândalo envolvendo a diretoria, era famosa por utilizar os **comos** certos. "Meu amigo Carl Hodges da HP recebeu uma medalha de ouro de Dave Packard, presidente da empresa, por desacato", ele me disse. "A HP estava pesquisando e desenvolvendo trabalhos para o módulo de aterrissagem lunar Apollo, e Packard não queria o projeto. 'Não quero vê-lo novamente', disse a Carl. Então Carl retirou o projeto da pesquisa – e colocou-o em produção. E Packard ficou realmente furioso com ele. Mais tarde, ele acabou cedendo e apoiando o projeto, que viabilizou a aterrissagem na Lua, gerando rios de dinheiro para a HP. Assim Dave Packard concedeu a Carl Hodges uma medalha de ouro por desacato, e a entregou diante de todos, para que soubessem que ele estava errado e Carl estava certo."[12]

Como buscamos

Concordamos que os grupos se reúnem para atingir um objetivo maior, maior que o possível de ser atingido individualmente. O último, e talvez mais importante, **como** da cultura lida com as dimensões que expressam o **porquê** de fazer o que fazemos, a essência e a finalidade dos nossos esforços. O principal dentre essas dimensões está na nossa relação com o tempo.

- As pessoas que trabalham na cultura da obediência cega encontram o sucesso no imediato relacionamento de seus esforços. São geralmente voltadas às tarefas, dedicam pouco tempo avaliando as implicações futuras ou no longo prazo das suas empreitadas. Quando estão concentradas na conquista e no controle máximo e imediato, não se sentem muito obrigadas a considerar os efeitos futuros na busca de recursos, físicos ou psíquicos. Na cultura da obediência cega, presta-se pouca atenção ao mercado como um todo ou à dinâmica pública de suas interações; as pessoas seguem seus líderes e vão para onde são mandadas. Os líderes tendem a ver o poder e o sucesso como atingíveis por meio de controle rígido, e qualquer fato que surja no caminho desse esforço – regulamentação governamental ou opinião pública – é visto apenas como um obstáculo a ser vencido ou evitado sempre que possível. Isso propicia todos os tipos de acordos de bastidores e abordagens hostis de concorrentes.

A missão e a finalidade de culturas como essa é a sobrevivência, e os membros do grupo são geralmente forçados a embarcar na jornada. Na cultura da obediência cega, pouco se preocupa com a transcendência e, na luta cotidiana, pouco se busca de significativo. Trata-se de fazeres humanos, não de seres humanos – de execução, não de busca. A orientação temporal imediatista não se restringe aos esforços da era industrial. Uma empresa virtual em estágio inicial, ou alguma empresa nova similar, buscando obter sustentação em um cenário de rápidas mudanças pode ter uma relação temporal semelhante. A corrida para buscar financiamento ou atrair o mercado financeiro pode acionar essa mesma dimensão cultural, fazendo as pessoas ignorarem os desdobramentos futuros de suas escolhas em favor do obter **agora**. A menos que esses esforços sejam vistos dentro de uma meta de mais longo alcance, algumas das forças da obediência cega podem penetrar até nas culturas mais bem intencionadas.

- Na cultura da aquiescência assumida, tenta-se equilibrar a orientação imediatista com as metas de longo prazo. As metas de longo prazo ajustam a cultura ao mercado e tornam a dinâmica pública altamente sensível, propiciando, assim, resposta rápida às necessidades do mercado e reação rápida às mudanças e novas demandas. A abordagem da aplicação de recompensas e punições motiva as pessoas internamente, e a reação às exigências legais e reguladoras funciona da mesma forma, procurando-se dançar conforme a música para obter o máximo de recompensas possível. A cultura da aquiescência assumida é a cultura da conformidade, com diretores especializados em conformidade tentando regular o comportamento com recompensas e punições. Portanto, a busca das metas está sempre sujeita ao exame externo e à natureza limitante das abordagens baseadas em regras. Na cultura da aquiescência assumida, a jornada é voltada ao sucesso. Nela, a realização é recompensada, e o sucesso, medido pelo retorno financeiro dos esforços.

- Na cultura da autogovernança, para se conseguir o alinhamento firme necessário com os valores, visando uma verdadeira coesão, pensa-se necessariamente no longo prazo. A cultura deve ser guiada e definida pelo legado e pela perseverança da empresa e por sua busca de metas significativas. Sempre se deve manter um pé no futuro para inspirar a busca comum entre os indivíduos altamente confiáveis. Essa orientação voltada ao futuro coloca a cultura da autogovernança à frente da curva do tempo em muitas áreas. Ela cria condições que propiciam liderar e transcender os mercados e, por causa da natureza voltada ao **deve** dos esforços guiados pelos valores, cria um relacionamento proativo e preventivo voltado às exigências legais e reguladoras. A cultura da autogovernança se une em torno de missão, promessa e busca de significado, uma jornada que é, em muitos aspectos, a recompensa em si.

CRIAR CULTURA

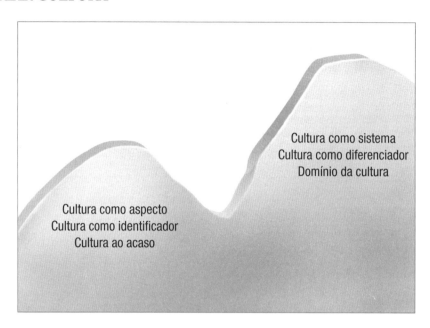

Neste capítulo, dividimos a cultura em suas partes componentes e criamos um vocabulário para entender o funcionamento dos grupos em uma empresa. Essas várias dimensões culturais são combinadas de inúmeras formas para criar culturas coletivas peculiares e diversificadas, tão difíceis de serem reproduzidas quanto flocos de neve. Essa tremenda variedade significa que a cultura pode se tornar fonte fundamental de permanente diferenciação.

Também demos os primeiros passos visando entender tanto a importância da cultura na nossa capacidade de prosperar quanto o fato de a cultura ser algo que criamos, e podemos criar, de forma ativa. A cultura é composta das pequenas coisas que passam entre as pessoas no dia-a-dia. Considerada no todo, esses **comos** formam um ecossistema orgânico que pode ser plantado, regado, fertilizado, carpido e adubado com muito incentivo para crescer. A compreensão do funcionamento da cultura serve de alicerce para criar uma cultura que permita efetivamente superar o comportamento da concorrência.

No próximo capítulo, esquematizamos um caminho na direção de um novo modelo de cultura coletiva que nos equipe melhor para a estrada que vem adiante: a autogovernança baseada nos valores.

CAPÍTULO **11**

Caso de Cultura da Autogovernança

> *"Se, por falta de leis ou instabilidade, por estupidez ou*
> *permissividade, [nós] recusarmos a[nos] governar, então, sem*
> *dúvida, no fim [nós]teremos de ser governados de fora."*
> – Theodore Roosevelt, 1907

A cultura está nas sinapses entre unidades individuais de um sistema, seja entre neurônios do cérebro, indivíduos de um grupo ou unidades de um conglomerado. Agora que aprendemos algo sobre os tipos gerais de cultura que existem na maioria dos empreendimentos hoje e as várias dimensões que definem e influenciam o funcionamento dessas culturas, o que fazer com esse conhecimento? Como ele pode nos ajudar a criar "olas", embarcar em **viagens**, e continuar a prosperar nas novas circunstâncias dos negócios do século XXI?

Obediência cega, aquiescência assumida e autogovernança baseada nos valores não são apenas tipos de cultura; elas também descrevem uma abordagem de governança – como as organizações criam normas, estruturas, políticas e procedimentos que moldam o comportamento e o desempenho das pessoas. Assim como já discutimos, na cultura da obediência cega e da aquiescência assumida, a governança está mais fora do indivíduo, está nas mãos de um chefe ou de um conjunto de normas. Nessas culturas, o controle é feito como no boliche quando são usadas grades de proteção para evitar que a bola da criançada caia na canaleta; a bola é jogada e a grade a mantém na pista, e na direção certa. Com a transparência e a conexidade, no entanto, as culturas baseadas em uma forma ou outra de controle externo são menos ideais para o novo universo. Não basta mais acertar os pinos com a bola; já que todos estão vendo, agora devemos derrubar todos de uma vez só com um arremesso. Poucos negariam que em um mundo horizontal, hiperconectado e hipertransparente, para fazer *strikes* precisamos de um ambiente de trabalho que conecte mais intensamente as pessoas e os grupos, que seja alimentado pelo fluxo de comunicação e informação e que emancipe as pessoas de todos os níveis da companhia para agir rápida e livremente diante das novas oportunidades apresentadas pelo mercado que se movimenta rapidamente.

Mas com as rápidas mudanças tecnológicas desde meados da década de 1990 que criaram um novo tipo de trabalhador hiperconectado, pouco tem mudado nas estruturas básicas de como nos organizamos e governamos para realmente tirar proveito da nova realidade. As grades de proteção ainda existem. Para prosperar nas novas circunstâncias do capitalismo do século XXI, os grupos devem aprender a colocar as estruturas de governança nas mãos de cada um. No centro desse processo, existe uma relação fundamentalmente diferente entre governança – o modo como procuramos controlar os fatos – e cultura – o modo como os fatos realmente acontecem. Em lugar de alcançar a cultura por meio da governança, as companhias devem aprender a governar **por meio** da cultura, colocar as grades de proteção da governança dentro da cultura em si.

Governar por meio da cultura é governar por meio dos **comos**, por meio das estruturas internas que influenciam cada ação e relacionamento em uma organização. Isso representa uma transformação profunda no enfoque da obediência cega e aquiescência assumida, os dois sistemas de governo que mais conhecemos. Isso eleva a governança ao patamar máximo na cadeia de alimentação, por assim dizer, distribuindo-a, ao mesmo tempo também, pelas diversas partes do todo diversificado. Em vez de governar com uma matriz de regras e autoridades imposta à organização, governar por meio da cultura é governar de dentro do *corpus*. Quando se governa por meio da cultura, regras não funcionam bem, valores, sim; controles externos são menos eficazes, e a autogovernança é mais eficiente. A cultura do **como**, aquela que transforma de forma ímpar as novas circunstâncias em novas oportunidades, assim como já aprendemos, possui um nome: autogovernança baseada nos valores.

AUTOGOVERNANÇA NO NÍVEL OPERACIONAL

Temos três razões convincentes para adotar a ideia de governar por meio da cultura: **é possível**, **é obrigatório** e **é recomendável**.

Podemos

Com a evolução da transparência e da comunicação, a queda do protecionismo e tudo mais que discutimos sobre as novas circunstâncias do século XXI, é possível enxergar e influenciar a cultura em qualquer nível. É possível identificar, quantificar e sistematizar as dimensões culturais como nunca, com oportunidade única de desencadear o poder e a eficácia da cultura.

É obrigação

Quando me pediram para testemunhar diante da Comissão norte-americana de Sentenças Federais, durante os estudos de revisão das diretrizes de sentenças federais, fiz uma argumentação entusiasmada a respeito da posição importante da cultura na governança empresarial.[1] A comissão ouviu muitos outros especialistas também, e essas ideias foram incorporadas nas novas recomendações aos juízes que tratavam da má conduta corporativa.[2] As diretrizes mais recentes orientam os juízes que determinam a culpabilidade da companhia pela má prática a avaliar o compromisso da organização com a "promoção de uma cultura organizacional incentivadora da conduta ética e o compromisso com o cumprimento das leis".[3] O Ministério da Justiça dos Estados Unidos, ao interpretar as constatações da comissão, foi ainda mais claro, afirmando, "Uma corporação é dirigida por sua alta administração e a **alta administração é responsável por uma cultura corporativa** em que a conduta criminosa é tanto desencorajada ou tacitamente encorajada."[4]

"Nosso trabalho na comissão foi nada menos que uma batalha por corações e mentes das pessoas que trabalham nas companhias", disse o juiz Ruben Castillo quando nos encontramos no gabinete dele em Chicago.[5] Castillo é vice-presidente da comissão e atua como juiz regional norte-americano da região norte de Illinois desde 1994. "As diretrizes se tornaram mais que uma maneira de reduzir [incidentes que exigem] multas e punições; o objetivo maior é promover altos valores e fazer a comunidade empresarial melhorar seu nível de conduta." Como caminhamos rumo a um mundo cada vez mais transparente, a cultura – o caráter de uma organização – hoje é responsabilidade de todos.

Devemos

A cultura não pode ser copiada. A experiência coletiva de qualquer grupo de pessoas forma uma narrativa única, uma história que vive e paira na recepção, nos escritórios e nas fábricas das empresas. O modo como as pessoas se conectam, atritam entre si para criar novas ideias ou aprimorar as antigas, resolvem problemas e superam a adversidade cria sinapses que fazem a organização prosperar ou morrer, e não existem dois grupos que acumulem essas experiências da mesma forma. Cada um é tão singular quanto uma família; a quantidade de filhos pode ser a mesma, mas os vínculos que os unem sempre são peculiares. Por causa dessa singularidade, a cultura, como expressão dos **comos** coletivos de um grupo ou uma empresa, oferece mais oportunidades de diferenciação. Muitas pessoas com quem converso concordam. "Cultura é uma vantagem competitiva muito, muito difícil de ser imitada", disse Charles Hampden-Turner. "Se você tiver uma cultura distinta, outra empresa pode aparecer e apossar-se da sua patente e tentar imitar seu produto, mas sua cultura tem a enorme vantagem de ser tanto verdadeira para as pessoas que a compreendem como praticamente impossível de ser imitada. Ela não 'extrapola', como as pessoas gostam de dizer, porque é um processo e não um produto."[6]

Assim como sabidamente uma família não pode copiar exatamente outra, uma empresa não pode copiar a cultura de outra. Coloquei exatamente esse questionamento a Massimo Ferragamo, presidente da Ferragamo USA, Inc., subsidiária da Salvatore Ferragamo Italia, controladora das vendas e distribuição dos produtos de alta moda Ferragamo nos EUA. "As famílias não podem copiar umas as outras, e as organizações não podem copiar umas as outras", ele disse.[7] Massimo Ferragamo é o caçula de seis filhos de Salvatore e Wanda Ferragamo.[8] Foi Salvatore Ferragamo que começou o negócio calçadista da família, aos 15 anos na Itália. Massimo seguiu os passos do pai e começou a trabalhar na companhia da família aos 12 anos, empacotando sapatos. Hoje, ele, a mãe, as irmãs, os filhos e uma enorme quantidade de outros parentes presidem o império da moda de luxo com mais de 200 pontos de venda espalhados pelo mundo. Quando embarcaram na jornada de abertura do capital da empresa, Massimo teve ampla oportunidade de refletir sobre o que fará a empresa da família resistir no novo milênio. E, para ele, resume-se à cultura. "A cultura é que não pode ser copiada. Os valores e os aspectos profundos é que são bem difíceis de serem reproduzidos. Esses valores são estabelecidos por alguém presente naturalmente na vida da empresa, muitas vezes sem sequer saber, e, depois, são carregados pelo emaranhado de pessoas que abraçam tais valores e a cultura. Eu me arriscaria a afirmar: nossa empresa nos EUA e nossa empresa no Japão e nossa empresa na Itália, nas três partes diferentes do mundo, têm muito mais possibilidades de ter uma cultura semelhante do que duas empresas sem nenhuma relação, ocupando o mesmo prédio em Florença."

As organizações podem prosperar por meio da cultura, usando os **comos** certos e criando "olas" de criatividade e propósito em toda sua força de trabalho. Hoje, vencer exige superar as expectativas porque as grandes empresas não se limitam a cumprir contratos; elas suplantam. Superam o comportamento da concorrência. "Significa oferecer uma experiência que ninguém mais pode oferecer", disse Ferragamo, "e é muito, muito desafiador. Significa excelência ao **enésimo** grau".

Pedi a Massimo um exemplo de como ele acha que consegue superar o comportamento do concorrente. "Eu estava conversando com uma moça simpática que trabalha na nossa empresa", disse. "Ela estava de férias e passou por uma de nossas lojas que estava extremamente lotada. Ela não trabalha nas lojas de varejo, mas, mesmo assim, entrou e disse, 'Deixa eu dar uma mãozinha'. Eram 10:30 h da manhã e ela só saiu depois das 17:30 h, e foram assim suas **férias**. Durante o dia, um cliente entrou, dizendo-lhe, 'Tenho de fazer as compras de Natal e não sei o que fazer, e estou com pressa'. Ela disse, 'Olha, você tem uma lista?' Ele lhe deu a lista. Resumindo, ele ficou sentado tomando um drinque e ela foi trazendo os produtos. Ele foi embora com compras no valor de seis ou sete mil dólares e, tenho certeza, ela fez a alegria dele. O desafio para mim está em como duplicar esse compromisso, não como uma casualidade, mas um padrão. Como criar uma cultura em que possamos jogar uma grande partida e continuar pontuando para que todos continuem animados com o jogo? É assim que superamos o comportamento da concorrência."

Em uma cultura da aquiescência assumida, pode-se fazer tudo exigido para receber as recompensas ou punições, jogar conforme as regras e, mesmo assim, jamais **agradar** ou **surpreender** ninguém. Autogovernança é uma questão de dar às pessoas liberdade para agir individual e criativamente, extrair sua capacidade de surpreender as pessoas e criar deleite. Em um mundo em que os **comos** importam mais, governar por meio da cultura coloca a oportunidade de superar as expectativas nas mãos daqueles que podem fazer a diferença.

LIBERDADE É APENAS MAIS UMA PALAVRA

Quando a maioria das pessoas pensa na autogovernança no sentido abstrato, tudo parece bem e bom. Mas quando pensa no sentido concreto, fica arrepiada de medo. Como uma organização pode funcionar, as pessoas questionam, quando os trabalhadores são livres para fazer o que quiserem?

Mas o que é liberdade? Algumas pessoas pensam na liberdade como falta de restrições. "Ah, se eu pudesse fazer exatamente o que quero", elas pensam, "realmente conseguiria fazer algo." O filósofo dinamarquês Soren Kierkegaard pensava diferente: "Ansiedade é a vertigem da liberdade", ele dizia.[9]

Pesquisadores da Universidade de Erfurt na Alemanha criaram um jogo de investimentos para descobrir exatamente o significado de liberdade para as pessoas – em dólares e centavos. Recrutaram 84 jogadores e deram 20 fichas para cada um. Para tornar o jogo interessante, e assegurar uma real motivação de lucro, disseram aos jogadores que, no final do jogo, eles poderiam trocar as fichas por dinheiro de verdade. Em cada uma das inúmeras rodadas, os jogadores optariam entre investir ou não suas fichas em um fundo. O fundo oferecia retorno garantido, e depois de cada rodada, o lucro seria distribuído igualmente entre o grupo todo, incluindo os aproveitadores que optassem por não investir nada.[10] O jogo era totalmente transparente; todos veriam o comportamento dos demais jogadores. Essas eram as regras básicas.

Em seguida (e é nesse momento que o jogo fica interessante), foram formados dois tipos de grupos diferentes: daqueles que permitiriam punir outros integrantes do grupo e daqueles que não permitiriam – em outras palavras, grupos com sistema de autogovernança e grupos cujos participantes seriam totalmente livres para fazer o que bem quisessem. Os jogadores teriam de escolher um grupo com o qual investir, e depois de cada rodada poderiam mudar de grupo se quisessem.

Talvez, sem surpresas (por causa da percepção equivocada da maioria das pessoas de liberdade como falta de restrições), cerca de 65% dos jogadores, no início, escolhiam um grupo sem procedimentos reguladores. Lá pela quinta rodada, no entanto, a situação começava a mudar; cerca de metade deles passava para os grupos autogovernados. Um número menor migrava na direção contrária. Lá pela vigésima rodada, quase todos haviam mudado para as comunidades autogovernadas. Os grupos "livres" ficavam vazios. Os grupos com culturas autorreguladoras vieram a lucrar mais. Parece que, quando se oferece uma opção, os grupos sem mecanismos reguladores atraem pessoas exploradoras que tendem a minar a cooperação. Logo de início, aqueles que desejavam liberdade de ação para colher lucros sem arriscar gravitavam em torno dos grupos não-regulados. Depois as pessoas percebiam; a ameaça de punição do grupo tendia a atrair pessoas que não temiam cooperar. Nesses grupos, mais pessoas investiam e todos lucravam mais.

No fim das contas, na busca de algo, quando as pessoas podem escolher entre uma cultura com liberdade para fazer o que quiserem e uma cultura com mecanismos autorreguladores, elas optam por princípios de autogovernança. "[Nós descobrimos] que, quando se tem pessoas com princípios compartilhados, e algumas com coragem moral para punir as outras informalmente", afirmou Betina Rockenbach, autora sênior do estudo, ao *The New York Times*, "então, esse tipo de sociedade é muito bem gerida."[11]

Liberdade não significa anarquia. A liberdade de se autogovernar efetivamente une as pessoas em torno de valores estabelecidos e o desejo de atingir metas em comum. "Um analista financeiro, certa ocasião, perguntou-me se eu tinha medo de perder o controle da nossa organização", afirmou Herb Kelleher, presidente executivo e ex-CEO da Southwest Airlines, companhia cujos trabalhadores prosperam na autonomia. "Eu disse a ele que jamais tive o controle e jamais o quis. Se você cria um ambiente em que as pessoas realmente participam, não precisa de controle. Elas sabem o que precisam fazer, e fazem. E, quanto mais as pessoas se dedicam à sua causa voluntariamente, na base da vontade, menos hierarquias e mecanismos de controle você precisa. Não estamos buscando uma obediência cega. Procuramos pessoas que por iniciativa própria queiram fazer o que estão fazendo por acreditar ser um objetivo que vale a pena. Sempre acreditei no melhor líder como o melhor servidor. E, se você estiver servindo, por definição não está controlando."[12]

O raciocínio da decisão centralizada, de cima para baixo, – de controle, direção e conformidade – cai por terra quando os indivíduos estão firmemente alinhados com os valores e as metas da companhia, assumem a responsabilidade por suas ações e são autorregulados. Por ser uma governança positiva – por causa do que é desejável e não do que é proibido – a governança baseada nos valores mostra-se uma solução proativa para atingir os objetivos corporativos. Ao contrário do pesado aparato impositivo da cultura da obediência cega ou da solução reativa de criar outra regra da cultura da aquiescência assumida, a autogovernança baseada nos valores oferece princípios constitucionais aplicáveis repetidamente às situações que vão surgindo. Ela aborda com mais abrangência a ampla gama de possíveis condutas humanas e coloca os valores da companhia bem na frente do comportamento.

FAZER UM TEST-DRIVE DA CULTURA

Joe Stallard é vice-presidente de recursos humanos da Sewell Automotive Companies, que se tornou uma das maiores concessionárias familiares de automóveis dos EUA, em grande parte, porque a Sewell cria a cultura. As 1.500 pessoas que trabalham na Sewell vendem e fazem manutenção de veículos novos e usados, e o sucesso delas depende não apenas da entrega de um bom produto, mas também da formação de relacionamentos com os clientes. Desde 1911, a Sewell tem prosperado, oferecendo ao cliente uma experiência que vai bem além daquilo que a maioria das pessoas espera de concessionárias de automóvel. "Certamente temos elementos de autogovernança na nossa cultura", disse Joe quando perguntei a respeito da cultura da empresa, "e temos elementos da aquiescência assumida. Eu sempre tenho dito como é eficaz, quando se precisa de algo feito rapidamente, simplesmente forçar as pessoas a fazer, mas nem sempre é o caso.

Caso de Cultura da Autogovernança

261

Quando você dedica algum tempo para as pessoas entenderem os **porquês** e os **comos** de fazer as coisas – e, acima de tudo, fazê-las **acreditar** neles – é muito mais eficaz."[13]

Existem muito poucas regras na Sewell. "Acho que a existência de muitas regras implica falta de confiança em muitos aspectos", disse Joe. "Você precisa divulgar as regras ou colar avisos no lugar delas – 'Se você fizer isto, eu farei isto com você' – se não confiar nas pessoas. Temos três espíritos orientadores na Sewell, e sempre digo que, se fizermos certo essas três coisas, não precisamos ter muitas regras." Esses três "espíritos orientadores" representam os valores básicos que unem todos da Sewell em uma empreitada em comum: agir profissionalismo, preocupar-se verdadeiramente, e manter o mais alto padrão de ética. "Se todos tiverem alguns princípios orientadores sólidos", disse Joe, "conseguirão ser criativos, inovadores, flexíveis e chegar lá e realmente fazer algumas coisas diferenciadas."

Existem apenas três valores, mas, para a Sewell, eles abrangem uma base bem ampla. Quando você traz o carro na oficina de reparo da Sewell, uma equipe de técnicos treinados para trabalhar no veículo de ponta a ponta realiza todo o trabalho necessário. Cada equipe elege o líder do grupo que orienta o fluxo de trabalho, mas, fora isso, a equipe é quase totalmente autogovernada. Os técnicos da linha de frente tomam todas as decisões necessárias para seguir aqueles três valores, até e inclusive gastando o dinheiro da empresa para isso. "Digamos que você trouxe seu Lexus. Ele está fora da garantia, a manivela do vidro quebrou, e você acha que deveríamos ter percebido antes", Joe exemplificou. "A maioria dos técnicos teria de falar com o gerente da oficina, que analisaria os registros e talvez conversaria com o supervisor antes de tomar uma decisão, ou algo assim. Na nossa concessionária, a primeira pessoa a atender o caso toma a decisão de consertar ou não. Agora, você pergunta: por que faríamos isso? Eles, desse jeito, não gastariam todo o seu dinheiro? Efetivamente, não! De fato, eles acabam gastando menos do que você espera."

Gastam menos? O pessoal da linha de frente, sem a responsabilidade dos lucros e prejuízos e sem a estrutura de comissões, quando têm liberdade para gastar o dinheiro da companhia, gastam menos?

"Sim. Pense nisso. Se você conceder à maioria das pessoas poder para gastar com liberdade, com o que elas se preocupariam agora que a **responsabilidade** seria delas? 'Tomara que eu não exagere. Tomara que não vejam meu histórico de credibilidade e digam: é **enorme**'. Assim elas irão se preocupar com a credibilidade um pouco mais do que gostaríamos. Algumas vezes, funcionários novos voltam, dizendo ao gerente-assistente de manutenção que notaram as lanternas traseiras queimadas em um carro e estão preocupados que o cliente fique contrariado. Então, perguntamos a eles: 'Se fosse a sua mãe, o que você gostaria que fizéssemos? O que você acha que **devemos** fazer?' Eles querem a reafirmação em primeiro lugar. Com o tempo, assim que vão adquirindo confiança, eles próprios tomam as decisões. Se você colocar na mão deles o talão de cheques, eles ficam muito mais econômicos do que se retirar!"

"Somos mais vulneráveis por ter menos regras?" Joe continuou. "Certamente. Mas me deixe dar um exemplo. Damos a todos os representantes de vendas um carro, gasolina e seguro. No primeiro dia de trabalho, alguém que trabalha em uma concessionária da Lexus, recebe um novo Lexus para dirigir. Agora, ficamos vulneráveis? Corremos o risco de alguém sair, ficar bêbado e acabar com o carro ou matar alguém e deixar nossa concessionária exposta a uma tremenda responsabilização? Pode acontecer, mas **jamais aconteceu**. A maioria das demais concessionárias nos diz: 'Vocês são loucos. Por que fazem isso? Como evitar que alguém faça isso?' E, respondemos: 'Bom, começamos com grandes pessoas'. Elas honram essa confiança."

Tudo a respeito da cultura da Sewell reforça seus três "espíritos" básicos, e eles os honram sempre que podem. "Contamos muitas histórias por aqui", diz Joe Stallard, ressaltando o que já havia ficado óbvio para mim no decorrer da nossa conversa. Uma de suas favoritas envolve um técnico recentemente contratado de um dos concorrentes. "O técnico cobrou de um cliente um trabalho que não havia executado. Um dos outros técnicos foi falar com ele e disse: 'Ei, o que está fazendo? Você não pode fazer isso aqui.' E ele respondeu: 'Ah, no último local em que trabalhei, esse era o jeito de ganhar um dinheirinho extra.' Então o técnico lhe disse que aqui não fazíamos aquilo, e ele se desculpou, dizendo, 'Eu simplesmente não sabia.' Então o grupo ficou o vigiando um pouco e, no dia seguinte, pegou-o fazendo aquilo novamente. Dessa vez, alguns caras foram falar com ele e disseram: 'Ei, dissemos para não fazer isso aqui.' Ele respondeu: 'OK, desculpa. Entendi. É o mau hábito.' Então, dessa vez, o grupo o vigiou bem. No terceiro dia, pegaram-no fazendo a mesma coisa. Dessa vez, prensaram-no contra a traseira de um carro, mandaram pegar as ferramentas dele, pegar a caminhonete dele e sair. Nenhum supervisor, nenhum gerente; eles simplesmente disseram, 'Não vamos deixar um cara como aquele bagunçar nossa empresa', e o **demitiram.**"

Agora, isso pode parecer um pouco rude quando se trabalha em um pequeno escritório, mas quando se trabalha em uma oficina de conserto, a cultura tolera um conjunto diferente de comportamentos. Joe reconhece que o técnico demitido poderia ter arrumado uma confusão, mas ele simplesmente foi embora. Ele percebeu que não se encaixava.

"Preocupar-se verdadeiramente" pode ser complicado, mas também é inspirador. Quando o integrante de uma equipe acometido de uma doença teve de se afastar por incapacidade e descobriu que seu seguro passaria a valer só depois de um mês de afastamento do trabalho, todos os colegas do seu grupo doaram uma hora do trabalho de cada um para apoiá-lo. Quando o furacão *Katrina* arrasou uma das concessionárias da Sewell em Nova Orleans (localizada entre o *Super Dome* e o Centro Cívico), mais de 40 dos 114 colegas trabalhando ali perderam suas casas e seus bens. Os colegas de Dallas/Fort Worth, apesar de não conhecer pessoalmente nenhuma das famílias atingidas, cancelaram premiações e festas de fim de ano, levantaram rapidamente US$ 168 mil, emprestaram seus chalés e suas casas de verão, encontraram apartamentos e casas, e ajudaram aqueles colegas a reconstruir suas vidas. Embora não os conhecessem, consideraram-nos parte da família da Sewell.

A cultura da autogovernança tanto inspira o alinhamento como elimina elementos que não se encaixam. Essa é uma das muitas razões por que a Sewell, em uma indústria que apresenta todo ano um índice de rotatividade de 184%, desfruta da rotatividade de apenas 22%. "Reforçamos o comportamento, homenageando-o com histórias", disse Joe, "mas também recompensamos. Uma das principais medidas na indústria automobilística é o índice de satisfação do cliente. Pagamos a cada um da concessionária – seja faxineiro, telefonista, ou vendedor – conforme o índice de satisfação do cliente da loja, porque acreditamos que todos influenciem na satisfação do cliente. Separamos o índice e exibimos em todas as diferentes áreas de trabalho. Todos ficam sabendo, por exemplo, se o índice de satisfação do cliente no departamento de carros usados está baixo, e os funcionários da contabilidade dizem, 'Como podemos ajudar a melhorar?'"

A autogovernança baseada nos valores não é um fim em si; é uma maneira de influenciar a criação de culturas vencedoras no século XXI. Por meio da cultura, as empresas têm oportunidade de crescer de forma mais variada e diversificada e, ao mesmo tempo, permanecer firmemente alinhada com uma finalidade em comum. Não existem paredes sólidas na cultura; ela vai progredindo e evoluindo, crescendo e mudando o tempo inteiro. A cultura da Sewell, por exemplo, não é puramente autogovernada; o próprio Stallard admite que ela possui elementos de coação e instâncias em que as regras proporcionam a melhor maneira de ter o trabalho executado. Mas ao se estabelecer com base nos princípios da autogovernança, a Sewell foi capaz de manter esses controles externos periféricos ao esforço central do grupo, mantendo todos inspirados e movidos por valores que estão na essência de tudo que fazem. Naquelas instâncias, em que a liderança sênior efetivamente precisa instalar algumas grades de proteção, todos na companhia confiam em que essas proteções externas provêm do mesmo conjunto de valores básicos assim como todo o restante que eles fazem.

FECHAR AS LACUNAS

Quando a autoridade é racionalizada e as informações e decisões são colocadas nas mãos dos que estão mais próximos do desafio, a equipe fica mais flexível e ágil, duas qualidades críticas para prosperar em um mercado de rápidas mudanças. Mais do que decisões de primeira instância, no entanto, a autogovernança possui a chave para o próximo grande salto na eficácia corporativa: **ela fecha a lacuna entre o indivíduo e a empresa**.

As empresas realizam **análises de lacunas** das iniciativas o tempo todo para descobrir a diferença entre os resultados esperados, os resultados padrão e a concorrência. Portanto vamos analisar os custos da conformidade com as normas e os regulamentos da última tentativa do governo norte-americano de controlar o comportamento corporativo, a lei Sarbanes-Oxley. "Mesmo antes da entrada em vigor da lei mais cara criada até hoje, a Sarbanes-Oxley", relata o *The Wall Street Journal*: "As companhias afirmam que os custos de auditoria estão aumentando em até 30% ou mais este ano por causa da maior rigidez nos padrões de auditoria e contabilidade. . . . As companhias também pagam taxas excessivas para financiar um novo quadro de supervisão contábil – algumas de grande porte pagam até US$ 2 milhões anuais por empresa."[14] Um estudo realizado pela Financial Executives International calculou em quase duas mil horas de trabalho investidas em novos procedimentos de conformidade por empresas de pequeno porte, com receita inferior a US$ 25 milhões; por empresas com receita de US$ 5 bilhões, o número chegava a 41 mil horas de trabalho.[15] Qual foi o resultado de todo esse novo investimento? A PricewaterhouseCoopers constatou que, dentre 85% das corporações multinacionais adaptadas aos novos procedimentos e controles, apenas 4% apresentavam mudanças significativas de comportamento.[16] As empresas têm investido alucinadamente para fechar a lacuna entre normas e conduta, instituindo novos programas e treinamento para elevar o nível da conformidade com os regulamentos. No entanto, apesar desses esforços hercúleos, a quantidade de ações e condenações relacionadas ao cumprimento das exigências legais tem diminuído pouco.[17]

"Temos ótimos treinamentos, ótimos sistemas e ótimas políticas e controles", afirmou Douglas Lankler, diretor executivo de conformidade, vice-presidente sênior e consultor geral assistente da indústria farmacêutica Pfizer, quando nos encontramos nos escritórios da Pfizer de Nova York, "e, mesmo assim, ainda acabamos enfrentando problemas de conformidade".[18] Lankler é filho de um promotor assistente. Ele cresceu ouvindo e idolatrando histórias contadas pelo pai, narrando a prisão de infratores. As histórias impressionavam tanto que ele acabou se tornando promotor assistente do governo norte-americano para poder fazer o mesmo. A Pfizer, uma das maiores indústrias de saúde do mundo, tem um compromisso máximo e da melhor prática com a conformidade e o cumprimento dos mais altos padrões de conduta e responsabilidade corporativa, e, no entanto, até Lankler reconhece as dificuldades impostas pela conformidade baseada nas normas. "Em 2007, mais do que em 2001, as pessoas estão dando muito mais atenção às questões de conformidade e entendendo sua importância e real evidência existente, e, mesmo assim, a linha gratuita de denúncias ainda toca quase no mesmo ritmo que tocava em 2001. E não é apenas que as pessoas simplesmente se sentem mais à vontade para falar do assunto, ainda estamos ouvindo relatos de práticas que poderia se pensar seríamos capazes de superar. E acho, sem dúvida, que em todas as empresas ocorre o mesmo; a Pfizer não é a única".

Dizem que a irracionalidade está repetindo o mesmo efeito várias e várias vezes, na expectativa de provocar resultados diferentes. Essa é a armadilha da conformidade em que a empresa está presa. Quanto escapa pela lacuna entre a conduta das próprias pessoas e as normas? Quanto tempo e confusão são criados, em torno de cada decisão e iniciativa, pela necessidade de controle externo por uma burocracia voltada à administração? As organizações gastam **98%** do tempo e dos recursos destinados ao cumprimento das exigências nos **2%** de funcionários responsáveis pela falta de conformidade, e ainda não têm conseguido reduzir consideravelmente essas falhas. É nesse aspecto que está a falha da cultura da aquiescência assumida: na lacuna entre as pessoas e o que se espera delas, entre as pessoas e as normas, e entre as pessoas e o que o chefe delas querem. A lacuna é consequência inevitável da governança externa. "É como uma corrida armamentista", diz Lankler. "Você fica apertando os controles, mas as empresas ficam ainda mais agressivas e tentam encontrar uma maneira de driblá-los; então você aperta mais os controles e contrata mais pessoas para impô-los, e elas ficam ainda mais agressivas, e isso nunca termina."

A autogovernança fecha a lacuna. Com a autogovernança, 100% dos recursos são colocados nos 98% da organização, proporcionando inspiração, confiança e oportunidade para atingir os níveis mais elevados. **Por que os funcionários fariam o certo?** Eles farão o certo porque, na cultura da autogovernança, o fato de não fazer o certo não trai mais apenas a companhia; trai os valores do próprio indivíduo. As regras controlam e restringem o como fazer o que fazemos; somente com a autogovernança baseada nos valores se consegue controlar simultaneamente o comportamento e nos inspirar a realizar mais. Quando organizações e trabalhadores estão alinhados com os valores, os trabalhadores então atuam baseados nas suas próprias crenças. Nada é mais forte que isso. Trair a si próprio perturba, aquelas vozes baixinhas e incômodas na cabeça provocam atrito e diminuem a produtividade e eficácia. (Daqui a algumas páginas, discutiremos a porcentagem de falta de conformidade). A autogovernança baseada nos valores cria uma cultura da consonância.

Imagine o quanto se ganha eliminando a dissonância bem no âmago da governança corporativa e criando uma cultura da consonância. O tempo, a energia e os gastos antes dedicados ao fechamento da lacuna entre indivíduo e corporação desaparecem. "Para mim", disse Lankler, "o que quero poder dizer às equipes de vendas é: 'Não quero mais saber de regras e políticas e procedimentos e restrições. Não estou interessado em limites, o que se pode fazer, o que não se pode fazer. Vocês entendem, são bem grandinhos, são íntegros, sabem que esperamos que façam o certo. Não temos de ter essas restrições artificiais; podemos confiar em vocês.' Se criarmos corretamente a cultura para que seja isso o que recompensamos todos os dias na Pfizer e que seja isso o que mais consideramos, conseguiremos operar com ainda mais liberdade e ser ainda mais agressivos. Isso, para mim, é o Santo Graal."

Quando se consegue introduzir mais autogovernança na cultura, consegue-se diminuir a necessidade de regras e procedimentos e políticas. Também se reduz a necessidade de recompensas e punições para motivar a conformidade (outro aspecto eficaz; recompensas e punições são onerosas). No lugar deles, consegue-se o alinhamento com os valores, mais inspiração e menos tempo e esforço perdidos dentro da lacuna entre pessoas e normas. Autogovernança é a forma mais eficaz de manter todos com o mesmo propósito, alinhados com os valores e as metas organizacionais, e fazendo o certo para atingi-los. **Conformidade** é uma questão de **sobrevivência; autogovernança** é uma questão de **prosperidade!**

Michael Monts é vice-presidente de práticas corporativas da United Technologies Corporation (UTC) e líder instigador e respeitado na indústria da defesa. A UTC foi uma das primeiras empresas a liderar a tentativa de criar uma cultura de governança baseada nos valores, e Michael ajudou a empresa a enxergar os limites das soluções baseadas na conformidade do comportamento corporativo. Ele me esclareceu essa questão de forma convincente. "A criação de um programa de conformidade – estrutura externa, regras e o que você tiver – efetivamente melhora o resultado geral em termos de conformidade, mas, no fim, acaba em estagnação. Os programas baseados nos valores elevam um patamar em tudo. Em primeiro lugar, eles ajudam as pessoas a pararem de procurar brechas. Acima de tudo, quando se avalia isso considerando a vantagem em termos de liderança, com a abordagem baseada nos valores, as pessoas ficam inspiradas a buscar grandes realizações. Não é o medo que move as pessoas; é a aspiração à realização de algo extraordinário. Quando você combina sua visão, valores, missão e liderança, consegue capturar a imaginação dos seus funcionários e tirar proveito da força deles em um esforço de colaboração. É o que você quer, é exatamente o que eles querem. No fim, não se trata apenas de uma questão de custo-benefício. Eles querem se sentir parte de algo grandioso."[19]

VALORES EM AÇÃO

A autogovernança baseada nos valores começa, naturalmente, com os valores, um conjunto claramente articulado de princípios que define a natureza e a finalidade de uma organização em termos humanos. Na GE/Durham, usa-se a expressão "**princípios orientadores**", que intitula um documento considerado a constituição da empresa.[20] Nele, estão expressos os valores de diversidade e respeito, compromisso com a cultura de aprendizado e ensino, dedicação ao cumprimento das promessas, responsabilidade pelo ambiente e atitude voltada à resolução de conflitos de forma a corrigir e não punir o comportamento inaceitável. Na Sewell Automotive, existem os "espíritos orientadores": realizar tudo com profissionalismo, preocupar-se verdadeiramente, e manter o mais alto padrão de ética. Esses valores formam a base de toda a cultura. Cada estrutura, processo e decisão em ambos os grupos fluem do compromisso deles com um conjunto de **comos**.

A Sewell e a GE/Durham são empresas relativamente pequenas, portanto seria natural perguntar: "Será que isso pode funcionar em uma grande corporação?" Por sorte, estamos rodeados de exemplos tanto antigos como recentes. A Johnson & Johnson (J&J) há tempos tem liderado na integração dos valores na cultura corporativa. Robert Wood Johnson, filho do fundador, que mais tarde ficou conhecido como general Johnson depois de servir como general de brigada na Segunda Guerra Mundial, assumiu a direção da companhia em 1932 e, dez anos depois, redigiu um documento de uma página que ficou conhecido como o **credo** da companhia. Nele, foi codificada a abordagem socialmente responsável da companhia na condução dos negócios.[21] No credo, está estabelecido que a primeira responsabilidade da empresa é para com as **pessoas** que usam seus produtos e serviços; a segunda responsabilidade é para com seus **funcionários**; a terceira é para com a **comunidade** e o **meio-ambiente**, e a quarta é para com os **acionistas**. Com esse documento revolucionário foi derrubada a visão tradicional de que a primeira responsabilidade da organização seria para com seus acionistas. General Johnson e seus sucessores na administração da companhia têm acreditado que, se as primeiras três responsabilidades do credo forem cumpridas, os acionistas estarão bem servidos.

Caso de Cultura da Autogovernança

269

Desde o dia em que foi redigido, o credo se tornou parte viva e pulsante de tudo que a J&J faz, não porque está emoldurado em um quadro pendurado na parede de cada escritório, mas porque está preservado nas discussões do dia-a-dia de todos da companhia. "Não falamos a respeito do credo durante cinco minutos em toda reunião", disse Roger Fine da J&J. "Não temos uma regra determinando isso. A maneira como ouvi, pela primeira vez, falar do credo quando entrei na companhia em 1974 é mais típica. Estava em uma reunião com cerca de oito ou dez executivos e, de repente, alguém disse, 'Esse é um problema do credo'. Essa é a frase clássica na J&J, e atua como um trunfo. Quando alguém diz, 'Esse é um problema do credo', a conversa é interrompida, qualquer que seja o assunto em discussão, e toda a conversa se volta a 'OK, vamos falar do problema do credo. Qual é o problema? Quais são os prós e contras? Qual é o dilema?' se houver algum dilema inicial. Então tentamos resolvê-la."[22]

A primeira vez que Roger me falou disso, o credo me pareceu um ônus, uma taxa extra do sistema que precisava ser paga periodicamente. Ressaltei-lhe que os negócios andam rápido, e ninguém quer ficar empepinado com o estorvo de ter de parar a reunião para discutir essa questão extra. "Todo ano, viajo pelo mundo falando a dezenas de grupos a respeito do credo", ele explicou. "Nessa ocasião, geralmente falo de quatro ou cinco ideias equivocadas das pessoas a respeito disso, e guardo essa última para o final. Essa é a falácia mais maluca de todas. Queremos ser concorrentes realmente de peso, e queremos competir, e é isso que todos na J&J devem fazer. Mas precisam fazê-lo cientes do credo e inspirados nele. A última sentença do credo, veja, é a mais importante. Ela diz, 'Quando operamos de acordo com esses princípios, os acionistas **devem** perceber um retorno justo'. O que isso significa é que o credo não é um freio no nosso sucesso; é o motor do nosso sucesso. Tudo na história da J&J prova que o general estava certo."

Mais recentemente, a Xerox Corporation fez de "**Viver os nossos valores**" um dos seus cinco objetivos principais de desempenho, e a presidente e CEO Anne Mulcahy credita a isso parte da extraordinária reviravolta da companhia. "Os valores corporativos ajudaram a salvar a Xerox durante a pior crise de sua história", disse Mulcahy na Conferência Anual de Negócios de Responsabilidade Social Corporativa em 2004. A Xerox foi bem além de uma vaga declaração de propósito e incutiu seus valores centrais em cada faceta da organização, com um alto nível de responsabilização e vigilância. "Longe de serem palavras em um pedaço de papel", ela disse: "Nossos valores são acompanhados de objetivos específicos e medidas sólidas."[23]

Valores claramente articulados mantêm todos no mesmo curso. **Com valores, a governança fica dentro de cada pessoa e não em conjuntos de pessoas ou normas externas, estabelecendo as condições para o crescimento de um tipo de cultura bem diferente.**

JORNADA CULTURAL

Como tornar a cultura mais autogovernante? O Methodist Hospital System de Houston atacou esse desafio de maneira bem sistemática. Em 1998, a diretoria chegou à conclusão de que a cadeia de hospitais sem fins lucrativos ficara demasiadamente parecida com uma empresa com fins lucrativos, com a gestão voltada aos resultados financeiros, e perdera o contato com as raízes baseadas nos valores. Para retificar essa corrente, a organização embarcou em um grande esforço para modificar a natureza do **como** fazer **o que** faziam. Em lugar de instituir novas regras, políticas e procedimentos ou simplesmente encher as paredes de cartazes de teor motivacional, decidiu abordar o problema do avesso, governar por meio da cultura. A revista *Workforce Management* divulgou essa história cativante no início de 2005.[24]

Ela começou o processo de onde pesava mais, dos 8.600 funcionários que viveriam e respirariam a cultura no cotidiano. Com palestras permanentes, desenvolveu três documentos: a declaração da visão, a declaração da crença e a declaração da nova missão, tudo baseado na ideia da integração de valores espirituais – definidos de forma ampla e inclusiva – em todos os ambientes de trabalho. Os valores básicos definidos são os mais apropriados para um hospital: **integridade**, **compaixão**, **responsabilização**, **respeito** e **excelência**.

A cultura da autogovernança baseada nos valores, assim como já discutimos, requer dedicação à educação e vigilância, assim, o passo seguinte do hospital Methodist foi desenvolver um sistema para a compreensão significativa desses novos valores. Foram realizadas amplas pesquisas entre os funcionários e desenvolvida uma clara matriz básica usada para medir o progresso deles visando a meta de integração dos valores. Posteriormente, essa matriz tornou-se forte ferramenta educacional de recursos humanos usada na organização toda.

Mais importante para aumentar a autogovernança em torno desses valores foi ajudar cada grupo de funcionários a transferi-los para o comportamento e as decisões diárias, no sentido de casar um **como** com cada **o quê**. Colocar os valores em ação, afinal, é o esforço central da cultura da autogovernança. Cada grupo de trabalho de funcionários teve de interpretar e aplicar cada valor em sua área específica. O que é compaixão? Como expressamos o respeito no dia-a-dia? Cada área extraiu suas próprias respostas. Enfermeiras internalizaram a postura de assumir responsabilidades com: "Não pergunte por quê; pergunte por que não. Mesmo assim, avance e corrija os erros", enquanto o departamento de tecnologia da informação (TI) seguiu com: "Se eu não entender, vou perguntar." Os funcionários da farmácia cuidaram da integridade, prometendo; "Sempre faremos o melhor, quer o chefe esteja ou não presente", enquanto até os CEOs do sistema composto de cinco hospitais aventuraram--se a "**desafiar uns aos outros com respeito**". Esse processo ajudou a transformar os valores em comportamentos autogovernáveis, passíveis de adoção e aplicação por cada trabalhador no dia-a-dia.

Dado o grau de dificuldade, algumas vezes aparente, de quantificar os resultados da tentativa de governar por meio de mudança cultural, alguns podem se ver tentados a dizer que a iniciativa do Methodist foi um **salto de fé**. Até Tom Daugherty, que dirigiu a iniciativa, admitiu ceticismo. "Nem sempre se consegue identificar uma clara linha de visão entre mudança cultural e desempenho operacional", ele disse. Mas no Methodist, os resultados falam por si. A rotatividade entre os funcionários caiu 38%, de 24% para 15%, em menos de dois anos. As vagas em aberto diminuíram pela metade. Os níveis de satisfação entre pacientes, médicos e pessoal foram os mais altos de todos os tempos. O *U.S. News & World Report* considerou o Methodist um dos 100 principais hospitais do país e, em 2007, a revista *Fortune* classificou-os em nono na lista das 100 Melhores Companhias para Trabalhar.[25]

O Methodist é uma companhia razoavelmente pequena, em termos de corporações, e concentrada no atendimento de uma única localidade. Assim perguntei a Douglas Lankler da Pfizer como procederia na busca da sua visão do "Santo Graal" em uma organização multinacional de grande porte. "Acho que é fácil", imediatamente respondeu. "Você libera. Digamos que estabelecemos um limite máximo permitido de montante de dinheiro oferecido por uma equipe regional específica de vendas a um grupo de médicos por palestras educativas, digamos US$ 100 mil. A legislação não exige, mas estabelecemos esse limite por temer que sem ele viraria uma anarquia e as pessoas simplesmente sairiam distribuindo o dinheiro entre os médicos. Isso nos deixaria em uma situação em que basicamente estaríamos pagando por prescrições, e não podemos permitir isso; podemos apenas financiar programas de palestras educativas destinadas a obter informações médicas para doutores e pacientes que precisam delas. Então você diz ao pessoal dessa região, 'Vamos mudar esse limite para US$ 200 mil, mas, ao mesmo tempo, vamos ajudá-los a ver a maneira **correta** de usar esses fundos, e confiar que o farão em conformidade com nossos valores'. Você os torna mais autogovernantes. Se eles conseguirem fazer isso, as vendas irão aumentar porque mais informações chegarão às comunidades, aos médicos e pacientes, e haverá também mais conformidade porque os representantes de vendas sabem que acreditamos que eles estão fazendo o certo. Então recompensamos quando agem corretamente."

A liderança é fundamental nesse processo. "Temos inúmeros líderes que mudaram completamente mercados difíceis", disse Lankler. "Por exemplo, o presidente regional da Ásia, região arrasada por corrupção, dominou uma situação em que, de 2000 a 2003, estávamos tendo 90-e-qualquer-coisa-absurda de problemas com conformidade por ano, e reduziu a um ou dois. Ele realmente guiou a ideia de valores e integridade e sua expectativa de, acima de tudo, fazer o certo. 'Podemos vender como se não houvesse amanhã e superar nossos números', ele disse à sua equipe, 'mas se estivermos atuando de forma imprópria, antiética ou ilegal, então não estamos atingindo o que precisamos atingir'. Ele conseguiu sustentar essa ideia com sua própria integridade bem sólida e bem demonstrada."

Melhorar a autogovernança significa mover os valores para o centro dos esforços, deixando claro – em como se recompensa, comemora, comunica e busca – que tais valores formam o espírito orientador da empresa. Isso não é apenas um esforço para líderes e gestores nomeados. Todos têm oportunidade de fazer algo em relação à cultura, evoluir, melhorar e torná-la mais ágil na resposta às necessidades de hoje. A cultura corporativa, afinal, não é monolítica. A diretoria pode ter uma cultura, a equipe pode ter uma cultura, a unidade pode ter uma cultura. A cultura da GE/Durham é totalmente diferente das culturas de outras unidades da GE, mas, adotando e sustentando os valores básicos da empresa-mãe, ela continua compatível com suas irmãs.

Líderes em **como** geram líderes em **como**, assim como nosso homem fictício das cavernas Ook gerou inúmeros pequenos bebês Ooks colaboradores. A cultura da autogovernança cresce à medida que as pessoas começam a entender, usar como modelo e, então, adotar os **como** que criam fortes sinapses. Ser mais autogovernante é perceber que a **cultura é algo que você faz, não algo que faz por você**. Todos precisam se engajar na dimensão cultural do que fazem. Assim como remadores de um barco, todos podemos remar juntos para fazer a cultura acontecer. É necessária uma massa crítica de líderes para começar "olas" e, em uma cultura da autogovernança, a liderança começa com você.

POR QUE A AUTOGOVERNANÇA É O FUTURO DOS NEGÓCIOS

Existem muito mais razões por que faz sentido inserir em cada cultura mais autogovernança baseada nos valores.

Um Universo Horizontal Exige Uma Arquitetura de Governança Horizontal

A autogovernança baseada nos valores minimiza as camadas hierárquicas internas da organização. Na GE/Durham, a decisão não passa pelo médio escalão hierárquico porque não existe médio escalão. Não há silos e há pouca separação entre funções; todas as funções de governança ficam a cargo de cada indivíduo. Quase nada acontece sem a oportunidade de todos opinarem; portanto quase toda iniciativa é expressão do grupo. Na Sewell, cada equipe autogovernada assume a responsabilidade por todo aspecto de um veículo, o que lhes permite oferecer uma experiência superior aos clientes de maneira mais ágil e eficiente.

A Cultura Autogovernante Prospera no Livre Fluxo de Informações

Ao contrário do acúmulo ou fluxo de informações na base do necessário saber característico da cultura da obediência cega e da aquiescência assumida, a autogovernança baseada nos valores requer informações prontamente disponíveis a todos quando necessário. A informação libera a capacidade. Para liberar o poder e a criatividade de uma força de trabalho de líderes inspirados, é necessário criar um ambiente que libere as informações de que eles necessitam para ter êxito. A transparência entre as pessoas de todos os níveis em todas as transações efetivamente fortalecem e tornam mais eficazes essa cultura, e, com o livre fluxo de informações, ela se torna mais autogovernante, aumentando a confiança.

Uma Empresa Líder Precisa Ser Uma Empresa de Líderes

Para pressionar os limites da criatividade e inovação, é preciso pessoas atuando diariamente nos limites. Na cultura baseada em regras, existe uma tensão inerente entre pensamento fora do limite e conformidade dentro do limite. Na autogovernança, cada indivíduo deve avançar e liderar, assumir responsabilidade tanto pelo próprio trabalho como pelo desempenho dos outros. Eles vivem fora dos limites porque não há limites para contê-los, apenas valores que os orientam. Na GE/Durham, por exemplo, cada pessoa trabalha em sua própria equipe e é responsável por ela, mas cada um também pertence aos conselhos gerais que tratam de questões maiores da unidade.

A participação no conselho é rotativa para que todos participem e assumam responsabilidade por toda a gama de funções da fábrica. Sendo cada funcionário tanto individualmente responsável como imputável diante do grupo, a cultura da autogovernança incentiva a orientação de liderança.

A Cultura da Autogovernança Baseada nos Valores Incentiva o Desenvolvimento do Funcionário

Na cultura da obediência cega e da aquiescência assumida, a competência da força de trabalho tende a ser formada por meio de aprendizado de rotina e programas de treinamento, respectivamente. Se, por um lado, essas abordagens do conhecimento do trabalhador são uma maneira eficiente de disseminar informações claramente definidas e facilmente quantificáveis – como os níveis máximos de poluição ou a medida de desempenho de segurança – por outro lado, não preparam suficientemente as pessoas para lutar com as indefinições enfrentadas hoje no curso de um dia de trabalho. Não se pode treinar alguém para lutar no vale da nota C, mas se pode desenvolver sua capacidade de luta. Você **treina** um cachorro, mas **desenvolve** líderes.

Thomas R. McCormick, diretor de ética global e conformidade da Dow Chemical Company e um dos verdadeiros líderes atentos à relação entre valores e desempenho corporativo, contou uma história de como a Dow está investindo na educação da sua equipe. "Estamos pedindo a cada supervisor da organização – são cerca de dois mil – que promova uma sessão educacional cara-a-cara com seus funcionários, apresentando três ou quatro cenários (por exemplo, de conflito de interesses), realmente difíceis, com questões obscuras, relevantes para aquele grupo, seja a respeito de um negócio ou uma função ou uma localidade geográfica ou o que quer que seja", ele disse. "O objetivo é fazer as pessoas conversarem detalhadamente sobre algumas dessas áreas em que não existem respostas claras, e explorar coletivamente como lidariam com a situação. O sistema é educativo, mas também define rumos. As pessoas vêem o líder falando com elas utilizando esses cenários, e isso reforça quais são as expectativas da liderança. Tudo isso se destina a ajudar as pessoas a gerir as obscuridades, o que é possível somente tomando decisões baseadas nos valores."[26]

As circunstâncias do mundo conectado em rede permitem empurrar o vasto montante de informações até a ponta do dedo dos trabalhadores de forma rápida e barata, mas isso deve ser acompanhado de dedicação concomitante à educação. Na GE/Durham, significa multicapacitação. Na Sewell, significa histórias ricas, contadas repetidas vezes, e modeladas no comportamento cotidiano.

A Autogovernança Provoca a Vigilância Universal

Existem momentos em que pessoas entram na organização, mas não abraçam suas metas. Em grupos governados por aquiescência assumida, elas podem escorregar e desviar-se das metas ou jogar com o sistema até certo ponto, voar abaixo da mira do radar, por assim dizer, e criar resistência no sistema. Elas podem até ser parte dos 2% que as iniciativas de conformidade estão concentradas em conter. Em grupos autogovernados baseados nos valores, no entanto, elas não conseguem enganar a cultura; com a vigilância do grupo, são identificadas e ficam incomodadas. Em um grupo autogovernante, a pessoa que não esteja realmente alinhada com os valores do grupo não se sente à vontade, e acaba excluída. O técnico da Sewell que estava cobrando a mais do cliente aprendeu essa lição às duras penas. Portanto, os 98% tomam conta dos 2%, excluindo os não alinhados antes que possam criar os tipos de desvios de conduta prejudiciais à companhia.

Mais do que simplesmente evitar a inconformidade, no entanto, a vigilância universal de um grupo autogovernante mantém o alinhamento ao longo do tempo. Se alguém não estiver desempenhando bem, é responsabilidade dos demais levantar a questão e, assim, resolvê-la em grupo, concentrados na solução do problema, e não na atribuição de culpa. Quando todos são responsáveis pelo sucesso da equipe, o relaxamento não é tolerado.

A gigante global da *fast-food* McDonald's se organiza mais como um ecossistema do que uma organização com rígido controle central. O CEO Jim Skinner compara a cultura a um tripé apoiado pelas franquias, pelos fornecedores e pelo vasto quadro de funcionários. Mas é o forte compromisso com os valores que mantém todos esses vários e dispersos grupos de interessados alinhados com um propósito comum, e a cultura alimentada pela companhia exerce influência autorreguladora semelhante em todos os níveis da organização. "As pessoas falam de **'rejeição de tecido'**", diz Skinner. "Essa rejeição ocorre quando alguém de um nível alto demais vem de fora da organização sem passar por todas as dificuldades, por assim dizer, para entender nossa cultura. Não é realmente uma rejeição da empresa em si, mas da nossa cultura. As pessoas dizem, em certo sentido, 'Pouco me importa se você é brilhante ou quão capaz é; você tem de ser capaz de entender tudo aquilo que representamos.'"[27]

Culturas como essa são autoimpositivas, e isso reduz a necessidade de controle gestor externo. Críticas e opiniões sinceras é o nome do jogo, e essa forma de autogovernança aproveita a vantagem da inteligência coletiva do grupo para regular a cultura como um todo.

A Autogovernança Transfere a Decisão Baseada no Pragmatismo para a Baseada nos Princípios

Reputação, consistência, manutenção da promessa – todos fatores considerados necessários para a continuidade pessoal e corporativa em um mundo transparente – decorrem da capacidade de tomar decisões baseadas nos princípios, e não no que é imediatamente pragmático. A cultura da autogovernança baseada nos valores é inspirada pela missão e orientada pelos valores. Ela consagra os princípios duradouros em lugar do pensamento imediatista, e desafia cada tomador de decisão a cumprir tais princípios em cada ato executado. Decisões tomadas com base em princípios sólidos servem de leme firme em mares revoltos.

Autogovernança é um Conceito Superior

Assim como a confiança, a crença e os valores nos quais se baseia, a autogovernança baseada nos valores fala ao eu superior. Governa em nome dos princípios e valores, e não das regras, e somente os princípios e valores conseguem inspirar. Não é mais inspirador pensar em você como seu próprio legislador? Mais inspirador autogovernar em vez de aquiescer à autoridade de alguém?

Há um toque de inspiração em todos esses conceitos. A autogovernança baseada nos valores baseia-se em estruturas e retórica que **fala** às pessoas. Fala a linguagem do **deve** e não do **pode**. A inspiração vem de possuir um conjunto de crenças, e todos queremos acreditar no que fazemos. Essa é a razão por que a autogovernança baseada nos valores proporciona um modelo tão extraordinário para o futuro. Ela nos inspira a casar nossas maiores metas e aspirações com o **como** fazer **o que** fazemos todos os dias.

CASO DE CULTURA DA AUTOGOVERNANÇA

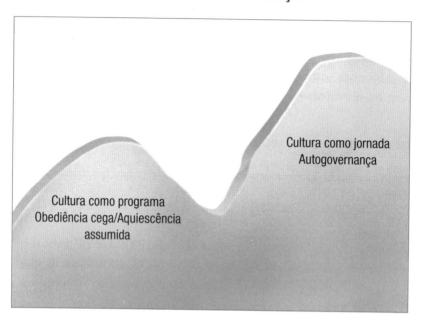

Se os valores se transformam em ferramenta da cultura, a autogovernança serve de andaime que permite a todos da hierarquia inteira adotar e colocar em operação esses valores diariamente em tudo que fazem. Em subunidades diferentes, como as várias especialidades do Methodist Hospital System, tais valores podem ser internalizados de modo específico às suas formas e funções; empresas globais podem expandir horizontalmente atravessando fronteiras, abrir operações de bastidores para adotar e colaborar com novos parceiros, e diversificar de inúmeras formas, ao mesmo tempo, mantendo a integridade de suas missões; e as inúmeras combinações de trabalhadores autônomos, consultores, funcionários permanentes, trabalhadores virtuais e outras pessoas com vínculos tênues, que compõem a força de trabalho de hoje, podem se alinhar mais firmemente em torno de valores em comum. Como os valores proporcionam um sistema de navegação mais sólido e mais adaptável do que as regras e os procedimentos, a autogovernança baseada nos valores proporciona um sistema que permite à organização crescer, adaptar, modificar e evoluir no mercado sem perder de vista sua missão central nem se desviar demais do caminho escolhido.

A cultura permanece saudável somente quando se procura ser e permanecer fiel à missão, propósito que vai além da cultura em si, uma missão nobre. Cultura significa jornada. Como a cultura é viva – cresce e muda ao se adaptar aos desafios e comemorar o êxito – está em constante estado de se **tornar**. Adotar a noção de criar cultura, portanto, significa aceitar estar em uma jornada, todos os dias, e estabelecer conexões sólidas com os que estão ao redor. Aceitar a importância da autogovernança – que a forma como seu grupo se inter-relaciona começa com você e **como** você faz **o que** faz – é o primeiro passo nessa jornada.

Não é necessário um memorando da matriz dizendo "A partir de agora somos uma empresa autogovernante" para começar a mudar a cultura à sua volta. Pode-se começar acertando nos seus **comos**, difundindo e gerando mais confiança, sendo mais ativamente transparente, alinhando-se mais perto dos valores do grupo e agindo baseado neles em tudo que fizer, e definindo sua jornada – seja assentando tijolos, seja gerindo uma equipe – como uma jornada com uma missão maior que o sucesso. A busca de uma missão nobre pode conduzi-lo – e sua organização – na jornada do **o quê** ao **como**, das regras aos valores, da defensiva à ofensiva, da aquiescência assumida à autogovernança, da conscientização da marca à promessa da marca, e da estrada para o sucesso à jornada de significado que deve (no sentido do Credo da J&J), por sua vez, gerar sucesso.

CAPÍTULO

12

A Estrutura de Liderança

*"Somos o que fazemos repetidamente. Excelência, portanto, não
é um ato, é um hábito."*
– Aristóteles

Investigamos detalhadamente as influências fundamentais que preenchem os espaços entre nós. Consideramos **como** pensamos, **como** nos comportamos, **como** nos governamos como grupos e **como** o mundo mudou para colocar nova ênfase nessas ideias. Se você concorda com a visão apresentada, sem dúvida já começou a observar os **comos** ao seu redor através de uma lente diferente (a menos que tenha lido o livro em uma única tacada). Talvez tenha notado como algo que o chefe disse deixou vozes na sua cabeça que identificou como perturbadoras, ou, talvez, tenha percebido algumas mensagens dissonantes vindas do seu grupo de trabalho. Talvez tenha relido alguma mensagem eletrônica recebida ou enviada e parado por um momento para refletir se ela o afetou ou teria afetado outra pessoa. Talvez, em uma loja, tenha sido tratado de forma a sentir-se, pela experiência, mais rico ou mais pobre, e começou a pensar por quê, ou que talvez houvesse uma forma de tratamento melhor. Essas percepções são o primeiro passo na sua jornada até o topo da Colina da Nota A, rumo a um entendimento profundo e significativo dos **co-**

mos com os quais preenchemos, e os outros também preenchem, as sinapses interpessoais no mundo.

Mas também estou ciente do fato de você ainda estar imaginando o significado de tudo isso ou, mais precisamente, de como **fazer** o **como**? Não o culpo por isso. Afinal, você se empenhou lendo algumas centenas de páginas de um livro, e quase em nenhum momento eu disse como **fazer** algo. Não passei instruções de como redigir melhor uma mensagem eletrônica ou cumprimentar outra pessoa, nem elucidei o modo como você deve falar. Em suma, não forneci passos ou procedimentos específicos para empregar os conceitos aqui apresentados na sua vida profissional cotidiana.

A razão para isso é, simplesmente, porque não tenho capacidade para tal, ou, mais precisamente, porque a essência do que temos falado torna impossível elaborar um manual de instruções. Se você se recordar, eu já disse que não tinha nenhum *Manual do Como*, cheio de *Seis Regras para Isso, ou Vinte e Quatro Passos para Aquilo*. Você tem muito mérito por, ainda assim, ter continuado lendo. Em vez disso, tentei oferecer uma forma de olhar o mundo, uma lente através da qual enxergar tudo que fazemos, com novo peso e significado. Essas ideias não podem ser simplesmente resumidas em uma lista de procedimentos a serem adotados.

E, no entanto, para um sistema de pensamentos ser realmente útil, precisamos encontrar uma maneira de fazê-lo presente em todos os momentos da nossa vida, de colocar as ideias em ação, no nosso caso, de **fazer** o **como**. Não posso dar as regras, mas posso dar uma estrutura, uma maneira de concentrar esforços, tempo, reflexão e paixão nos comportamentos e nas abordagens para ajudar nas escolhas que acionam as "olas" ao seu redor. Na LRN, chamamos de estrutura de liderança, e a usamos para orientar nossos **comos** todos os dias. Criei essa estrutura nos primeiros dias da companhia e a tenho aprimorado desde então.[1] Hoje ela incorpora todos os conceitos abordados neste livro e proporciona uma maneira de colocá-los em prática em tudo que você faz.

Por que liderança? Porque para ser um indivíduo autogovernante é necessário se conduzir e abordar tudo que faz do ponto de vista de um líder. Escrever uma mensagem eletrônica como líder, participar de uma reunião como líder ou elaborar um relatório como líder. Você lidera sua própria jornada de significado todos os dias, em como decide agir, tratar os outros e enxergar o mundo. Uma mentalidade de liderança o coloca em uma relação ativa com as forças e circunstâncias na sua esfera de influência pessoal. Ajuda a se comunicar com os outros, a criar os tipos de sinapses interpessoais fortes tão cruciais para prosperar em um mundo hiperconectado, e a inspirar aqueles à sua volta a fazer o mesmo.

LIDERANÇA

Vamos falar um pouco a respeito de liderança. Em 25 de maio de 1961, o presidente norte-americano John F. Kennedy (JFK) discursou perante uma sessão conjunta especial do Senado norte-americano, pedindo inúmeras verbas especiais para tratar das "necessidades nacionais urgentes". Ele falou durante cerca de 45 minutos, mas poucos se lembram de grande parte do que disse. O que o mundo inteiro se lembra, de uma forma ou outra, é que por cerca de oito dos 45 minutos, JFK compartilhou sua visão da viagem do homem à Lua. Em cerca de mil palavras, ele lançou um esforço que envolveria centenas de milhares de pessoas na década seguinte ou mais adiante. Naquela noite, e nos dias que se seguiram, as pessoas se uniram em torno dessa ideia em comum. Ele não disse que seria fácil. "É uma carga pesada", disse, "e não há nenhum sentido em concordar ou desejar que os EUA adotem uma posição positiva no espaço, a menos que estejamos preparados para realizar o trabalho e suportar o peso para que tenhamos êxito. . . . Essa decisão exige um grande comprometimento nacional do potencial humano científico e técnico, de materiais e instalações, e a possibilidade de desviar esses mesmos recursos de outras atividades importantes entre os quais já estão claramente distribuídos. Significa certo grau de dedicação, organização e disciplina que nem sempre caracterizou nossos esforços de pesquisa e desenvolvimento." Mas JFK falou não apenas para cientistas, empreiteiros, astronautas que fariam a jornada. Falou para a nação. "No sentido bem verdadeiro", disse, "não será um homem chegando à Lua – avaliando positivamente, será a nação inteira. Por isso todos nós devemos trabalhar para colocá-lo lá."[2] Em apenas oito minutos, JFK mudou o mundo.

Isso é liderança: não simplesmente ter a visão da chegada do homem à Lua, mas fazer o máximo para que praticamente um milhão de pessoas reunidas em torno desse esforço falasse a mesma linguagem, tivesse a mesma consciência, e buscasse uma missão que era maior que qualquer indivíduo. Será que os EUA teriam chegado à Lua se a maioria das pessoas tivesse dito,

"Estou interessado em ir à Lua, mas **depende**. Eu iria à Lua se pudesse sentar na espaçonave, na fila da frente, do lado direito. Onde me sento importa mais do que a chegada à Lua." Se todos quisessem entrar de qualquer jeito na espaçonave, mas ninguém quisesse trabalhar em Cabo Canaveral e executar um trabalho diferente, não teríamos chegado a Nova Jersey, o que dirá, à Lua. Assim um milhão de pessoas teve de se reunir em um sistema de reforço mútuo para converter aquela visão em realidade.

Uma organização, assim como temos dito, é simplesmente isto: uma equipe de pessoas que se reúne em um sistema de reforço mútuo para realizar algo maior que qualquer indivíduo sozinho. Portanto, liderança não é apenas para pessoas com cargo de "presidente". Liderança é atitude, uma postura e uma maneira de encarar os desafios enfrentados diariamente. Não é um título no cartão de visitas. Embora muitas pessoas sejam formalmente providas de poder para liderar outras, muitos mais de nós – e no mundo cada vez mais horizontal esse número aumenta a cada dia – trabalham em equipes sem estruturas hierárquicas formais. E essa tendência deve continuar, com cada vez mais realizações nossas, resultado de nossa capacidade de atuar com eficácia em **times** de relativamente iguais. A autogovernança também é uma orientação voltada à liderança; começa-se liderando a si próprio. Para se tornar mais autogovernante, é necessário participar e formentar culturas autogovernantes em torno de si, aceitar o desafio de se tornar seu próprio legislador, buscar dentro de si as respostas e se orientar pelo seu alinhamento com os valores que encontrar em si. Essa estrutura pode ajudar a desenvolver a orientação para fazer isso bem.

À medida que formos tratando dos elementos da estrutura nas páginas seguintes e ouvirmos depoimentos de muitas pessoas que lideram, lembre-se de que os grandes líderes tornaram-se líderes exatamente porque ou consciente ou naturalmente incorporaram tais comportamentos que geram "olas", que movem aqueles ao seu redor a realizar grandes feitos, e que trabalham muito com os outros para mudar. Essa é a essência da liderança, e se começa liderando a si próprio.

Começamos este livro com a história de uma pessoa que considero um dos maiores líderes de todos os tempos, Krazy George Henderson, o inventor da "ola". Para prosperar no mundo conectado em rede dos negócios do século XXI, você não precisa de uma grande "ola"; precisa criar "olas" todos os dias e,

A Estrutura de Liderança

285

assim como aquela torcida de estádio, qualquer um pode criar uma a qualquer momento. Talvez seja um problema em uma sessão na câmara municipal que melhore a reunião, ou uma mensagem eletrônica que inspire outras pessoas a assumirem a causa do momento. Liderança é acertar nos **comos**, e você pode olhar qualquer coisa através do prisma da liderança. Pode escovar os dentes porque seus pais o obrigavam quando criança, ou pode escovar os dentes porque tem a visão de uma saúde bucal e um sorriso vencedor. Liderança é questão de começar e criar "olas" contagiantes em tudo que faz.

A estrutura de liderança não é um conjunto de regras ou decretos a ser memorizado ou cumprido, os **pode** e **não pode** existentes fora de você; a estrutura de liderança existe no mundo dos **deve**. Começa com os valores básicos e, depois, oferece maneiras de abordar cada decisão ou ação visando trazer esses valores para sustentar outros. Ela fornece uma base a partir da qual se tomam decisões todos os dias e se dá vida aos valores comportamentais. Esses comportamentos, executados consistentemente, reforçam-se mutuamente para criar uma espiral ascendente de energia propulsora do esforço. Se você dividir sua vida em **o que** faz e **como** faz, a estrutura de liderança descreve uma abordagem do **como**: **como** se comunica, **como** trabalha, **como** trata os outros, **como** toma decisões, **como** interage no mercado, e **como** atua consistentemente. Ela governa, orienta e inspira **como** fazemos tudo. A estrutura é outra maneira de descrever um sistema; cada parte se impõe mutuamente a cada outra parte. Assim como vigas, barras e sustentações de uma casa, ou peças de um tabuleiro de xadrez, o poder de cada um é ampliado dez vezes quando trabalham juntos.

Embora a chamando de estrutura de liderança, ela também pode ser vista como uma lente, a lente do como. Quando você vê o mundo através dela e age de acordo, gera mais confiança, cria uma reputação mais sólida e mais duradoura, fica mais ativamente transparente, pensa mais claramente, age mais espontaneamente, e cria mais "olas" com aqueles ao seu redor. Não precisa se preocupar com todos esses aspectos individualmente, porque eles farão perfeito sentido quando vistos como um todo. Você começará a influenciar a cultura, a liderar e modelar um padrão de conduta que falará aos mais altos egos daqueles à sua volta, e elevarão seus esforços também. A lente do como o inspirará, mostrando um terreno livre pelo qual deve navegar na sua jornada para escalar a colina da nota A, e muitas outras além.

Essa não é a única estrutura possível de ser construída para essa jornada; ela foi elaborada para os tipos de esforços envolvendo informações importantes entre pessoas, que ocorrem no cotidiano da LRN. Representa a consolidação de muitos dos pensamentos e conceitos que tenho escolhido ou desenvolvido ao longo dos anos, e isso se aplica bem às nossas atividades centrais.[3] Se você trabalha em uma fábrica ou algum outro ambiente específico, algumas dessas ideias podem ser supérfluas para seus esforços. Qualquer que seja a sua atividade, no entanto, ao entender os comportamentos e as posturas descritas aqui, você começará a vivenciar plenamente o sentido de acertar nos **comos**.

DISCURSO COERENTE

Talvez, não surpreendentemente, a estrutura de liderança extrai parte do seu poder da propensão à linguagem. Sabemos, com base na pesquisa discutida no Capítulo 5, que a linguagem exerce forte influência no modo de pensar. Existe, por exemplo, uma enorme diferença de influência entre a palavra **convencer** e **vender**. Quando se vende, o objeto em questão é o produto, algo externo tanto ao vendedor quanto ao comprador; quando se engaja, convida-se para um relacionamento em que o produto é hoje apenas um estágio na jornada da inovação amanhã. Os comportamentos, as ideias e a consciência decorrentes do contato com o **convencer** são totalmente diferentes da adoção do *vender*. Seguindo a mesma linha de raciocínio, será que você tem **clientes** ou **parceiros**? O que a palavra **parceiro** diz da pessoa do lado oposto da mesa diferentemente de **cliente**, **vendedor** ou **fornecedor**? Será que isso afeta na sua forma de negociação? Como você define o sucesso nessa negociação?

Assim como a contraposição entre o **pode** e **deve**, a linguagem tem poder de conter ou inspirar, e a linguagem que adotamos, ou nos encarcera nos rígidos relacionamentos ou nos libera para novas possibilidades de conexão. Em outras palavras, se ampliarmos nosso vocabulário, teremos acesso a um universo maior e com mais opções. Também acredito que os líderes do amanhã – os que irão prosperar e superar no universo hipertransparente e hiperconectado – serão aqueles que adotarem essa linguagem e liberarem seu poder de transformação.

A Estrutura de Liderança

OS CINCO PRIMEIROS COMOS DA LIDERANÇA

Para ajudar a entender como os conceitos da estrutura estão inter-relacionados e estruturados entre si, eles foram agrupados no gráfico mostrado na Figura 12.1.

O gráfico está organizado em três espaços concêntricos. No centro da lente, onde o foco é mais preciso, aparece um conjunto de valores básicos. Na ilustração, usei os valores adotados na LRN, essenciais para a nossa missão. É fácil substituí-los pelos seus próprios, mas os valores devem ser do tipo profundo, como justiça, honestidade, integridade, comunidade e honra, que realmente inspirem a mais elevada das inter-relações e condutas humanas. Você descobrirá que a lista de possíveis escolhas não é longa. Os itens mais importantes de quaisquer que sejam os valores centrais do círculo são os que expressam as mais altas aspirações e crenças fundamentais do grupo ao qual se pertence; que sejam realmente essenciais, e com as quais todos possam concordar, alinhar, e que todos possam adotar. São os princípios orientadores que unem as pessoas em torno de um esforço em comum.

Ao redor do centro estão os **atributos de liderança**, comportamentos, atitudes e orientação de um indivíduo autogovernante. São esses os atributos nos quais nos concentramos e que exploramos nas próximas páginas. Em torno deles, existe um conjunto de **atributos não de liderança**, comportamentos muitas vezes resultantes quando se abdica da busca do **como**.

Vamos começar do início da estrutura e ver onde ela nos leva. (Sei, um círculo não tem ponto inicial – isso é parte de sua característica peculiar – assim enumerei o ponto inicial mais ou menos na posição de 9 h no círculo para nos colocar na trilha). Consulte à vontade a ilustração várias vezes para entender melhor a narrativa.

Ter Visão

A estrutura de liderança começa com cinco atributos essenciais, cinco alicerces do comportamento sobre os quais se sustenta a estrutura inteira. A primeira é a **visão**. Uma pessoa autogovernante dedica algum tempo a outra esfera, ao futuro. Possuir atitude de liderança significa antever mentalmente um futuro melhor para si, para as tarefas do momento e para aqueles com os quais trabalha. A liderança começa com a visão, e líderes anteveem a todo o

ESTRUTURA DA LIDERANÇA

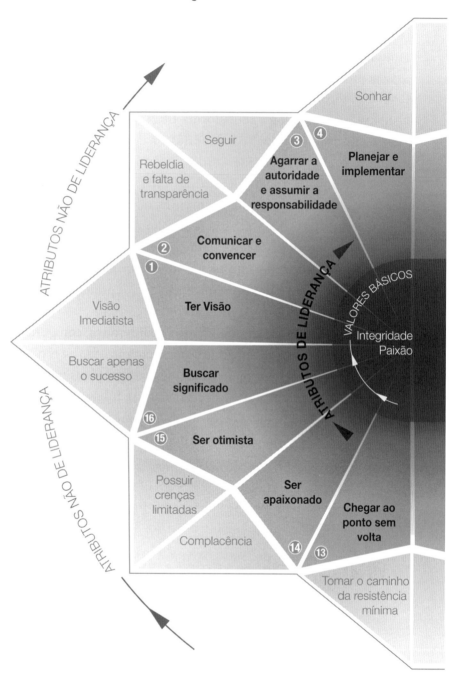

FIGURA 12.1 A Estrutura de Liderança

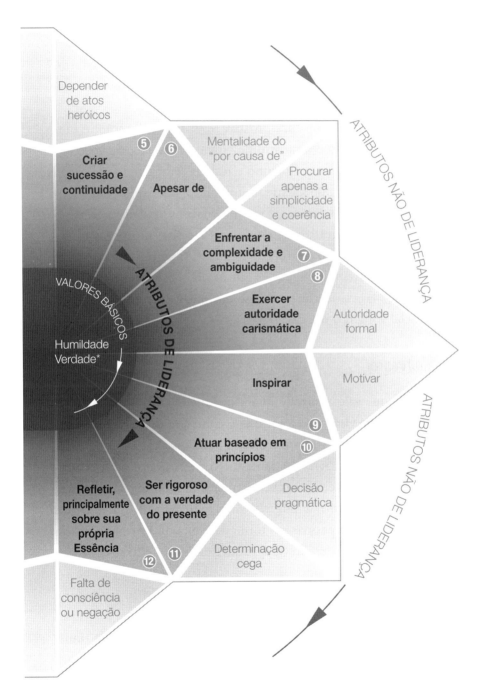

* Esses são os valores essenciais adotados na LRN.
  Você pode substituí-los pelos seus próprios valores.

momento. Você pode ter visões grandes ou pequenas, antever uma reunião melhor ou antever inspirar milhares de trabalhadores do mundo todo a tomar decisões melhores. Pode antever um recurso em uma plataforma tecnológica, ou antever um produto inteiro novo, ou simplesmente antever uma forma de melhorar um pouquinho o dia de alguém. Pode criar uma nova visão ou adotar a de alguém como sendo sua.

A antevisão representa uma postura proativa voltada à realização; é uma atividade, um comportamento e uma atitude visando às metas. Se você não tiver uma visão, ficará fora da lente do **como** e acabará se tornando um gestor imediatista: voltado às tarefas, obediente, e limitado e obcecado com o que consegue ver bem debaixo do nariz. Gestores imediatistas tendem a ser, naturalmente, mais reativos e, muitas vezes, estão mais às voltas de apagar incêndios do que iluminar o caminho com feixes de luz. É uma postura defensiva e uma preocupação maior em apaziguar os outros do que convencê-los. Para acertar nos **comos**, é necessário concentrar-se nos outros, e ter visão é a primeira atitude crucial voltada à realização dessa meta.

Comunicar e Convencer

A maioria das visões que vale a busca é maior que qualquer um de nós, portanto quando se tem uma visão e se sente que o conteúdo dela está voltado a um futuro melhor, então se deve **compartilhar** com mais alguém. A questão, então, é: **como** compartilhar? Será que seu esforço tem mérito? Se você intimidar alguém, se contar **a** alguém, não está compartilhando. Ao compartilhar, de verdade, você tenta transformar sua visão na visão do outro, tenta criar uma "ola". Unir um grupo de pessoas em torno de uma única meta ou de um conjunto de metas é o maior desafio de qualquer líder; quando se consegue esse alinhamento, o sucesso é maior.

Para atingir essa meta, é necessário **convencer** os que estão ao seu redor e ajudá-los a enxergar o que você enxerga. Para realmente convencer, é necessário ser sincero e direto a respeito dos seus motivos, comunicar-se com transparência, e estabelecer um contato com os outros de forma que eles percebam o verdadeiro compartilhamento.

Pense nas últimas 50 mensagens eletrônicas que recebeu. Quais são convincentes? Quais, quando leu, fizeram pensar, "Sim, entendi. Isso faz sentido.

A Estrutura de Liderança

Quero ajudar." Quais, em contrapartida, fizeram pensar; "O que ele quer dizer com isso? Isso não foi o que combinamos. Por que mandou com cópia para o chefe? O que será que está tramando?" As convincentes criam conexões.

Criam sinapses fortes entre o emissor e você. Fazem-no querer participar, pertencer ou ajudar no esforço.

Em cada mensagem eletrônica, mensagem instantânea, ligação telefônica, teleconferência ou encontro pessoal você pode comunicar visando convencer e compartilhar, ou fazer algo mais. Questione-se, quando escrever uma mensagem eletrônica, você tem uma visão que a torne mais eficaz? Uma visão para a resposta? Líderes estabelecem contato com os outros com uma qualidade de comunicação que permite às pessoas compartilhar, convencer-se e adotar a visão deles como sendo delas. Dedicar mais esse momento antes de pressionar a tecla e enviar a mensagem não é algo extra, um ônus ou uma taxa a ser combatida. Ao contrário, isso torna mais eficaz tudo que se faz. Se os outros adotarem sua comunicação e a transformarem em suas próprias metas, mais será realizado. Pense dessa maneira: você faz uma dieta para perder dois quilos. Dieta não é uma carga a mais; de uma forma ou outra, não se gasta mais tempo para comer, e um bom regime serve de orientação – baseada em um conjunto de crenças de saúde, exercício físico e nutrição – para ajudar nas escolhas e atingir a meta. Quando se comunica com os outros, pode-se optar por convencê-los, ou optar por responder de forma a causar pouco efeito além de limpar a caixa de entrada para as próximas mensagens. Um começa uma "ola"; o outro mata a "ola".

Quando não se compartilha a visão com os outros, age-se com **rebeldia**. A visão permanece apenas sua. Não há nada de errado com a rebeldia (na realidade, admiramos muitos rebeldes), assim como simplesmente não há nada de errado com muitos dos comportamentos existentes no círculo externo da estrutura de liderança. De vez em quando, eles até podem ser os comportamentos mais úteis ou adequados a serem adotados. No entanto, não são autogovernantes, comportamentos de **liderança**, comportamentos que podem iniciar uma **viagem** ou fazer as coisas acontecerem em um universo hiperconectado. Como as condições mundiais mudaram de maneira tão notável e específica, impondo um valor novo e ainda maior na conexão e inter-relação, são esses os comportamentos mais bem capitalizados nas circunstâncias tratadas aqui. Esses são os comportamentos codificados na estrutura de liderança.

Agarrar a Autoridade e Assumir a Responsabilidade

Líderes autogovernantes caminham à frente. Levantam a mão em reuniões. Dizem: "Tenho uma ideia", "Gostaria de dirigir essa força tarefa", "Gostaria de completar essa designação", ou "Acho que devemos aterrissar em Marte e não em Vênus". Líderes defendem sua visão e não temem ocasionalmente ser o centro das atenções. Eles se apresentam voluntariamente. Agarram a autoridade e assumem a responsabilidade decorrentes da liderança. *Carpe diem* (aproveite o dia) é o lema da sua convicção. Quem não se antecipa fica confinado a uma eterna carreira de seguidor.

Adotar uma orientação voltada à liderança não necessariamente significa obrigação de liderar toda hora; pode-se manter a atitude de liderar e ainda seguir a liderança dos outros. Dentro de qualquer equipe ou grupo de trabalho, certas pessoas assumem a liderança geral, mas dentro desse esforço surgem oportunidades para todos liderarem. Qualquer um pode se antever disseminando medidas de avaliação de um projeto de forma a convencer os outros das metas da equipe ou antecipar-se para fornecer dados essenciais para tomar decisões melhores. Embora se trabalhe em grupo ou exista algum superior natural ou indicado, a atitude de liderança proporciona abertura para contribuir e realizar mais. A cultura da liderança autogovernante permite a todos agarrarem essas oportunidades de liderar, e quando alguém se antecipa e agarra o momento, o momento o agarra.

Planejar e Implementar

Walt Disney era visionário. Ele imaginou um rato antropomórfico e deu-lhe vida, mudando a cara do desenho animado, da indústria cinematográfica, do *merchandising*, dos parques de diversão e do lazer familiar. Mas não criou uma das maiores companhias de entretenimento do mundo apenas com seus sonhos. "O caminho para começar", dizia memoravelmente, "é parar de ficar falando e começando a agir".[4] Liderar é transformar ideias em realidade.

Quando se tem uma ideia, ela é compartilhada e os outros se convencem dela, o passo seguinte requer planejar e implementar sua realização. Nas canaletas das empresas, são arremessadas as grandes ideias daqueles que anteveem, mas não conseguem implementar. Eles são os sonhadores do mundo. Fazem um belo discurso, mas na hora de colocar a mão na massa, não possuem o necessário para colocar as ideias em prática. Muitas pessoas já imaginaram abrir a própria empresa, criar um projeto que facilitaria a vida, ou procurar simplesmente uma maneira melhor de atingir alguma meta; muitos já imaginaram pousar na Lua de uma forma ou outra. É possível encontrar muitas pessoas com sonhos, mas também é possível encontrar aquelas que trabalham com os outros em equipe para transformar sua visão em realidade.

No universo do **como**, esses são os vencedores. Uma pequena visão concretizada vale dez grandiosas ideias não implementadas.

Indivíduos autogovernantes se antecipam, agarram o momento e encontram formas de executar as ações. Embora isso possa parecer, a princípio, uma receita para dobrar a carga de trabalho, na realidade, é o oposto. Essa impetuosidade básica de planejar e implementar a visão deles ou as visões dos outros serve de exemplo sólido aos que estão ao redor deles. Quando os outros veem esses tipos de **comos** em ação, sentem-se igualmente inspirados e unem-se. Conseguem realizar mais com menos esforço porque toda a equipe se esforça junto. No futebol americano, quando o *running back* faz um esforço a mais para romper a linha, os *tackles* bloqueiam mais forte, o *quarterback* passa melhor, e todos no time avançam com o esforço extra necessário para ajudá-lo a fazer um *touchdown*.

Criar Sucessão e Continuidade

Eu coleciono relógios de pulso analógicos. É um *hobby*. Acho-os muito bonitos, uma expressão profunda do nosso desejo de ordenar o mundo em torno de nós, e objetos que incorporam a profunda tradição do homem na luta pela perfeição, para fazer muitas peças minúsculas e complexas funcionarem como um todo constante. Se me perguntarem as horas, no entanto, geralmente procuro no meu bolso o telefone celular. É um contato contínuo com um servidor de tempo atômico e a informação mais exata que tenho ao meu alcance. Sou o CEO da minha empresa, o líder máximo ali, por assim dizer. Se eu chegar atrasado a alguma reunião, será que as pessoas que estão esperando por mim conseguem descobrir as horas? É lógico que sim.

Metaforicamente, líderes não aparecem e informam o tempo exato; assim como afirmaram de forma tão brilhante James C. Collins e Jerry I. Porras em

Built to Last ([Empresas] Feitas para Durar, em tradução livre), líderes fabricam relógios que continuam a informar as horas, quer eles estejam ou não presentes.[5] Se a chegada do homem à Lua dependesse de JFK, o que teria acontecido quando ele foi tragicamente assassinado? Líderes não são super-heróis; eles criam sucessão e continuidade em tudo que fazem. Eles não constroem nada que dependa de uma única pessoa aparecer e informar a hora exata.

Essa ideia é uma das mais centrais e poderosas na estrutura de liderança, e uma das mais subestimadas. Talvez seja por que dizer ao mundo que não existem heróis contradiz grande parte das nossas experiências. Os negócios muitas vezes exigem de nós atitudes heróicas, um esforço a mais, trabalhar até altas horas, ou trabalhar turno extra para atingir nossas metas. E eu concordo. O mundo certamente precisa de heróis. O trem não consegue deixar a estação sem algum esforço pesado, às vezes, sem certo heroísmo. O paradoxo está no fato de, embora precisarmos de heroísmo de vez em quando, para efetivamente prosperar, precisamos, ao mesmo tempo, criar abordagens autossustentáveis. Ao se compreender a necessidade de criar sistemas geradores de energia, quando acionados, em vez de exploradores de recursos, cria-se uma atitude independente de atos heroicos. Não se pode criar uma companhia grande, resistente e significativa, sustentada por super-heróis. Independentemente da força deles, acabam esmagados com o peso. Para construir um arranha-céu baseado em alguma ideia, dezenas de andares sustentados, uns sobre os outros, é necessário um alicerce de continuidade que, assim como você, cresça.

Em 1964, Disney começou a comprar pomares improdutivos de laranjas, próximo de Orlando, Flórida, batizado de "Projeto Flórida". Foi uma das maiores visões de Walt Disney. Mas, durante o desenvolvimento do projeto, ele teve câncer pulmonar, vindo logo a falecer. Seu irmão Roy e uma equipe de projetistas da Disney, selecionada a dedo e treinada, assumiram o projeto e acompanharam-no até a conclusão; Walt Disney World, inaugurado em 1971, o maior parque temático jamais imaginado. Ele os convenceu da visão dele, e eles a assumiram como sendo a própria visão deles. Roy Disney morreu três meses depois, mas existiam planos de sucessão, e Donn Tatum tornou-se o primeiro membro fora da família Disney a se tornar presidente e CEO da The Walt Disney Company.[6] O sonho sobreviveu.

Questione-se com uma pergunta prática: Você deseja ser promovido do seu cargo atual? Agora, coloque-se no lugar do seu superior por um momento. Será que ele pode promovê-lo se você for a única pessoa que pode fazer o que faz? Se o trabalho não for feito a menos que você permaneça no cargo e continue a ser o herói, não faz sentido para a empresa em algum momento promovê-lo. Se heroísmo é o que faz o trabalho ser executado, você continuará exatamente onde está para ele continuar sendo executado. Se, no entanto, você criar uma abordagem autossustentável do seu trabalho, um relógio que informe as horas sem a necessidade da sua presença, será muito mais provável você ser promovido – na realidade, muito mais provável que **será** promovido. Você não apenas terá se superado, abrindo mão das suas responsabilidades, mas também terá criado algo maior que si mesmo e contribuído para a organização como um todo.

Por exemplo, muitas empresas de médio e grande porte exigem das equipes de prestadores de serviços e vendedores o uso de aplicativos em rede de gestão do relacionamento com clientes (CRM), como o Salesforce. com. Essencialmente uma plataforma centralizada de banco de dados, essas ferramentas oferecem a cada representante da organização um meio de gravar e armazenar informações detalhadas de contatos de vendas, dicas e negociações em andamento em que estejam envolvidos. Muito frequentemente, eu acho, esse tipo de ferramenta é visto como trabalho inútil, um ônus administrativo sobre os representantes esforçados que, depois de uma longa semana em aviões, trens, automóveis, celulares e *Blackberries*, são obrigados a, ainda, gastar horas adicionais inserindo todas suas anotações no sistema. Visto através da lente do **como**, no entanto, essa é uma oportunidade de liderança, uma chance de criar continuidade, de informar e convencer a equipe. Se alguém ficar gripado um dia antes de fechar algum negócio, a continuidade produzida e inserida no aplicativo CRM permite que outra pessoa da equipe facilmente entre em ação, assuma a negociação e feche o negócio.

Se você criar um sistema que possa ser executado por outras pessoas, treiná-las para que possam entrar em ação e assumir mais responsabilidade, ou convencer aqueles ao seu redor, com uma abordagem baseada em equipe que seja mais eficiente e proveitosa, o superior poderá então dizer: "Parece que a empresa não precisa tanto de você para atingir aquela meta; podemos aproveitá-lo melhor nessa nova posição". O ingrediente básico para o progresso, para o avanço, é deixar uma base atrás.

CÍRCULOS EM CÍRCULOS (UM PENSAMENTO)

Esses cinco comportamentos – **antever**, **comunicar** e **convencer**, **agarrar** a **autoridade** e **assumir** a **responsabilidade**, **planejar** e **implementar**, e **criar sucessão** e **continuidade** – formam a base da atitude de autogovernança. O restante da estrutura de liderança amplia, refina e reforça esses conceitos básicos, criando um círculo de atributos de liderança.

Aqui vai um pensamento sobre círculos: as "olas", sabemos, movimentam **ao redor**. Estudos mostram que elas começam com muito mais facilidade em estádios em formato circular fechado, onde todos consigam se ver uns aos outros, e com muito menos facilidade em, por exemplo, pistas de automobilismo, onde o público fica de um lado do autódromo. A liderança, de alguma forma, reflete essa geometria. A estrutura de liderança cria um círculo autoperpetuante de energia, como uma "ola" em um estádio. Quando duas crianças seguram as mãos, inclinam para trás (confiando uma na outra que não soltarão as mãos) e rodopiam, conseguem atingir alta velocidade com pouco esforço, e a energia entre elas continua aumentando desde que continuem rodopiando. Quando elas se soltam, toda essa energia é liberada. A estrutura de liderança reflete essa ideia. À medida que discutimos completamente a estrutura de liderança, é possível notar que, por tudo que o líder **é**, existe algo que ele **não é**. Quando as ações dele o tiram da estrutura, a energia autopropulsora é sacrificada e, assim como aquelas crianças cambaleantes, ele cai estatelado no chão.

Outro aspecto notável da estrutura é que ela nos permite ser realmente agressivos e vorazmente competitivos na busca das nossas metas. Sua natureza integrante nos dá mais liberdade para inovar, arriscar e agir espontaneamente sem perder de vista nossos valores básicos, o centro em torno do qual rodopiamos. Por nos ajudar a enxergar pela nossa essência, conseguimos ver o caminho mais curto e mais proveitoso para a realização. Embora as ferozes incertezas dos negócios cotidianos às vezes nos deixem perdidos em terreno desconhecido, a estrutura de liderança sempre nos indica onde está nossa casa, e ajuda a enxergar o caminho certo para chegar lá. Sustentados firmemente no formato circular da estrutura, conseguimos gerar muito mais velocidade e energia na nossa jornada.

A ESTRUTURA DE LIDERANÇA, CONTINUAÇÃO

Apesar De

Tudo que vale a pena ser feito encontra resistência no caminho. O deslocamento de uma pedra grande exige lutar contra a gravidade e a inércia. A escalada de uma montanha exige superar os efeitos do ar rarefeito. Digamos, por exemplo, que você volte de uma apresentação a um potencial parceiro. As discussões transcorreram bem, e você sente que o potencial cliente deve fechar negócios com você e não com o concorrente. Mas uma pessoa na reunião anunciou para a sala inteira que a empresa não dispõe de recursos no orçamento deste ano. Qual sua atitude ao ouvir isso?

Qual sua atitude diante de obstáculos?

Em 1905, Madame C. J. Walker começou a vender um condicionador de cabelos e uma fórmula de tratamento capilar, o Madam Walker's Wonderful Hair Grower, de porta em porta para mulheres afro-americanas de toda a região sul e sudeste dos EUA. Walker, filha de ex-escravos, ficou órfã aos 7 anos, casou-se aos 14 anos, e ficou viúva com uma filha aos 19 anos. Trabalhou lavando roupas para colocar a filha na escola antes de antever uma nova vida para si própria. "Dei a partida dando em mim a partida", disse Walker. Apesar dos obstáculos muito maiores do que qualquer um possa imaginar, Walker fez seu empreendimento crescer transformando-o em uma empresa que empregava mais de três mil funcionários. Ela foi a primeira mulher afro-americana conhecida a se tornar milionária. "Sou uma mulher que vim dos algodoais do sul", dizia com orgulho. "Dali fui promovida à lavadeira. Dali fui promovida à cozinheira. E dali me promovi iniciando no negócio de fórmulas e tratamentos para cabelo. Construí minha própria fábrica em cima da minha própria base."[7]

Talvez seja difícil imaginar qualquer outra pessoa além de C. J. Walker, que antevisse ou realizasse tanto diante de obstáculos aparentemente insuperáveis. Ela buscou sua visão **apesar dos** obstáculos, e essa atitude profundamente impregnada nela foi crucial para sua capacidade de prosperar. Quando se quer criar uma "ola" e uma pessoa à sua direita não quer se levantar, você desiste? Volta a sentar sem a "ola"? Ainda assim, todos temos visto "olas" surgindo quando as pessoas, a princípio, não querem se levantar, mas, depois, acabam sendo envolvidas. Elas se transformam em grandes "olas". Isso ocorre somente quando seus líderes perseveram apesar da resistência inicial. A atitude de liderança autogovernante ajuda a questionar, "Como podemos ajudar nosso parceiro a encontrar o recurso orçamentário necessário para apoiar o programa?"

Jamais encontrei um bom marinheiro que não houvesse navegado em águas revoltas, e jamais vi uma visão, jamais ouvi uma entrevista e jamais li uma biografia de alguém que houvesse realizado algo que valesse a pena que não incluísse histórias de épocas de muito trabalho duro, superando obstáculos e chegando lá **apesar de** tudo que houvesse no caminho. É fato que você enfrente obstáculos; é uma constante na vida. O que importa não é o obstáculo, mas **como** pensa a respeito dele, **como** o enfrenta e **como** se comporta diante dele. Líderes acreditam que irão achar um caminho **apesar das** forças alinhadas contra eles. Eles jamais desistem por causa de um problema. Às vezes, não se tem êxito apesar do máximo esforço, mas se não começar com a atitude do **apesar de**, raramente se vence.

Enfrentar a Complexidade e Ambiguidade

Vivemos em um mundo cheio de conflitos. Se os recursos fossem infinitos, talvez pudéssemos aceitar tudo e não precisássemos tomar decisões difíceis. Talvez nem precisássemos de uma estrutura de liderança.

Mas o mundo é cheio de conflitos, cheio de desejos, interesses, objetivos, agendas e possibilidades concorrentes. Portanto, tanto precisamos cultivar a atitude do **apesar de**, como também precisamos aceitar a complexidade e ambiguidade. Mesmo os planos mais bem feitos podem sair errado, e pode-se esperar que uma navegação tranquila e ventos firmes o façam sobreviver quando alguma adversidade inevitável surgir. Jantando em Los Angeles, o investidor Alan Spoon me disse: "Sempre haverá boas notícias e más notícias. As boas notícias dão conta de si; são as más notícias que dão trabalho. É com elas que se perde tempo."[8] Líderes sabem disso se envolvendo; entendem que o conflito é natural e antecipam-se à necessidade de liderar no meio do conflito.

Mais uma vez, resume-se à atitude. Líderes crescem diante de desejos conflitantes e interesses individuais, e de orçamentos limitados e ilimitados. Abrem algumas portas e fecham outras. Diante do conflito, tomam decisões baseadas em princípios, e, assim, estabelecem um curso firme em mares revoltos. Líderes são sedentos pela verdade e buscam a verdade. Por definição, o futuro antevisto por eles e o presente estão em conflito; é preciso mudar para realizar algo novo. Dentro dessa tensão, existe a oportunidade de prosperar, mas existe somente para aqueles que estão dispostos a enfrentá-la.

Do mesmo modo, os líderes abstêm-se do essencialismo e reducionismo no tratamento das suas metas. A meta jamais se refere a apenas um item, como lucro ou produtividade ou qualidade. Os líderes reconhecem a complexidade inerente de cada jornada. Conciliam muitas vozes e muitas metas e buscam atender as necessidades dos muitos grupos interessados em cada esforço. Diante da variedade de escolhas, o indivíduo autogovernante olha com sabedoria e profundidade os valores básicos no centro da sua estrutura e toma decisões pensadas na melhor maneira de sustentá-las.

Exercer Autoridade Carismática

Vimos como um dos nossos atributos básicos líderes que agarrem a autoridade. Mas que tipo de autoridade? Do tipo "levante ou eu acerto sua fuça"? Faça porque sou sua mãe ou seu pai, ou porque sou seu chefe? No Japão, durante a Segunda Guerra Mundial, o exército japonês começou a enviar pilotos, os chamados *kamikazes*, em *tokko*: missões suicidas. Muitos jovens japoneses morreram nessas missões, mas alguns sobreviveram para contar a história de como foi. Um deles era o piloto da marinha japonesa, Shigeyoshi Hamazono. Em suas memórias do tempo da guerra, *Suiheisen* (*O Horizonte*, em tradução livre), Hamazono descreve como foi preparado para morrer pelo seu país, mas se lembra de um encontro que teve antes de sair em missão, em 6 de abril de 1945. Ele conta do vice-almirante Ugaki, que fez um discurso de despedida para os pilotos *kamikazes* da base aérea número 1 de Kokubu, um dentre os quais era ele. Ugaki apertou a mão deles e disse: "**Por favor, morram pelo seu país**". Depois de terminar suas observações, ele perguntou se alguém tinha alguma dúvida. Um piloto veterano, admirado por Hamazono, adiantou-se e disse: "Tenho certeza de que consigo afundar dois cargueiros inimigos apenas com as bombas que carrego no meu avião. Se eu conseguir afundá-los, posso retornar?" Ugaki, dizem, respondeu: "**Por favor, morra.**"[9]

A autoridade tipicamente aparece de suas formas: **autoridade carismática** e **autoridade formal**.[10] A autoridade formal provém da referência de poder, normalmente do poder hierárquico. "Sou seu pai. Na minha casa, eu estou certo, mesmo estando errado." Essa é a autoridade formal (e também a razão por que a maioria de nós cresce e sai de casa).

Muitos jovens morreram de ambos os lados naquela guerra brutal, e Ugaki é um exemplo extremo, mas vemos exemplos de autoridade formal, como: "Por favor, morra porque eu mandei", imposta todos os dias em questões das mais mundanas às mais sublimes. Você recebe uma mensagem eletrônica com uma frase: "Quero isso até as 16 h". A implicação é clara: "Porque sou o chefe". Você fica convencido? Ou será que a pressão da autoridade formal introduz atrito no relacionamento? Talvez você se submeta por inúmeras razões racionais – é novo na companhia, seu chefe é bem experiente, pode ajudá-lo na carreira – mas você fica convencido? Fica inspirado? A autoridade formal não consegue inspirar e convencer. Consegue, no máximo, demandar aquiescência, o cumprimento da ordem com ressentimento ou até com disposição. Cada vez que o líder exerce autoridade formal, ele esgota seu estoque de autoridade. É como a conta corrente; quanto mais você saca, menos tem. No fim, a aquiescência disposta transforma-se em **aquiescência ressentida**, que se transforma em objeção sutil, e até em rebelião direta. Os atrasos e as interrupções dos liderados dessa forma aumentam gradualmente, e a produtividade e agilidade diminuem gradualmente.

A autoridade carismática, em contrapartida, compõe-se por si mesma. Como seria se, ao contrário, na mensagem da entrega às 16 h, estivesse escrito, "Se você fizer isso até as 16 h, ajudará nossa equipe a vencer por essas três razões". A mensagem o convence, compartilhando como a tarefa se encaixa na visão maior; o que originalmente parecia um prazo arbitrário agora se parece parte integrante de uma visão voltada ao êxito. Visão e convencimento nutrem a autoridade carismática. A autoridade carismática decorre não do poder, mas da ação baseada em princípios voltada aos outros, da referência a crenças e princípios e do estabelecimento de contato com os outros referenciando tais crenças e princípios, e do desejo de acertar nos **comos** e criar "olas". É adquirida todos os dias, em cada **como**. A autoridade carismática é adquirida com cada ação voltada aos outros, portanto em vez de esgotar a conta corrente da autoridade, ela é construída. Algumas vezes, é necessário tempo extra, mas tempo é um investimento que traz retorno com juros, um custo provisório para um ganho permanente. Portanto, a autoridade em si transforma-se em "ola", autossustentável, rodando, rodando até ninguém conseguir se lembrar onde ela começou, mas todos ficarem satisfeitos por fazer parte dela.[11]

Não importa o que digam de Krazy George Henderson, ninguém nega que ele seja o ideal de liderança carismática. Ninguém participa das suas "olas" porque ele é contratado pelo estádio para começá-las, nem o acompanham porque bate no tambor com força. As pessoas o acompanham porque ele estabelece um contato com elas, compartilha sua visão, convence-as do cenário maior e persevera apesar daqueles que o consideram excêntrico ou que preferem comer o cachorro-quente em paz. E ele consegue o seu feito; as pessoas levantam e torcem.

Inspirar

Sabemos que pessoas racionais, na maior parte, evitam o sofrimento e buscam o prazer. Pessoas racionais, diz a crença comum, sentem-se motivadas por mais **prazer** e menos **sofrimento**, mais **dinheiro** e menos **censura**. Quando a pessoa na posição de autoridade quer, então, que o trabalho seja executado, oferece às pessoas mais recompensas e menos punições, certo? A cultura da aquiescência assumida é formada com base nesse pensamento simples. O raciocínio motivacional, na forma de recompensas e punições, domina organizações com essa cultura. Se, por um lado, é impossível negar a realidade de que ninguém trabalha exclusivamente pelo prazer ou pela realização (ou talvez pudéssemos dizer "se divertir" em vez de "trabalhar"), por outro lado, **motivação** como princípio de liderança não é autossustentável. A pessoa que distribui notas de 20 dólares para criar uma "ola" ou acaba ficando sem dinheiro, ou os colaboradores acabam decidindo que 20 dólares não são realmente suficientes. Motivar requer um **objeto** motivacional, uma recompensa ou uma punição, algum recurso externo para propulsionar ou forçar a ação. A motivação tem seu mérito, mas sabemos que no universo do **como** não basta apenas motivar. Um líder busca um método autossustentável para gerar ações. Para criar "olas", é necessário procurar **inspirar**.

A inspiração surge da dedicação a crenças e valores, da busca de grandes ideias e contribuições significativas para os outros, e do compromisso de comunicar aos outros essa busca e dedicação. Será que se sentir inspirado não é diferente de se sentir motivado? Todos sabem como é sentir-se inspirado. Somos inspirados por um filme, por um livro ou por alguma experiência pela qual passamos, inspirados por aquilo que desejamos realizar, ou inspirados pelas ações e pelos esforços dos outros. Os valores são inspiradores, assim como a busca das metas maiores que nós mesmos. A inspiração provoca os melhores esforços e o pensamento mais criativo. Quando se está inspirado a pousar na Lua, ou começar uma 'ola' ou participar de uma, não importam as recompensas e punições; a vocação é mais profunda. Assim como a confiança evoca a confiança, a inspiração evoca a crença. A crença consciente – o casamento entre as partes questionadoras e não questionadoras da mente – é uma força autossustentável poderosa. Assim como todo o resto da estrutura de liderança, a inspiração gira ao seu redor. Vendo outras pessoas inspiradas, ficamos, por sua vez, inspirados. **Liderança é uma questão de inspiração**. Líderes inspiram, e buscam manter a atmosfera de inspiração – o apelo ao significado – viva nos outros. Não é preciso ser chefe para isso; qualquer um pode, e no universo do **como**, onde a qualidade do seu esforço é tão importante quanto o resultado final, todos devem.

Atuar Baseado em Princípios

Em consequência do furacão *Katrina* e da destruição da cidade de Nova Orleans, a agência federal norte-americana de gestão de emergências (FEMA) distribuiu dinheiro para as pessoas, na pressa, sem praticamente nenhum sistema básico de prevenção de fraudes. A ajuda emergencial foi posteriormente usada para adquirir ingressos para os jogos do New Orleans Saints da temporada de futebol americano, um extravagante jantar no restaurante Hooters em San Antonio, uma garrafa de Dom Pérignon no valor de 200 dólares, uma semana de férias no Caribe com tudo pago, e diversos vídeos da série *Girls Gone Wild*. Milhares de criminosos presos receberam ajuda emergencial de custo de vida.[12] "Apenas tomamos a decisão calculada de ajudar o máximo de pessoas possível", afirmou Donna Dannels, diretora adjunta interina de reconstrução da FEMA, falando ao comitê de fiscalização do Senado, um ano depois, "e retornar [posteriormente] para identificar aquelas às quais ou pagamos equivocadamente ou [que] nos fraudaram".[13] Dannels fez essa declaração depois que um estudo independente do escritório contábil do governo federal revelou que até US$ 1,4 bilhão – um quarto do montante total distribuído pela FEMA depois do desastre – foi perdido em fraudes e abusos.

No geral, são duas as bases nas quais se tomam as decisões: *pragmatismo* ou *princípios*. A decisão pragmática procura resolver o problema imediato da forma mais conveniente, assim como a FEMA diante do *Katrina*. No pensamento pragmático, a tendência é abarcar os benefícios imediatos e aliviar o sofrimento imediato, mas se produzem consequências inesperadas muitas vezes com desdobramentos permanentes. Se a FEMA fosse uma empresa privada, por exemplo, as perdas por fraude seriam ofuscadas pela perda de sua credibilidade e reputação. Quem escolheria investir em uma seguradora que reembolsasse a compra de vídeos *Girls Gone Wild*? Que possível explicação pode remediar a impressão deixada pela escolha no mercado?

Durante um dia de trabalho, todos somos obrigados a tomar decisões. Se formos autogovernantes e adotarmos uma atitude de liderança, tomamos ainda mais decisões. Que tipo de aeronave iremos construir? Como deve ser o projeto? Que tipo de pessoal devemos contratar? O que devo dizer quando retornar essa ligação? Líderes estão constantemente tomando decisões, e uma determinada equipe ou organização talvez tome centenas, se não milhares, de decisões todos os dias. Se cada um de nós tomar as decisões com base em considerações pragmáticas imediatistas – o que parece bom, o que faz o problema desaparecer, o que fecha o acordo – os erros das consequências inesperadas – como os vídeos *Girls Gone Wild* – formam uma espiral incontrolável. É impossível controlar ou imaginar os desdobramentos de todas essas decisões imediatistas.

O que aconteceria, por exemplo, se, depois de uns bons 15 minutos calculando ou explicando como chegou aos números, você colocasse todos os seus clientes em uma sala e saísse. O que pensariam de você se eles começassem a comparar as observações?

"Ah é, eles deixam você testar por seis meses? Eles me disseram que não permitem testes."

"Você conseguiu um contrato de três anos? Eles me disseram que fazem apenas contratos de cinco anos, não importa o que aconteça."

Em um mundo transparente e conectado, isso ocorre diariamente, tanto física quanto virtualmente. E não apenas nas práticas comerciais, mas no comportamento individual, também. Comparar observações é fácil e barato, e fazemos isso inúmeras vezes ao dia com a vasta quantidade de informações armazenadas e a tecnologia da comunicação ao alcance da ponta dos dedos. Isso valoriza a consistência. O universo do **como** exige conduta que produza continuidade autossustentável e duradoura, que crie confiança e ainda mais alinhamento entre você e o mundo ao seu redor. Proponho uma ilação baseada na famosa citação de Mark Twain sobre dizer a verdade (embora não tão eloquente): "Sempre aja baseado em princípios. Dessa forma, você não terá de controlar todas as consequências esperadas e inesperadas dos seus atos".

A visão através da lente do **como** propicia as decisões baseadas em princípios – uma base sólida e central de crenças, que expressa os valores duradouros. Em um mundo transparente, onde tudo que pode ser descoberto será descoberto, somente a decisão baseada em princípios direciona o tipo de propósito consistente necessário para criar confiança e reputação. Também se fica mais eficiente e flexível quando se age baseado em princípios e não no pragmatismo. Como não se perde tanto tempo dançando conforme a música ou comparando os ganhos imediatos, consegue-se agir mais intuitivamente e com mais clareza, sem lentidão ou de forma calculada. A melhor decisão possível fica mais imediatamente visível porque resulta dos seus valores mais profundos. Você agirá com mais certeza, confiança e crença nas escolhas.

Para se tornar mais perseverante e autossustentável, é necessário focar o pensamento através da lente do pensamento baseado em princípios, e deixar aquelas considerações baseadas nos valores expressar tudo que você faz ou diz.

Ser Rigoroso Com a Verdade do Presente

Logo depois de Steve Wynn inaugurar o hotel epônimo Wynn Las Vegas em 2005 com grande alarde e aceitação, percebeu um problema.[14] Os crupiês e funcionários das salas de jogos dos cassinos do Wynn são geralmente os mais bem pagos da indústria e retiram a maior parte da receita de gorjetas que são acumuladas e divididas entre o pessoal de atendimento das mesas de jogos. "Cometi um erro", ele me disse de Macau, onde estava trabalhando no seu mais recente projeto. "Ocorreu que, infelizmente, os crupiês estavam ganhando toda a gorjeta, e os atendentes e supervisores das salas de jogos, que servem os clientes lado a lado com os crupiês não estavam recebendo nada, o que quer dizer que os crupiês estavam ganhando muito mais do que seus supervisores. Essa disparidade provocou insatisfação e ressentimento entre os atendentes das salas de jogos, que achavam aquilo injusto. Além disso, por causa da estrutura invertida de compensação, tive dificuldades no recrutamento de crupiês para promover e passar a supervisores. O cassino estava sendo prejudicado."[15]

Somente é possível arriscar, como sabemos, quando se tem um sólido alicerce de confiança. A confiança (T, **trust**) permite arriscar (R, **risk**), que permite inovar (I) e levar ao progresso (P): **viagem** (*trip*). Mas quando erros são cometidos e percebidos, o líder tem apenas duas opções: deixar como está e absorver os custos ou gastar os recursos necessários para corrigi-los. No caso de Wynn, a escolha ficava entre uma estrutura de compensação injusta e invertida, prejudicial ao crescimento das operações, e a aniquilação do estado de espírito dos crupiês, alterando o pacote de remuneração e arriscando perder a confiança deles. "Era um cenário terrível", disse Wynn. "Pensei no assunto durante meses, mas não podia deixar como estava. Essa foi a primeira vez em toda a minha carreira que tive de voltar atrás e fazer algo que prejudicaria o pacote de compensação dos meus funcionários. Senti como se estivesse arrancando um dos meus dedos."

Não importa quão dolorosa ou pessoalmente embaraçosa seja a verdade, líderes avançam e enfrentam de cabeça erguida. No decorrer de muitas reuniões cara-a-cara, Wynn disse aos crupiês que estava reestruturando a forma de divisão das gorjetas visando recompensar mais aqueles que progrediam e aceitavam mais responsabilidade. "Disse que havia cometido um erro, que meu trabalho exigia tratar todos igualmente, que um grupo deles estava sendo prejudicado e que realizaria mudanças. Eu disse, 'Vejam, estou à disposição, vou me reunir com cada funcionário desta companhia, cada crupiê, porque devo a vocês hoje e sempre uma explicação do pensamento por trás das decisões, principalmente de uma decisão que afeta a vida de vocês.'"

Apesar dessa transparência, os crupiês previsivelmente (e talvez justificadamente) ficaram contrariados. Mesmo depois de muitas discussões, alguns entraram com ações judiciais nos tribunais regionais e junto ao comitê trabalhista. No fim, essas ações foram retiradas. Mesmo depois da gravidade e combatividade de uma ação judicial, no entanto, Wynn fez algo extraordinário. "Chamei os caras que me processaram para tomar um café", ele disse. "Eu disse a eles o quanto os respeitava por defenderem claramente o que consideravam seria o certo. Disse que não apenas não tinha nenhum ressentimento, como efetivamente sentia que estavam certos em promover o que achavam certo, e ter a coragem de se expor para lutar e não apenas ficar resmungando às escondidas. Também estou me reunindo com todos os funcionários para dizer quão orgulhoso estou do fato de, embora discordarem de mim e embora acharem que eu tivesse tomado a decisão errada, jamais, em nenhum momento deixaram isso interferir no ambiente do cassino em relação ao tratamento dos clientes."

Wynn, e ninguém em sua posição quando surge algum problema, teria muitas alternativas de evitar tomar alguma atitude direta. Muitos de nós somos os últimos a receber memorandos, mensagens eletrônicas ou declarações delegadas do alto escalão da organização dando-nos más notícias a respeito do nosso emprego. Mas Wynn decidiu enfrentar o problema de cabeça erguida e de forma direta. Perguntei por que ele havia escolhido aquele caminho. "Quando você toma alguma decisão que considera ser o certo visando o benefício futuro da empresa, ainda pode estar errado", disse. "Ela pode estourar na sua cara; pode ser embaraçoso, humilhante ou até catastrófica; mas isso não é de jeito nenhum uma desculpa para não tomar tal decisão, nem de informá-la abertamente diante dos outros. Isso provavelmente seja a essência da liderança."

É impossível construir um arranha-céu como o Wynn Las Vegas sobre um alicerce que não seja sólido, ou pior, que você "meio que acredita" seja sólido. É impossível aterrissar um foguete no mar da Tranquilidade se não souber se a superfície é de rocha ou poeira. O líder precisa saber, portanto o líder é rigoroso com a verdade do presente. Quanto mais rigoroso for com a verdade da condição presente – o que é sólido e o que não é, o que funciona e o que não funciona bem – melhor se conseguirá buscar o futuro. Um líder descasca as peles da cebola para chegar à verdade, não importa quão difícil ou efêmera ela possa ser. Líderes acreditam seja saudável formular perguntas difíceis, lançar ideias de um lado ao outro, confrontar problemas quando surgem, combater com a verdade até o fim. Receber más notícias, saber o que está quebrado, saber o que está abalando, saber onde está a sala de jogos e onde os verdadeiros matadores do futuro se escondem. Para tornar a visão uma realidade, não se pode ter medo de ver tudo que precisa ser visto.

O contrário da verdade rigorosa significa favorecer alguns pontos cegos ou viver em estado de negação e superficialidade plausível, hábito que o líder deve banir do seu pensamento e da sua abordagem. Líderes devem saber quão

A Estrutura de Liderança

307

sólido é o alicerce antes de saltar, construir arranha-céus e inovar, e ser rigoroso com a jornada ao longo do caminho.

Refletir, Principalmente Sobre Sua Própria Essência

Assim como a maioria de nós aprecia situações de harmonia, simplicidade, síntese e coerência, em nenhuma circunstância elas ocorrem o tempo todo. Até os monges que vivem nas montanhas têm de sofrer para conseguir alguma refeição decente de vez em quando (embora produzam muita paz espiritual, seus lucros e perdas deixam algo a desejar). Com muita frequência, nosso mundo está cheio de conflitos, complexidade e ambiguidade. Para se tornar uma pessoa capaz de acertar nos **comos**, de concentrar-se não apenas no **o quê** dos resultados, mas, ao mesmo tempo, no **como** fazer **o que** fazemos, é preciso aprender a sentir-se bem nessas condições. Ser autogovernante significa refletir, principalmente sobre sua própria essência.

Nossas virtudes são normalmente nossos vícios. Advogados são treinados para argumentar e tendem a ganhar inúmeras argumentações. As pessoas dispostas a ganhar as argumentações, no entanto, muitas vezes enfrentam um desafio na esfera das relações pessoais, porque o relacionamento raramente é uma questão de ganhar ou perder. Portanto, vendo através da lente do **como**, um advogado dedicado a fortalecer suas sinapses com os outros pensa: Em que momentos falo demais? Em que momentos escuto? Em que momentos costumo argumentar? Em que momentos advogo com cautela? Será que consigo convencer? Será que não? Será que a "ola" realmente vai acontecer? Será que as pessoas realmente levantam porque se sentem inspiradas ou levantam porque foram motivadas por mim? É preciso refletir sobre nossas virtudes e nossos vícios e ser rigoroso com nossas verdades.

"Logo depois de me tornar CEO da Pfizer", disse Jeff Kindler, "estava sendo entrevistado para um vídeo interno dirigido a nossos mais de 100 mil funcionários. Perguntaram-me a respeito de mudanças na companhia, e eu disse algo como: 'Talvez seja necessário realizar mudanças importantes na empresa; talvez seja necessário implementar inúmeras ações para mudar', e blablablá. Estava usando inúmeros jargões e um discurso corporativo. E, então, percebi o que estava fazendo. Estava no limite da enrolação, e parei e disse, 'Espere um pouco, deixe-me corrigir isso. Deixe-me esclarecer bem sobre o que estou falando. Haverá cortes de custos, e haverá demissões, e as pessoas perderão o emprego'". Foi a primeira grande comunicação de Kindler com a organização, e foi sua primeira oportunidade de mostrar que tipo de líder ele seria. Embora houvesse ficado vulnerável diante de 100 mil pessoas, a habilidade de Kindler de refletir no momento certo possibilitou-lhe estabelecer um verdadeiro curso de mudanças na companhia. "Foi uma fala dura", reconhece, "mas foi verdadeira, e acho que as pessoas respeitaram o fato de não estar as enchendo de conversa fiada com um discurso corporativo. Desde então, tenho recebido comentários de que as pessoas na Pfizer apreciam o fato de alguém falar diretamente a elas, de admitir que temos sérios desafios e sérios problemas para enfrentar."[16]

A autorreflexão ilumina o caminho em uma jornada de autoaperfeiçoamento, orientando tanto nos bons momentos na colina da nota A como nas dificuldades no vale da nota C. Autogovernar-se significa trabalhar em si próprio e tentar executar tudo melhor, ano após ano e semana após semana. Assim como os monges, jamais atingiremos a perfeição, mas, se refletirmos, não apenas melhoraremos, como também desenvolveremos uma espécie de conscientização simultânea como a de Jeff Kindler, a capacidade de enxergar os **comos** em tudo que fazemos, à medida que formos fazendo.

A falta de reflexão o torna superficial e estanque. Você pode ganhar muitas argumentações, motivar muitas ações, demonstrar as características superficiais de liderança do discurso corporativo, e até obter algum sucesso, mas irá trabalhar mais para isso, e, eventualmente, as pessoas começarão a enxergar suas limitações como líder.

Chegar ao Ponto Sem Volta

Você se lembra da primeira vez em que chegou até a borda de uma rampa de salto bem alta da piscina? Incitado pelos amigos que, apesar de todo o bom senso, gritavam para pular, você foi chegando até a borda, olhou para baixo e imediatamente desejou estar em qualquer outro lugar menos ali. Naquele momento, você percebeu, talvez pela primeira vez na sua vida, que conscientemente caminhou até um ponto sem volta. Se voltasse se arrastando de joelhos e não pulasse, percebeu, seus amigos o chamariam de um monte de coisas de que não gostaria de ser chamado. Se pulasse, no entanto, sentiu que talvez pudesse morrer. Frio na barriga, tentativa de conter o riso nervoso, nada havia de confortável naquele momento. Nada era mais assustador.

Alguns de nós pularam. Alguns de nós voltaram se arrastando, apenas para retornar no dia seguinte e conseguir pular. Alguns de nós, até hoje, jamais mergulharam. Mas antever, por definição, significa explorar o desconhecido, ir a locais novos, arriscados e potencialmente assustadores. É impossível pousar na Lua se não caminharmos bem além da colina atrás da nossa casa. Quando se está tentando criar um futuro melhor, todos os dias é preciso ir a lugares onde jamais se esteve, até o ponto sem volta. O que acontece toda vez que se chega ao ponto sem volta? Você supera seus limites e escancara novos terrenos de possibilidades. A cada desafio aceito, sua habilidade melhora para o próximo confronto. Dar o primeiro passo para sair da colina da nota B, abandonando o conhecimento fácil e confortável ali para buscar o domínio na colina da nota A é um ponto sem volta. Forçar-se a perguntar algo nesta semana que na semana passada você teve vergonha demais para perguntar é um ponto sem volta. Quando você dá esse passo, sabe das dificuldades existentes adiante no vale da nota C. Aqueles que não se convencerem a dar esse passo ficarão confinados no caminho da resistência mínima. A atitude de liderança orienta a seguir o caminho da resistência máxima e transformá-lo no caminho da resistência mínima.

Ser Apaixonado e Otimista

A sede da LRN fica a alguns quilômetros do oceano Pacífico, em Los Angeles, e, desde que criei a empresa em 1994, tenho me esforçado para recrutar pessoalmente as pessoas mais talentosas que puder encontrar. Inevitavelmente, quando identifico e procuro algum candidato em potencial que more em outra cidade, acabamos em um debate do tipo prós e contras sobre os méritos relativos de seja lá onde quer que eles morem e Los Angeles. Cada vez que tenho essa discussão, ela soa misteriosamente igual. A cidade **deles** tem muita atividade cultural, a **minha** cidade tem muita atividade cultural; a cidade **deles** tem excelentes restaurantes, a **minha** cidade tem excelentes restaurantes; e, de um lado ao outro, continuamos nessa contabilização de pontos positivos e negativos. Mas no final, com tudo computado, uso meu trunfo. "As duas cidades são maravilhosas", digo, "mas, todos os quesitos estando empatados, minha cidade tem um incentivo extra, porque, em Los Angeles, temos Sol, e

Sol é aquele quesito cujo brilho reflete sobre todas as demais qualidades, tornando-as bem melhor." Nos negócios, isso é o que faz a paixão. Paixão é como o Sol refletindo em tudo; torna tudo muito melhor.

Paixão é a diferença entre o despertar de manhã e uma corporação global. O presidente da Starbucks, Howard Schultz, produz uma boa xícara de café, mas ele é apaixonado por criar um ambiente de trabalho repleto de dignidade e respeito pelos funcionários, clientes e fornecedores. A paixão de Schultz se espalha, como o aroma dos grãos torrados de café, por toda a organização e suas muitas lojas, inspirando todos, atraídos pelo perfume. E isso faz toda a diferença do mundo.

"Ou você sente um tremendo amor pelo que faz, e é apaixonado por isso, ou não", declarou Schultz a revista *BusinessWeek*. "Portanto, quer esteja conversando com algum barista, cliente ou investidor, eu realmente transmito como me sinto em relação à nossa empresa, à nossa missão e aos nossos valores. É a nossa paixão coletiva que produz a vantagem competitiva no mercado, porque amamos o que fazemos e ficamos inspirados a fazer melhor. Quando se está rodeado de pessoas que compartilhem uma paixão coletiva em torno de um objetivo em comum, não há palavras para descrever o que se pode realizar."[17]

É necessário paixão para começar uma "ola". É preciso virar para a pessoa à sua direita, verdadeiramente convicto de que, se fizerem a "ola", ajudarão o time a ganhar. Se não houver paixão nisso, a "ola" jamais ocorrerá. Sem paixão, a pessoa se torna complacente, e a complacência não leva a lugar nenhum. "Paixão é tudo", afirmou Steve Wynn. "Ela surge de partes estranhas da psique humana, de um tipo de avaliação introspectiva, profunda e penetrante do que se faz, e desencadeia uma quantidade fenomenal de energia que permite grandes reflexões e um profundo entendimento dos seus clientes e funcionários. E produz um acorde harmonioso, profundo e de autorrealização. Ela ecoa. E, quando isso acontece, você sai em busca. Não se sente cansado e nem como se estivesse trabalhando. Simplesmente é consumido pela noção de que, se conseguir realizar o trabalho, será significativo; será maravilhoso, e, assim, sai em busca. Isso é o que todos chamamos de paixão."

A paixão pode ser expressa de qualquer modo que quiser. Você pode redigir uma mensagem eletrônica com paixão, falar com paixão ou criar uma planilha eletrônica com paixão. Paixão é o tempero que melhora muito o sabor de todos os demais ingredientes. Algumas pessoas expressam sua paixão, simplesmente comparecendo todos os dias pontualmente, firmes como uma rocha. A paixão alimenta o convencimento, o alinhamento e a comunicação. Alguma vez você já foi convencido por algum argumento que não fosse transmitido com paixão? Paixão é o Sol, e líderes são apaixonados. "Você pega dois corredores", disse Massimo Ferragamo, "um que possui uma força física incrível e outro que corre com paixão, e você sabe que o segundo irá vencer, mesmo que custe a sua vida. Trabalhar com paixão é um recurso inacreditável. Uma pessoa com vontade e paixão realiza três vezes o trabalho de outra. Mas nem se trata tanto de quantidade de trabalho; trata-se de outra questão. A questão é que essa pessoa arrasta multidões; tem seguidores; impulsiona e lidera, e, assim, realiza muito mais."[18]

O **otimismo** anda lado a lado com a **paixão**. Será que os EUA teriam gasto dez anos tentando pousar na Lua se acreditassem na possibilidade de decolar e fracassar? "Sou um otimista", declarou certa vez *Sir* Winston Churchill. "Parece inútil ser diferente".[19] Pessoas autogovernantes não se permitem cogitar a ideia de não pousar na Lua. Elas não guardam na mente a opção de dizer: "Escolho o sucesso e não o fracasso". Elas apenas anteveem como irão pousar na Lua. Elas são dotadas daquela energia positiva e apaixonada.

O último pensamento pode parecer – bem – otimista. Mas existe uma força importante escondida no otimismo, o poder da crença ilimitada. O pessimista possui crenças limitadas. A dúvida e o medo do fracasso, naturais a todos que tentam realizar algo grande, invadem assustadoramente seu cérebro e ossificam-se ali, criando atrito e dissonância, aprisionando a força surpreendente que o cérebro pode liberar quando cheio de crença. A única maneira de chegar ao nível seguinte, de atingir o ponto sem volta e superá-lo, é não gastar absolutamente nenhum tempo contemplando a alternativa. "O otimismo permanente é uma força multiplicadora", afirmou o ex-secretário de estado norte-americano general Colin Powell.[20] Helen Keller, que possuía visão além do que seus olhos podiam visionar, conhecia o ponto sem volta, disse: "Nenhum pessimista jamais descobriu o segredo das estrelas, ou navegou até terras não descobertas, ou abriu um novo firmamento para o espírito humano".[21]

Buscar Significado

Quando estava no ensino médio, Bill Gates e os amigos dele ficavam à toa maravilhando-se com o que vislumbravam ser um futuro inquestionável. "Não conseguíamos acreditar que ninguém enxergasse o que enxergávamos", ele disse em recente entrevista na televisão, "que os computadores pessoais mudariam o mundo". Isso foi bem antes da reunião decisiva com a IBM quando Gates e Paul Allen perceberam que, se eles simplesmente tivessem um sistema operacional, poderiam mudar o mundo (então eles saíram em busca e adquiriram um, que venderam de volta para a IBM, nascendo, assim, a Microsoft).

É praticamente impossível ficar inspirado e desenvolver a paixão a menos que se tenha uma missão importante. A jornada até a autogovernança é inspirada pela busca de significado. Líderes acreditavam que a chegada à Lua beneficiaria a humanidade, não apenas traria o lucro para as empresas. Líderes acreditam em ideias. Fundei a LRN baseado na ideia de que o mundo seria um lugar melhor se mais pessoas fizessem o certo! Líderes pensam em si como construtores de catedrais, não como assentadores de tijolos. A missão, seja pessoal ou organizacional, precisa ser importante, algo que valha a inspiração ou a paixão. Pode ser o item número dois da lista ou pode ser o número três, mas precisa constar da lista de itens importantes. Jamais se encontra o poder duradouro e autoperpetuante, buscando o trivial. A paixão e o otimismo incitam aqueles que assumem a atitude de liderança a participar de empreendimentos de importância transcendental.

Significado quer dizer realizações diferentes em estágios diferentes da vida. O jovem, por exemplo, muitas vezes têm menos tempo e recursos do que os mais idosos e mais estabelecidos na vida para se dedicar a devolver para a comunidade. O mais bem-sucedido entre nós pode sentir que suas realizações sozinhas rendam uma vida de significado. Mas a busca de significado da qual estou falando é a atitude voltada a servir aos outros, voltada a dedicar alguma parte de cada estágio da vida a melhorar vidas. Até o mais bem-sucedido precisa sempre comparar seus esforços com os mais altos padrões de serviços prestados aos outros. Com essa troca, antevendo os esforços a serviço de um mundo melhor, adota-se uma atitude que conduz além do imediato e trivial rumo ao extraordinário e excepcional. Se você conseguir buscar significado dessa forma, então, e somente então, atingirá o verdadeiro sucesso.

Círculos em Círculos, Parte Dois

E assim circunavegamos a lente do **como** e voltamos ao ponto de partida, antevendo um futuro melhor pela busca de significado. E, assim, circulamos mais uma vez.

Assim como o sextante de um navio direcionado às estrelas, essa lente – a estrutura de liderança – ajuda a navegar no seu caminho pelo universo do **como**. Adotando uma atitude de liderança e concentrando os esforços e as perspectivas nas áreas discutidas aqui, você começará a preencher as sinapses ao seu redor com confiança, alinhamento, transparência, inspiração e paixão. Começará a criar "olas", talvez pequenas no início, mas com efeitos imediatos e duradouros. Mais que uma simples maneira de ver, a estrutura de liderança possui todas as qualidades que tentei inserir neste livro: é um sistema cujas várias partes reforçam-se mutuamente; é uma estrutura de ideias sobre a qual podem ser criadas estruturas de entendimento; é uma constituição, formada e movida pela abordagem do mundo baseada nos valores; e está profundamente impregnada na noção de autogovernança, na ideia de que o sucesso definitivo jamais virá de fora, mas, ao contrário, de dentro dela.

Como a estrutura de liderança circula em torno de si mesma, assim também agora o livro circula em torno de si. Começamos nossa jornada juntos com a história de Krazy George Henderson e sua primeira "ola", e se você retomar agora aquela primeira história e reler a descrição de George daquele dia fatídico, verá que, inconscientemente, as ideias do universo do **como** e da estrutura de liderança estavam tão vivas nele quanto agora estão em você. Ele sabia que havia algum modo de buscar suas metas – um conjunto de **comos** – mais poderoso, mais eficaz, mais autossustentável e mais significativo do que outros. Eu imprimiria a história para você, mas provavelmente seja mais fácil você mesmo folhear até o prólogo e lê-la novamente.

Ademais, tudo tem de acabar em algum momento.

A ESTRUTURA DE LIDERANÇA

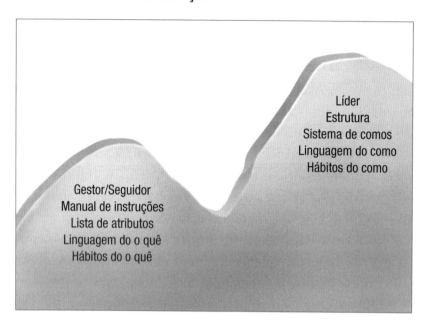

Epílogo

"Podemos ser cultos com a cultura de outros homens, mas não podemos ser sábios com a sabedoria de outros homens."
– Michel de Montaigne, ensaísta (1533-1592)

Espera-se que o dono de um restaurante entenda de prestação de serviços, mas Danny Meyer, fundador do Union Square Cafe da cidade de Nova York, uma das organizações de restaurantes de maior sucesso, vai além. "Vivemos em uma era de negócios muito recente", afirma Meyer em seu livro, *Hospitalidade e Negócios*. "Estou convencido de que hoje vivemos na **economia da hospitalidade**, não mais só na era do atendimento ao cliente. Não basta oferecer um produto melhor ou cumprir o prometido para o negócio ser diferenciado. Sempre haverá alguém que fará ou produzirá tão bem quanto você. O que o distingue é a maneira como você faz o cliente se sentir ao usar seus produtos. . . . Prestação de serviços é um monólogo: nós estabelecemos os padrões de atendimento. Hospitalidade é um diálogo: ouvimos as necessidades do cliente e as atendemos. Para chegar ao topo, são necessários tanto um bom atendimento quanto hospitalidade."[1]

Hospitalidade. Como o cliente se **sente**. Esses conceitos transcendem a indústria da gastronomia e são aplicados a qualquer negócio no universo do **como**. Meyer está falando de **experiência**. Em uma sociedade dialógica, não basta mais só atender ao telefone no segundo toque ou ter sempre um sorriso no rosto; no mundo transparente e conectado de hoje, não se olha mais para o representante da prestação de serviços, olha-se como as empresas e as pessoas com as quais se mantêm negócios contratam os serviços e interagem entre si. A experiência importa em um mundo onde as inter-relações importam. E não apenas a experiência do cliente, mas a do fornecedor, funcionário, colega, vendedor, concorrente, órgão regulador e da mídia, todas as interações existentes entre todos em um dia de trabalho. A experiência está se tornando o grande diferencial.

Será que é possível **criar** experiência?

Será que é possível escrever um manual das melhores práticas que proporcionem uma experiência interpessoal consistente para toda a organização ou equipe?

Será que **experiência** é algo que se cria, ou algo mais efêmero, mais dependente da capacidade de cada indivíduo agir de forma independente e consistente visando o melhor interesse do grupo?

Vou questionar de outra forma. No estudo influente dos hábitos e das práticas de empresas visionárias, *Built to Last*, Jim Collins e Jerry Porras pesquisam o que denominam "ideologias básicas das empresas visionárias".[2] Conforme a definição deles, ideologias básicas proporcionam "orientação e inspiração às pessoas **dentro daquela companhia**". Estes são alguns aspectos listados por eles:

- 3M: inovação, tolerância.
- American Express: atendimento heróico ao cliente.
- Citicorp: expansionismo, atuar fora e à frente, agressividade, autoconfiança.
- Philip Morris: vitória.
- Procter & Gamble (P&G): autoaperfeiçoamento contínuo.
- Merck: excelência

Todas essas empresas são surpreendentes, cada uma com uma longa história de sucesso e realização. Mas pergunto: será possível **criar** inovação? Expansionismo? Vitória? Será possível **criar** excelência? Será que um atendimento ao cliente, heróico ou vitorioso, consegue inspirar? Será possível se orientar nos esforços diários por agressividade e autoconfiança? Tanto quanto o pioneirismo do livro de Collins e Porras naquela época (e eu criei a LRN baseado em muitos dos seus preceitos), o mundo evoluiu substancialmente desde então. Enquanto *Built to Last* continua sendo um trabalho visionário e sua abordagem, fundamentalmente sólida, hoje se consegue enxergar com mais profundidade o que existe na verdadeira essência das empresas de sucesso. A nova lente do **como** mostra que o que Collins e Porras viram como "ideologias básicas" não são suficientemente **básicas** para seguir pela estrada à frente. Eu não acho que seja possível **criar**, ser **orientado por** ou, acima de tudo, ser **inspirado por** qualquer dessas coisas. Elas são decorrentes, resultados **obtidos** quando se inova no **como**.

Não se pode **criar** autoaperfeiçoamento, mas, se em cada mensagem eletrônica, conversa, reunião e tarefa você pensar como líder, estará se aperfeiçoando. Não se pode **criar** tolerância, mas, se em cada interação se esforçar para preencher as sinapses entre você e os outros com confiança, **obterá** tolerância e muito mais. Não se pode **criar** excelência ou vitória, mas, se acreditar em um conjunto de valores básicos e buscar a expressão desses valores em tudo que fizer, oferecerá mais excelência aos outros e, no universo do **como**, vencerá. Vimos isso em outras áreas de negócios. Na área de recursos humanos, descobriu-se há muito tempo que não se pode **criar** retenção de funcionários; estes permanecem ou vão embora de acordo com a inspiração, compensação e realização no trabalho. O movimento da qualidade mostrou que não se pode **criar** qualidade; esta é **obtida** a partir do compromisso de eliminar as ineficácias do processo de criação. A lente do **como** possibilita enxergar mais profundamente a verdadeira essência do que produz o sucesso perpétuo e perene, passando pelo **criar** até chegar nos valores e nas crenças que realmente formam a inspiração e os vínculos comuns do esforço coletivo.

Portanto vamos retomar a primeira pergunta: Será que é possível **criar** experiência? Obviamente não. Grandes experiências resultam de grandes interações, e grandes interações decorrem de acertar nos **comos**, de criar fortes sinapses com todos ao seu redor, e de inspirar aqueles à sua volta a fazer o mesmo. Estas são algumas das grandes mudanças existentes nos negócios hoje:

- Da conscientização da marca para a promessa da marca.
- Do atendimento ao cliente para a experiência do cliente.
- Da gestão da reputação para a aquisição de boa reputação.

EPÍLOGO

Todas essas grandes mudanças surgem quando se acerta nos **comos**, quando se estabelece uma relação com algo mais profundo do que ideias, algo que libere o poder de criar "olas" em tudo que se faz: **valores**. E todas essas mudanças estão acontecendo e ficaram recentemente críticas para o êxito, porque a enorme mudança na conectividade e transparência desde o início do século XXI as trouxe para frente.

O filósofo Henry Sidgwick falava do paradoxo do hedonismo, a ideia de que, se você buscar a felicidade diretamente ela tende iludi-lo, mas, se buscar algum propósito maior e mais significativo, conseguirá atingi-lo.[3] O problema com as ideologias básicas de Collins e Porras está no fato de estarem voltadas diretamente ao benefício, visando apenas o "IP" (inovação e progresso) da **viagem** (*trip*), negligenciando o que se precisa para chegar lá. Assim como a felicidade, se alguém almejar fins, como inovação, progresso e vitória, conseguirá atingi-los melhor, buscando os valores que possam conduzi-lo até lá: **confiança**, **honestidade**, **integridade**, **consistência** e **transparência**. Os valores inspiram e são mais profundos e mais poderosos do que as ideologias.

Como se mede o sucesso? Pela quantidade de dinheiro que possui? Pelo número de prêmios que ganha? Pelo nível de respeito que tem dos pares? Pelo quanto contribui para o mundo? Pelo amor da família e dos amigos? Pela quantidade de bens que possui? Pelo número de vidas que salva? Se você for como a maioria das pessoas, provavelmente seja uma mistura de tudo isso e outros itens, em graus e proporções variados. **Mas quando tudo isso resulta em sucesso?** No início do livro, falamos do paradoxo da jornada, como, às vezes, você precisa brigar com as ideias novas e perspectivas novas até internalizar e transformá-las em "arte desprovida de arte", e como esse período de luta muitas vezes significa esforços além da competência e do conhecimento fácil. Quando largar este livro, talvez você tenha aquela experiência com essas ideias também, muito embora este livro esteja quase terminando, sua jornada no universo do **como** está apenas começando.

Antes de nos separarmos, quero deixar mais um paradoxo, o paradoxo do sucesso, e é uma conclusão baseada no paradoxo da felicidade. Não se pode **criar** sucesso; não se pode atingi-lo, buscando-o diretamente. O sucesso é algo que se obtém quando se busca algo maior que si mesmo, e a palavra que uso para descrever esse algo é **significado**. Todas as medidas do sucesso têm uma característica em comum: elas significam a importância da sua passagem pela vida. Você pode partir em uma jornada de significado – uma jornada para fazer, produzir, difundir, criar e sustentar a importância no mundo; e, acredito, no espírito do Credo da Johnson & Johnson, essa é a jornada que **deve** trazer-lhe sucesso, não importa como ele seja medido.

A busca do significado, no fim, é o **como** definitivo.

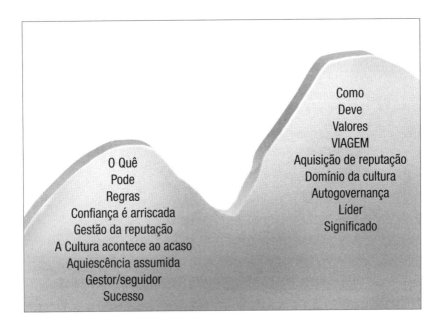

Os COMOS Importam

Quando a 1ª edição de ***Como*** foi publicada, tinha consciência de que o mundo gira mais rápido do que o livro. Eu escrevi, nessa mesma página, que as páginas do livro haviam captado o meu melhor pensamento e a informação mais atualizada à minha disposição na época da sua primeira impressão. Mas em quase todo estágio do processo de redação – rascunho, revisão, refinamento, correção e publicação –, e nos dias e meses que se seguiram, nosso mundo hiperconectado e hipertransparente continuou a acrescentar novas dinâmicas e questões a serem consideradas. É assim que deve ser e certamente foi assim que aconteceu. E, sem dúvida, é assim que continuará acontedendo no futuro.

Como é uma lente, uma maneira de enxergar e entender essas mudanças, conforme elas vão ocorrendo. Por isso lancei www.HowsMatter.com, para continuar esse diálogo *on-line* sobre tudo que envolve o **como**. Muitos dos líderes do pensamento que aparecem nesse livro e inúmeros outros que têm espalhado a onda do **como** pelo mundo vem, desde então, contribuindo para a discussão.

Com essa edição de ***Como***, eu me comprometo a manter a discussão viva e trazer energia renovada a ela. Junte-se a nós *on-line*.

Nosso esforço virtual tenta capturar, em tempo real, a conversa multidisciplinar incorporada nessas páginas. Também procuramos oferecer ferramentas úteis – uma versão colorida, que pode ser descarregada no seu computador, da estrutura de liderança, um curso interativo sobre **como**, mais estudos e dados que confirmam as hipóteses apresentadas nesse livro, entrevistas, vídeos, artigos e mais –, tudo para ajudá-lo aumentar e aprofundar seu entendimento do **como**.

Esperamos vê-lo em www.HowsMatter.com.

Dov Seidman

Agradecimentos

Escrever um livro foi uma jornada diferente de qualquer outra que realizei, e, assim como a maioria das jornadas, não seria possível sem o amor, o apoio, o incentivo, as críticas e opiniões, e o esforço incansável de muitas pessoas que me acompanharam na jornada. Sei que terei oportunidade de sentar com cada uma delas e expressar minha profunda gratidão pelo significado da contribuição delas para mim. Até lá, gostaria de agradecer aqui.

Joni Evans, originalmente minha agente na William Morris e agora uma querida amiga. Você me fez acreditar e confiar que eu tinha um livro dentro de mim, e que ele seria certamente útil para os outros. Sua permanente mentoria e orientação, ajuda substancial, entusiasmo e inspiração proporcionaram-me rara forma de incentivo. Você esteve presente em cada passo no caminho. Estou profundamente grato. O mundo precisa de mais pessoas como você.

Jennifer Rudolph Walsh e Jay Mandel. Junto com a equipe da William Morris, vocês entraram no projeto e abraçaram-no com a mesma paixão e compromisso, e me viram cruzar a linha de chegada. Sinto-me privilegiado em contar com vocês dois do meu lado.

Pamela van Giessen, minha editora na John Wiley & Sons. Você acreditou em mim e, acima de tudo, teve uma visão para este livro muito mais significativa do que a que lhe apresentei. Enxergou que o **como** é para pessoas, e não apenas para as instituições nas quais elas trabalham. Sentiu a repercussão deste material, moldou e formatou-o conforme fomos caminhando e, assim, evitou que eu saísse do curso. Talvez, o mais importante, prometeu excluir a palavra ética se a mencionasse sempre no texto, forçando-me a refletir a respeito dessas questões de forma mais profunda e mais universal. Você foi, em apenas uma palavra, visionária. Agradeço a toda a equipe da John Wiley & Sons, principalmente a

Jennifer MacDonald, Nancy Rothschild, Alison Bamberger e à extraordinária Mary Daniello, pelos seus cuidados e esforços para ver este livro nas prateleiras.

Nelson Handel, o tempo todo, deu contribuições editoriais ímpares. Você me ajudou a contar melhor a história e elaborar as ideias. Nossa colaboração – intelectual e literária – foi intensa, e o livro ficou muito melhor por isso. Ninguém argumentou comigo como você. Obrigado.

Nenhum livro que tenta abranger esse tanto de material seria possível sem uma equipe talentosa e entusiasmada de pesquisadores. A paixão da equipe pela mensagem e a incansável busca possibilitaram descobrir muitas pedras preciosas que deram brilho à história. Liza Foreman, Lisa Derrick, Maureen Brackey, Brian Hong e principalmente Diane Wright por seus meticulosos esforços, agradeço a cada um de vocês por suas contribuições. Gostaria também de agradecer a Catherine Fredman e Mark Ebner pelas suas contribuições editoriais adicionais; Adam Turteltaub pelo seu apoio e pesquisa interessada; Caroline Heald, obrigado pelo seu auxílio atencioso, e Dave Lambertsen por suas ilustrações.

Sou privilegiado de ter-me beneficiado da erudição e do intelecto incomum de Eric Pinckert. No início, quando o livro estava tomando forma, e, no final, quando precisava ficar na forma, você foi valioso. Mark Detelich, obrigado pelos seus refinamentos peculiares. Rob Shavell, obrigado por suas várias colaborações, principalmente a última, que deu origem ao subtítulo do livro.

As ideias nunca surgem do nada, e fui honrado ao longo dos anos pela inspiração e desafios de muitos pensadores brilhantes. Steve Kerr, você é o principal deles. Temos tido uma jornada intelectual juntos há anos, e você tem tido uma influência profunda sobre mim. Se qualquer coisa multiplicada por zero é zero, então qualquer coisa multiplicada por você é praticamente infinita. Você é uma daquelas raras pessoas com quem as ideias germinando, eclodem e florescem. Quando este livro aconteceu, você se tornou participante ativo, ajudando a refinar e ampliar o trabalho, tornar cada ideia mais precisa e deixar cada princípio mais embasado. Tenho orgulho de chamá-lo de amigo.

Meus agradecimentos também vão para Marcus Buckingham pela sua sábia visão quando comecei este esforço e pelas críticas e opiniões úteis quase na linha de chegada. Já tendo chegado lá várias vezes, ajudou-me a permanecer concentrado na promessa do livro e intercedeu em momentos importantes para me ajudar a terminá-lo.

Meu amigo Tom Friedman, você sentou comigo em Aspen um dia e disse coisas que um escritor novo precisa ouvir de uma forma que ninguém mais diria, e nossas conversas permanentes desde então foram inestimáveis. Que privilégio especial o meu. Pelos nossos "dias aristotélicos" nas gôndolas e pistas, Aspen jamais parecerá o mesmo.

Murray Hidary, obrigado por nossa íntima amizade principalmente durante a jornada de descoberta deste livro em mim mesmo. Nossas muitas conversas sobre questões da vida através da lente do **como** foram iluminadoras.

Ben Sherwood, meu querido amigo de 20 anos, seu exemplo de inspiração mostrou-me que é possível escrever um livro e ainda manter seu dia de trabalho. Depois me apresentou Joni. O que mais um amigo pode pedir? Obrigado pela sua rara sensibilidade, sábia orientação e incentivo para superar os pontos sem volta.

Entre as muitas coisas que aprendi de um grande professor meu, rabino David Ellenson, é a expressão da *mishná*, "**arrume para si um rabino, e adquira para si um amigo**". David, sinto-me honrado de ser capaz de chamá-lo de meu rabino e abençoado de ser capaz de chamá-lo de querido amigo. Acalento nossas muitas conversas significativas em questões do **como**.

Sou grato a todas as pessoas com as quais falei sobre as ideias deste livro, de executivos de empresas e líderes renomados a gestores do médio e baixo escalão e torcedores profissionais, alguns dos quais leram e comentaram vários rascunhos, alguns dos quais foram entrevistados e todos cuja percepção introspectiva e experiências ajudaram a moldar meu pensamento, incluindo Keven Bellows, William Broyles Jr., juiz Ruben Castillo, Jack Daly, Keith Darcy, Paula Desio, David Ellen, Patti Ellis, Massimo Ferragamo, Roger Fine, Mike Fricklas, Pat Gnazzo, David Greenberg, Joie Gregor, Charles Hampden--Turner, Patricia Harned, George Henderson, Dr. Michael Hoffman, Dr. Richard Joyce, Jeff Kindler, Rich Korn, Mats Lederhausen, Doug Lankler, Tom McCormick, Michael Monts, Paul Robert, Adam Rosman, Timothy Schultz, Jim Skinner, Joe Stallard, Robert Steele, Patricia Swann, dr. Kerry Sulkowics, David Toms, Chris Weiss, Marianne Williamson, Linda Wolf, Steve Wynn e Paul Zak. É impossível lembrar e agradecer da forma adequada todas as demais pessoas que, em conversas casuais, discussões animadas ou uma taça de um bom vinho também contribuíram para o meu pensamento. Se deixei de mencioná-los agora, agradeço a vocês por tudo que deram.

Gostaria de agradecer a **Filosofia**, sem a qual jamais teria lido um livro de ponta a ponta ou aprendido que ideias podem mudar o mundo. Agradeço a todos os meus professores e mentores, pessoas pacientes e amáveis, que me ajudaram a enxergar através das palavras as ideias profundas existentes além delas. E agradeço especialmente ao meu querido amigo, professor Herb Morris da UCLA, que fez um esforço a mais como mentor e me ajudou a vida inteira, e ainda ajuda.

As ideias do livro cresceram mais diretamente da minha experiência com meus colegas da LRN (onde todas as salas de reunião são batizadas com nome de filósofos). Em certo sentido, cada membro da equipe da LRN ao longo dos 13 anos tem contribuído para o modo como eu penso e trato a realização humana tanto nos negócios como na vida. Este livro não seria possível sem as interações do dia-a-dia, frente-a-frente que têm caracterizado nossa jornada juntos. Quero agradecer a todos vocês pela oportunidade que me dão de trabalharmos juntos e crescer e aprender desse modo, pela transparência, pela confiança e por permitir juntar-me a vocês para transformar essas ideias, de noções em **comos** do mundo real. Grande parte do que sou hoje resulta da nossa jornada mútua. Gostaria também de agradecer os distintos ex-diretores e diretores atuais da LRN, senador Bill Bradley, Rex Golding, Alan Silverman, Alan Spoon, Sheli Rosenberg, Joe Mandel e Lee Feldman por acreditar no livro e na importância dele na nossa missão.

Minha profunda gratidão também se estende a todos os clientes da LRN. As interações com vocês ao longo dos anos e a colaboração com suas mentes brilhantes proporcionaram-me a oportunidade de resolver problemas reais de ética, conformidade, liderança e cultura – **comos** reais de um mundo real. Vocês verão os frutos da nossa colaboração amplamente espalhados pelo livro.

A família nos molda como ninguém. Minha mãe, Sydelle Seidman, escorou minha vida com valores. Você me deu a base principal e, com nossas muitas aventuras, a coragem para me aventurar muito sem jamais deixar para trás meu lar. Você me ajudou a enxergar o poder do instinto e da intuição, e acreditou em mim quando os outros não acreditaram. Eu a amo.

Meu irmão Ari e minha irmã Goldee, obrigado pela solidariedade e amor de vocês dois ao nos adaptarmos juntos a tudo que a vida jogou contra nós. Amo os dois. Sanduichado entre os dois, aprendi minhas primeiras e mais duradouras lições do **como**. Alex e Gabi, minha sobrinha e meu sobrinho, a resistência e espírito de vocês mostram que a próxima geração da nossa família também saberá **como**. Amo ser tio de vocês.

Meu pai, Alex Seidman, que vive na minha lembrança, deu-me o amor pelo conhecimento e conectou-me às lições de história, tanto a dos outros como a nossa própria. O sacrifício que fez por nós ainda me inspira.

Yury e Vicki Parad, meu sogro e minha sogra, que, tivesse eu uma opção de parentes, seriam os meus prediletos entre todos os parentes possíveis. Sou abençoado pelo seu senso de significado do que é ser família. Obrigado por todo apoio carinhoso de vocês, pelos remédios russos e, Yury, pela sua atenciosa leitura e mapa mental do livro. E obrigado a minha adorável cunhada, Michele, por ser exemplo brilhante de pessoa correta chegando à frente.

Por último, nesses agradecimentos, mas, em primeiro lugar, no livro da minha vida, Maria Seidman, minha esposa, minha constante alegria. Por toda a jornada, de ponta a ponta, você tem sido a outra voz na minha cabeça, lendo, refletindo, incentivando e ajudando a acertar. Você tem sido também uma fonte constante e amável de energia e apoio. Acima de tudo, você é minha constante inspiração para que as ideias deste livro se estendam além dos negócios atingindo a própria vida. Não conheço nenhum parceiro mais verdadeiro. **Eu a amo!**

Ao me sentar hoje olhando para trás, um aceno final com a cabeça para todas aquelas aparentes maldições que acabaram se transformando em benções disfarçadas.

E para todas aquelas pessoas que questionaram como eu ganharia a vida com a Filosofia: assim é **como**.

Dov Seidman
Abril 2007

Quando o livro ***Como*** foi publicado, utilizei-me das ideias nele contidas para embarcar em uma jornada de conexão com indivíduos em todo o mundo. Na ocasião já estava claro para mim, assim como está agora, que esta não seria uma obra com um início e um fim, mas uma filosofia de vida em termos de empenho humano, que somente seria formatada na medida em que aplicássemos seus princípios neste mundo em constante mudança. Isso certamente já aconteceu e continua a se mostrar verdadeiro.

Sinto-me afortunado pelo fato de as pessoas cujos nomes estiveram presentes nos agradecimentos originais terem feito bem mais que apenas me ajudar a criar e a lançar este livro. Na verdade, elas estão entre seus maiores defensores, portanto, quero renovar meus mais sinceros agradecimentos a elas.

Muitos outros, em especial leitores, colaboradores e amigos – um número grande demais para que eu pudesse agradecer individualmente – têm se mostrado fundamentais em sua ajuda e em seu apoio em relação aos meus esforços conscientes para refinar a filosofia por trás de **Como** e ampliar sua mensagem. Esta tem sido uma aventura rica e recompensadora. Sinto-me ao mesmo tempo lisonjeado e extremamente grato a todos vocês.

Gostaria também de agradecer a Eric Krell e Richard Murphy por toda sua contribuição no campo editorial para o lançamento dessa edição. Quero ainda demonstrar minha gratidão a todos que generosamente teceram comentários a respeito dessa obra. Minha colega Katy Brennan merece reconhecimento especial. Obrigada, Katy, por colocar-se ao meu lado de maneira tão passional e apoiar-me em nossos esforços de inspirar a onda do **Como**.

Estar ao lado de meus colegas da LRN, em uma jornada em que juntos perseguimos a profunda significância, continua a ser uma fonte de aprendizado, crescimento e sentido para mim. Sinto-me profundamente agradecido a cada um de vocês por seu compromisso em "Viver o **Como**" e por sua colaboração conforme nos esforçamos para inspirar desempenhos com base em princípios em todo o mundo. Em nome de todos nós, quero agradecer à comunidade formada pelos parceiros da LRN por confiarem plenamente que por meio de nosso trabalho conjunto poderíamos construir empresas sustentáveis demais para fracassar.

Sinto-me profundamente comovido e privilegiado pelo fato do presidente Bill Clinton ter contribuído para essa edição de **Como** escrevendo o prefácio desta obra. Sr. Presidente, sua liderança e seus inúmeros exemplos, especialmente por meio da Clinton Global Initiative (CGI), são uma fonte de inspiração para mim e uma evidência clara de que ações coletivas são possíveis para que se possa atender aos desafios de criar uma prosperidade sustentável em nosso mundo interdependente.

Agradecimentos

O foco da CGI em "Responder a pergunta **Como**" nos permitiu criar laços especiais com vários membros dessa maravilhosa equipe. Obrigado por nos ter envolvido em várias iniciativas importantes. Gostaria de agradecer a Bob Harrison e a Christina Sass, verdadeiros embaixadores da CGI, por sua liderança inspiradora e fantástica colaboração nessa edição de *Como*.

Quero agradecer também à minha esposa, Maria, a quem dedico este livro. Obrigado por todo o seu apoio ao longo dessa jornada. Sinto-me ainda mais agradecido por nossa jornada de vida, durante a qual tivemos a oportunidade de abraçar tudo aquilo o que torna a vida agridoce. Apenas alguns meses depois da publicação de **Como,** meu irmão, minha irmã e eu perdemos nossa amada mãe, portanto, gostaria de também dedicar a ela esta obra – mesmo que em sua doce memória. Poucos meses depois, Maria e eu recebemos em nossas vidas, de braços abertos, nosso filho Lev Tov. Demos a ele o nome de minha mãe e acreditamos que este seja um ótimo nome. Porém, ter um bom nome não é o suficiente. Nessa Era Comportamental, ele terá de merecer seu bom nome. Em relação ao seu comportamento, até agora a coerção e a motivação, e até mesmo um pouquinho de suborno, tem funcionado melhor. Espero sinceramente que conforme ele se tornar mais velho possamos inspirar nele os valores sustentáveis que o guiarão em sua busca por significância. Lev, como seu pai, é um grande privilégio ajudá-lo a merecer seu bom nome. Você me inspirou a encontrar o modo certo de agir, primeiramente em casa e então em tudo o que faço. Obrigado por aprofundar minha convicção de que o **como** importa muito, assim como o meu compromisso de tornar este mundo um lugar melhor.

Dov Seidman
July 2011

Notas

INTRODUÇÃO

1. Fonte: "Transformando a honestidade na política dos cafés na Indonésia," por Norimitsu Onishi, New York Times, 15 de junho de 2009.
2. Um esquema Ponzi é uma sofisticada operação fraudulenta de investimento, do tipo pirâmide ou cascata, que envolve o pagamento de altos rendimentos aos investidores, às custas do dinheiro pago pelos proprios investidores ou daqueles que chegarem posteriormente, em vez da receita gerada por um negócio real. O nome do esquema refere-se ao criminoso financeiro italo-americano Charles Ponzi (ou Carlo Ponzi).
3. Stephen Linaweaver, Michael Keating, Brad Bate, LRN (GreenOrder), Conspicuous, but Not Consuming [Extravagância sem consumo], Good Magazine, 2009.
4. Trata-se de um conceito criado nos Estados Unidos e utilizado para classificar créditos de elevado risco oferecido a indivíduos que normalmente não teriam condições de conseguir altos empréstimos. (N.T.)
5. Respectivamente: Lombardi foi o primeiro treinador campeão do Super Bowl (campeonato de futebol americano), vencendo-o duas vezes consecutivas, em 1967 e 1968, à frente do Green Bay Packers; conhecido pelo apelido de "general", Knight foi um dos mais bem-sucedidos treinadores de basquete dos Estados Unidos, responsável por comandar a equipe olímpica norte-americana, medalha de ouro nos jogos de 1984; Coughlin é um treinador de futebol norte-americano, conhecido como "Coronel" entre seus comandados. (N.T.)

NOTAS

6. Fonte: perfil da AFP de Del Bosque, 2010.
7. Fonte: "O 'novo' treinador Coughlin," por Michael Elsen. Giants.com, 30 de janeiro de 2008.
8. Fonte: "Em um subúrbio de Boston a pergunta 'O quão feliz você é?' faz parte do censo" por John Tierney, New York Times, 2 de maio de 2011.
9. Trata-se de um banco que surgiu nos Estados Unidos em 1919, com o nome de General Motors Acceptance Corporation (GMAC). No Brasil ele é conhecido como Banco GMAC, fonte preferencial de financiamento para veículos da marca Chevrolet. (N.T.)
10. Sigla para Scholastic Assessment Test. Trata-se de um dos testes de avaliação de conhecimento exigidos nos Estados Unidos para que os candidatos possam entrar no curso superior no país. É similar ao vestibular aplicado no Brasil, embora nos Estados Unidos a aceitação do aluno na faculdade não dependa apenas do resultado dessa prova. Alguns estados optam por outro exame, o ACT (American College Testing). (N.T.)
11. As notas desse exame vão de 600 a 2400 pontos. (N.T.)

PRÓLOGO: Criar "Olas"

1. George M. Henderson, entrevista, 2005.
2. I. Farkas et al. *Mexican Waves in an Excitable Medium, Nature* 419 (12 set. 2002).
3. Ibid.

PARTE UM Como Éramos, Como Mudamos

1. J. Madeleine Nash. *Fertile Minds, Time*, 3 fev. 1997.
2. Netscape. *Netscape Communications Offers New Network Navigator Free on the Internet*, comunicado à imprensa, 13 out. 1994.

Capítulo 1 Da Terra à Informação

1. *Revision Summaries: The Hundred Years War*—1337–1453, Arnold House School, www.arnoldhouse.co.uk/site/pub/Pupils/history/history_rs_100yearswar.html.

Notas

2. *The Queen at 80*, CBC News, 20 abr. 2006.
3. Adam Smith. *The Wealth of Nations* (Nova York: Bantam Classics, 2003).
4. Daniel Gross. *In Praise of Bubbles, Wired*, fev. 2006.
5. *Google Company Overview*, www.google.com/corporate/.
6. Thomas L. Friedman. *The World Is Flat: A Brief History of the Twenty-First Century* (Nova York: Farrar Straus and Giroux, 2006).
7. No interesse da transparência e divulgação plena, informo que mantenho colaborações e relações comerciais de longa data com algumas das empresas citadas de uma forma ou outra no livro. Tentei ser justo e imparcial na minha análise dessas companhias e de suas atividades, e ser verdadeiro ao selecionar citações e casos práticos para ilustrar meu ponto de vista. É, em muitos aspectos, exatamente por causa desses relacionamentos que tenho conseguido enxergar mais profundamente uma gama abrangente de práticas comerciais visando compartilhar essa percepção introspectiva e esse acesso com você, leitor. São estas as organizações: 3M; Altria Group, Inc./Kraft Foods; Citigroup Inc./Citicorp; Computer Associates (CA); The Dow Chemical Company; eBay Inc.; Ford Motor Company; Fox Entertainment Group/Fox Searchlight Pictures/MySpace; Harris Interactive Inc./Wirthlin Worldwide; Johnson & Johnson; JPMorgan Chase & Co.; MCI/WorldCom; Mitsubishi Motors Corp.; The New York Times Company; The Paramount Motion Picture Group/Paramount Studios; Pfizer Inc.; Philip Morris USA; Procter & Gamble; Toshiba America Inc.; Toyota Motor Sales, U.S.A., Inc.; Tribune Company/Los Angeles Times; Tyco International Ltd.; United Technologies Corporation; Viacom International Inc.; The Walt Disney Company; Wynn Las Vegas.
8. Matthew Hamblen. *CA's Swainson Outlines Customer Advocate Cuts, Computerworld*, 16 nov. 2005.

Capítulo 2 Invasão Tecnológica

1. David Hume. *A Treatise of Human Nature*, nova ed. (Nova York: Oxford University Press, 2000; pub. orig. 1739–1740).
2. Terence H. Hull. *People, Population, and Policy in Indonesia* (Jacarta: Equinox Publishing, 2005).

NOTAS

3. Charles Hampden-Turner; Fons Trompenaars. *Building Cross-Culture Competence* (Nova York: John Wiley & Sons, 2001).

4. Charles Hampden-Turner, entrevista, 2006.

5. Peg McDonald. *Globalization—Business Opportunity and KM Challenge, KM World*, 1º fev. 2001.

6. Jack M. Germain. *Online Consumers Window Shop More Than Impulse Buy*, www.ecommercetimes.com/story/42761.html.

7. Lev Grossman; Hannah Beech. *Google under the Gun, Time*, 5 fev. 2006.

8. Heather Landy. *RadioShack CEO Admits 'Misstatements,' Forth Worth Star-Telegram*, 16 fev. 2006.

9. *Veritas CFO Resigns over Falsified Resume*, TheStreet.com, www.thestreet.com/ markets/marketfeatures/10045724.html.

10. *Academic, Athletic Irregularities Force Resignation*, ESPN, 14 dez. 2001.

11. Rob Wright. *A Monster.com of a Problem, VARBusiness*, 13 fev. 2003.

12. *The New Oxford American Dictionary*. 2. ed., visita ao site "Google".

13. Madlen Read. *Should I Worry about Prospective Employers 'Googling' Me?, Pittsburgh Post-Gazette*, 5 mar. 2005.

14. Lizette Alvarez. *(Name Here) Is a Liar and a Cheat, New York Times*, 16 fev. 2006.

15. Peter Wallsten; Tom Hamburger. *Two Parties Far Apart in Turnout Tactics Too, Los Angeles Times*, 6 nov. 2006.

16. *Anger Over Big Brother 'Racism', BBC News*, 16 jan. 2007.

17. Landy. *RadioShack CEO*.

18. Andrew Ross Sorkin. *An E-Mail Boast to Friends Puts Executive out of Work, New York Times*, sec. C, 22 maio 2001, última edição.

19. *The Wayback Machine*, The Internet Archive, www.archive.org/web/web.php.

20. De acordo com *Mark Twain Quotations, Newspaper Collections, & Related Resources* (www.twainquotes.com/Lies.html). "Essa citação tem sido atribuída a Mark Twain, mas jamais foi verificada como tal. Essa citação pode ter sido criada por Charles Haddon Spurgeon (1834–92) que a atribui a um antigo provérbio de um sermão proferido na manhã de domingo do dia 1º de abril de 1855. Spurgeon foi famoso pregador batista fundamentalista inglês. Foram estas suas palavras: 'A mentira dará volta ao mundo, enquanto a verdade está calçando suas botas.'"

Notas 335

21. Eulynn Shiu; Amanda Lenhart. How Americans Use Instant Messaging (Pew Internet & American Life Project, Washington, D.C., 2004).

Capítulo 3 A Jornada Até o COMO

1. *Jerry Maguire*, DVD, dirigido por Cameron Crowe (Sony Pictures, 1996).
2. *All-Time Worldwide Boxoffice*, Internet Movie Database, www.imdb. com/boxoffice/ alltimegross?region=world-wide.
3. Harvey Araton. *Athletes Toe the Nike Line, but Students Apply Pressure, New York Times*, 22 nov. 1997; Steven Greenhouse. *Nike Shoe Plant in Vietnam Is Called Unsafe for Workers, New York Times*, 8 nov. 1997.
4. Claudia H. Deutsch. *Take Your Best Shot: New Surveys Show That Big Business Has a P.R. Problem, New York Times*, 9 dez. 2005, última edição (Costa Leste).
5. LRN/Wirthlin Worldwide. *Attitudes toward Ethical Behavior in Corporate America Still Suffer from a Gaping Divide among Executives and Rankand-File Employees*, 18 nov. 2003.
6. *The Joy of Postal Service Dress Regulations, Morning Edition*, National Public Radio, 13 nov. 2006.
7. Jyoti Thottam. *Thank God It's Monday!, Time*, 17 jan. 2005.
8. *Occupational Outlook Handbook*—Engineers, Ministério do Trabalho dos Estados Unidos da América, Departamento de Estatísticas Trabalhistas, 4 ago. 2006.
9. *The Story of Xerography*, Xerox Corporation, www.xerox.com/downloads/usa/en/s/ Storyofxerography.pdf.
10. *Playmakers Part II: Play-Doh*, Parents' Choice Foundation, www.parents-choice.org/full_abstract.cfm?art_id=236&the_page=editorials.
11. Henry Petroski. *Painful Design, American Scientist* 93, n. 2 (2005): 113.
12. Brad Stone; Robert Stein. *Is TiVo's Time Up?, Newsweek*, 20 mar. 2006.
13. Steve Kerr, entrevista, 2005.
14. Ibid.
15. Mary J. Benner; Michael Tushman. *Process Management and Technological Innovation: A Longitudinal Study of the Photography and Paint Industries*, Johnson Graduate School, Cornell University, Ithaca, Nova York, 2002.

16. Barbara Ross et al. *The Great Tyco Robbery, New York Daily News,* 12 set. 2002.

17. Steve Kerr, entrevista, 2005.

18. *Merriam-Webster's Words of the Year 2005,* Merriam-Webster, www.m-w.com/info/05words.htm.

PARTE DOIS Como Pensamos

1. Daisetz T. Suzuki. In: *Zen in the Art of Archery* (Nova York: Vintage Books, 1981).

2. David Crystal; Nuala O'Sullivan. *First Steps on a Journey with Words, Guardian Weekly,* 26 maio 2006.

Capítulo 4 Aproveitar as Potencialidade

1. William Broyles Jr., *Cast Away* (Nova York: Newmarket Press, 2000).

2. William Broyles Jr., mensagem eletrônica ao autor, 2006.

3. Para leitura adicional sobre o assunto, consultar textos, como: Michael S. Gazzaniga, *The Ethical Brain* (Washington, DC: Dana Press, 2005); Brain Research Bulletin 67 (2005); "Scientists Create 'Trust Potion'", BBC News, jun. 2, 2005.

4. Felix Warneken; Michael Tomasello. *Altruistic Helping in Human Infants and Young Chimpanzees, Science* 311 (2006): 1301–1303.

5. Erika Tyner Allen. *The Kennedy-Nixon Presidential Debates, 1960,* Museum of Broadcast Communications, www.museum.tv/archives/etv/K/htmlK/kennedy-nixon/ kennedy-nixon.htm.

6. Earl Mazzo. *The Great Debates, The Great Debate and Beyond: The History of Televised Presidential Debates,* www.museum.tv/debateweb/html/greatdebate/ e_mazzo.htm.

7. Peter Kirsch et al. *Oxytocin Modulates Neural Circuitry for Social Cognition and Fear in Humans, Journal of Neuroscience* 25, n. 49 (2005): 11489–11493.

8. Joyce Berg et al. *Trust, Reciprocity, and Social History, Games and Economic Behavior* 10, n. 1 (1995): 122–142.

9. *A Beautiful Mind*, DVD, dirigido por Ron Howard (Dreamworks SKG, 2001), baseado em Sylvia Nasar, *A Beautiful Mind* (Nova York: Simon & Schuster, 1998).
10. *Nash Equilibrium*, Wolfram MathWorld, http://mathworld.wolfram.com/ NashEquilibrium.html.
11. Paul J. Zak. *Trust, Journal of Financial Transformation* 7 (abr.2003): 20.
12. Paul J. Zak, entrevista, 2006.
13. Ibid.
14. Joseph Shepher. *Mate Selection among Second Generation Kibbutz Adolescents and Adults: Incest Avoidance and Negative Imprinting, Archives of Sexual Behavior* 1, n. 4 (1971): 293–307.
15. Richard Joyce, *The Evolution of Morality* (Cambridge, MA: MIT Press, 2006).
16. Richard Joyce, entrevista, 2006.
17. Matthew D. Lieberman et al. *The Neural Correlates of Placebo Effects: A Disruption Account, NeuroImage* 22 (2004): 447–455.
18. Melanie Thernstrom. *My Pain, My Brain, New York Times Magazine*, 14 maio 2006.

Capítulo 5 Do Pode ao Deve

1. Jim Saxton. *Individuals and the Compliance Costs of Taxation: A Joint Economic Committee Study*, Comitê Econômico Conjunto, Congresso Norte-Americano (nov. 2005).
2. Daniel Gross. *Hummer vs. Prius, Slate*, 26 fev. 2004.
3. "Young Canadians and the Voting Age: Should It Be Lowered?", Canadian Policy Research Networks, www.cprn.com/en/diversity-voting.cfm.
4. Jeffrey Hart, *The Making of the American Conservative Mind: National Review and Its Times* (Wilmington, DE: ISI Books, 2005).
5. *Organizational Guidelines*, Comissão Norte-Americana de Sentenças Federais, www.ussc.gov/orgguide.htm.
6. Laurie Sullivan. *Compliance Spending to Reach $28 Billion by 2007, Information Week*, 2 mar. 2006.
7. Michael Parsons; Jo Best. *EU Slaps Record Fine on Microsoft, ZDNet*, 24 mar. 2004.

NOTAS

8. Leo Durocher; Ed Linn, *Nice Guys Finish Last* (Nova York: Simon & Schuster, 1975).

9. Jim Puzzanghera. *HP's Dunn Details Role in Scandal, Los Angeles Times*, 28 set. 2006.

10. *Harper's Magazine*, sec. Readings, jan. 2007.

11. *Bhartrihari, The Internet Encyclopedia of Philosophy*, www.iep.utm.edu/b/ bhartrihari.htm.

12. Edward Sapir. *The Status of Linguistics as a Science. In: Culture, Language and Personality*, ed. David G. Mandelbaum (Berkeley: University of California Press, 1986).

13. Michael Janosfsky. *Olympics Coaches Concede That Steroids Fueled East Germany's Success in Swimming, New York Times*, 3 dez. 3 1991.

14. Craig Lord. *Drug Claim Could Be a Bitter Pill, Times* Eletrônico, 3 mar. 2005.

15. Daniel Eisenberg. *When Doctors Say, 'We're Sorry,' Time*, 15 ago. 2005.

16. *Drug Company to Pay for E. German Doping, Science Daily*, 21 dez. 2006; "East German Doping Victims to Get Money", *MSN Money*, 13 dez. 2006; "Drug Firm Jenapharm Compensates Doped Athletes", *Deutsche Welle*, 12 dez. 2006.

17. *Strategic Principles*, University of Michigan Hospitals and Health System, www.med.umich.edu/strategic/princ.htm.

18. University of Michigan Hospitals and Health System. *University of Michigan Hospitals and Health Centers Recognized as Top Performer in the 2006 UHC Quality and Accountability Ranking*, comunicado à imprensa, 24 out. 2006.

19. *Levi Strauss & Co*, www.levistrauss.com/Company/ValuesAndVision.aspx.

20. Boeing Company. *Boeing CEO Harry Stonecipher Resigns*, comunicado à imprensa, 7 mar. 2005.

21. Jim Skinner, entrevista, 2006.

Capítulo 6 Permanecer Concentrado no Jogo

1. Mark Nessmith. *David Toms Bails on British Open*, TravelGolf.com,www. travelgolf.com/blogs/mark.nessmith/2005/07/15/david_toms_bails_on_british_open_reeling.

Notas

2. David Toms, entrevista, 2006.
3. *Google Taps into Search Patterns*, BBC News, 22 dez. 2005.
4. *Deja Two: Vinatieri, Patriots Do It Again*, NFL.com, 1º fev. 2004.
5. *CBS Dealt Record Fine over Janet*, CBS News, 22 set. 2004.
6. Julie Rawe. *Why Your Boss May Start Sweating the Small Stuff, Time*, 20 mar. 2006.
7. P. C. Burns et al. *How Dangerous Is Driving with a Mobile Phone? Benchmarking the Impairment to Alcohol* (Transport Research Laboratory, Crowthorne, Berkshire, UK, set. 2002).
8. Chris Weiss, entrevista, 2006.
9. Em Griffin. *Cognitive Dissonance Theory of Leon Festinger*. In: *A First Look at Communication Theory* (Nova York: McGraw-Hill, 1997).
10. *Emory Study Lights Up the Political Brain, Science Daily*, 31 jan. 2006.
11. *Jean Piaget*, GSI Teaching & Resource Center, University of California, Berkeley, http://gsi.berkeley.edu/textonly/resources/learning/piaget.html#top.
12. *Emory Study Lights Up the Political Brain, Science Daily*, jan. 31, 2006.
13. James Atherton. *Resistance to Learning*, www.learningandteaching.info/learning/ resistan.htm.
14. David Sirota et al. *Why Your Employees Are Losing Motivation*, Harvard Management Update, http://hbswk.hbs.edu/archive/5289.html.
15. John K. Borchardt. *Who Puts Bad Apples in the Barrel?, Today's Chemist at Work* 10, n. 4 (2001): 33–34, 36.
16. Ibid.
17. Aaron J. Louis. *The Role of Cognitive Dissonance in Decision Making*, www.yetiarts.com/aaron/science/cogdiss.shtml.

PARTE TRÊS *Como Nos Comportamos*

1. Adam Rosman, entrevista, 2006.
2. David Ellen, entrevista, 2006.

Capítulo 7 *Ser Transparente*

1. *Bicycling Magazine's Editor's Choice—New York 3000*, Bicycling.com conforme citado em Kryptonite.com.

2. Kryptonite, www.kryptonitelock.com.

3. Patricia Swann. *Internet Postings and Blogger Videos: Bic This!* (Associação for Education in Journalism and Mass Communication, San Antonio, Texas, 10 ago. 2005).

4. Ibid.

5. Patricia Swann, entrevista, 2006.

6. Kevin Kelly. *Scan This Book!, New York Times Magazine*, sec. 6, 14 maio 2006, última edição.

7. "CNN Live Today", CNN, 14 dez. 2004.

8. Ibid.

9. Constance L. Hays. *Jurors Discuss the Verdict against Stewart, New York Times*, 7 mar. 2004; Constance L. Hays and David Carr. *"Before Facing Judge, Stewart Is Out and About, New York Times*, 15 jul. 2004; *Stewart Convicted on All Charges, CNN Money*, 5 mar. 2004.

10. *Hotel Queen Gets 4 Years: Judge Tells Leona Helmsley No One Is Above Law, Orlando Sentinel*, 13 dez. 1989.

11. Marcy Gordon. *Fannie Mae Fined $400M for Bad Accounting, Washington Post*, 24 maio 2006.

12. Reuters. *US Blames Fannie Management*, comunicado à imprensa, maio 23, 2006.

13. *The Mortgage Giant Fannie Mae Accused of Deception and Mismanagement*, PBS, www.pbs.org/newshour/bb/business/jan-june06/fanniemae_05-23.html.

14. *LRN Ethics Study: The Effect of Ethics on Ability to Attract, Retain and Engage Employees*, LRN. 26 jun. 2006.

15. James A. Brickley et al. *Business Ethics and Organizational Architecture* (Trabalho Acadêmico, University of Rochester, William E. Simon Graduate School of Business Administration, 2000).

16. Robin Johnson. *American Food Century, 1900–2000; Non-Food Product Jingles*, www.geocities.com/foodedge/jingles6.html.

17. John Horn. *Spreading the Word*, Entertainment News, *Los Angeles Times*, 25 ago. 2006.

18. Ibid.

19. Chris Gaither. *Where Everyone Is a Critic, Los Angeles Times*, 25 ago. 2006.

20. Dave Scott. *Digital Revolution Changes News Business, Akron Beacon Journal*, 26 abr. 2006.

Notas

21. *Word of Mouth 101: An Introduction to Word of Mouth Marketing,* WOMMA, www.womma.org/wom101.htm.

22. *Types of Word of Mouth Marketing,* WOMMA, www.womma.org/wom 101/02/.

23. *(Lack of) Trust in Mass Media News,* WOMMA, http://ads.womma. org/2005/09/ lack_of_trust_i.html.

24. Pete Blackshaw et al. *Measuring Word of Mouth* (lecture, Ad-Tech NY, New York, 8 nov. 2004).

25. *Wachovia Apologizes for Slavery Ties, CNN Money,* 2 jun. 2005.

26. Wachovia Corporation. *Wachovia Completes Research,* comunicado à imprensa, 2005.

27. David Teather. *Bank Admits It Owned Slaves, Guardian,* 22 jan. 2005.

28. *Apple's Special Committee Reports Findings of Stock Option Investigation,* comunicado à imprensa, 4 out. 2006.

29. Chris Penttila. *My Bad!, Entrepreneur* (mar. 2005).

30. *Citigroup CEO Charles Prince Discusses the Future of Global Banking,* Japan Society, www2.japansociety.org/global_affairs/event_corp_note. cfm?id_note=449304821.

31. Larry Johnson, entrevistado por Alex Witt, MSNBC, 27 ago. 2004.

32. Keith Darcé. *Media Ethicist Cites Power of Cyberspace, San Diego Union-Tribune,* 14 maio 2006.

33. Dave McIntyre, entrevistado por Sean Cole, *Marketplace,* American Public Media, 11 maio 2006.

34. Ibid.

35. Edward C. Tomlinson et al. *The Road to Reconciliation: Antecedents of Victim Willingness to Reconcile Following a Broken Promise, Journal of Management* 30, n. 2 (2004): 165–187.

36. John K. Borchardt. *Who Puts Bad Apples in the Barrel?, Today's Chemist at Work* 10, n. 4 (2001): 33–34, 36.

37. *Resume 'Padding,'* HRM Guide USA, www.hrmguide.net/usa/recruit-ment/ resume_padding.htm.

38. Lisa Takeuchi Cullen. *Getting Wise to Lies, Time,* 24 abr. 2006.

39. *Connecting Organizational Communication to Financial Performance— 2003/2004 Communication ROI Study™,* Watson Wyatt Worldwide (2004).

NOTAS

40. Yvon Chouinard, entrevistado por Cheryl Glaser, *Marketplace*, American Public Media, 31 out. 2005.
41. Mark Twain. *Mark Twain Quotations, Newspaper Collections, & Related Resources*, www.twainquotes.com/Truth.html.

Capítulo 8 Confiança

1. Jason Kottke. *Business Lessons from the Donut and Coffee Guy*, www.kottke.org/03/07/business-lessons-donut-guy.
2. Warren E. Buffett, mensagem eletrônica aos gestores da Berkshire Hathaway (*The All-Stars*), 27 set. 2006.
3. Jeffrey H. Dyer; Wujin Chu. *The Role of Trustworthiness in Reducing Transaction Costs and Improving Performance: Empirical Evidence from the United States, Japan, and Korea, Organization Science* 14, n. 1 (2002): 57.
4. Mike Fricklas, entrevista, 2006.
5. Francis Fukuyama, *Trust: The Social Virtues and the Creation of Prosperity* (Nova York: Free Press Paperbacks, 1995): 7.
6. Paul J. Zak. *Trust, Journal of Financial Transformation* 7 (abr., 2003): 20.
7. Dr. Peter Kollock. *The Emergence of Exchange Structures: An Experimental Study of Uncertainty, Commitment, and Trust, American Journal of Sociology* 100 (1994): 313–345.
8. Ana Cristina Costa. *Work Team Trust and Effectiveness, Personnel Review* 32, n. 5 (out. 2003).
9. Roger Fine, entrevista, 2005.
10. Mike Fricklas, entrevista, 2006.
11. Zak. "Trust".
12. Jeffrey H. Dyer; Wujin Chu. *The Determinants of Trust in Supplier-Automaker Relationships in the U.S., Japan, and Korea, Journal of International Business Studies* 31, n. 2 (2000): 259.
13. Jeffrey B. Kindler, entrevista, 2006.
14. *Tufts Graduate Named CEO of Pfizer*, Tufts e-news, www.tufts.edu/communications/ stories/081406TuftsGraduateNamedCEOofPfizer.htm.
15. FBI (Federal Bureau of Investigation), Divisão de Los Angeles. *James Paul Lewis, Doing Business as Financial Advisory Consultants in Orange County, California,*

Notas

Arrested by Agents in Houston, Texas, for Operating 20 Year 'Ponzi' Scheme with Losses in Excess of 800 Million Dollars, comunicado à imprensa, jan. 22, 2004.

16. Don Thompson. *Investors Fear They'll Lose Millions in Alleged Ponzi Scam*, Fraud Discovery Institute, www.frauddiscovery.net/fac.html.

17. Warren E. Buffett, mensagem eletrônica, 2006.

18. Steve Kerr, entrevista, 2005.

Capítulo 9 Reputação, Reputação, Reputação

1. Dan Bilefsky. *Indians Unseat Antwerp's Jews as the Biggest Diamond Traders, Wall Street Journal*, 27 maio 2003.

2. *Number of Jobs Held, Labor Market Activity, and Earnings Growth among the Youngest Baby Boomers: Results from a Longitudinal Survey* (Ministério do Trabalho dos Estados Unidos, Departamento de Estatísticas Trabalhistas, Washington, D.C., 25 ago. 2006).

3. *RentAThing*, www.rentathing.org.

4. Cory Doctorow, *Down and Out in the Magic Kingdom* (Nova York: Tor Books, 2003).

5. Chrysanthos Dellarocas; Paul Resnick. *Online Reputation Mechanisms: A Roadmap for Future Research* (palestra, First Interdisciplinary Symposium on Online Reputation Mechanisms, Cambridge, Massachusetts, 26–27 abr. 2003).

6. James B. Stewart, *Den of Thieves* (Nova York: Touchstone, 1992).

7. Roger Fine, entrevista, 2005.

8. Ibid.

9. General Electric Company. *GE 2002 Annual Report*, comunicado à imprensa, 2002.

10. Paul B. Farrell. *Warren Buffett, America's Greatest Story-Teller, Market-Watch*, 21 mar. 2006.

11. Jim Skinner, entrevista, 2006.

12. *LRN Ethics Study: Purchasing Behavior* (Opinion Research Corporation, Princeton, New Jersey, 30 jan. 2006).

13. Joie Gregor, entrevista, 2006.

14. Jeff Kindler, entrevista, 2006.

15. Paul Robert, entrevista, 2005.

16. Alice LaPlante. *MBAs Seek Caring, Ethical Employers, Stanford Business* (maio 2004).

17. Goran Lindahl, conforme citação em *Purpose: The Starting Point of Great Companies*, Nikos Mourkogiannis (Nova York: Palgrave Macmillan, 2006).

18. Scott Westcott. *The Importance of Reputation*, ProfitGuide.com (24 fev. 2005).

19. Dorothy Rabinowitz. *Mr. Giuliani and Mr. Milken, Wall Street Journal*, 17 abr. 2001.

20. Stewart, *Den of Thieves.*

21. *Michael Milken Biography*, www.mikemilken.com.

22. *Our Management*, Altria, www.altria.com/about_altria/biography/01_03_07_ Greenberg.asp.

23. David Greenberg, entrevista, 2006.

PARTE QUATRO Como Governamos

1. James M. Hagen; Soonkyoo Choe. *Trust in Japanese Interfirm Relations: Institutional Sanctions Matter, Academy of Management Review* 23, n. 3 (1998): 589.

2. *Ford Sustainability Report 2004/5: Policy Letters and Directives*, Ford Motor Company (dez. 2005).

3. *Quality*, General Electric Company (2006), www.ge.com/en/company/companyinfo/ quality/whatis.htm.

Capítulo 10 Criar Cultura

1. Chuck Williams. *GE Aircraft Engines, Durham Engine Facility* (palestra, WorldBlu Forum, Washington, D.C., out. 2005).

2. Charles Fishman. *Engines of Democracy, Fast Company* 28 (set. 1999): 174.

3. *The Toxic 100: Top Corporate Air Polluters in the United States*, Political Economy Research Institute, University of Massachusetts, Amherst (2002).

4. *Testimony of Dov L. Seidman to the U.S. Sentencing Commission* (audiência pública, Washington, D.C., 17 mar. 2004).

Notas

5. *1992–2002 Census of Fatal Occupational Injuries* (Ministério do Trabalho dos Estados Unidos, Departamento de Estatísticas Trabalhistas, jan. 7, 2005).

6. *Our Culture,* Nordstrom, http://careers.nordstrom.com/company/culture/index.asp.

7. Estados Unidos da América. 2004. *America after 9/11 freedom preserved or freedom lost?* (audiência perante o Comitê do Judiciário, Senado Norte-Americano, 108º Congresso, primeira sessão, 18 nov. 2003). Washington: U.S. G.P.O.

8. Steve Kerr. *On the Folly of Rewarding A, While Hoping for B, Academy of Management Journal* 18, n. 4 (1975); updated for *Academy of Management Executive* 9, n. 1 (1995): 7–14.

9. Steve Kerr, entrevista, 2005.

10. Jonathan Pont. *Doing the Right Thing to Instill Business Ethics, Workforce Management* (1º abr. 2005).

11. Tom Terez. *Workplace 2000 Employee Insight Survey*, Meaningful Workplace.com, 29 ago. 2000.

12. Charles Hampden-Turner, entrevista, 2006.

Capítulo 11 Caso de Cultura da Autogovernança

1. *Testimony of Dov L. Seidman to the U.S. Sentencing Commission* (audiência pública, Washington, D.C., 17 mar. 2004).

2. Richard Bednar et al. *Report of the Ad Hoc Advisory Group on the Organizational Sentencing Guidelines*, Comissão Norte-Americana de Sentenças Federais (7 out. 2003).

3. *Chapter Eight—Sentencing of Organizations—Federal Sentencing Guidelines Manual and Appendices (2005)*, Comissão Norte-Americana de Sentenças Federais (1º nov. 2004).

4. Larry D. Thompson. *Principles of Federal Prosecution of Business Organizations*, Ministério da Justiça dos Estados Unidos (jan. 20, 2003).

5. Juiz Ruben Castillo, entrevista, 2006.

6. Charles Hampden-Turner, entrevista, 2006.

7. Massimo Ferragamo, entrevista, 2006.

8. Joy Sewing. *Style and Feeling Guide Massimo Ferragamo, Houston Chronicle*, 29 abr. 2004.

9. Hannay, Alastair, *Kierkegaard: A Biography*, ed. e trad. Reidar Thomte; Albert B. Anderson (Cambridge: Cambridge University Press, 2001).

10. Benedict Carey. *Study Links Punishment to an Ability to Profit, New York Times*, 7 abr. 2006.

11. Ibid.

12. Herb Kelleher. *A Culture of Commitment, Leader to Leader* 4 (primavera 1997): 20–24.

13. Joe Stallard, entrevista, 2006.

14. Deborah Solomon; Cassell Bryan-Low. *Companies Complain about Cost of Corporate-Governance Rules, Wall Street Journal*, 10 fev. 2004, Edição da Região Leste.

15. *Size Matters: Larger Companies Will Spend More for Sarbanes-Oxley Compliance Requirements* (Financial Executives International, 10 fev. 2004).

16. *Management Barometer*, PricewaterhouseCoopers (mar. 2003).

17. *Annual Reports and Statistical Sourcebooks*, Comissão Norte-Americana de Sentenças Federais (2000–2005).

18. Douglas Lankler, entrevista, 2006.

19. Michael Monts, entrevista, 2006.

20. Chuck Williams. *GE Aircraft Engines, Durham Engine Facility* (palestra, WorldBlu Forum, Washington, D.C., out. 2005).

21. *Our Company: Growth & Expansion*, Johnson & Johnson, www.jnj.com/our_company/ history/history_section_2.htm.

22. Roger Fine, entrevista, 2005.

23. Reggie Van Lee et al. *The Value of Corporate Values, Strategy + Business* (verão 2005).

24. Matthew Gilbert. *True Believers at Methodist Hospital, Workforce Management* (fev. 2005): 67–69.

25. *Top 10 Best Companies to Work for, CNN Money*, 2007.

26. Thomas R. McCormick, entrevista, 2005.

27. Jim Skinner, entrevista, 2006.

Capítulo 12 A Estrutura de Liderança

1. A versão da Estrutura de Liderança inserida aqui foi adaptada da Estrutura de Liderança original da LRN visando servir melhor ao livro.

Notas 347

2. John F. Kennedy. *Special Message to the Congress on Urgent National Needs*, John F. Kennedy Presidential Library & Museum, www.jfklibrary.org/Historical+Resources/Archives/Reference+Desk/Speeches/JFK/003POF03NationalNeeds05251961.htm.

3. Nem todas essas ideias a respeito da postura e dos atributos de liderança são originais; algumas absorvi de outras pessoas ou de leituras feitas ao longo do curso de minha carreira. Durante meus estudos como bolsista da Wexner, aprendi com o rabino Nathan Laufer, por exemplo, a eficácia de descrever os atributos de liderança tanto nos aspectos positivos como nos negativos, como quais são e não são. Entre os vários livros que li a respeito de liderança, *The Corporate Mystic*, de Hendricks e Ludeman, influenciou-me a pensar com mais rigor sobre isso. Embora não tenha criado todas essas ideias, acredito ser o primeiro a aglutinar e refiná-las ao longo dos anos com meus colegas da LRN em estilo original adaptado exclusivamente a prosperar no universo do **como**.

4. Roxy Sass. *Roxy Boldly Takes On 'The Happiest Place on Earth,' Stanford Daily* (5 ago. 2004).

5. James C. Collins; Jerry I. Porras, *Built to Last: Successful Habits of Visionary Companies* (Nova York: HarperCollins, 1994): 88.

6. *Company History*, Walt Disney Company, http://corporate.disney.go.com/corporate/ complete_history_1.html.

7. A'Lelia Bundles. *Madam C. J. Walker—A Short Biography*, Madam C. J. Walker: The Official Website, www.madamecjwalker.com.

8. Alan Spoon, entrevista, 2006.

9. Bill Gordon. *Kamikaze Images*, http://wgordon.web.wesleyan.edu/kamikaze/books/ japanese/hamazono/index.htm.

10. *Max Weber*, Departamento de Sociologia, University of Chicago, http://ssr1.uchicago. edu/PRELIMS/Theory/weber.html.

11. Ibid.

12. *FEMA Assistance Paid for Saints Tickets, Vacation, Divorce Lawyer*, KTBS, www.ktbs.com/news/local/3053051.html.

13. *Paula Zahn Now*, CNN (14 jun. 2006).

14. Wynn Resorts. *Steve Wynn's Newest Resort, Wynn Las Vegas, Now Taking Room Reservations*, comunicado à imprensa, 14 jan. 2005.

15. Steve Wynn, entrevista, 2006.

16. Jeff Kindler, entrevista, 2006.

17. Carmine Gallo. *Starbucks' Secret Ingredient*, BusinessWeek, 5 maio 2006.
18. Massimo Ferragamo, entrevista, 2006.
19. Winston S. Churchill, Never Give In: The Best of Winston Churchill's Speeches (Nova York: Hyperion Books, 2003).
20. Brian Duffy. "The Kid of No Promise", *U.S. News & World Report*, 31 out. 2005.
21. Helen Keller, Helen Keller Foundation for Research & Education, www.helenkellerfoundation.org/research.asp.

Epílogo

1. Lisa McLaughlin. *The Business of Hospitality (Your Time; Money), Time*, 2 out. 2006.
2. James C. Collins; Jerry I. Porras, *Built to Last: Successful Habits of Visionary Companies* (Nova York: HarperCollins, 1994): 88.
3. Barton Schultz. *Henry Sidgwick, Stanford Encyclopedia of Philosophy*, http://plato.stanford.edu/entries/sidgwick/.

Bibliografia Selecionada

Alsop, Ronald. *Recruiters Are Holding MBAs to Higher Standards of Integrity. MSN Encarta.* http://encarta.msn.com/encnet/departments/elearning/Default.aspx?article= MBAIntegrity.

Araton, Harvey. *Athletes Toe the Nike Line, but Students Apply Pressure. New York Times,* 22 nov. 1997.

Aristotle. *Nicomachean Ethics.* 350 a.C.

Atherton, James. *Resistance to Learning.* www.learningandteaching.info/learning/resistan.htm.

Athletes to Go to Court over Doping Programme. Yahoo! UK & Ireland Sports. http://uk.sports.yahoo.com/060406/2/immn.html.

Bagli, Charles V. *Developer's High-Rise Plan Stirs Concern in the Diamond District. Wired New York.* www.wirednewyork.com/forum/showthread.php?t=8727.

Berlin, Isaiah. *The Crooked Timber of Humanity.* Princeton, NJ: Princeton University Press, 1990.

Blass, Thomas. StanleyMilgram.com. www.stanleymilgram.com.

Brandeis, Justice Louis. *Sunlight Is the Best Disinfectant. Brandeis Institute for Investigative Journalism.* www.brandeis.edu/investigate/sunlight/.

Brin, David. Entrevista, 2006.

———. *A Dangerous World: Transparency, Security and Privacy.* www.davidbrin.com/privacyarticles.html.

———. *Three Cheers for the Surveillance Society! Salon,* ago. 4, 2004.

———. *The Transparent Society: Will Technology Force US to Choose between Privacy and Freedom?* New York: Perseus Books, 1998.

Buckingham, Marcus. *First, Break All the Rules: What the World's Greatest Managers Do Differently.* Nova York: Simon & Schuster, 1999.

BIBLIOGRAFIA SELECIONADA

————. *Now, Discover Your Strengths*. Nova York: Free Press, 2001.

————. *The One Thing You Need to Know: About Great Managing, Great Leading, and Sustained Individual Success*. Nova York: Free Press, 2005.

Business across Cultures: Equality in the Workplace. Living in Indonesia, A Site for Expatriates. www.expat.or.id/business/equality.html.

Business Ethics. www.business-ethics.com.

Capurro, Rafael. *Between Trust and Anxiety: On the Moods of Information Society*. www.capurro.de/lincoln.html.

————. *Ethical Challenges of the Information Society in the 21st Century*. Academic Press, dez. 2000.

Causes of Hundred Years' War. Killeen Harker Heights Connections. http://killeenroos.com/2/100YEARS.htm.

Center for Ethical Business Cultures. www.cebcglobal.org.

Center for Neuroeconomics Studies. www.pauljzak.com/index.php.

Cherniss, Cary; Daniel Goleman; Robert Emmerling; Kimberly Cowan; Mitchel Adler. *Bringing Emotional Intelligence to the Workplace*, Piscataway, NJ: Consortium for Research on Emotional Intelligence in Organizations, 7 out. 1998.

Day, Peter. *Get Rid of the Hierarchies*. BBC News, 28 nov. 2005.

Death on the Job: The Toll of Neglect. AFL-CIO, abr. 2006.

The Defense Industry Initiative on Business Ethics and Conduct. www.dii.org.

Do It Right: A Noted Author Explains Why an Ethical Business Is a Profitable Business. Bentley Surveys.

Does Superior Governance Still Lead to Better Financial Performance? Bentley Surveys.

Driscoll, Dawn-Marie; W. Michael Hoffman. *Ethics Matters: How to Implement Values-Driven Management*. Waltham, MA: Bentley College Center for Business Ethics, 1999.

Einstein, Albert. ThinkExist.com. http://en.thinkexist.com/quotes/albert_einstein/.

Eliot, T. S. 1934. *Choruses from the Rock. In: Complete Poems and Plays: 1909–1950*. Nova York: Harcourt Brace & Company, 1952.

Engadget: Kryptonite Evolution 2000 U-Lock Hacked by a Bic Pen. www.businessblogconsulting.com/2004/09/engadget_a_href.html.

Epstein, Edward Jay. *The Jewish Connection*. http://edwardjayepstein.com/diamond/ chap8.htm.

Bibliografia Selecionada 351

Esty, Amos. *The Bookshelf Talks with Michael Gazzaniga. American Scientist Online*. www.americanscientist.org/template/InterviewTypeDetail/assetid/44271.

Ethical Consumer Magazine's Online Shoppers' Guide. Ethical Consumer Research Association. www.ethiscore.org/.

Ethics & Compliance Officer Association. www.theecoa.org.

Ethics Resource Center. www.ethics.org.

Fairtlough, Gerard. *The Three Ways of Getting Things Done: Hierarchy, Heterarchy and Responsible Autonomy in Organizations*. Axminster, Devon, GB: Triarchy Press, 2005.

Fortune 100 Best Companies to Work for 2006. CNN Money, 2006.

Fortune 100 Best Companies to Work for 2006: Nordstrom. CNN Money, 2006.

Gazzaniga, Michael S. Entrevista, 2006.

———. *The Ethical Brain*. Washington, DC: Dana Press, 2005.

Geffner, David. *A Sparkling Life: Three Generations of Family Shine in L.A.'s Jewelry Trade. Jewish Journal*, 15 ago. 2003.

Gerstner, Lou. *Lou Gerstner's Turnaround Tales at IBM*. The Wharton School of the University of Pennsylvania, 18 dez. 2002.

Greenhouse, Steven. *Nike Shoe Plant in Vietnam Is Called Unsafe for Workers. New York Times*, 8 nov. 1997.

"Greenspan's Not-So-Modest Book Proposal". *New York Times*, 2 mar. 2006, sec. DealBook.

Haines, James. *Corporate Governance, Business Ethics, and Individual Responsibility*. Palestra de Anderson Chandler, outono 2004, Lawrence, Kansas, 8 nov. 2004.

Hausman, Daniel M. *Trust in Game Theory*. Documento para Discussão, University of Wisconsin–Madison, Departamento de Filosofia, 1997.

Hays, Constance L. *Jurors Discuss the Verdict against Stewart. New York Times*, 7 mar. 2004.

Hays, Constance L.; David Carr. *Before Facing Judge, Stewart Is Out and About. New York Times*, 15 jul. 2004.

Heidrick & Struggles. www.heidrick.com/default.aspx.

Helliwell, John F.; Haifang Huang. *How's the Job? Well-Being and Social Capital in the Workplace*. Social Science Research Network, nov. 2005.

Henderson, George M. *Wave Statement*. www.krazygeorge.com/wave.html.

Hendricks, Gay; Kate Ludeman. *The Corporate Mystic: A Guidebook for*

352 BIBLIOGRAFIA SELECIONADA

Visionaries with Their Feet on the Ground. Nova York: Bantam, 1997.

Hyatt, James C. *Birth of the Ethics Industry. Business Ethics*, verão 2005.

International Center for Information Ethics. www.i-r-i-e.net/index.htm.

J&J Is People's Favorite. CNN Money, 6 dez. 2005.

Jones, Dan. *Exploring the Moral Maze. New Scientist*, 26 nov. 2005.

Kryptonite Cylinder Locks Opened with Bic Pens. Bicycle Retailer and Industry News, 16 set. 2004.

Linda S. Wolf. Forbes.com. www.forbes.com/finance/mktguideapps/personinfo/ FromPersonIdPersonTearsheet.jhtml?passedPersonId=929909.

Lipton, Eric. *Study Finds Huge Fraud in the Wake of Hurricanes. New York Times*, 14 jun. 2006, Última Edição—Final.

LRN. www.lrn.com.

Maher, Kris. *Wanted: Ethical Employer; Job Hunters, Seeking to Avoid an Enron or an Andersen, Find It Isn't Always Easy. Wall Street Journal*, 9 jul. 2002, sec. Career Journal.

Masum, Hassan; Yi-Cheng Zhang. *Manifesto for the Reputation Society. First Monday*, jul. 2004.

Meakem, Glen. Discurso. The Joseph M. Katz Graduate School of Business, University of Pittsburgh Commencement, Pittsburgh, 14 jun. 2002.

Media Holds Its Own in Trust Poll. BBC News, 3 maio 2006.

Mencken, H. L. *Quotes Related to the Fundamental Values of Academic Integrity.* Center for Academic Integrity, Kenan Institute for Ethics, Duke University. www.academicintegrity.org/quotes.asp.

Meyer, Danny. *Setting the Table: The Transforming Power of Hospitality in Business.* Nova York: HarperCollins, 2006.

Milgram, Stanley. *The Perils of Obedience.* http://home.swbell.net/revscat/ perilsOfObedience.html.

Montaigne, Michel de. *Essays of Michel de Montaigne. Project Gutenberg.* www.gutenberg.org/files/3600/3600-h/3600-h.htm (tradução alternativa do francês).

The Moral Brain. www.themoralbrain.be.

Morals on the Brain. BBC News, 19 out. 1999, sec. Sci/Tech.

Moss, Stephen. *Idleness Is Good. Guardian*, 17 abr. 2003.

The Nature of a Wave: Waves and Wavelike Motion. The Physics Classroom. www.physicsclassroom.com/Class/waves/U10L1a.html.

Bibliografia Selecionada

100 Best Corporate Citizens for 2005. Business Ethics, primavera 2005.

Our Favourite Case Study Tells Their Side: Kryptonite Speaks. Business Blog Consulting. www.businessblogconsulting.com/2005/07/our_favourite_c.html.

ParEcon. ZNet. www.zmag.org/parecon/indexnew.htm.

Patsuris, Penelope. *The Corporate Scandal Sheet. Forbes*, 26 ago. 2002.

Pavlina, Steve. *List of Values.* StevePavlina.com. www.stevepavlina.com/articles/list-of-values.htm.

Pew Internet & American Life Project. www.pewinternet.org.

Picasso, Pablo. In: *Uncommon Wisdom*, Kansas City: Andrews McMeel Publishing, 1999.

Predicting Hits: What's the Buzz? Los Angeles Times, 10 fev. 2006, sec. Calendar.

Ramsey, Geoff. *Ten Reasons Why Word-of-Mouth Marketing Works. Online Media Daily.* http://publications.mediapost.com/index.cfm?fuseaction=Articles.showArticleHomePage&art_aid=34339.

The Real Link to Demand Creation. Sirius Decisions. www.siriusdecisions.com/newsletter/ newsletter20/index.html.

Reckard, E. Scott. *Ex-Money Manager Gets 30 Years. Los Angeles Times*, 27 maio 2006, Edição Nacional.

Reputation Institute. www.reputationinstitute.com.

Resnick, Paul; Richard Zeckhauser; John Swanson; Kate Lockwood. *The Value of Reputation on eBay: A Controlled Experiment. Experimental Economics*, jun. 2006.

Responsible Shopper. Co-op America. www.coopamerica.org/programs/rs/.

Rheingold, Howard. *Important New Book on Sharing Economies.* www.smartmobs.com/archive/2005/05/18/important_new_b.html.

Richard Joyce. Programa de Filosofia, Research School of Social Sciences, Australian National University. http://philrsss.anu.edu.au/people-defaults/rjoyce/index.php3.

Roosevelt, Theodore. *The Opening of the Jamestown Exposition.* Discurso, Norfolk, Virginia, 26 abr. 1907.

Rubel, Steve. *Kryptonite Lock's Blog Crisis Leaps into the Press. Micro Persuasion.* www.micropersuasion.com/2004/09/kryptonite_lock.html.

Scoble, Robert; Shel Israel. *Kryptonite Argues Its Case. Naked Cases.* http://redcouch.typepad.com/weblog/2005/07/kryptonite_argu.html.

BIBLIOGRAFIA SELECIONADA

Seglin, Jeffrey L. *Business with a Conscience: Do It Right. MBA Jungle Magazine*, 1º nov. 2001.

Shakespeare, William. *Othello*. Nova York: Washington Square Press, 2004.

Shirky, Clay. *Reputation and Society. Corante*. http://many.corante.com/ archives/ 2004/07/19/reputation_and_society.php.

Socrates. ThinkExist.com. http://en.thinkexist.com/quotes/socrates/.

Stewart Convicted on All Charges. CNN Money, 5 mar. 2004.

Surveillance Campaign. American Civil Liberties Union. www.aclu.org/pizza/.

Theories about Decision-Making. ChangingMinds.org. http://changingminds. org/ explanations/theories/a_decision.htm.

The Toxic 100: Top Corporate Air Polluters in the United States. Political Economy Research Institute, 2002.

TQM, ISO 9000, Six Sigma: Do Process Management Programs Discourage Innovation?Knowledge@Wharton, 30 nov. 2005.

Triarchy Press—Articles. www.triarchypress.co.uk/pages/articles/articles.htm.

Trust in Employees Significantly Higher Than in CEOs, Edelman Trust Barometer Finds. Edelman, 23 jan. 2006.

Ulrich, Dave; Steve Kerr; Ron Ashkenas. *The GE Work-Out*. Nova York: McGraw-Hill, 2002.

Vedantam, Shankar. *Study Ties Political Leanings to Hidden Biases. Washington Post*, 30 jan. 2006.

Webley, Simon; Elise More. *Does Business Ethics Pay?* Institute of Business Ethics. www.ibe.org.uk/DBEPsumm.htm.

Whiteley, Richard. *The Corporate Shaman: A Business Fable*. Nova York: HarperCollins, 2006.

Whitfield, George B., III. *Conflict Resolution Strategies in Indonesia. Living in Indonesia, A Site for Expatriates*. www.expat.or.id/business/ conflictresolution.html.

Wiedemann, Erich. *Jews Surrender Gem Trade to Indians. Spiegel Magazine*, 15 maio 2006.

Wooden, John. ThinkExist.com. http://en.thinkexist.com/quotes/john_wooden/2.html.

World Values Survey. www.worldvaluessurvey.org.

Zuboff, Shoshana. *From Subject to Citizen. Fast Company*, maio 2004

Índice

A

Acionistas *29, 178, 268*
Acomodação *120*
Acúmulo *45, 57, 63, 238, 240, 273–274*
Adams, Steve *49*
Adaptação *121, 135, 278*
Agentes independentes *29*
AintitCoolNews.com *145*
Alinhamento *156–159, 220, 243, 247, 250, 263, 267, 276, 284, 290, 304, 311, 313*
Allen, Paul *312*
Altria Group, Inc. *211–218*
Altruísmo/ajuda altruísta *68, 72, 80, 82, 153*
Amazon.com *22*
Ambiente de pouca confiança *181*
Ambiente descentralizado *103*
Ambiguidade *298–299*
American Express *316*
American Telephone and Telegraph *20*
Análises de lacunas *264–267*
Analogia com o filme Náufrago *65–66, 71, 82*
Analogia com os kamikazes *299*
Ânimo, fatores influentes *121, 179–181*
Antevisão *287, 290, 292, 296, 309, 312. Ver também* Visão

Apego *73, 179*
Apple Computer *150*
Aprendizado da rotina *245*
Aptidões profissionais baseadas na informação *158*
Aquiescência *101, 300. Ver também* Cultura da aquiescência assumida
Aquisição de lucros *201–202*
Arte desprovida de arte *62, 318*
Ataques terroristas, impacto dos *48*
Atitude *297, 303, 306–309, 312–313*
Atributos de liderança *287*
Atributos Não de Liderança *287–289*
Atrito, causas de *124–126, 196, 300*
Autenticidade *46, 148*
Autoaperfeiçoamento *308*
Autorreflexão *183, 308*
Autogovernança *228, 235–239, 241, 243–247, 250–251, 253–260, 267, 273–279, 312–313, 319. Ver também* Autogovernança baseada nos valores
Autogovernança baseada nos valores *235–237, 253–279, 296, 312*
Autoridade *112, 264, 277, 292, 299–301*
Avanços tecnológicos, impacto dos *11, 20–21, 135*

356 ÍNDICE

B

Banco de dados, como fonte de informações *40*

Barões inescrupulosos *233*

Bem-estar, emocional *46*

Benner, Mary J. *55*

Berg, Joyce *72*

Berven, Sig *154–155, 157–158*

Bhartrihari *95*

Blogs/usar blogs *38, 145, 163–165*

Boca-a-boca:

marketing *144–145*

sistemas de reputação *198–199*

Boeing *104*

Bolhas especulativas *44–45*

BPO *54*

Brennen, Chris *133–134*

Brickley, James A. *141–142*

Broyles, William, Jr. *65–66*

Buffett, Warren *164, 185, 203*

Building Cross-Cultural Competence (Trompenaars/Hampden-Turner) *31–32*

Built to Last (Collins/Porras) *294, 316–317*

Burke, Jim *203–204*

Busca de emprego *154–155*

C

Cadeia de abastecimento *23, 31–33, 54, 66*

Capacidade de ouvir *182–183*

Capacidade de resolver problemas *95, 103, 305–306*

Capital *45, 168, 199–201*

Capitalismo *19, 53, 86, 139, 254*

Capitalismo feudal *27*

Capital reputacional *199–201*

Caráter *137–138, 140*

Cardosi, Steve *137*

Carlson, Chester F. *52*

Castillo, Juiz Ruben *256*

Cedarbaum, Juíza Miriam Goldman *137*

Cenário socioeconômico *10*

Centros de Excelência/Centros de Inovação *24*

Certeza, implicações da *115, 170, 304*

Ceticismo *122*

Chiu, Dave *196*

Chouinard, Yvon *158*

Chu, Wujin *165–166, 180*

Chung, Paul *39–40*

Ciclo de expansão *33, 46*

Ciclos de prosperidade e depressão *46*

Cinismo *80, 122–123, 125–126, 148, 153–154*

Citicorp/Citigroup *150, 316*

Cliente(s), no geral:

atendimento *54, 315*

defesa *24*

experiência *315*

lealdade *164*

todos os parceiros *246*

Clientes internacionais *31*

Código de ética *207*

Colaboração *23–25, 67, 131, 135, 159–161, 218*

Colina da Nota A *62, 171, 281–282, 285, 309*

Colina da Nota B *60–61, 90, 171, 309*

Collins, James C. *293, 316–317*

Com base nos valores, no geral:

comportamento *76*

linguagem *101–102*

pensamento *76–79, 82, 85, 103*

Combate à pirataria *181*

Índice

Comércio de diamantes *191–192*

Comércio eletrônico *36*

Como Buscamos, como dimensão da cultura *238–240, 248–250*

Como Nos Comportamos, como dimensão da cultura *238–240, 241–244*

Como Nos Relacionamos, como dimensão da cultura *238–240, 244–246*

Como Reconhecemos, como dimensão da cultura *238–240, 246–248*

Como Sabemos, como dimensão da cultura *238–241*

Compaixão *98, 112, 270*

Companhias/organizações multinacionais *31–32, 229, 264–265*

Compartilhamento, benefícios do *23, 63, 136. Ver também* Troca de informações

Competências básicas *23*

Complexidade *62, 298–299*

Comportamento aversivo ao risco *172, 247*

Comportamento de ajuda *67–69*

Comportamento humano, fatores influentes *14. Ver também* Instinto humano; Natureza humana

Comportamento organizacional *205*

Comportamento público *127, 136*

Compromisso *10, 170, 182*

Computer Associates International, Inc. *23–24*

Comunicação(ões) *7, 11, 19–21, 33–34, 125, 145, 147, 158, 180, 192–193, 254–255, 290–291, 307–308*

Comunidades virtuais *198*

Concentração, importância da *8, 75, 117, 127, 128, 248–249, 276, 282*

Concorrência *10, 63, 245, 251, 257, 297*

Conectividade sem fio *197*

Conexão/conectividade *11, 14, 20, 22–24, 27–31, 41–42, 43–44, 51, 57–58, 82, 159, 210, 318*

Conexidade *127, 128, 144, 220, 303*

Confiança *8, 11, 48, 50, 70–75, 77, 81–82, 98, 103, 114, 119, 120, 122, 125, 127, 140, 142, 145, 151–154, 157, 163–188, 190, 211, 226–227, 238–239, 246, 261, 266, 274, 277, 279, 285, 302–304, 318*

Confiança interorganizacional *180*

Conflito, estratégias de resolução de *123, 298, 307*

Conformidade *234–235, 243, 249, 264, 274*

Confusão *60–62*

Consistência *48, 195, 276, 304, 318*

Consonância *120, 123–124, 127–128, 196, 201*

Constituições *94, 99*

Consultores *28, 201, 278*

Continuidade *208, 276, 293–295, 304*

Controle *188, 242*

Convencimento *286, 290–291, 296, 300–301*

Cooperação *29, 74–75, 77, 112, 172*

Credo (Johnson & Johnson) *268–269, 279, 319*

Crenças/sistema de crenças *48, 79–82, 118, 141, 206, 244, 266, 270, 277, 287, 300, 302, 304*

Crenças espirituais *75*

ÍNDICE

Crescimento, fatores influentes 23

Criatividade 92, 102, 155, 257, 261

Cuidado 139. Ver também Cuidado devido

Cuidado devido 139, 141, 152, 185

Culpa/comportamento de imputar culpa 153, 276

Cultura corporativa 138, 140, 142. Ver também Cultura organizacional

Cultura da anarquia 99, 233, 236–239

Cultura da aquiescência assumida 233–237, 239–241, 243, 245–246, 249, 253–254, 258, 260, 266, 279

Cultura da ausência de leis 233–234, 236–237

Cultura da obediência cega 240, 242–243, 244, 246, 248–249, 253, 260, 273–274

Cultura do processo 54–55

Cultura militar 242

Cultura organizacional 10, 27–28, 141, 213–218, 223, 225–251, 254–255, 278–279

Culturas coletivas 230

Currículo, como fonte de informações 139, 155, 156, 199, 210

Custos de transação 164, 186

D

Daugherty, Tom 271

Declaração de missão 247, 270–271

Defeitos, tipos de 155, 157–158

Delegação de poder 103, 119

Dell Inc. 23, 53

Dershowitz, Alan 59

Desconfiança, causas da 200–201

Desempenho/gestão do desempenho 45, 115

Desenvolvimento pessoal 238. Ver também Funcionário(s)

Deve 100–103

Diagramas de Gantt 45

Diagramas PERT (Program Evaluation and Review Technique) 45

Diário, eletrônico 38–39. Ver também Blogs/usar blogs

Diferenças culturais, impacto das 75–76

Diferenciação 251

Dikhaut, John 72

Direito ao voto 86, 102

Disney, Roy 294

Disney, Walt 292–294

Dissonância 117–123, 125, 127, 128, 196, 208, 266, 281

Dissonância cognitiva 118. Ver também Dissonância

Doctor, Ken 145–146

Doctorow, Cory 197

Dow Chemical Company 275

Drexel Burnham 201, 209

Dunn, Patricia 92

Dyer, Jeffrey H. 165–166, 180

E

eBay 22, 198

Economia de mercado 79

Ecossistema 63

Edmondson, David 36, 37–39

Efeito placebo 80

Eficácia 11, 45, 87, 103

Ellen, David 129–130

Emancipação 243

Empreendimento capitalista ideal 78

Empreendimento conjunto 37–38, 38

Índice

Empreiteiros autônomos *28*

Empresas na margem de liderança, características das *56, 146*

Endorfina, funções da *121*

Enron *47*

Épico de Gilgamesh *76*

Equilíbrio de Nash *72–73*

Era do Simplesmente Faça *43–48, 50–51, 57–58, 63, 91*

Era industrial *18, 45, 86–87, 139–140, 233–234, 249*

Escada da confiança *179–180*

Escândalos corporativos *47, 88–92, 138, 150*

Especialização *23*

Especialização vertical *58, 63*

Espectro Cultural *230–232*

Esportividade *108–112*

Esquemas Ponzi *185*

Esquiva *101*

Esslinger, Christine *70, 81*

Estabelecer um relacionamento, importância de *155*

Estabilidade *46–48, 164–166*

Estoque *just-in-time* (JIT) *54*

Estrutura de Liderança (LRN, Inc.):
- agarrar a autoridade e assumir a responsabilidade *292*
- aplicações *286*
- autoridade carismática *299–301*
- círculo de energia autoperpetuante *296–312*
- componentes da *217, 283–286*
- comunicar e convencer *290–291*
- criar sucessão e continuidade *293–295*
- desenvolvimento da *282*
- enfrentar a complexidade e ambiguidade *298–299*
- ilustrações da *288–289, 314*
- inspiração *301–302*
- paixão *310*
- planejar e implementar *292–293*
- ponto sem volta *308–309*
- princípios, importância dos *302–304*
- propósito da *282–283, 296*
- reflexibilidade *307–308*
- resistência e *297–298, 309*
- significado, busca do *312*
- verdade do presente *304–307*
- visão *288, 290*

Estrutura hierárquica *188*

Estudo da Watson Wyatt Worldwide WorkUSA *157*

Estudo de tendências no trabalho *247*

Ética *207, 211, 275*

Evolution of Morality, The (Joyce) *76*

Exemplos de casos de tribunais *137*

Expansionismo *316*

Experiência *11, 316–317*

Explosão ponto-traço *20*

Expressão emocional *124*

ExxonMobil *204*

F

Fannie Mae *138–139*

Fator de expectativa de resposta *35*

Fazer o Certo *63*

Ferragamo, Massimo *256–257, 311*

Feudalismo *17–18, 23, 103*

Financial Advisory Consultants (FAC) *184*

Financial Executives International *265*

Fine, Roger *175–176, 269*

Flexibilidade *125*

Fombrun, Charles *203, 208*

Força de trabalho *28, 236, 257. Ver também* **Funcionário(s)**

Ford Motor Company *221*

Fornecedores, como parceiros *244–246*

Fricklas, Mike *167, 178, 180–181*

Friedman, Thomas L. *22–23*

Fukuyama, Francis *168*

Funcionário(s) *28–29, 119–125, 140, 153, 180, 194, 199–200, 227–228, 245, 261, 266, 274–275, 278, 317*

Funções cerebrais *13–15, 68, 71, 118, 120, 132, 176–177, 179*

Furacão Katrina *263, 302*

G

Gantz Wiley Research *247*

Gates, Bill *312*

GE/Durham, ilustração de caso de cultura organizacional *225–228, 237, 244, 246, 268, 274*

General Electric (GE) *53–54, 204, 221, 228. Ver também* **GE/Durham**

Gentilucci, Anthony *92*

Gerstner, Lou *229*

Gestão, no geral:
cadeia de abastecimento *54*
cultura *212–216, 229*
desempenho *44*
Gestão da Qualidade Total (GQT) *54*
mudanças *121*
nível médio *228*
processo *220–221*
relacionamento com clientes *54, 295*
relacionamento com funcionários *118–123, 153–154*

reputação *201–208, 210, 317–318*
segurança *54*

Gestão da cultura, ilustração de caso *212–218. Ver também* **Cultura organizacional**

Gestão da Qualidade Total (GQT) *54*

Gestão da segurança *54*

Gestão de relacionamentos com clientes *54, 295*

Gestão do processo *227–228*

GE Work-Out, The (Kerr) *54*

Giro, impacto do *19*

Globalização *46–47, 51–53, 116, 140, 151, 192, 220–221*

Goldman Sachs *54, 202–203*

Google *22, 37*

Gould, Stephen J. *59*

Governança corporativa *266*

Grandes debates *69*

Greenberg, David *211–218*

Gregor, Joie *205–206*

Grupos interessados *182, 204–205, 208, 299*

H

Habilidade de negociação *178, 295*

Haloid *52*

Hampden-Turner, Charles *31–32, 248*

Harris Interactive *47, 203*

Heidrick & Struggles *205*

Henderson, Krazy George *1–6, 7–8, 11, 115, 284, 301, 313*

Heroísmo *294–295*

Hewlett-Packard *53, 91–92, 248*

Hierarquias verticais descendentes *19, 23, 135*

Hilhorst, Didier *196–197*

Hiperconexão *89, 174–175, 286, 291*

Índice

Hiperconexidade *43–44, 51, 63, 97, 131, 183, 229, 254, 286*

Hipertransparência *63, 89, 155, 174–175, 229, 254, 286*

Histórico profissional *155*

Hodges, Carl *248*

Honestidade *102, 137–138, 153, 159–160, 179–180, 219, 275–276, 287, 318*

Honra *287*

Horizontal, no geral:
arquitetura de governança *273*
comunicação *158*
especialização *63*
modelos de negócios *23–25, 103*
mundo *174, 188, 254*

Hospitalidade *315–316*

Hospitalidade e Negócios (Meyer) *315*

Hume, David *30*

Humildade *102*

Hunsaker, Kevin *92*

I

IBM *27–28*

Idade Média *18*

Immelt, Jeffrey *203*

Implementação *292–293*

Imposto de alíquota única *84*

Incerteza *42, 46, 62, 142, 164, 210, 296*

Incorporação *25*

Índice de satisfação do cliente *263*

Indústria cinematográfica *242–244*

Indústria varejista *119*

InfoLink Screening Services *155*

Informação, no geral:
acessibilidade *27, 135, 140–141, 147–148, 240–241*
democratização da *40*
economia da *22, 105*
era da *15, 20, 41, 46, 89–90*
fluxo de *19–23, 41–42, 127, 158–159, 254, 273–274*
recursos *201*
redes de *56*
reputação e *204*
tecnologia *41, 156, 197*

Informação tempo real *140*

Inovação *22–24, 51–55, 57, 61, 100–101, 102–103, 115, 135, 172, 173–174, 218, 223, 305, 318*

Insegurança *112, 172*

Instinto humano *176*

Integração *11*

Integridade *46, 57, 98, 102, 110–111, 112, 122, 127, 131, 140, 157, 195–196, 219–220, 267, 270, 278, 318*

Inteligência emocional *62*

Interaction Design Institute Ivrea *196*

Interconexidade *205*

Interdependência *194*

Interesse próprio *69, 71–73, 80, 85, 127, 153, 185, 233, 239*

International, Hollinger *47*

Internet/mundo conectado em rede mundial, impacto da *133–135, 140, 204–205, 284–285*

Interpessoal, no geral:
alinhamento *246–247*
interação *14–15*
sinapses *66, 75, 82, 92, 98, 125–126, 128, 131–132, 135, 180, 208, 218, 223, 282, 291*
transparência *136, 154–158*

J

Japão:
  analogia com os kamikazes *299*
  cultura empresarial *192*
  técnicas de produção *220–221*
JetBlue Airways *23*
Jobs, Steve *150*
Johnson & Johnson (J&J) *53, 175, 201–204, 268–269, 279, 319*
Johnson, Robert Wood *268*
Jornada, natureza da *62. Ver também* Paradoxo das Colinas do Conhecimento; Jornada intelectual
Jornada intelectual *60*
Joyce, Dr. Richard *74–78*
JPMorgan Chase & Co. *150*
Julgamento *69–70, 81, 102–103, 137–141, 176*
Justiça *102, 287. Ver também* Julgamento
JVE Jenapharm *95, 96, 100, 116, 151*

K

Kaizen *54*
Kartchner, Chris *130–131*
Kelleher, Herb *259*
Kennedy, John F. *283*
Kerr, Steve *54–55, 187, 247*
Kindler, Jeffrey B. *181–184, 207, 307–308*
Kirsch, Peter *70, 81*
Kollock, Dr. Peter *170–172*
Kottke, Jason *163–165*
Kryptonite, exemplo de reputação prejudicada *133–136, 204*

L

Lacuna da certeza *46–48, 51, 115, 122, 162, 164, 167–168, 172–173, 202–203*
Lampejo de Sig *159*
Lankler, Douglas *265, 271*
Lao-Tzu *62*
Lealdade *31–32*
Lei Sarbanes-Oxley (SOX) *88, 264*
Leis e regulamentos *32, 85–86, 89–92, 94*
Lente do como *285, 304, 317. Ver também* Estrutura de Liderança
Lewicki, Roy *153*
Lewis Jr., James Paul *184–185*
Liderança *5–6, 7, 15, 19, 22–26, 52–53, 54, 58, 92, 98, 102–103, 135, 156, 175, 215, 241–242, 244–246, 249, 272–274, 282–295, 298, 307–308*
Líder enérgico, porém silencioso *135*
Líderes autocráticos *242, 244–245*
Lindahl, Goran *207*
Linguagem *94–95, 98–103, 106, 112, 179, 286*
Linha de ajuda *137*
Litígio por erro médico *96–98*
Litígios/processos judiciais *98–103, 116–117, 151*
Lockhart, James *138*
Lonchar, Kenneth *37*
Lotus *33*
LRN/Wirthlin Worldwide *47. Ver também* Estrutura de Liderança
Lucratividade *11, 54, 184*

M

Macroeconomia   23, 168

Marca, no geral
  conscientização   144, 162, 204, 279, 308
  extensão   204
  imagem   144
  mensagem   148
  promessa   149, 279, 317
  reconhecimento   205

Marketing   143–149

Marketing de causa   147

Marketing de evangelização   147–148

Marketing interativo   147

Marketing móvel   147

Marketing viral   147, 174

Mazzo, Earl   69

McCabe, Kevin   72

McDonald's   104, 276

McIntyre, Dave   152–153

McKee, Keith   244

McVicker, Noah e Joseph   52

Medo   69–72, 74, 82, 103, 115, 136, 149–154, 246, 311

Memória, persistência da   39–41, 75

Mentor, funções do   128

Mercado livre   78, 169

Merck   316

Metáfora do estádio como organização   29

Metáfora dos círculos   296, 313–314

Metáfora do semáforo de trânsito   169

Metas   28, 45, 101–102, 127, 156–159, 206, 219, 249, 259, 290, 302

Methodist Hospital System   270–273, 278

Métodos de aplicação de recompensa e punição   243, 245, 249, 302

Meyer, Danny   315

Microdesvios   115, 117

Microsoft   90, 204

Mídia, transparência e   37–39. *Ver também* **Mídia de massa**

Mídia de massa   40, 134–135, 147

Milken, Michael   201–202, 209

Minkow, Barry   185

Missão, importância da   276–277, 279, 312. *Ver também* **Metas**

Mitsubishi   221

Modelo de negócios baseado em comando e controle   15, 19, 23–25, 57, 243

Modelo de negócios de silo vertical   23

Modelos de comportamento do benefício coletivo/benefício individual   77

Modelo vertical   136

Monopólios/monopolistas   20, 90–91, 233

Montgomery, David B.   207

Monts, Michael   267

Moralidade, evolução da   76–79

Motivação   258, 301–302, 308

Mudança/mudando   62, 94, 118, 123–124

Mulcahy, Anne   269

Multicapacitação   228, 275

Mundo conectado em rede   223, 275. *Ver também* **Internet/mundo conectado em rede mundial, impacto da**

Mutualidade   49, 78–79, 158, 180, 195

N

Nash, John   72–73
Natureza humana   55–56, 81, 82, 91, 112
Negócios, no geral:
  ciclos   47
  como ecossistema   33, 42
  como guerra   63, 78
  fatores de sucesso   51–56
  produtos de colaboração   33
  relações   31, 162, 169
Netscape Communications   15
Neuroeconomia   72
New York Institute for
  Reputation   47
Nordstrom   241
Normas sociais   76
North, Douglass   166
Nozick, Robert   59

O

"Olas"   1–11, 101, 115, 158, 310
O'Leary, George   37
Obstáculos, superando   297–298
Ook/Nook/Took   77–78
Opinião pública   45, 204, 249
O quê   51–55, 58, 63, 143, 156–157, 319

P

Packard, Dave   248
Países em desenvolvimento   47, 73
Paixão   158, 310–312
Paradoxo das Colinas do
  Conhecimento   61
Paradoxo do hedonismo   318
Parceiros comerciais   165, 166–168
Parceiros estratégicos   158, 201
Parcerias   23, 29

Parmalat   47
Pedido de desculpas   150–153
Pensamentos afetivos   80
Percepção sensorial   176
Perfeição   308
Perseverança   298
Perturbação   112–116, 125, 126, 128, 196
Pesquisa com a oxitocina   71, 73–74, 166, 179
Pesquisa de antropologia
  evolucionária   67–68, 74–76
Pessimismo   311
Pfizer Inc.   181–183, 307–308
Philip Morris   316
Planejamento, importância do   292–293
Planejamento de Recursos
  Empresariais (ERP)   54
Platt, Lewis   104
Play-Doh   52
Pobreza/armadilha da pobreza   168, 191
Pode   99, 105
Poder   62, 103–104, 115, 299–300, 312
Polaris Venture Partners   159–161
Ponto-bomba   46
Porras, Jerry I.   293
Potenciais ações   14
Potencialidades   65–67, 76–82, 102
Powell, Colin   311
Poynter Institute   151
Pragmatismo   276, 303–304
Previsibilidade   48, 57, 169
PricewaterhouseCoopers   265
Prince, Charles   150
Princípios, importância dos   302–304

Índice

Processo de tomada de decisão *72, 80–81, 123–124, 147, 179, 239, 260, 266–268, 273, 276, 302*

Procter & Gamble (P&G) *316*

Produtividade, fatores influentes *11, 115–116, 125–126, 180*

Progresso (P), na VIAGEM (TRIP) *62, 172, 318*

Propósito *11*

Propriedade *79*

Propriedade intelectual *53*

Prosperidade *45, 168–169*

Protecionismo *19, 21–22, 28, 50, 63, 103, 139, 151, 205, 255*

Publicidade, impacto da *143–149*

Publicidade interativa *147*

Q

Qualidade, no geral:
abordagem circular fechada da *223*
controle (CQ) *140–141, 221–222*
garantia (GQ) *221–222*
gestão *220–222*

Qualidades pessoais *51–53*

Questões/qualidades sutis *11, 141*

Quociente Reputacional *203–204*

R

RadioShack *36*

Rainbow Crafts *52*

Ramus, Catherine A. *207*

Reagan, Ronald *143, 147, 186*

Recessão *46*

Reciprocidade *73, 82*

Reciprocidade no capitalismo *169*

Reconhecimento dos erros *75*

Redenção *210*

Redes humanas, desenvolvimento de *75*

Reducionismo *299*

Reengenharia *54, 220*

Reforço *263, 275, 284, 313*

Reforço, na resolução de conflitos *123*

Regras, implicações das *48–51, 85–94, 99–106, 274*

Regulamentação governamental *249*

Regulamentos. *Ver* Leis e regulamentos; Regras

Rejeição de tecido *276*

Relação com lacunas *235*

Relacionamento entre trabalhador/ chefe/equipe *56*

Relacionamentos, significado dos *25–26, 27–29, 30*

Relacionamentos entre comprador/ fornecedor *166*

Relacionamentos entre trabalhador/ chefe/equipe *56*

Relacionamentos interpessoais *115, 127*

Relacionamentos profissionais duradouros *201*

Relações públicas *134, 180*

RentAThing *196–197*

Representantes *86–89, 141, 143, 146, 148, 162, 315*

Reputação *11, 38–42, 57, 104–105, 131–132, 134–136, 141, 142, 152, 164, 173, 176, 189–218, 276–277, 285, 303, 304, 317, 319*

Reputação positiva *205*

Requisições de propostas *245*

Resistência, enfrentando a *112, 121, 275, 297–298, 309*

Respeito *11, 89, 98, 147, 268, 270, 271, 310, 318*

Responsabilidade *261, 268, 269, 292, 295, 296*

Responsabilidade moral *97. Ver também* **Responsabilização; Responsabilidade**

Responsabilização *157, 187, 243, 262, 270*

Responsabilização coletiva *187*

Resultado financeiro, foco no *45, 58, 122, 160*

Riqueza das Nações, A (Smith) *19, 78*

Risco/gestão do risco *103–105, 138, 173–174, 177–178*

Robert, Paul *206–207*

Rosman, Adam *129–130*

Rotella, Bob *110*

S

Sapir, Edward *95*

Schultz, Howard *310*

Segurança *46–48*

Segurança física *46–47*

Seis sigmas *54*

Servir ao próximo *102*

Sete Princípios Estratégicos, UMHS *98*

Sewell Automotive Companies *260–264*

Shepher, Joseph *76*

Sidgwick, Henry *318*

Significado, busca do *312, 318*

Síndrome do empório *102*

Sirota Survey Intelligence *121*

Sistema de informação de recursos humanos (HRIS) *54*

Sistema de júri *176*

Sistema de mercado justo *78*

Sistema de recompensa *247*

Sistema de valores/valores *10, 28, 47, 75–79, 87, 101, 127, 139, 156–158, 178, 182, 184, 186, 206–208, 228, 235–239, 243–244, 250, 257, 268–270, 287, 317*

Sistemas governamentais *98–99, 103. Ver também* **Autogovernança**

Skinner, Jim *104, 205, 276*

Smith, Adam *19, 78, 169*

Sobrevivência do mais apto *74, 76*

Social, no geral:

apego *73, 179–180*

interação *73*

relacionamento *30*

Sociedade da sobrevivência *38*

Sociedade dialógica *136, 148, 315*

Sociedade normativista *90*

Sociopatas *73*

Spoon, Alan *159–161, 298*

Stallard, Joe *260–264*

Starbucks *51–53*

Status quo *173*

Steele, Robert *151*

Stewart, Martha *137*

Stonecipher, Harry C. *104*

Strauss, Levi *99*

Substitutos *137–141, 143, 162*

Sucessão *293–295*

Sucesso, no geral:

fatores, tipos de *25, 29, 51–56, 154, 240, 276–277*

medida do *318–319*

paradoxo do sucesso *318–319*

Suiheisen (O Horizonte) (Hamazono) *299*

Suspeita *120, 164, 238*

Suzuki, Daisetz T. *62*

Swainson, John *24*

Swann, Patricia *134*

Índice

T

Tatum, Donn *294*
Taylor, Jeff *37*
Tensão, fontes de *125*
Teoria de jogo *72*
Teoria de Sapir-Whorf *95*
Terceirização *28*
The Smoking Gun *38*
Thinking about Thinking (Pensando no pensar) *59–60*
Títulos de dívida de alto risco *201– 202*
Tomasello, Michael *68*
Toms, David *107*
Torres Gêmeas *48*
Toshiba *23*
Toyota *221*
Trabalhador autônomo *29, 201, 278*
Trabalhadores virtuais *278*
Trabalho em equipe *23, 41. Ver também* Colaboração
Tradição *142, 193*
Transparência *11, 36–39, 46–47, 57, 96, 98, 132, 136, 138, 140, 141–143, 145, 148–149, 149–153, 154–158, 159, 160, 161, 162, 204, 255, 318–319*
Transparência ativa *136, 154, 159, 162, 176*
Transparência passiva *162*
Transparência proativa *151–153*
Transparência tecnológica *141–143, 149*
Trapaça *114, 185, 187*
3M Corporation *316*
Triângulo da produção *220–222*
Tributação/código tributário *84–86*
TriWest Healthcare Alliance *152*

Troca de informações *22, 166, 240–241, 290*
Trompenaars, Dr. Fons *31–32*
Trust (Fukuyama) *168*
TV realidade *38*

U

United Technologies Corporation (UTC) *206, 267*
Universidade de Notre Dame *37*
University of Michigan Hospitals and Health Systems (UMHS) *96– 100, 151*
UPS *23*
Uso de esteróides, atletas olímpicos *95–97*
Utley, Nancy *145*

V

Vale da Nota C *61–62, 308–309*
Valores básicos *100, 236–237, 285, 317*
Valores corporativos, internalização dos *104*
Vantagem competitiva *51, 310*
Velocidade *45, 49*
Veritas *37*
Viacom Inc. *167, 178, 237*
VIAGEM (TRIP) (confiança [T], risco [R], inovação [I], progresso [P]) *172–175, 175, 177, 182, 188, 233, 246, 291, 305*
Vigilância *270*
Visão *4–10, 156, 160, 281–282, 287*
Vulnerabilidade *44, 49, 141, 151, 158, 159, 174, 195, 262*

W

Wachovia Corporation   150
Walker, Madame C. J.   297–298
Wanous, John   153
Warneken, Felix   68
Wayback Machine   40
Welch, Jack   53–54
Westen, Drew   120
Westermarck, Edward   76
Whuffie   197
Wolf, Linda   148–149
Word of Mouth Marketing Association (WOMMA)   147
Workplace 2000 Employee Insight Survey (Pesquisa de percepção interna dos funcionários no trabalho)   248

WorldCom   47
World is Flat, The (Friedman)   22–23
Wynn, Steve   195, 209, 304–307, 323

X

Xerox Corporation   52, 269

Y

Yahoo!   22
Yelp   145
Young, Stephen   115–116

Z

Zak, Paul   72–74, 77, 81, 153, 168–169, 179

www.dvseditora.com.br